编审委员会

天津市高等职业院校提升办学水平项目建设成果系列教材

电力机车制动机操纵与检修

阳　东　主　编
陈　洁　田桂丽　副主编
李益民　张寒星　主　审

中国铁道出版社有限公司
2019年·北　京

内容简介

本书是天津市高等职业院校提升办学水平项目建设成果系列教材之一，采用项目任务式编写格式，全书共分七个项目，包含三十三个任务，主要内容包括机车制动机认知、风源系统的认知、主要电器部件的控制、主要气动部件的控制、DK-1型电空制动机的综合控制、基础制动与停车制动装置、CCBⅡ电空制动机。

本书可作为高等职业院校铁道机车及相关专业学生教材，也可作为现场工作人员的参考用书。

图书在版编目(CIP)数据

电力机车制动机操纵与检修/阳东主编. —北京：中国铁道出版社，2017.2（2019.2重印）
天津市高等职业院校提升办学水平项目建设成果系列教材
ISBN 978-7-113-20846-2

Ⅰ.①电… Ⅱ.①阳… Ⅲ.①电力机车－制动器－操纵－高等职业教育－教材②电力机车－制动器－检修－高等职业教育－教材 Ⅳ.①U264.91

中国版本图书馆CIP数据核字(2015)第195795号

书　　名：电力机车制动机操纵与检修
作　　者：阳　东　主编

策　　划：阚济存
责任编辑：阚济存　　**编辑部电话：**010-51873133　　**电子信箱：**td51873133@163.com
封面设计：王镜夷
责任校对：苗　丹
责任印制：郭向伟

出版发行：中国铁道出版社有限公司（100054，北京市西城区右安门西街8号）
网　　址：http://www.tdpress.com
印　　刷：河北新华第二印刷有限责任公司
版　　次：2017年2月第1版　　2019年2月第3次印刷
开　　本：787 mm×1 092 mm　1/16　印张：17　字数：425千
印　　数：4 001 ~ 7 000册
书　　号：ISBN 978-7-113-20846-2
定　　价：45.00元

序

为深入贯彻落实《天津市中长期教育改革和发展规划纲要(2010—2020年)》和市政府《关于进一步推进职业教育改革创新的意见》(津政发〔2010〕46号)精神,不断创新高等职业教育办学体制机制,深化教育教学改革,提高人才培养质量和办学水平,全面提升高等职业教育服务经济社会发展能力,加快天津市高水平示范性高等职业院校建设,提升专业服务产业的能力,为天津市经济社会发展和滨海新区开发开放更好的培养高素质高技能人才,天津市政府决定在"十二五"期间,支持我市建设18所高水平示范性高等职业院校(以下简称:示范校)和25个优质特色专业,高等职业院校开展提升办学水平建设。

天津铁道职业技术学院凭借高水平的办学优势和专业定位,被天津市列为18所示范校建设院校之一。学院在示范校建设中各专业依据专业特点和企业要求,深入探索多样化的"工学结合、校企合作、顶岗实习"人才培养模式,形成特色课程体系,以专业为核心,以课程改革为抓手,以教学条件建设为支撑,全面提升办学水平。

天津铁道职业技术学院按照"学院与铁路局(集团)紧密合作,教学系与站段(公司)紧密对接,教学团队(专业)与工区(项目部)紧密对接,教师与工程技术人员紧密对接"的模式开展多层次、紧密型合作办学。以校企合作机制为保障,开发融入职业道德与岗位工作标准的工学结合核心课程,结合天津市经济社会和行业发展特点,校企共同培育满足企业需求、具有可持续发展能力的高技能型专门人才,为了更加有效地实施人才培养模式,制定了融入行业企业标准及岗位工作需求的21门核心课程的课程标准。教材建设正是体现课程标准的有效方式之一。因此,我院在明确高等职业教育人才培养标准和规格的基础上,为了对人才培养提供智力支持,根据人才培养目标的要求,构筑"校企合作,产学结合"的人才培养模式,积极进行课程开发。为此,在院领导大力支持和企业具有丰富实践经验的专家的参与和指导下,我院与生产企业合作开发编写了突出职业能力、注重实践技能培养的系列教材。

本套教材打破了以往学科体系的束缚,具有以下特点:

(1)以项目为导向。本套教材全部采用项目化教学体系,以实际职业岗位为基本出发点,以工作过程为导向,以现场典型真实任务为主要教学内容,充分突出了技能培养。

(2)体现课证融合特色。在学习任务中融入国家职业资格标准的相关内容。

(3)编写内容和组织方式新颖。学习项目和任务附有与教学内容相关的知识、技能目标及相关的案例,以案例引入教学内容,引起学生的学习兴趣。

(4)一体化教学资源配套。充分利用网络等各种信息技术,建设与教材配套的网络资源,把与课程有关的文献资料、电子教案、教学课件、教学视频,与职业资格考试相关的资料及学生与教师的互动等都放到网上,为学生的自主学习提供便利的环境条件,完善教学资源。

编审委员会

2015年3月

前言

QIAN YAN

本书是根据高等职业教育铁道机车专业和中等职业教育电力机车驾驶与检修专业的人才培养方案和电力机车制动机课程标准编写的。

电力机车制动机课程是铁道机车专业的一门核心专业课程。本课程主要讲授电力机车风源系统、制动理论基础知识、基础制动装置、车辆制动机、DK-1 型电空制动机的组成、DK-1 型列车电空制动机的综合作用及试验验收规则和常见故障处理，并介绍了 CCBII 型电空制动机相关技术。

本书以我国货运主型电力机车 SS_4 改、HXD_3 型电力机车和客运主型电力机车 SS_9 型电力机车为典型车型，对其上装配的电空制动机进行了详细讲解，是一本内容先进，既适合理论教学，又贴近现场生产实际的教材。

本书针对 DK-1 型电力机车制动制动系统的组成及控制过程设立了 7 个项目，包含 33 个任务，通过“知识要点、项目任务、任务准备、相关理论知识、实践与训练”等环节的学习与实践，可以掌握各个任务的内容、相关知识及实施过程。

本教材适用于高职铁道机车和中职电力机车驾驶与检修专业在校生及具有相应水平和学习要求的读者。

本教材由天津铁道职业技术学院阳东任主编，天津铁道职业技术学院陈洁、田桂丽任副主编，由西安铁路职业技术学院李益民、北京铁路局天津动车客车段张寒星主审。编写分工如下：天津铁道职业技术学院阳东、甄东生、北京铁路局天津机务段李宏伟编写项目一、项目二、项目四；天津铁道职业技术学院刘彬、张帆编写项目三；天津铁道职业技术学院田桂丽、陈洁编写项目五、项目七；天津铁道职业技术学院段慧、陈思亦编写项目六。本书在编写过程中，得到了全国铁道行业职业教育教学指导委员会铁道机车专业教学指导委员会和兄弟单位的大力支持，在此表示深切的谢意。

由于编者水平有限，教材中难免有缺陷和不足之处，恳请广大读者批评指正。

编　者

2016 年 12 月

MU LU

目录

项目一　机车制动机认知

任务一　制动机基础知识认知

知识要点

1. 熟知我国机车制动机的种类。
2. 了解 DK-1 型电空制动机概况。
3. 熟知制动相关名词术语。

项目任务

1. 通过网络搜集资料，了解机车制动机的发展。
2. 分组制作 PPT 展示学生对机车制动机的认识。

任务准备

1. 所需设备：电力机车模拟驾驶装置、DK-1 电空制动机、制动屏柜。

2. 所需物品：专用工具箱、教学模型、多媒体教学课件、干净抹布、手电、参考资料、学习工作单。

相关理论知识

一、机车制动机的种类

我国目前使用的机车制动机主要有空气制动机和电空制动机。空气制动机主要有 ET-6 型、EL-14 型、JZ-7 型空气制动机，它们主要用于我国蒸汽机车和东风型内燃机车上。电空制动机主要有 DK-1 型电空制动机和 PBL-2 型电空制动机，分别用于韶山型电力机车和 8K 型电力机车上。

我们铁路上所使用过的机车制动机有以下 10 种。

(1)ET-6 型空气制动机——广泛使用在蒸汽机车上。

(2)ND-6 型空气制动机——使用在单端操纵的东风型内燃机车上。

(3)EL-14 型空气制动机——使用在内燃机车双机重联时或双端操纵的内燃机车上。

(4)EL-14 改型空气制动机——使用于大功率的双端操纵的内燃、电力机车上。

(5)JZ-6 型空气一真空制动机——使用在为援坦赞铁路制造的东方红型内燃机车上。

(6)JZ-7 型空气制动机——使用在东风型、北京型内燃机车和部分电力机车上。

(7)克诺尔空气制动机——使用在部分内燃和电力机车上。

(8)26-L 型空气制动机——使用在法国和美国进口的内燃机车和电力机车上。

(9)PBL-2 型电空制动机——使用在法国进口的 8K 型电力机车上。

(10)DK-1 型电空制动机——使用在韶山型电力机车上。

二、DK-1 型电空制动机概况

我国原来的机车制动机大多是 20 世纪 30 年代以前的国外产品。20 世纪 70 年代中期开始出现了 JZ-7 型空气制动机和 DK-1 型电空制动机。

我国于 1974 年开始研制 DK-1 型电空制动机。1976 年装在 SS_1 型 135 号电力机车上试验,性能良好。1980 年装在 10 台电力机车上运用。DK-1 型电空制动机吸取了各型空气制动机的优点,并将机械式控制系统改为电控形式,可用于电力机车和采用电传动的内燃机车,是一种适合我国国情的新型机车制动机。该制动机由原铁道科学研究院与株洲电力机车工厂共同研制,经过八年时间的地面重点试验、运用考核及扩大试验台数的运用情况良好。这种制动机不但结构简单,制动性能良好,而且安全可靠,深受广大机车乘务员、检修人员的欢迎,为此原铁道部于 1982 年 5 月通过了该型电空制动机的技术鉴定,批准作为机车制动机的一种类型,先在电力机车上采用,并于 1984 年开始批量安装。

电空制动机是用电来操纵制动装置,使其发生制动、缓解、保压等作用。电空制动机与空气制动机的根本区别在于前者以电信号传递制动指令,靠电路来控制制动作用;后者以气压信号传递制动指令,靠制动管路中空气减压来控制制动作用。因此,电空制动机的反应时间比空气制动机迅速。

三、常用制动名词术语

1. 制动

人为地使列车减速或阻止它加速叫做制动。制动包含两个方面的意思:一是使运动着的物体减速或停止;二是使静止的物体保持静止状态。

使列车减速或阻止其加速的力称为制动力,而产生并控制这个制动力的装置叫做制动装置。不论是机车制动装置还是车辆制动装置均是由制动机和基础制动装置两部分组成。在制动装置中,由机车司机操纵控制,并产生制动原力的部分,称为制动机;传递制动原力,并将其扩大以后均匀分配给各个闸瓦的装置称为基础制动装置。

2. 缓解

使制动作用减弱或消失的作用称为缓解。

3. 压力与压强

理论上,压力是指物体间的作用力,单位为牛顿(N);而压强是指物体单位面积上所受到力的大小,单位为帕(Pa)。在制动系统中,人们习惯将空气“压强”称为空气“压力”。例如:制动管“压力”为 600 kPa,实际上是指制动管“压强”为 600 kPa。

4. 压力空气

压力空气即压缩空气,俗称“风”。

5. 绝对压力及表压力

绝对压力是指压力空气的实际压力。

表压力是指压力表上所显示的压力。

绝对压力与表压力的关系：绝对压力＝表压力＋标准大气压(101 kPa)，如图 1-1 所示。

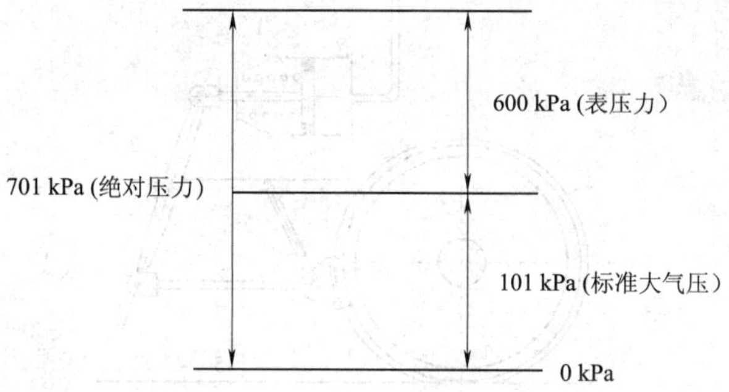

图 1-1　绝对压力与表压力的关系

6. 制动管最小有效减压量

制动管最小减压量是指在该数值以下时，将可能使车辆制动缸不发生制动作用。因为要使车辆制动机产生制动作用必须要有一定的压力差，其压差值是随不同制动机而有所不同。同时，制动管减压值在车列中不是完全一致的。车列越长，其尾部减压值相比头部小得多一些，因此，也就要求制动管减压量不能过低，避免后部车辆无制动作用，影响行车安全。一般情况下客运列车最小减压量为 50 kPa。

7. 制动管最大有效减压量

最大有效减压量是指分配阀或三通阀在常用制动时，制动缸的压力在压力平衡过程中所能获得的最大值，此时，制动管的减压量即为最大有效减压量。由于制动管的定压不同，其最大有效减压量也不同。当制动管压力为 500 kPa 及 600 kPa 时，则其最大有效减压量分别为 140 kPa 及 170 kPa。

四、制动方式的分类

制动方式可按制动时列车动能转移方式、制动力获取方式或制动源动力的不同进行分类。

(一)按列车动能转移方式分类

按照制动时列车动能的转移方式不同可以分为摩擦制动和动力制动。

1. 摩擦制动

通过摩擦副的摩擦将列车的运动动能转变为热能，逸散于大气，从而产生制动作用。摩擦制动方式主要有闸瓦制动、盘形制动和轨道电磁制动。

(1)闸瓦制动

闸瓦制动又称为踏面制动，它是最常用的一种制动方式，如图 1-2 所示。制动时闸瓦压紧车轮，轮、瓦间发生摩擦，将列车的运动动能通过轮、瓦间的摩擦转变为热能，逸散于空气中。

在闸瓦与车轮这一对摩擦副中，由于车轮主要承担着车辆走行功能，因此其材料不能随意改变。要改善闸瓦制动的性能，只能通过改变闸瓦材料的方法。早期的闸瓦材料主要是铸铁。为了改善摩擦性能和增加耐磨性，目前大多采用合成闸瓦或粉末冶金闸瓦。

(2)盘形制动

如图 1-3 所示，有轴盘式和轮盘式之分。一般采用轴盘式，当轮对中间由于牵引电机等设备使制动盘安装发生困难时，可采用轮盘式。制动时，制动缸通过制动夹钳使闸片夹紧制动盘，使闸片与制动盘间产生摩擦，把列车的动能转变为热能，热能通过制动盘与闸片逸散于大气。

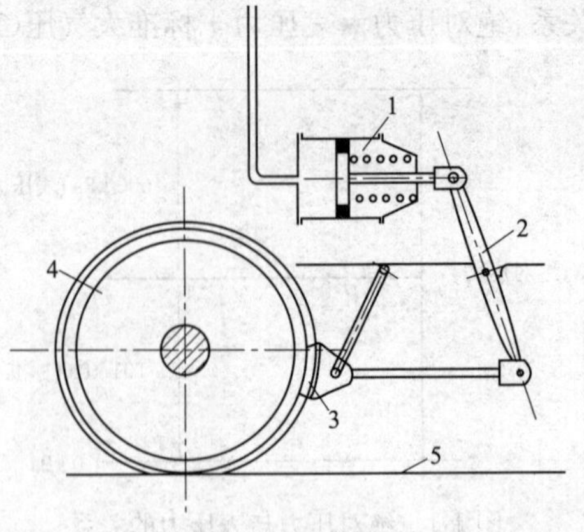

图 1-2　闸瓦制动

1—制动缸；2—基础制动装置；3—闸瓦；4—车轮；5—钢轨

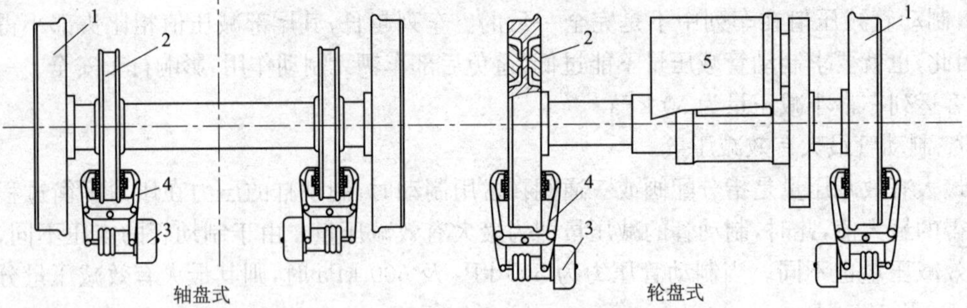

图 1-3　盘形制动

1—轮对；2—制动盘；3—单元制动缸；4—制动夹钳；5—牵引电机

(3)轨道电磁制动

轨道电磁制动也叫磁轨制动，如图 1-4 所示。在转向架构架侧梁 4 下通过升降风缸 2 安装有电磁铁 1，电磁铁下设有磨耗板 5。制动时，将电磁铁放下，使磨耗板与钢轨 3 吸住，列车的动能通过磨耗板与钢轨的摩擦转化为热能，逸散于大气。

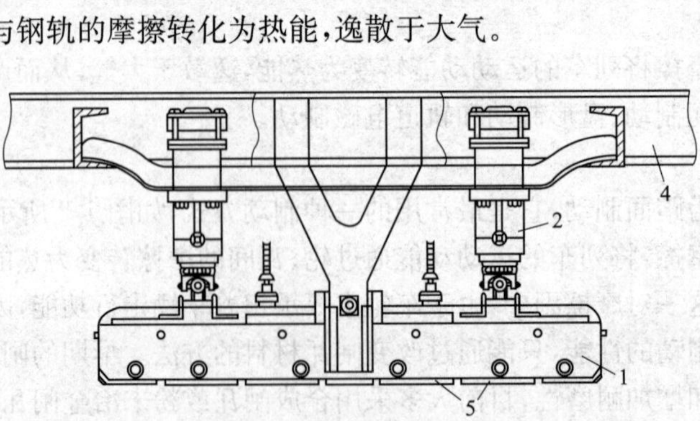

图 1-4　轨道电磁制动

1—电磁铁；2—升降风缸；3—钢轨；4—转向架构架侧梁；5—磨耗板

2. 动力制动

动力制动也称电制动，列车制动时，将牵引电机变为发电机，使动能转化为电能，对这些电能的不同处理方式形成了不同方式的动力制动。主要有再生制动和电阻制动都是非接触式制动方式。

(1)再生制动

再生制动是把列车的动能通过电机转化为电能后，再使电能反馈回电网。显然这种方式既能节约能源，又减少制动时对环境的污染，并且基本上无磨耗。因此这是一种较为理想的制动方式。

(2)电阻制动

将发电机发出的电能加于电阻电器中，使电阻器发热，即电能转变为热能，也称能耗制动。电阻器上的热能靠风扇强迫通风而逸散于大气中。电阻制动一般能提供较稳定的制动力，但车辆底架下需要安装体积较大的电阻箱。

(二)按制动力形成方式分类

根据列车制动力的获取方式不同，可分为黏着制动与非黏着制动。

1. 黏着制动

黏着状态：列车制动时，车轮与钢轨的接触处即非静止，亦非滑动，车轮在钢轨上滚动的同时又有滑动的趋势，这种状态称为黏着状态。

黏着力：黏着状态下车轮与钢轨间的最大水平作用力称为黏着力。

黏着系数：黏着力与轮轨间垂直载荷的比值，称为黏着系数。

黏着制动：依靠黏着滚动的车轮与钢轨黏着点之间的黏着力来实现车辆的制动。

2. 非黏着制动

列车制动时，制动力的提供不再依靠轮轨之间的黏着力，而由其他方式提供，这样制动力的大小不受黏着力限制，这种制动方式称为非黏着制动。

显然，在上面曾经介绍的制动方式中，闸瓦制动、盘形制动、电阻制动和再生制动均属于黏着制动；而磁轨制动则属于非黏着制动。

(三)按制动源动力分类

制动的源动力主要有压缩空气的压力和电磁力。以压缩空气为源动力的制动方式称为空气制动；以电磁力为源动力的制动方式称为电制动。

实践与训练

学习工作单

工 作 单	制动机基础知识认知		
任　　务	熟知我国机车制动机的种类；了解 DK-1 型电空制动机概况；熟知制动相关名词术语		
班　　级		姓　　名	
学习小组		工作时间	
【知识认知】			
1. 归纳总结制动方式的分类 2. 归纳总结制动机的分类			

续上表

【能力训练】 通过网络搜集资料，描述制动机的发展概况
任务学习其他说明或建议：
指导老师评语：
任务完成人签字：　　日期：　年　月　日 指导老师签字：　　日期：　年　月　日

任务二　各种制动机的基本控制作用

知识要点

1. 了解直通式空气制动机的控制作用。
2. 熟知自动式空气制动机的控制作用。
3. 熟知直通自动式空气制动机的控制作用。

项目任务

1. 通过网络搜集资料，了解我国机车、车辆上主要采用的制动机。
2. 分组制作 PPT 展示学生对空气制动机的认识。

任务准备

1. 所需设备：机车模拟驾驶装置、DK-1 电空制动机、制动屏柜。

2. 所需物品：专用工具箱、教学模型、多媒体教学课件、干净抹布、手电、参考资料、学习工作单。

相关理论知识

一、制动机的分类

1. 按用途分类

制动机按用途可分为：机车制动机、客车车辆制动机、货车车辆制动机。

2. 按操纵方法和动力来源分类

制动机按操纵方法和动力来源可分为：空气制动机、电空制动机、真空制动机、手制动机等。我国所生产的各型内燃机车上，广泛采用的是空气制动机；韶山型电力机车上，广泛采用的是电空制动机。

二、空气制动机

(一)直通式空气制动机的控制

铁路机车(或车辆)的空气制动机的雏型是直通式制动机。

1. 直通式空气制动机控制原理

直通式空气制动机的控制特性是：制动管充风，产生制动作用；制动管排风，产生缓解作用。

如图 1-5 所示，空气压缩机 1 所生产的压力空气储存于总风缸 2 内，并经总风缸管 3 进入制动阀 4。

(1)制动作用

当列车需要制动时，司机将制动阀手柄置于制动位Ⅲ，总风缸的压力空气便经制动阀通往制动管 5，并进入每节车辆的制动缸 6，推动制动缸活塞向右移动，带动基础制动装置杠杆 7 绕中部固定点作顺时针方向转动，闸瓦 10 左移并压紧车轮，使列车产生制动作用。

闸瓦压紧车轮的制动力的大小，取决于制动缸压力的大小，而制动缸压力的大小，需根据司机置制动阀手柄于制动位时间的长短而定。若手柄长时间地置于制动位，制动缸的压力最终将与总风缸压力平衡。

(2)缓解作用

当司机需要缓解列车制动时，可将制动阀手柄移置缓解位Ⅰ，制动缸 6 内的压力空气便经由制动管 5 自制动阀排风口 11 排往大气，制动缸压力逐渐降低。当手柄在缓解位放置足够的时间时，则制动缸压力降到零，列车制动缓解。

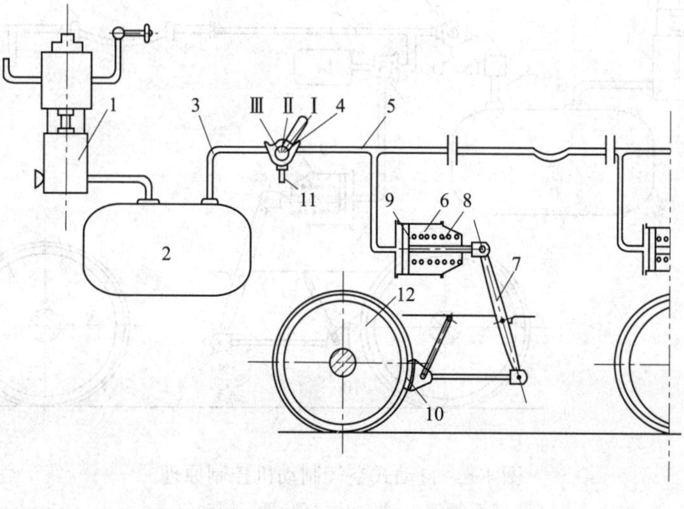

图 1-5　直通式空气制动机的控制原理

Ⅰ—缓解位；Ⅱ—中立位；Ⅲ—制动位

1—空气压缩机；2—总风缸；3—总风缸管；4—制动阀；5—制动管；6—制动缸；7—制动杠杆；8—缓解弹簧；9—制动缸活塞；10—闸瓦；11—制动阀排风口；12—车轮

(3)保压作用

当制动阀手柄在中立位Ⅱ时，制动管 5 既不通大气，也不通总风缸，如果将手柄在Ⅱ与Ⅲ之间来回移动，则制动缸压力阶段上升，列车将得到阶段制动；如果将手柄在Ⅰ与Ⅱ之间来回移动，则制动缸压力阶段下降，列车将得到阶段缓解。

2. 直通式空气制动机的特点

(1)结构简单，操纵灵活，且有阶段制动和阶段缓解性能。适用于较短的列车。

(2)由于列车制动时，所有制动缸的压力空气，均需直接来源于总风缸，所以离机车越远的制动缸，充气的速度就越慢。制动的一致性不好，对于长大列车会造成冲动；缓解时所有制动缸的压力空气，均需经制动阀排风口排出，前后车辆制动缸的排风速度不一致，即缓解的一致性不好。

(3)这种制动管增压制动、减压缓解的直通制动机还有一个较大缺点是一旦列车断钩分离时，不能自动制动。

由于存在着以上这些缺点，所以直通制动机在现代铁路运输中基本上已被淘汰。

(二)自动式空气制动机的控制

1. 自动式空气制动机的控制原理

自动式空气制动机的控制特性是：制动管充风，产生缓解作用；制动管排风，产生制动作用。

如图 1-6 所示，自动空气制动机与直通空气制动机的基本不同点是：自动空气制动机在制动管 5 与制动缸 6 之间，增加了三通阀 13 和副风缸 14；在总风缸 2 与制动阀 4 之间，增加了调压阀 15。

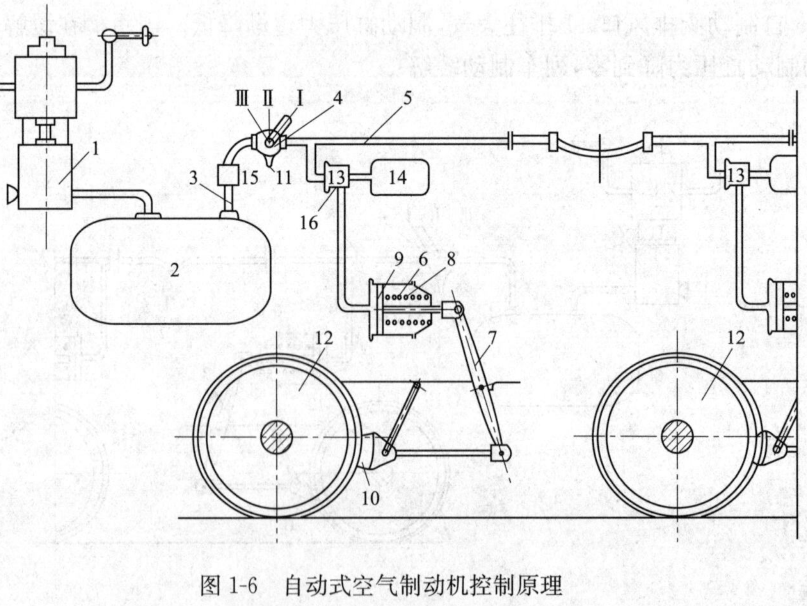

图 1-6　自动式空气制动机控制原理

Ⅰ—缓解位；Ⅱ—中立位；Ⅲ—制动位

1—空气压缩机；2—总风缸；3—总风缸管；4—制动阀；5—制动管；6—制动缸；

7—制动杠杆；8—制动缸缓解弹簧；9—制动缸活塞；10—闸瓦；11—制动阀排风口；

12—车轮；13—三通阀；14—副风缸；15—调压阀；16—三通阀排气口

(1)缓解作用

列车在运行中或在制动后需要缓解时,司机将制动阀 4 置于缓解位Ⅰ,此时总风缸的压力空气经调压阀 15 调到规定压力后,通过制动阀 4 通向制动管 5,并通过三通阀 13,同时向副风缸 14 充气。与此同时,制动缸 6 经三通阀排风口通大气。简言之,制动阀手柄在Ⅰ位时,副风缸充气,制动缸排气,列车缓解。

当制动管和副风缸充到规定压力(例如 500 kPa)时,由于调压阀调定值的限制,即使手柄继续留在Ⅰ位,制动管的压力,亦不会上升。当制动管由于漏泄而压力降低时,调压阀会自动向制动管补气。

(2)制动作用

列车在运行中需要制动时,司机可将手柄自充气缓解位Ⅰ移至制动位Ⅲ,这时制动管 5 的压力空气经制动阀排风口 11 排往大气,由于制动管降压,各三通阀产生动作,副风缸 14 的压力空气经三通阀 13 通往制动缸 6。制动缸压力逐渐上升(这时制动缸经三通阀排风口通大气的通路已被切断),并通过基础制动装置杠杆的动作,使列车产生制动作用。

(3)保压作用

当制动阀手柄在中立位Ⅱ时,制动管 5 既不通大气,也不通总风缸,处于保压状态。

2. 三通阀工作原理

由于三通阀与制动管、副风缸及制动缸三条气路相通,因而叫三通阀。根据制动管压力的变化,三通阀有三个基本作用,如图 1-7 所示。

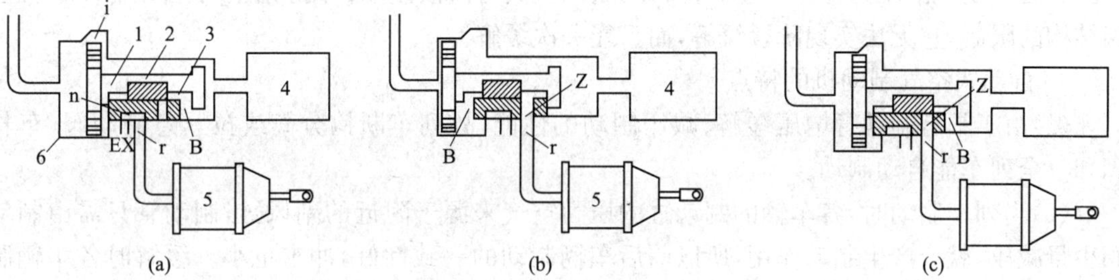

图 1-7　三通阀工作原理

(a)缓解作用 (b)制动作用 (c)保压作用

1—三通阀活塞及活塞杆;2—节制阀;3—滑阀;4—副风缸;

5—制动缸;6—三通阀;i—充气沟;B—间隙

(1)充气缓解作用

制动管压力增加时,在三通阀活塞两侧形成压差,三通阀活塞及活塞杆 1 带动节制阀 2 及滑阀 3 一起移至右侧端位,这时充气沟 i 露出。三通阀内形成以下两条通路:

①制动管→充气沟 i→滑阀室→副风缸。

②制动缸→滑阀座 r 孔→滑阀底面 n 槽→三通阀 EX(排风)口→大气。

第①条通路为充气通路,第②条通路为缓解通路,即所谓充气是指向副风缸充气,缓解是指制动缸缓解,副风缸内压力可一直充至与制动管的压力相等,即达到制动管定压,制动缸缓解后的最终压力为零。

(2)制动作用

制动时,司机将制动阀操纵手柄放至制动位Ⅲ,制动管内的压力空气经制动阀排气减压。三通阀活塞左侧压力下降,右侧副风缸压力大于左侧。当两侧压差较小时,不足以推动活塞，副风缸的压力空气有通过充气沟 i 逆流的现象。但由于制动管压力下降较快，活塞两侧的压差仍继续增加，压差达到足以克服活塞及节制阀的阻力时，活塞及活塞杆带动节制阀向左移一间隙距离，使活塞杆与滑阀之间的间隙 B 置于前部，活塞遮断充气沟，副风缸压力空气停止逆流，滑阀上的通孔上端开放，与副风缸相通。随着制动管压力的继续下降，活塞两侧压差加大到能够克服滑阀与滑阀座之间的摩擦力时，活塞带动滑阀左移至极端位，滑阀切断制动缸通大气的通路，同时滑阀通孔下端与滑阀座制动缸孔 r 对准，形成副风缸向制动缸的充气通路。如果三通阀一直保持这一位置，最终将使副风缸压力与制动缸压力平衡。

(3)保压作用

在制动管减压到一定值后，司机将制动阀操纵手柄移至中立位，制动管停止减压。三通阀活塞左侧压力不再下降，但三通阀活塞仍处于左极端的制动位，因此副风缸压力空气继续充向制动缸，活塞右侧的压力继续下降。当右侧副风缸压力稍低于左侧制动管的压力时，两侧压差达到能克服活塞和节制阀的阻力时，活塞将带着节制阀向右移一间隙距离，使滑阀与活塞杆之间的间隙位于后端，同时节制阀遮断副风缸向制动缸的充气通路，副风缸压力不再下降。由于此时活塞两侧压差较小，不足以克服滑阀与滑阀座之间的摩擦力，所以活塞位于此位不再移动。制动缸保压。

当司机将制动阀操纵手柄在制动位和中立位来回扳动时，制动管压力反复地减压—保压，三通阀则反复处于制动位—中立位，而制动缸压力则不断的升压—保压—升压—保压，直至制动缸压力与副风缸压力平衡为止。即自动制动机具有阶段制动作用。但由于自动制动机三通阀结构的限制，它无法实现阶段缓解，而只能一次缓解。

3. 自动式空气制动机的特点

(1)由于具有制动管增压缓解、减压制动的性能，故列车断钩分离或拉紧急制动阀(车长阀)时，全列车能自动制动。

(2)当列车制动时，各车辆的制动缸的压力空气来源于附近的副风缸，制动管只需由制动阀少量减压，就会产生制动作用，所以前后车辆制动的一致性好，冲击也小。缓解时各车辆制动缸的压力空气，经由附近的三通阀排风口排入大气，无须像直通制动机那样，均需经制动阀排风口排出，所以前后车辆缓解的一致性也较好。因此，自动空气制动机适用于较长大的列车。

(三)直通自动式空气制动机

1. 直通自动空气制动机工作原理

直通自动空气制动机与自动空气制动机在制动机的组成上基本相同，如图 1-8 所示，只增加一个定压风缸 13。但其三通阀的结构和原理与自动空气制动机的三通阀有较大的区别。自动空气制动机三通阀的主控机构是靠制动管与副风缸两者压力的差别与平衡来动作的，即为二压力机构阀。而直通自动空气制动机三通阀的主控机构有大小两个活塞组成，它的动作是由制动缸压力活塞 20 上侧的制动缸压力、主活塞 21 上、下两侧的制动管压力和定压风缸 3 的压力三者的差别与平衡来控制的，因此它属于三压力机构阀。具有以下几个作用工况。

(1)充气缓解作用

司机将制动阀 4 置于缓解位Ⅰ，总风缸 2 的压缩空气经给气阀 15 和制动阀 4 充向制动管 5。再经制动管通向各车辆的三通阀主活塞上侧。活塞在制动管压力作用下下移，形成下列两条通路：

①制动管压缩空气→主活塞上侧→充气沟 i→主活塞下侧→定压风缸。

②制动缸 6 的压缩空气→制动缸压力活塞上侧→排气阀口 17→活塞杆中心孔→制动缸压力活塞下侧→三通阀排气口 16。

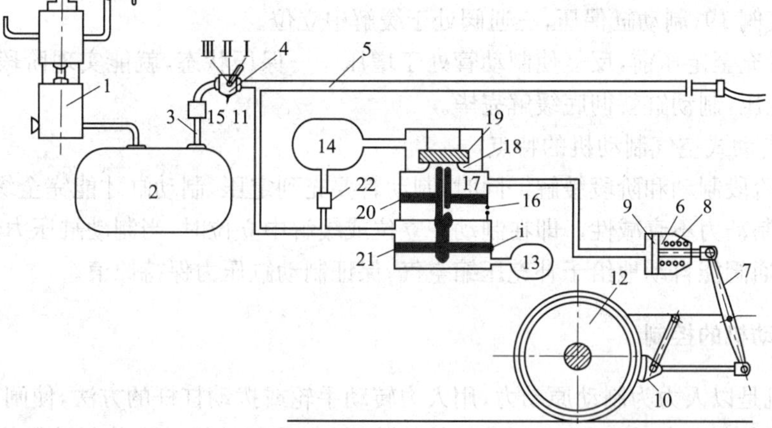

图 1-8　直通自动式空气制动机控制原理

Ⅰ—缓解位；Ⅱ—中立位；Ⅲ—制动位

1—空气压缩机；2—总风缸；3—总风缸管；4—制动阀；5—制动管；6—制动缸；7—制动杠杆；8—制动缸缓解弹簧；9—制动缸活塞；10—闸瓦；11—制动阀排风口；12—车轮；13—定压风缸；14—副风缸；15—给气阀；16—三通阀排气口；17—排气阀口；18—进气阀口；19—进排气阀；20—制动缸压力活塞；21—主活塞；22—单向阀；i—充气沟

上述第二条通路在初充气时，由于制动缸内无压缩空气而没有排气现象。

在这一位置时，定压风缸充气，制动缸缓解。而副风缸 14 只要其压力低于制动管压力，在单向阀 22 作用下制动管会自动的向其补充压缩空气，并不受作用位置的限制。

(2)制动作用

制动阀操纵手柄置于制动位Ⅲ，制动管以一定的速度减压，定压风缸的压缩空气来不及通过充气沟逆流，主活塞上下两侧形成压差，主活塞上移。首先排气阀口 17 顶住进排气阀 19，关闭了制动缸通大气的通路。同时充气沟被主活塞遮断，主活塞两侧压差进一步加大，主活塞克服进排气阀弹簧压力而打开进排气阀进气口，形成副风缸通过进气阀口 18 向制动缸充气的通路。同时制动缸压力也作用在制动缸压力活塞上侧。

(3)制动后保压作用

制动阀操纵手柄置于中立位Ⅱ，制动管停止减压。这时主活塞上侧压力停止下降，但三通阀仍处于制动位，副风缸继续向制动缸充气，制动缸压力活塞上侧压力也继续增加，当制动缸压力作用在制动缸压力活塞上侧产生的作用力，与进排气阀弹簧力，再加上主活塞上侧制动管压力产生的作用力，稍稍大于定压风缸压力在主活塞下侧产生的作用力时，进排气阀 19 压向进气阀座 18，切断副风缸向制动缸的充气通路。这时排气阀口 17 也没有开启，制动缸处于保压状态，三通阀处于制动中立位。

若司机将制动阀操纵手柄在制动位、中立位来回扳动，三通阀将反复处于制动位与制动中立位，即得到阶段制动。

(4)缓解后保压作用

列车制动后充气缓解,当制动管压力尚未充至定压时,司机将制动阀操纵手柄置于中立位,制动管停止增压,这时由于主活塞上侧制动管压力仍小于定压风缸的压力(基本上仍保持制动管定压),因此当制动缸压力减至一定值时,作用在活塞上的制动管、制动缸和定压风缸三者压力使向上的压力略大于向下的压力,活塞上移,排气阀口 17 关闭,但向上的力较小,不足以顶开进排气阀 19,制动缸保压,三通阀处于缓解中立位。

在制动管充至定压前,反复使制动管处于增压——保压状态,就能实现阶段缓解,当制动管最终充至定压,制动缸就彻底缓解完毕。

2. 直通自动式空气制动机的特点

(1)具有阶段制动和阶段缓解。同时,制动管要充到定压,制动缸才能完全缓解。

(2)具有制动力不衰减性。即在制动中立位或缓解中立位时,当制动缸压力因漏泄等原因而下降时,三通阀能自动地给予补充压缩空气,保证制动缸压力保持原值。

三、手制动机的控制

手制动机是以人力为制动原动力,用人力转动手轮或拨动杠杆的方法,使闸瓦压紧车轮踏面或使闸片压紧制动盘,从而达到制动目的的装置,叫手制动机。这种制动机构造简单,费用低廉。由于手制动机的制动力弱,动作缓慢,不便于司机直接操作,只能作为辅助的备用制动机,他只是在空气制动机发生故障以及在调车作业或在停放制动时使用。

四、电空制动机的控制

电空制动机仍用压力空气作为制动的动力来源,但它用电信号来操纵制动装置的制动、保压和缓解等作用。

最简单的电空制动机是在空气制动机的基础上加装电空阀、电磁阀等电气控制部件,用电信号来操纵制动机的作用。与空气制动机相比,其最大优点是全列车能迅速发生制动或缓解作用,列车前、后的动作一致性比较好。

实践与训练

学习工作单

工 作 单	空气制动机的基本控制作用		
任　　务	了解直通式空气制动机的控制作用;熟知自动式空气制动机和直通自动式空气制动机的控制作用		
班　　级		姓　　名	
学习小组		工作时间	
【知识认知】 1. 归纳总结自动式空气制动机的作用特点 2. 分析比较直通式空气制动机、自动式空气制动机、直通自动式空气制动机的区别			

续上表

【能力训练】

分析下图为哪种类型的制动机？说出其作用特性，并按序号正确标出各部件的名称

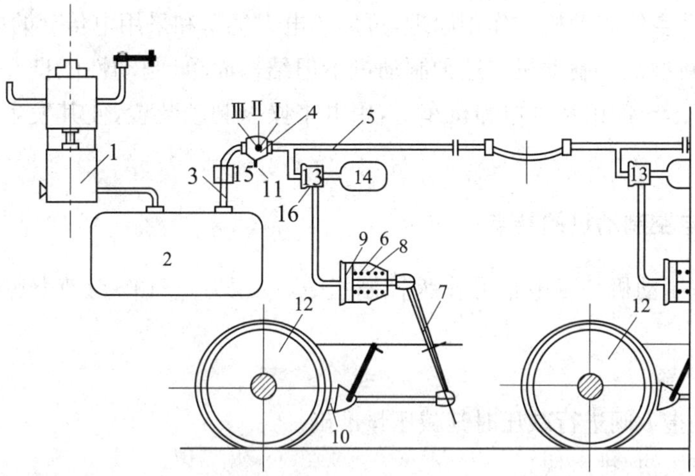

任务学习其他说明或建议：

指导老师评语：

任务完成人签字：　　　　　　　　　　　　　　　　日期：　年　月　日

指导老师签字：　　　　　　　　　　　　　　　　　日期：　年　月　日

任务三　DK-1 型电空制动机的控制关系

知识要点

1. 了解 DK-1 型电空制动机的特点与性能。
2. 熟知 DK-1 型电空制动机的组成及功用。
3. 熟练掌握 DK-1 型电空制动机的控制关系。

项目任务

1. 利用机车模拟驾驶装置了解 DK-1 型电空制动机的特点及性能。
2. 利用制动屏柜了解 DK-1 型电空制动机主要气动部件布置情况及控制关系。

任务准备

1. 所需设备：电力机车模拟驾驶装置、DK-1 电空制动机、制动屏柜。
2. 所需物品：专用工具箱、教学模型、多媒体教学课件、干净抹布、手电、参考资料、学习工作单。

相关理论知识

DK-1 型电空制动机吸取了各型空气制动机的优点，并将机械式控制系统改为电控形式，其工作过程为自动空气制动机的作用原理，可用于电力机车和采用电传动的内燃机车，是一种适合我国国情的新型机车制动机。这种制动机不但结构简单，制动性能良好，而且安全可靠。因此，广泛应用于国产韶山系列电力机车上，用电来操纵制动装置，使其发生制动、缓解、保压等作用。

一、DK-1 型电空制动机的特点

DK-1 型电空制动机是以电信号作为控制指令，以压力空气作为动力源的制动机。它具有以下优点：

1. 准、快、轻、静

(1)准——是指大闸进行减压时其减压量准确。

(2)快——充风快、排风快。

(3)轻——制动阀操纵手柄轻巧灵活、转动自如，由于采用凸轮柱塞结构，大大减少了回转阻力。

(4)静——因制动机的排风部件均不在司机室，司机室无排风声，大大减少了噪声污染，改善了乘务员的劳卫条件。

2. 结构简单，便于维修

该制动机把整体式的滑阀结构，改为组合式结构。绝大部分部件采用橡胶件，有利于检修和查找故障。

3. 非自动保压

DK-1 型电空制动机制动减压量随着操纵手柄停留在“制动位”时间的增长而增加，直到最大减压量。操作中，若不需要产生最大减压量，则当减压量达到所需减压量时，须将手柄由“制动位”转换到“中立位”进行保压。

4. 具有多重性的安全措施

(1)采用了失电制动。如因电器或线路等原因造成失电时，该制动机便自动施行常用制动，以保证运行安全。

(2)电空制动与空气制动转换。如果电器部分发生故障，可转换成由小闸控制全列车制动、缓解，来维持运行。

(3)与机车其他系统配合。该制动机能够与列车安全运行监控记录装置、动力制动系统等进行配合，以适应高速、重载列车的运行需要。

二、DK-1 型电空制动机的性能

DK-1 型电空制动机具有良好的灵活性和适应性，其主要性能如表 1-1、表 1-2、表 1-3 所示。

表 1-1　单独制动性能

序号	项　　目	技术要求
1	全制动时制动缸最高压力(kPa)	300
2	制动缸压力自零升到 280 kPa 的时间(s)	≤4
3	缓解时,制动缸由 300 kPa 降至 40 kPa 的时间(s)	≤5

表 1-2　自动制动性能(制动管定压 500 kPa)

序号	项　　目	技术要求
1	初制动的制动管减压量(kPa)	40～50
2	运转位,制动管由零充至 480 kPa 的时间(s)	≤9
3	均衡风缸自 500 kPa 常用制动减压至 360 kPa 的时间(s)	5～7
4	常用全制动时,制动缸最高压力(kPa)	340～380
5	常用全制动时,制动缸升至最高压力的时间(s)	6～8
6	运转位,制动缸压力由最高缓解至 40 kPa 的时间(s)	≤7
7	紧急位,制动管压力由定压降至零的时间(s)	≤3
8	紧急位,制动缸最高压力(kPa)	≤450±10
9	紧急位,制动缸压力升至 400 kPa 的时间(s)	≤5

表 1-3　辅 助 性 能

序号	项　　目	技术要求
1	紧急位,切除动力源	牵引手柄有级位时切除动力源,无级位时不切除
2	列车分离(断钩、拉紧急制动阀)保护	切除机车动力源,切除制动管补风,机车产生紧急制动作用
3	制动管折角塞门关闭情况的判断	可对机车后 15 节以内车辆制动管的折角塞门关闭与否进行判断
4	失电	产生常用制动
5	与列车运行监控记录装置配合	与机车自动停车功能配合,对超速列车可以实行强迫紧急制动
6	动力制动与空气制动协调配合	动力制动初始时自动产生空气初制动,制动管减压 40～50 kPa,25～28 s 后,空气制动自动消除,机车保持动力制动,并且可以实现空电联合制动
7	空气电阻联合制动	在正常工况下,司机施行列车空气制动时,机车自动产生相应的电制动而不进行闸瓦制动,当列车运行在下坡道上,司机施行加馈电阻制动而制动力不足以控制列车速度时,能自动使列车产生空气制动力给予补偿

三、DK-1 型电空制动机的组成及功用

(一)DK-1 型电空制动机的组成

DK-1 型电空制动机的组成从各部件的安装位置来看,可分为操纵台部、制动屏柜及空气管路三大部分;从各部件的功能来看,可分为控制部分、中继部分、执行部分、其他辅助部分。以上两种分类方法虽不相同,但其各部件的组成是一样的。除此之外,与制动机系统有密切关系的还有风源系统,将在项目二中详细介绍。

1. 以各部件的安装位置来分

(1)操纵台部

操纵台部主要包括司机操纵台和学习司机操纵台。在司机操纵台设有电空制动控制器、空气制动阀及空气压力表等。学习司机操纵台设有紧急停车按钮和紧急放风阀。

(2)制动屏柜

如图1-9、图1-10所示，机车制动屏柜主要有下列部件：电空阀、调压阀、中继阀、总风遮断阀、分配阀、紧急阀、电动放风阀、压力开关、压力传感器、重联阀、电子时间继电器及中间继电器，除此之外，制动屏柜内还包括控制风缸、工作风缸、过充风缸、均衡风缸、压力表及各种塞门等。

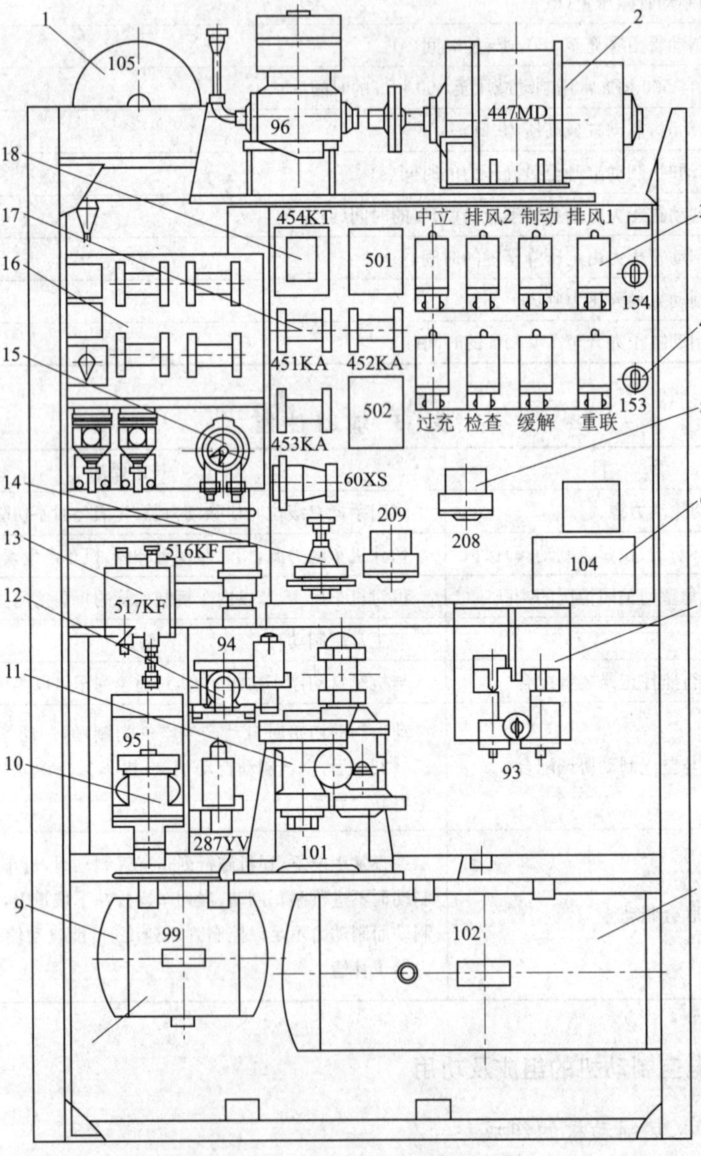

图1-9　SS_4 改型电力机车制动屏柜结构图

1—辅助风缸；2—辅助压缩机组；3—电空阀；4—转换阀；5—压力开关；6—中继阀；7—重联阀；8—控制风缸；9—工作风缸；10—紧急阀；11—分配阀；12—电动放风阀电空阀；13—压力控制器；14—55调压阀；15—双针压力表；16—空电联合制动板；17—中间继电器；18—电子时间继电器

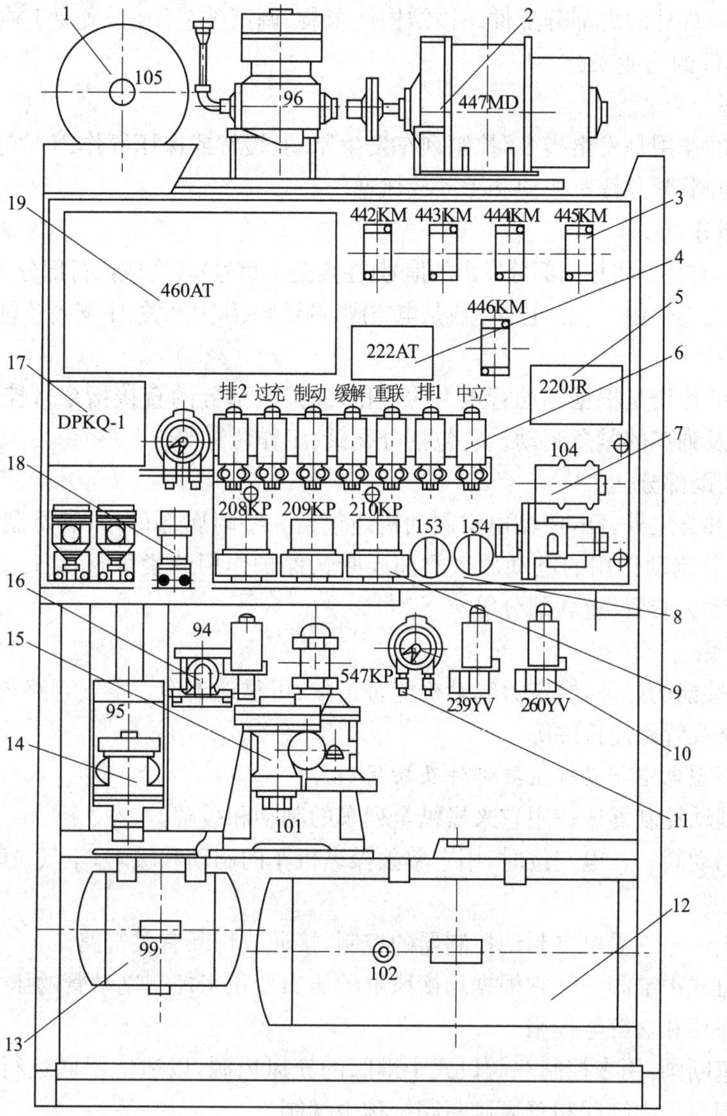

图 1-10　SS_9 改型电力机车制动屏柜结构图

1—辅助风缸；2—辅助压缩机组；3—直流接触器；4—空电联合转换器；5—加热装置；6—电空阀；7—中继阀；8—转换阀；9—压力开关；10—平稳操纵电控阀；11—双针压力表；12—控制风缸；13—工作风缸；14—紧急阀；15—分配阀；16—电动放风阀；17—平稳控制器；18—风压继电器；19—DKL 制动逻辑控制装置

如图 1-9 所示的 SS_4 改型电力机车的制动屏柜，其内部结构紧凑，分四层布置。底层安装了控制风缸及工作风缸，其前部则配接控制管路系统的二个止回阀，二个调压阀及塞门等。下层中央安装了分配阀，左侧安装了紧急阀及放风阀与保护电空阀，而右侧上部则安装了重联阀。上层右侧为电空制动屏和接线盒，左侧为逻辑控制单元、压力传感器和显示控制风缸和辅助风缸压力的双针压力表等；下方前侧为压力控制器，下方后侧则为均衡—过充风缸。顶层左侧为辅助风缸，右侧为辅助压缩机组。各种塞门及管路附件本着便于操作及检修原则穿插布置于屏柜内部。该管路柜的管路除下层前侧的控制管路系统的管路外，大部分布置在管路柜后侧，而主要部件则安装在管路柜的前侧，这样既可满足美观要求，又可方便主要部件的拆装。

由此可见，空气管路柜集中布置安装了空气管路系统中除主压缩机组、DK-1 型机车电空制动机的操作部件外的大部分配件。该结构使组装、调试工艺简化，又便于检修、查找故障。

2. 以各部件的功能来分

(1)控制部分

控制部分的作用是发出指令，控制列车发生制动、缓解或保压等作用。它包括电空制动控制器、空气制动阀、紧急停车按钮和手动放风塞门。

(2)中继部分

中继部分的作用是将控制部分发出的信号(主要是电信号)转变成执行部分可以执行的空气信号，即制动管压力的变化。它的主要组成是电空阀、调压阀、压力开关、中继阀及总风遮断阀等。

(3)执行部分

执行部分的作用是根据制动管压力的变化(或控制部分的直接指令)，控制机车本身的制动、缓解、保压及列车的紧急制动。它包括分配阀、工作风缸等。

(4)其他辅助部分

除上述三部分之外，DK-1型电空制动机还包括一些附属部件，以满足制动机的各种性能要求。如起紧急制动作用的电动放风阀和起断钩保护作用的紧急阀及各塞门、压力表、继电器、转换阀、无动力装置、重联部分等。

3. 空气管路

空气管路性能的好坏，决定着制动机能否正常、可靠地工作。空气管路包括：管道滤尘器、截断塞门、管路及管路连接件等。

(二)DK-1型电空制动机主要部件及功用

(1)电空制动控制器——用它来操纵全列车的制动和缓解。

(2)空气制动阀——电空位时，用它单独操纵机车的制动和缓解；空气位时，用它操纵全列车的制动和缓解。

(3)电空阀——它受电空制动控制器的控制，接通或切断有关气路。

(4)双阀口式中继阀——它根据均衡风缸的压力变化来控制制动管的压力变化，从而完成列车的制动、保压和缓解等作用。

(5)总风遮断阀：用来控制双阀口式中继阀的充风风源，以适应不同运行工况的要求。因此，也可将双阀口式中继阀和总风遮断阀统称中继阀。

(6)分配阀——它根据制动管的压力变化而动作，并接受空气制动阀的控制，向机车制动缸充气或排气，使机车完成制动、保压和缓解作用。

(7)电动放风阀——它受紧急电信号的控制，将制动管的压力空气迅速排入大气，使列车产生紧急制动作用。

(8)紧急放风阀——它受紧急风指令信号的控制，将制动管的压力空气迅速排入大气，同时切断均衡风缸的充风电路并选择切断机车的动力源。

(9)压力开关——气动电器。它根据均衡风缸压力的变化进行电路的转换。

(10)调压阀——将总风缸的压力空气调整为所需的稳定压力供有关部件使用。

(11)转换阀——它是一种手动操纵阀，通过它进行空气管路的转换。

(12)重联阀——它是在多机重联运行时，使所有机车的制动和缓解作用一致，并且在机车分离时，能保持机车的制动作用。

(13)空气压缩机——制造压缩空气，供给制动装置以及机车的其他用风部件。

(14)电子时间继电器及中间继电器——用于实现电路的相关联锁和自动控制。

任务实施

DK-1 型电空制动机的控制

DK-1 型电空制动机的工作分为两种工况:“电空位”,即正常工作位置;“空气位”即故障后的工作位置。

各部件间的相互控制关系:电空位(即正常位)工作时,通过操纵电空制动控制器可以控制、实施全列车的制动与缓解;通过操纵空气制动阀可以控制、实施机车的制动与缓解。空气位(即故障位)工作时,通过操纵空气制动阀可以控制、实施全列车的制动与缓解。其各主要部件的控制关系如图 1-11 所示。

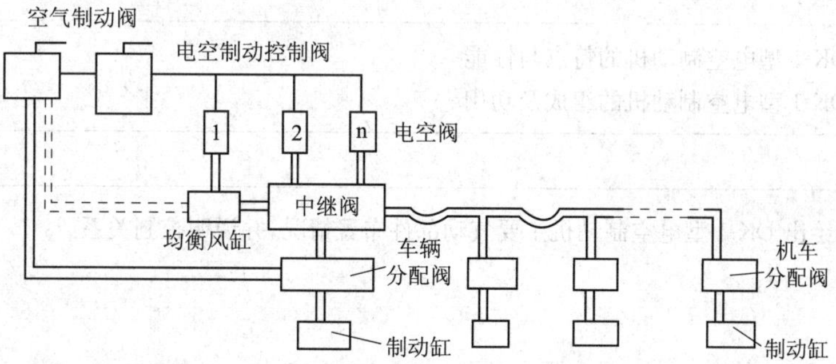

图 1-11　DK-1 型电空制动机原理方框图

图中:单线为电路;双线为气路;双虚线为空气位控制管路

(一)电空位

1. 控制全列车

电控制动控制阀→电控阀→均衡风缸→中继阀→制动管→ 车辆制动机 / 机车分配阀→机车制动

2. 控制机车

空气制动阀→作用管→机车分配阀→机车制动缸

(二)空气位

1. 控制全列车

空气制动阀→均衡风缸→中继阀→制动管→ 车辆制动机 / 机车分配阀→机车制动缸

2. 控制机车

空气制动阀(下压手柄)→作用管→机车分配阀→机车制动缸

(三)重联机车

本务机车制动缸→本务机车重联阀→平均管→重联机车重联阀→重联机车作用管→重联

机车分配阀→重联机车制动缸

实践与训练

学习工作单

<table>
<tr><td>工 作 单</td><td colspan="3">DK-1 型电空制动机的控制关系</td></tr>
<tr><td>任　　务</td><td colspan="3">了解 DK-1 型电空制动机的特点与性能；熟知 DK-1 型电空制动机的组成及功用；熟练掌握 DK-1 型电空制动机的控制关系</td></tr>
<tr><td>班　　级</td><td></td><td>姓　　名</td><td></td></tr>
<tr><td>学习小组</td><td></td><td>工作时间</td><td></td></tr>
<tr><td colspan="4">【知识认知】</td></tr>
<tr><td colspan="4">1. 归纳总结 DK-1 型电空制动机的特点与性能
2. 归纳总结 DK-1 型电空制动机的组成及功用</td></tr>
<tr><td colspan="4">【能力训练】</td></tr>
<tr><td colspan="4">利用制动屏柜绘出 DK-1 型电空制动机主要气动部件布置情况，并说明控制关系</td></tr>
<tr><td colspan="4">任务学习其他说明或建议：</td></tr>
<tr><td colspan="4">指导老师评语：</td></tr>
<tr><td colspan="4">任务完成人签字：　　　　日期：　　年　　月　　日
指导老师签字：　　　　日期：　　年　　月　　日</td></tr>
</table>

项目二　风源系统的认知

任务一　风源系统的控制过程

知识要点

1. 熟悉风源系统的组成及控制过程。
2. 熟知风源系统的作用。

项目任务

1. 利用机车模拟驾驶装置了解风源系统的组成。
2. 利用机车模拟驾驶装置了解风源系统的组成及控制过程。

任务准备

1. 所需设备：电力机车模拟驾驶装置、空气压缩机、空气干燥器、储风缸、安全阀、压力表、塞门、止回阀、空气管路。

2. 所需物品：专用工具箱、教学模型、多媒体教学课件、干净抹布、手电、参考资料、学习工作单。

相关理论知识

一、风源系统的组成

风源系统一般分为压缩空气的生产、压缩空气的压力控制、压缩空气的净化处理、压缩空气的储存以及总风重联五个环节。根据各型机车的性能要求，有一些调整。如不需要重联性能的机车没有总风重联环节。

机车风源系统由空气压缩机组、空气干燥器（或油水分离器）、压力控制器（或压力调节器）、总风缸、止回阀、高压安全阀、启动电空阀、排水阀、塞门及连接钢管等组成，如果设置了总风重联环节，主要部件还应包括逆流止回阀、总风软管连接器、总风折角塞门等。

二、风源系统的作用

风源系统是全车空气管路系统的基础，它负责生产压缩空气，并提供给机车、车辆的气动器械以及机车、车辆制动机所需的高质量的洁净、干燥、稳定的压缩空气。

任务实施

一、SS_4 改型电力机车风源系统的控制(图 2-1)

1. 正常时的工作通路

空气压缩机43 → 高压安全伐45

空气压缩机43 → 止回伐47 → 冷却管 → 空气干燥器49 → 塞门111 → 第一总风缸 → 塞门112

空气压缩机43 → 启动电空伐247YV → 塞门110 (关闭)

塞门112 → 塞门139 → 压力控制器517KF

塞门112 → 逆流止回伐49 → 第二总风缸92 → 塞门113 → 总风管 → 制动机及气动器械

塞门112 → 总风联管 → 总风折角塞门63或64 → 总风软管连接器65或66 → 重联机车风源系统

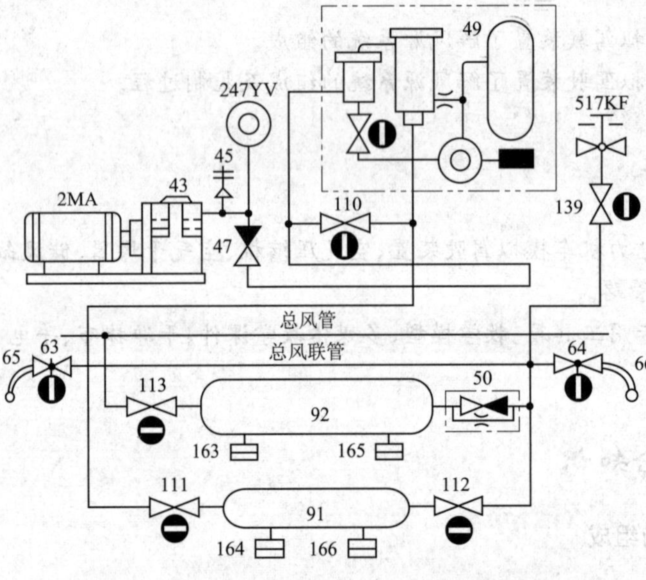

图 2-1　SS_4 改型电力机车风源系统管路原理图

43—空气压缩机;45—高压安全阀;47—止回阀;49—空气干燥器;50—逆流止回阀;63、64—总风折角塞门;65、66—总风软管连接器;91—第一总风缸;92—第二总风缸;111、112、113、139—塞门;163~166—排水阀;247YV—启动电空阀;517KF—压力控制器;2MA—压缩机电机;110—短接塞门

2. 压缩空气的生产

每单节机车压缩空气的生产,由一台生产量为 3 m^3/min 的 VF-3/9 型空气压缩机 43 完成,该压缩机为四缸 V 形排列、两级单动风冷固定式,其额定排气压力为 900 kPa,轴功率不大 22.5 kW,额定转速为 980 转/分,由一台功率为 37 kW 的 YYD-280S-6 型三相交流电动机驱动。在运行中,如果一台压缩机出现故障,可用另一台压缩机打风维持运行。

3. 压缩空气的净化处理

压缩空气的净化处理由空气处理量为 3~5 m^3/min 的 DJKG-A 型空气干燥器 49 完成。压缩机生产的压缩空气先经止回阀 45,再经冷却管进入干燥器,在干燥净化处理后,送入总风缸。

4. 压缩空气的储存

经干燥净化处理后的压缩空气,进入两个串联的总风缸储存。其中第一总风缸 91 的容积为 290 L;第二总风缸 92 的容积为 612 L。

机车入库后可关闭塞门 111、113,保存总风缸内的压缩空气。

在机车无火回送时,应将塞门 112 关闭,切除第一总风缸,缩短列车的充风时间。

5. 压缩空气的压力调整

压缩空气的压力调整与 SS_1 型机车基本相同,只是 SS_4 改机车使用的是 YWK-50-C 型压力控制器,而 SS_1 型机车有 704 型调压器,也有 YWK-50-C 型压力控制器。

6. 总风重联

SS_4 改型机车的风源系统设置了总风联管、总风折角塞门、总风软管连接器等总风重联装置和分离保护的逆流止回阀。

经净化处理后的压缩空气进入第一总风缸后,一路经逆流止回阀进入第二总风缸供本节机车使用;另一路经总风联管并经Ⅰ端或Ⅱ端开放的总风折角塞门 63 或 64 以及总风软管连接器 65 或 66 进入另一节重联机车的风源系统,使所有机车的总风缸连通。当某节机车压缩机组故障停用后,可由其他机车压缩机组通过总风重联装置提供该机车用压缩空气。

当重联在一起的两节机车或重联机车之间发生断钩分离后,第一总风缸内的压缩空气将很快随拉断的总风软管连接器排入大气,而第二总风缸内的压缩空气由于逆流止回阀作用将缓慢沿逆流小孔排入大气,保证分离后机车的制动所需的风源。同时,逆流止回阀又能保证所有重联在一起机车的两个总风缸内压缩空气压力一致,而不会由于各机车用风量不同造成总风缸内压缩空气的压力不一致。

二、SS_9 型电力机车风源系统的控制(图 2-2)

SS_9 型电力机车的风源系统由空气压缩机、高压安全阀、止回阀、空气干燥器、逆流止回阀、折角塞门、软管连接器、总风缸、双管供风调压阀、排水阀、起动电空阀、压力控制器及塞门等部件组成。

SS_9 型电力机车的风源系统可分为压缩空气的产生、压力控制、净化处理、储存、风源保护 5 个环节。SS_9 电力机车风源系统正常工作时通路如下:

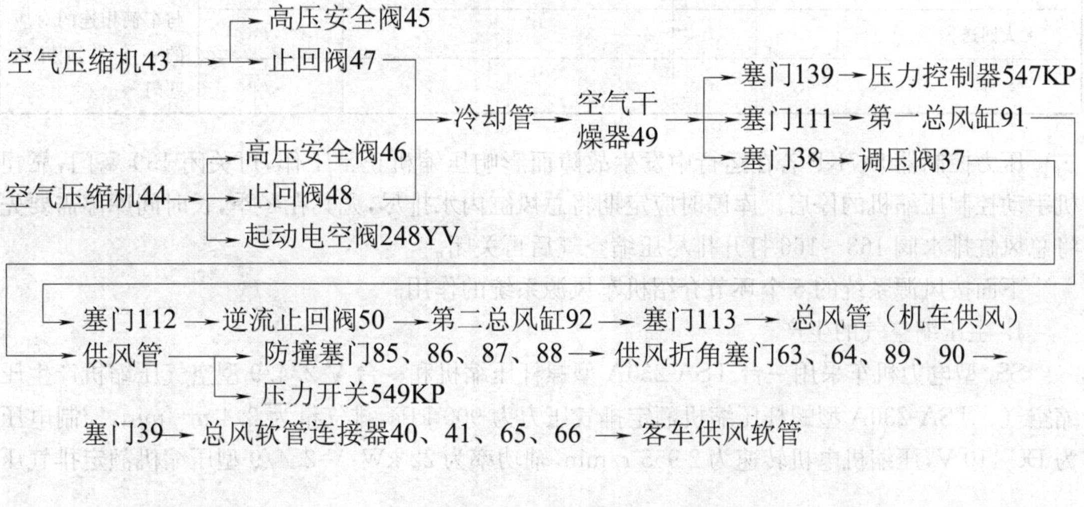

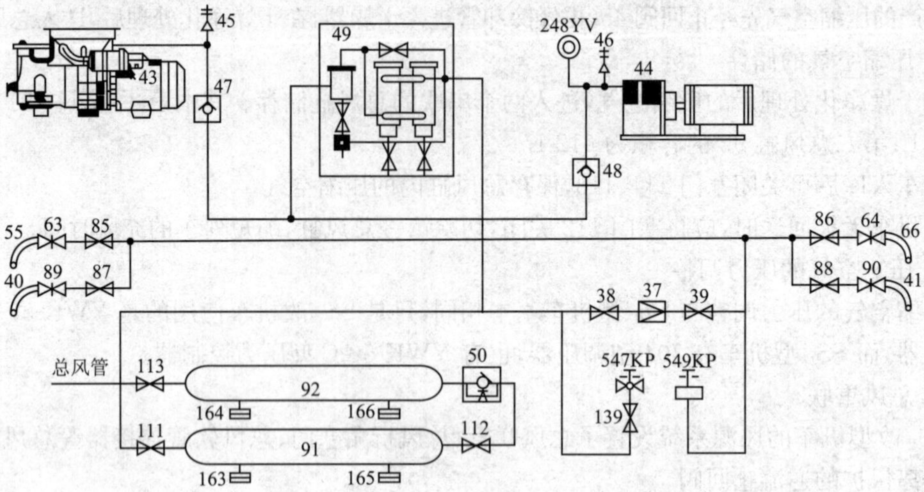

图 2-2　SS_9 型电力机车风源系统管路原理图

40、41、65、66—供风软管连接器；43—TSA-230A 压缩机；44—V-2. 4/9 压缩机；45、46—高压安全阀；47、48—止回阀；49—双塔干燥器；50—逆流止回阀；63、64、89、90—供风折角塞门；85～88—防撞塞门；91、92—总风缸；111～113—截断塞门；139—截断塞门；163～166—排水阀；547KP—压力开关；248YV—起动电空阀

因为机车空气压缩机启动频繁，为保证压缩机在任何工况下都能顺利启动正常工作，在压缩机 44 排风口和止回阀 48 间装有启动电空阀 248YV。

高压安全阀是确保总风管路不超压的安全设施，其整定值为 950 kPa。

给客车供风的调压阀 37 整定值为 600 kPa，用于供风压力状态指示的压力开关 549KP 整定值为 480 kPa。可以从司机台上的指示灯判断供风风压的正常与否，或者从双管供风装置的风压表可观察到供风风压。

为保证风源系统的功能在不同工况下的正常发挥，一般应按照表 2-1 的要求操作塞门的开闭。表中"√"表示塞门处于开通状态，"×"表示塞门处于关闭状态。

表 2-1　SS_9 型电力机车在不同工况下塞门开闭情况

机车工况	塞门所处状态						备注
	111	112	113	63、64、89、90	163、164、165、166	38、39、139	
正常运行	√	√	√	√	×	√	机车运行时打开与车辆相连的对应的一个供风折角塞门
无火回送	√	×	√	×	×	√	
库　停	×	√	×	×	×	√	

压力控制器 547KP 若在运行中发生故障而影响压缩机正常工作，可关闭 139 塞门，靠司机手动控制压缩机的停启。库停时应定期将总风缸内水排尽，尤其在冬季，长时间库停需要先将总风缸排水阀 163～166 打开排尽压缩空气后再关闭。

下面按风源系统的 5 个环节介绍机车风源系统的作用。

1. 主压缩空气的生产

SS_9 型电力机车采用一台 TSA-230A 型螺杆压缩机和一台 V-2. 4/9 型空气压缩机产生压缩空气。TSA-230A 型螺杆压缩机额定排气压力为 900 kPa，排气量为 2. 4 m^3/min，控制电压为 DC 110 V，压缩机电机转速为 2 955 r/min，轴功率为 22 kW；V-2. 4/9 型压缩机额定排气压力为 900 kPa，排气量为 2.4 m^3/min，控制电压为 DC 110 V，压缩机电机转速为 1 500 r/min，轴功率≤18.5 kW，适用温度范围－40～＋50 ℃（当环境温度低于－25 ℃时，应使用润滑油加热装置）。在运行中，如果一台压缩机出现故障，可利用另一台压缩机组继续维持运行。

2. 压缩空气的净化处理

压缩空气的净化处理由空气处理量为 4.8 m^3/min 的 JKGID 型双塔干燥器完成。压缩机组生产的饱和湿空气经压缩机出风管进入干燥器滤清筒，将压缩空气中的油雾、水和机械杂质过滤掉。洁净饱和的湿空气进入干燥筒内，通过活性氧化铝的吸附，使干燥筒排出的压缩空气既清洁又干燥。洁净的压缩空气连接管道送入总风缸。

3. 压缩空气的储存

经干燥净化处理后的压缩空气，进入两个串联的总风缸内储存，以供全列车气动器械及制动机所需。两个总风缸的容积均为 612 L。两个总风缸平行车体纵向中心线吊挂于车体底架下部。

4. 压缩空气的压力控制

压缩空气的压力采用 YWK-50-C 型压力控制器控制，该压力控制性能稳定，调整方便。其整定值为 750～900 kPa。

压力控制器故障时，可通过塞门 139 切除，这时司机可通过监视总风压力，利用强泵开关操纵压缩机组工作。当机车总风缸压力达 950 kPa 时，安装在压缩机出风管上的高压安全阀 45、46 将连续不断向外排气，并发出尖锐报警声，这时司机应关闭强泵开关，停止压缩机组工作。

在压缩机组开始启动时，活塞压缩机出风管上的启动电空阀得电延时而排出风管中的压缩空气，以减少压缩机组启动负载。

5. 风源保护

在 91、92 风缸之间设置了逆流止回阀 50，正常运行时逆流止回阀能使机车 91、92 总风缸压力一致。当机车与车辆之间发生断钩事故时，第一总风缸 91 内的压缩空气随拉断的供风管直接排向大气，第二总风缸 92 内的压缩空气只能通过逆流止回阀 50 上的 ϕ6 mm 逆流小孔缓慢排向大气，保证断钩机车紧急停车时对压缩空气的需要。

三、HXD_3 型电力机车风源系统的控制

HXD_3 型电力机车风源系统分为两个相对独立的部分：一部分为主空气压缩机组、主空气干燥器等组成的主风源系统；另一部分为辅助压缩机组、辅助干燥系统、风缸及连接管路等组成的辅助风源系统。HXD_3 型电力机车主风源系统由主空气压缩机组、压力控制器、安全阀、主空气干燥器、微油过滤器、总风缸安全阀、总风缸、止回阀、限流阀、折角塞门及连接管路等组成。

HXD_3 型电力机车采用两台 SL22-47 型螺杆式空气压缩机组作为系统风源，排风量为每台 2 750 L/min。配套使用两个 LTZ3.2-H 型双塔干燥器和两个 OEF2 型微油过滤器作为风源滤水、滤油的处理装置。其双塔干燥器的空气处理量为每个 4.8 m^3/min. 处理后的压缩空气可以满足 ISO8573-1 固体颗粒 2 级，油 2 级，水 2 级的标准。另外机车采用 4 个容积均为 400 L的风缸串联作为压缩空气的储存容器，风缸采用车内立式安装。为了满足机车重联功能在机车端部安装了总风重联管软管和平均管软管。

四、控制系统管路

电力机车气动电器所需压缩空气是由控制气路供给的，其中除主断路器由总风缸直接供给外，其余均由调压阀 100 将总风压力调至 500 kPa 送风。韶山型电力机车的控制系统管路可分为正常运用时的总风缸供风，库停后的控制风缸供风、库停后的辅助压缩机供风等三种工作状况。

下面以 SS_4 改型机车为例进行介绍，如图 2-3 所示。

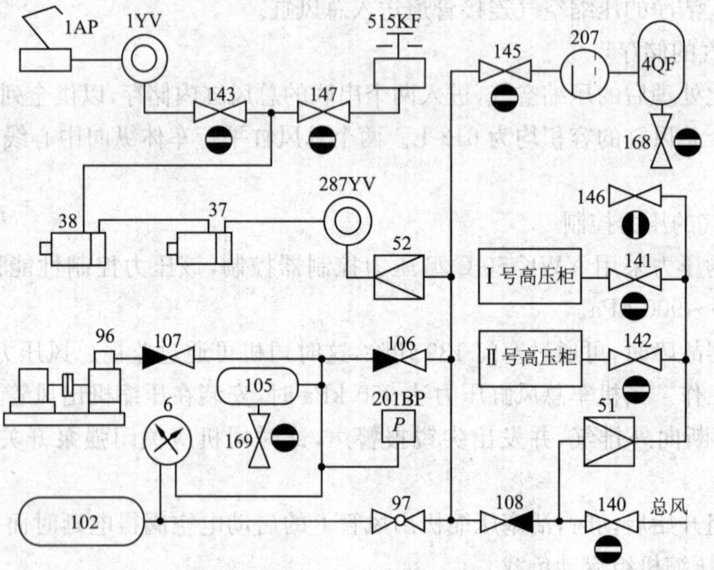

图 2-3　SS_4 改型电力机车控制系统管路原理图

1AP—受电弓；1YV—升弓电空阀；4QF—主断路器；6—双针风表；37、38—门联锁阀；51、52—调压阀；96—辅助压缩机；97—膜板塞门；102—控制风缸；105—辅助风缸；106、107、108—止回阀；140～143、145～147—塞门；168～169—排水塞门；207—分水滤气器；287YV—保护电空阀；515KF—风压继电器；201BP—压力传感器

1. 正常运用时的总风缸供风

机车在正常运用中，是由总风缸向气动电器提供风源。在升弓时，任一高压室或变压器室门没关好，则门联锁不能开放升弓通路。

调压阀51 → 吹扫塞门146（关闭）

调压阀51 → 塞门141、142 → Ⅰ、Ⅱ号高压柜 ← 总风

总风 → 塞门140 → 止回阀108 → 止回阀106（截止）

止回阀108 → 膜板塞门97 → 控制风缸102

止回阀108 → 塞门145 → 分水滤气器207 → 主断路器4QF

止回阀108 → 调压阀52 → 保护电空阀287YV → 门联锁阀37、38

门联锁阀37、38 → 塞门147 → 风压继电器515KF

门联锁阀37、38 → 塞门143 → 升弓电空阀1YV → 受电弓1AP

由于 SS_4 改型机车由两节四轴机车组合而成，其主电路的两侧高压电路（25 kV 电路）经高压连接器互相连通。为保证两节机车的人与高压区的隔离，在门联锁阀后设置了低压继电器 515KF（整定值为 150 kPa），在升弓时，升弓节机车依靠上述原理进行防护，而非升弓节机车的高压室及变压器室各门没关好，压缩空气将被门联锁阀切断，总风不能进入风压继电器 515KF 使其动作，它将切断升弓电路，只有各门关好后，升弓电路才能开通。从而保证了非升弓节机车的人与高压区的隔离。

SS_4 改型机车的风压继电器（450 kPa）安装在主断路器内端，可确保主断路器风缸内风压大于 450 kPa 时，才能闭合分合闸控制电路。

2. 库停后的控制风缸供风

控制风缸容积为 55 L，设置的目的一方面是为了机车正常运用中储存压缩空气，在升弓及分合闸过程中，与总风并联向气动电器供给稳定的压力空气，以避免由于升弓或分合闸操作时引起的压力波动，稳定控制系统管路内的风压；另一方面还用来在机车库停后，储存足够的压缩空气，以便于再次用车时，使用控制风缸的压缩空气进行升弓与合闸操作。

在退乘前，应将控制风缸内压缩空气充至 900 kPa，然后关闭膜板塞门 97，以利机车再次使用时的升弓与合闸操作。

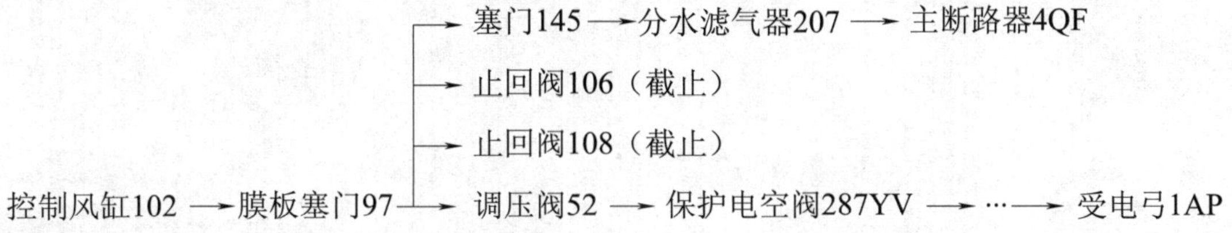

3. 库停后的辅助压缩机供风

机车停放后重新投入使用时，如果总风缸及控制风缸风压均低于升弓与合闸所需压力时，可启用辅助压缩机打风，在要风前应首先关闭膜板塞门 97，切除控制风缸的容积，做好升弓的准备工作，当辅助风缸内压力上升至 600 kPa 左右时，可边打风边升弓及合闸操作，完毕后，应立即启动主压缩机组打风，待总风缸压力大于 450 kPa 后，停止辅助压缩机的运转。

辅助风缸一方面有稳定，储存压缩空气的作用，另一方面又对辅助压缩机产生的压缩空气进行冷却，为此每次使用辅助压缩机后，应打开辅助压缩风缸下面的排水阀 169 排水。

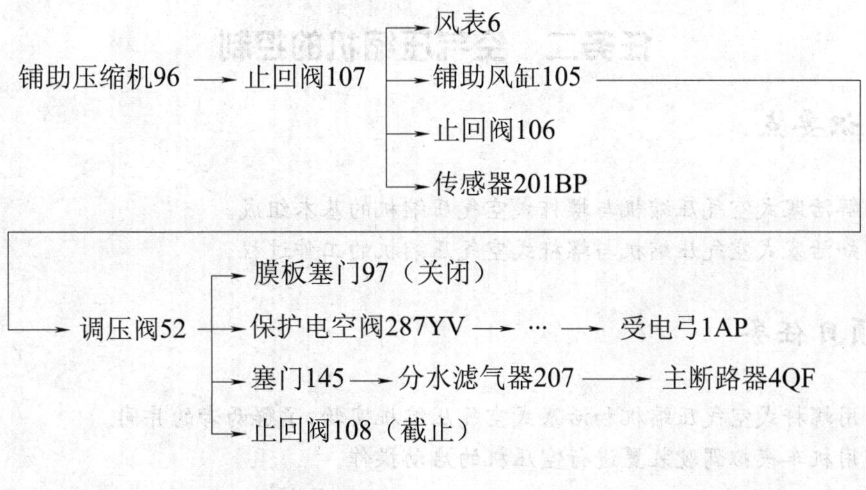

实践与训练

学习工作单

工作单	风源系统的认知		
任　务	熟悉风源系统的组成及控制过程；熟知风源系统的作用		
班　级		姓　名	
学习小组		工作时间	
【知识认知】 1. 归纳总结风源系统的组成及作用 2. 熟练掌握风源系统的控制过程			
【能力训练】			
利用电力机车模拟驾驶装置进行空压机的起机和关机操作，并绘制出 SS_4 改型电力机车风源系统的管路控制原理图			
任务学习其他说明或建议：			
指导老师评语：			
任务完成人签字：　日期：　年　月　日 指导老师签字：　日期：　年　月　日			

任务二　空气压缩机的控制

知识要点

1. 了解活塞式空气压缩机与螺杆式空气压缩机的基本组成。
2. 熟知活塞式空气压缩机与螺杆式空气压缩机的工作过程。

项目任务

1. 利用螺杆式空气压缩机和活塞式空气压缩机实物，了解两者的异同。
2. 利用机车模拟驾驶装置进行空压机的启动操作。

任务准备

1. 所需设备:电力机车模拟驾驶装置、活塞式空气压缩机、螺杆式空气压缩机、空气干燥器、储风缸、安全阀、压力表、塞门、止回阀、空气管路。

2. 所需物品:专用工具箱、教学模型、多媒体教学课件、干净抹布、手电、参考资料、学习工作单。

相关理论知识

一、活塞式空气压缩机

SS_4 型机车上采用的是 4VF-3/9 型空气压缩机,它是 V 型排列,四缸、两级压缩、风冷活塞式空气压缩机。SS_4 改型电力机车采用的 VF-3/9 型空气压缩机,为四缸、V 形排列、中间冷却、两级压缩、活塞式空气压缩机(排气量为 3.0 m^3/min)。能满足牵引 5 000 t 以上长大货物列车的要求。

(一)主要技术参数

压缩级数………………………………………………………… 2

高压缸数………………………………………………………… 2

低压缸数………………………………………………………… 2

高压活塞缸径×行程…………………………………… (90×100) mm

低压活塞缸径×行程 ………………………………… (160×100) mm

转速 …………………………………………………………… 980 r/min

轴功率 …………………………………………………………… ≤21 kW

排气压力………………………………………………………… 900 kPa

排气量 ……………………………………………………………… 3 m^3/min

油泵压力 ……………………………………………… (150～350) kPa

(二)活塞式空气压缩机的结构

以 VF-3/9 型空气压缩机为例,其结构包括运动机构、空气压缩系统、冷却系统及润滑系统等组成部分,如图 2-4 所示。

原动机通过联轴器直接传动,使压缩机按顺时针方向转动(从电机端看)。曲轴为双支点结构,通过轴承座和轴承盖上的一对球轴承安装在机体的两端主轴孔上,中间双拐上各装有一对一、二级活塞连杆机构。曲轴推动连杆,连杆通过活塞销推动活塞,曲轴的旋转运动产生活塞的往复运动。

气缸盖、气缸头与气缸体通过长螺栓压紧在机体上,气缸盖的进排气腔分别与气阀的进排气阀相通。中冷器横跨在低压缸与高压缸间,经连接管一端与一级排气阀室相连接,另一端与二级进气阀室相接。

各运动部件通过装在曲轴前端的油泵产生的压力油获得强迫润滑。曲轴轴伸端上的飞轮上装有离心风扇,冷却风经导风罩及蜗壳使气缸、缸头、中冷器及机体得到冷却。机体下部润滑油位置由油标显示。吸风筒与消音器为组合部件,布置在 V 形排列的气缸中间。

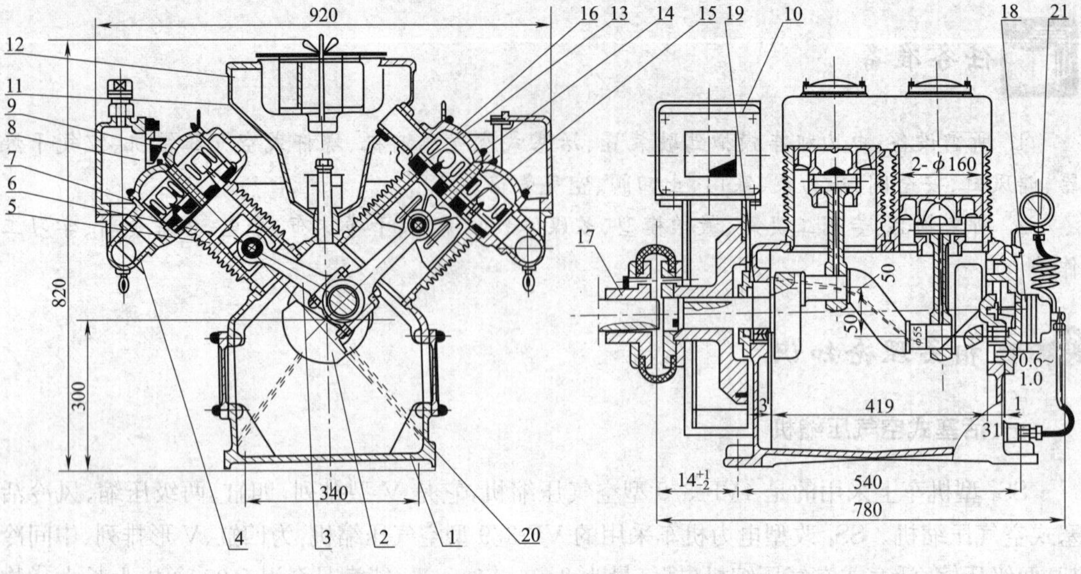

图 2-4　VF-3/9 型空气压缩机结构简图

1—机体；2—曲轴；3—连杆；4—气管；5—二级气缸；6—二级活塞；7—二级气阀；8—中冷器；9—气缸盖；10—导风罩；11—空滤器；12—消声器；13—一级气缸；14—一级活塞；15—一级气阀；16—气缸盖；17—联轴器；18—油泵；19—轴承；20—铜套；21—油压表

1. 运动机构

运动机构主要包括曲轴、连杆及活塞等。曲轴采用 QT600—3 球墨铸铁制成。曲轴为双支点结构，通过轴承座和轴承盖上的一对球轴承安装在机体两端的主轴孔上，中间两曲拐上各安装有一对一、二级活塞连杆机构。连杆采用 QT450—10 球墨铸铁制成。低压气缸活塞采用轻型活塞结构，材料为 ZL108，活塞上部第一道环为密封环，第二道环为扭曲环，第三道环为刮油环。高压气缸活塞采用 HT200 铸铁制造，为筒形活塞结构，第一、二道环为密封环，第三道环为扭曲环，第四道环为刮油环。

2. 空气压缩系统

空气压缩系统主要包括气阀、气缸、滤清器等。气阀分为进气阀与排气阀两种，均采用环状阀结构。低压气缸和高压气缸均安装有进气阀和排气阀。安装时，气阀螺钉必须拧紧，止退垫必须锁牢。滤清器采用汽车空滤器纸质滤芯，采用与消声器结合的结构。

3. 润滑系统

VF-3/9 型空气压缩机的曲轴、连杆及活塞等主要部件采用压力式润滑。油泵供给压力油从曲柄拐颈油孔溢出，润滑曲拐和连杆瓦后，进入连杆体油孔到小头衬套，润滑活塞销和小头衬套。气缸壁和活塞环等部件采用飞溅式润滑。油泵采用齿轮泵，安装在轴承座外侧，油从机体底部，经滤油器吸入油泵，并在油泵出油道路上装有油压表和调压阀。

4. 冷却系统

冷却包括一、二级压缩之间的空气冷却（压力空气进入集气箱进行冷却）和机体、气缸、缸头等受热体的冷却（利用风扇进行冷却）。

（三）活塞式空气压缩机的工作原理

当活塞往下运动时，气缸容积增大，压力减小，吸气阀在大气作用下被打开，空气经消音器和吸气阀进入气缸；活塞往上运动时，气缸容积变小，压力升高，吸气阀自动关闭，不再吸气，同时排气阀开启，高压空气经排气阀流入排气管道，再经二级活塞的往复运动，产生吸气、压缩、排气过程，使压缩空气进入总风缸。

当低压气缸活塞往下运动时，气缸容积增大，压力减小，进气阀在大气压力作用下被打开，空气经消音器和进气阀进入气缸；当活塞往上运动时，气缸容积缩小，压力升高，进气阀自动关闭不再吸气，随着活塞继续往上运动，气缸内空气压力不断升高，当压力高于排气阀弹簧力和排气管道中压力空气所产生背压的合力时，排气阀开启，经一级压缩的空气排入集气箱；经过冷却的压力空气进入高压气缸，进行二级压缩（其过程同上），然后排入机车总风缸。如此周而复始，外界大气不断吸进空气压缩机低、高压气缸，又不断被压缩，源源不断地进入总风缸，使机车总风缸中的空气压力逐渐升高。

二、螺杆式空气压缩机

（一）TSA-230AD 型螺杆压缩机结构

TSA-230AD 系列空气压缩机是 SS_9 型机车独立通风机车专门开发的下排风式螺杆压缩机，其主要特点是效率高、震动小、噪声低、转动平稳、可靠性好、易损件少、维修成本低。其外形如图 2-5 所示。

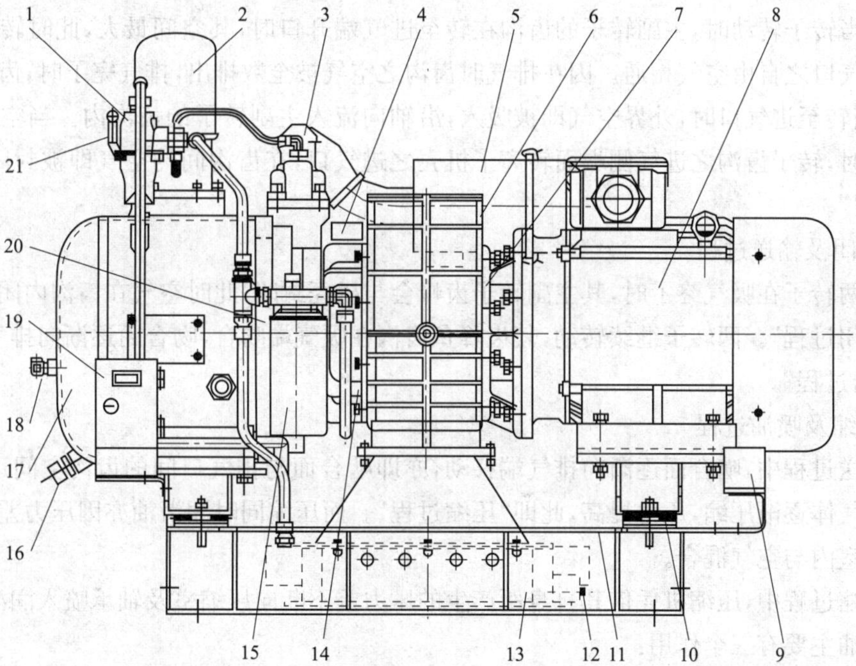

图 2-5 TSA-230AD 系列压缩机结构

1—温控阀；2—油细分离器；3—进气阀；4—压力开关；5—空气滤清器；6—蜗壳；7—中托架；8—电机；
9—输气接口；10—减震器；11—共用底座；12—冷却器卸油口；13—冷却器；14—风机后盖；15—油过滤器；
16—卸油阀；17—油气筒；18—温度开关；19—电控箱；20—螺杆组；21—安全阀

（二）TSA-230AD 型螺杆压缩机工作原理

TSA-230AD 系列空气压缩机是一种双轴回转容积式压缩机，电机通过联轴器直接驱动缩机转子，转子为两个互相啮合的螺杆，具有非对称的啮合型面，并在一个铸铁壳体内旋转，其压缩原理为四个过程，如图 2-6 所示。

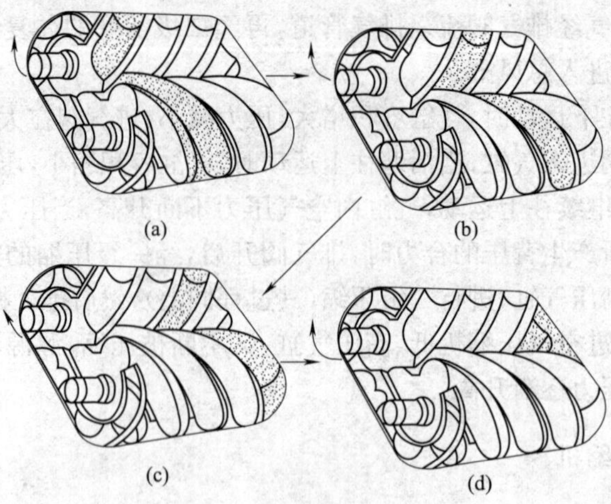

图 2-6　一个齿槽容积的工作过程

(a)吸气终了;(b)压缩;(c)压缩终了;(d)排出气体

1. 吸气过程

螺杆组的进气侧吸气口,必须设计成压缩机可以充分吸气,而螺杆式压缩机并无进气与排气阀组。当转子转动时,主副转子的齿沟在转至进气端开口时,其空间最大,此时转子的齿沟空间与进气口之自由空气相通。因在排气时齿沟之空气被全数排出,排气完了时,齿沟处于真空状态;当转至进气口时,外界空气即被吸入,沿轴向流入主副转子的齿沟内。当空气充满了整个齿沟时,转子齿沟之进气侧端面转离了机壳之进气口,在齿沟间的空气即被封闭,以上为"进气过程"。

2. 封闭及输送过程

主副两转子在吸气终了时,其主副转子齿峰会与机壳封闭,此时空气在齿沟内闭封不再外流,即"封闭过程"。两转子继续转动,其齿峰鱼齿沟在吸气端吻合,吻合而逐渐向排气端移动,此即"输送过程"。

3. 压缩及喷油过程

在输送过程中,啮合面逐渐向排气端移动,亦即啮合面与排气口间的齿沟空间逐渐减小,齿沟内之气体逐渐压缩,压力提高,此即"压缩过程"。而压缩同时润滑油亦因压力差的作用而喷入压缩室内与空气混合。

在压缩过程中,压缩机凭借其自身所产生的压力差不断向压缩室及轴承喷入润滑油。

润滑油主要有三个作用:

(1)润滑作用:润滑油可以在转子之间形成油膜,避免了转子间的接触,减少摩擦。

(2)密封作用:润滑油产生的油膜能对压缩空气起到密封作用,提高了压缩机的容积效率。

(3)冷却作用:由于润滑油吸收了大量的压缩热,使压缩过程接近于等温压缩,降低了压缩机的比功率。

另外润滑油还能降低高频压缩机产生的噪声。

4. 排气过程。

当转子的压缩气腔(齿沟)转到与机壳排气口相通时(此时压缩气体之压力最高),被压缩的气体开始排出,直至齿沟的啮合面移至排气端面,此时两转子的啮合面与机壳排气口间之齿沟空间为零，即完成“排气过程”，与此同时，转子之啮合面与机壳进气口之间的齿沟长度又达到最长，其吸气过程又在进行。

任务实施

一、活塞式空气压缩机检修

（一）检修设备、工具、仪器（仪表）、材料

1. 主要设备和工具

空气压缩机试验台、专用检修台、电磁探伤仪、常用钳工工具、拔轴器、顶针、卡环钳、活塞环卡钳、扭力扳手、油盘、平台、油石、刮刀、百分表、量缸表、内外径千分尺、游标卡尺、塞尺、转速表。

2. 主要材料

铅丝（ϕ2 mm）、水磨纱布、00 号纱布、白布、压缩机润滑油、汽油、清洗剂、耐油橡胶（1～2 mm）、橡胶石棉垫（1～2 mm）成品、ϕ1 mm 钢丝、风缸干垫成品、进出风阀垫成品、120 目/英寸黄铜丝网、深灰醇酸磁漆、研磨膏、擦铜油、红丹粉。

（二）活塞式空气压缩机的检修标准

1. 机体、缸盖、连杆、曲轴、活塞、活塞销、散热器、一二级连接管、自冷风扇体等不许有裂损及变形。机体、轴承孔处的裂纹禁止焊修。曲轴、连杆进行探伤。活塞、缸壁及曲轴颈的拉伤不许超限。

2. 气阀状态良好、阀片、弹簧及其他零件，不得有锈蚀、过热、变形、积炭、裂损。

3. 低压安全阀各部件不得有裂损及漏风，整定值符合限度规定。

4. 齿轮油泵状态良好，过滤网完整，压力表显示正确，油管、油堵、接头等不得漏油，油路畅通，定期检修润滑油符合技术要求。吸风筒、滤清器、滤芯完好清洁。

5. 轴承不许有裂纹、剥离，保持架、联轴器及其橡胶件完好。

6. 缸径磨耗量，活塞与缸壁的间隙、曲轴颈与轴瓦间隙均须符合限度规定。

7. 活塞销与连杆、活塞与缸壁的接触面、高低压活塞环合口间隙、活塞环与活塞槽的间隙均符合限度规定。

8. 连轴器的组装同轴度须符合限度规定。

（三）活塞式空气压缩机检修后试验

1. 磨合试验

时间不少于 90 min，磨合中不得有异音、异常振动和漏油现象，转速达到额定转速时，油压应稳定在 150～500 kPa，磨合期后期活塞顶部不许有喷油现象，但活塞周围允许有少量渗油。

2. 风量试验

当转速为额定转速时，使 400 L 的储风缸内压力由 0 升至 900 kPa 所需时间不得大于 77 s，或在机车单节上，一组空气压缩机对总风缸充风，压力由 0 升至 900 kPa 所需时间应符合限度要求。

3. 泄漏试验

在试验台上使储风缸达到 900 kPa，空气压缩机停止转动，由于气阀的泄漏在 10 min 内压

力下降不得超过 100 kPa。

4. 温度试验

空气压缩机在额定转速和 900 kPa 压力下，连续运转 30 min，排气口温度不大于 190 ℃，曲轴箱温度不超过 60 ℃。

二、活塞式空气压缩机的维护与保养

1. 应经常检查润滑油油位及时补充润滑油。
2. 每班在空气压缩机起动后检查润滑油压力应在 150～350 kPa 范围之内。
3. 新空气压缩机运转 50 h 后需更换全部润滑油，以后每运转 500 h 更新全部润滑油。
4. 每运转 500 h 检查并更换消声器中纸质滤芯，检查并清洗气阀和滤油器，对易损零件片阀、弹簧、活塞环应及时更换。
5. 每运转 1 000 h 检查和清洗油泵。
6. 每班应开启中间冷却器的排水阀两次。
7. 润滑油应采用 N68、N100 号压缩机油或者 13#（冬季）、19#（夏季）压缩机油。
8. 应定期检查空气压缩机上的螺栓、螺母等紧固件有无松动，检查各处是否存在漏泄，并定期校验检查油泵油压表。

三、TSA-230AD 型螺杆压缩机系统流程及部件维护

TSA-230AD 系列压缩机系统包括空气系统、润滑油系统和冷却系统，图 2-7 为 TSA-230AD 系列系统流程详图。

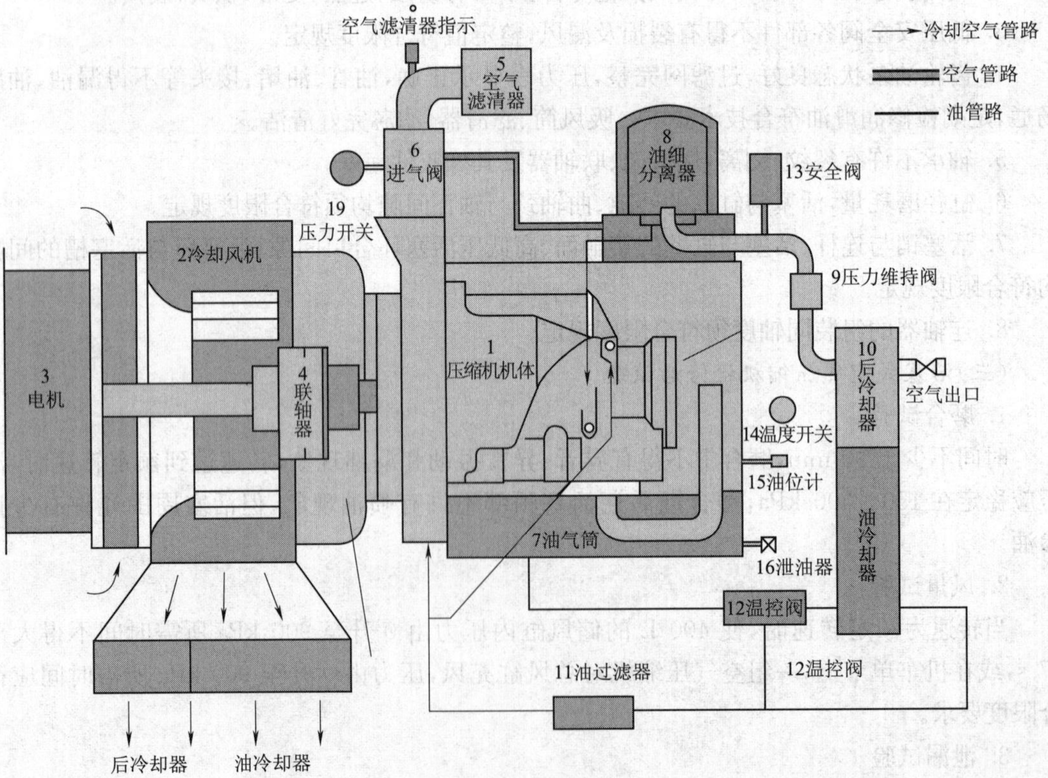

图 2-7 TSA-230AD 系统流程详图

(一)空气系统流程及部件维护

1. 空气系统流程

空气系统由空气滤清器、进气阀、油气筒、油细分离器、压力维持阀和后部冷却器组成。

空气由空气滤清器 5 滤去尘埃后,再由进气阀 6 进入主压缩室压缩,并与润滑油混合。与油混合之压缩空气由压缩机排至油气筒 7,经油细分离器 8、压力维持阀 9 及后冷却器 10 之后送入使用系统中。

2. 主气源通路中各组件功能及维护

(1)空气滤清器

空气滤清器为一干式纸质过滤器,过滤纸细孔度约为 10 μm 左右。空气滤清器座上装有一真空指示器。指示器显示红色或箭头指向 3.7 kPa 时应清洁滤清器和倒掉后盖内尘土,清除的办法为使用低压空气将尘埃由内向外吹出,若发现滤纸破损,则应更换。重新装上空滤器后,按下指示顶端的复位按钮复位。

(2)进气阀

进气阀专门用于间歇工作的螺栓式空压机,主要有两部分组成:

①进气止回阀

当空压机停机时,在弹簧力的作用下,阀板被迅速推向阀座,关闭进气通道;防止从油气筒回流至进气阀的含油空气排入大气。同时也能避免因压缩空气倒流造成空压机转子反转。

②卸压阀

当压缩机停机后,该阀能在很短时间(约 14 s)内将油桶内压力卸至 300 kPa 以下,以保证空压机在低负荷下再次起动,有利于电机的正常工作。

(3)温度开关

在失油、油量不足、冷却不良等情况下,均可能导致排气温度过高。当排气温度达到温度开关所设定之温度值时,则温度开关断开而停机。温度开关设定在(105±5)℃,在出厂前已调好,请勿随意调整。检查温度开关时,拔下温度开关上的电线护套,用电阻表测量温度开关两接线柱间的电阻,在温度没有达到(105±5)℃时,该电阻应为 0。

(4)油气筒

油气筒筒侧装有视油镜,空压机停机 5 min 后观察,润滑油油位应在视油镜的上限与下限之间。油气筒下方装有泄油阀,应在机车每次出库前略微打开泄油阀以排除油气筒内的凝结水,筒上方装有 Rp1 之加油孔可供加油用。由于油气筒之宽大截面,可使压缩空气流速减小,油滴分离,此为第一段之除油。

(5)油细分离器

油细分离器滤芯是用多层细密玻璃纤维制成,压缩空气中所含雾状油气经过油细分离器几乎可被完全滤去,油颗粒大小控制在 0.1 μm 以下,排气含油量则可低于 5×10^{-6}。正常运转下,油细分离器可使用约 2 000～3 000 工作小时。

(6)安全网

当机车上的主风缸压力开关调节不当或失灵而致使油气筒内压力比额定排气压力高出 200 kPa 以上时,安全阀即会自动起跳而泄压,使压力降至设定的排气压力以下。安全阀于出厂前已经过整定[设定在(1 110±40)kPa],因此不能随意调整。检查安全阀的方法是在压缩机满载工作时(880～900 kPa),轻拉安全阀上方的拉环,若此时安全阀能向外排气,则视为正常。

(7)压力维持阀

位于油气筒上方油细分离器出口处,开启压力设定于(600±50)kPa 左右。压力维持阀的功能主要为:

①启动时优先建立起润滑油的循环压力,确保机器的润滑。

②压力超过(600±50)kPa 之后方行开启,可降低流过油细分离器的空气流速,除确保油细分离效果之外,并可保护油细分离器避免压差太大而受损。

③止回功能:当停机后油气筒内压力下降时,防止主风缸内压缩空气回流。

(8)压力开关

压力开关受进气阀阀座内压力控制,压缩机停机后,油气筒内压力立即传至进气阀阀座内,当压力超过 400 kPa 时,压力开关断开。随着油气筒内的压力被卸压阀快速卸除,进气阀阀座内压力也降低,当压力降至 300 kPa 时,压力开关恢复接通,此时压缩机才能再次启动,保证了电动机在低负载下启动,压缩机再次启动的最短时间间隔为 14 s。压缩机运行时,进气阀腔内压力低于大气压力,压力开关处于接通状态。

(9)后冷却器

用叶轮将冷空气抽入,通过后冷却器冷却压缩空气,将排气温度控制在环境温度+15 ℃以下。

(二)润滑油系统流程及部件维护

1. 润滑油系统流程

润滑油系统由油细分离器、温控阀、油冷却器和油过滤器等组成。由于油气筒内之压力,润滑油从筒内流出,经过温控阀口和油冷却器,进入油过滤器,经由过滤器后分成两路,一路由机体下部喷入压缩室,冷却压缩空气,一路通到机体两端,润滑轴承组。而后汇集于压缩机室底部,随压缩空气一起又进入油气筒。

2. 油路上各组件功能及维护

(1)油冷却器

油冷却器之翅片易受灰尘覆盖而影响冷却效果,可能导致排气温度高而停机。因此每隔一段时间即应对其进行清洗以确保其冷却效果。

(2)油过滤器

油过滤器是一种纸质的过滤器,其功能为除去油中之杂质,如:金属微粒、油之恶化物等。对轴承及转子有完善的保护作用。当油过滤器的保养指示为红色时,应更换该油过滤器。

若油过滤器未及时更换则可能导致进油量不足,造成排气温度升高,以至停机;同时油量不足会影响轴承的使用寿命。在更换油过滤器时,须使用专用工具链钳或带钳,夹住黑色滤筒上方的白色金属环,按顺时针方向旋转,拆下旧的油过滤器滤筒。在装上新的滤筒之后,油过滤器指示会自动复位。

(3)油细分离器

油细分离器出口装有安全阀、压力维持阀,压缩空气由压力维持阀引出,通至冷却器。油细分离器滤下的油集中于其中央的小圆槽内,再由回油管回流至机体进口侧,可避免已被过滤的润滑油再随空气排出。

在更换油细分离器时,须使用专用工具链钳或带钳,夹住油细分离器的白色金属环按逆时针方向旋转,拆下旧的油细分离器,使用新油细分离器后再用专用工具以相反的方向旋紧替换的新件。

(4)温控阀

油冷却器前装有一温控阀，其功能是维持排气温度在压力露点温度以上，避免空气中的水汽在油气筒内凝结而乳化润滑油。刚开机时，润滑油温度低，此时温控阀会自动开启通往机体的油路，油不经过油冷却器而进入机体内。若油温升高到 76 ℃以上，则温控阀逐渐打开至油冷却器的通路，至 85 ℃时全开，此时油会全部经过冷却器再进入机体内。

实践与训练

学习工作单

<table>
<tr><td>工 作 单</td><td colspan="3">空气压缩机的控制</td></tr>
<tr><td>任　　务</td><td colspan="3">熟悉风源系统的组成及控制过程；熟知风源系统的作用</td></tr>
<tr><td>班　　级</td><td></td><td>姓　　名</td><td></td></tr>
<tr><td>学习小组</td><td></td><td>工作时间</td><td></td></tr>
<tr><td colspan="4">【知识认知】</td></tr>
<tr><td colspan="4">1. 了解活塞式空气压缩机与螺杆式空气压缩机的基本组成
2. 熟知活塞式空气压缩机与螺杆式空气压缩机的工作过程</td></tr>
<tr><td colspan="4">【能力训练】</td></tr>
<tr><td colspan="4">利用螺杆式空气压缩机和活塞式空气压缩机实物，了解两者的异同</td></tr>
<tr><td colspan="4">任务学习其他说明或建议：</td></tr>
<tr><td colspan="4">指导老师评语：</td></tr>
<tr><td colspan="4">任务完成人签字：　　日期：　年　月　日
指导老师签字：　　日期：　年　月　日</td></tr>
</table>

任务三　压力控制器的控制

知识要点

1. 了解 YWK-50-C 型压力控制器的基本组成。
2. 熟知 YWK-50-C 型压力控制器的工作原理。
3. 掌握压力控制器的调整过程。

项目任务

1. 完成压力控制器进行高压调整。

2. 完成压力控制器进行低压调整。

任务准备

1. 所需设备：电力机车模拟驾驶装置、空气压缩机、压力控制器、储风缸、安全阀、压力表、塞门、止回阀、空气管路。

2. 所需物品：专用工具箱、教学模型、多媒体教学课件、干净抹布、手电、参考资料、学习工作单。

相关理论知识

为了控制空气压缩机的运转，使总风缸内经常保持一定范围的压力，在总风缸与空气压缩机之间的管路上，装有压力调节器(调压器)。当总风缸压力达到规定值时，压力调节器通过压力空气切断电源，使空气压缩机停止运转。当总风缸内的压力空气降低到一定值时，压力控制器又接通电源。使空气压缩机恢复运转。

一、压力控制器的主要技术参数

触头容量 ……………………………………… 3 A(AC 380 V)或 2.5 A(DC 220 V)

机械寿命 …………………………………… 10^5 次

最小切换差 ……………………………… ≤70 kPa

最大切换差……………………………… ≥250 kPa

重复性误差 ……………………………… ±40 kPa

设定性误差 ……………………………… ±40 kPa

压力控制范围 ………………………… 0～1 000 kPa

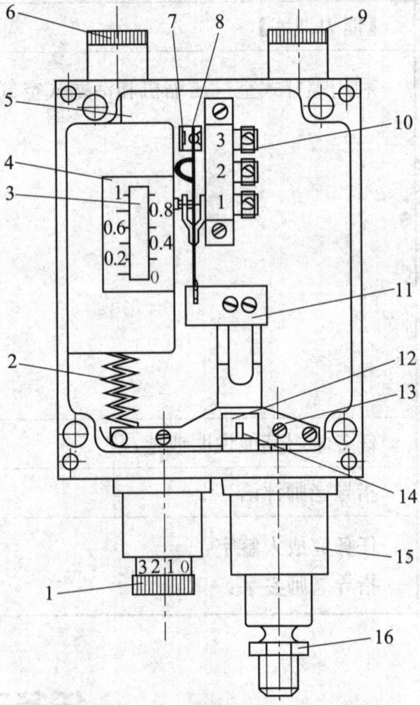

图 2-8　YWK-50 型压力控制器结构示意图

1—切换差旋钮；2—调节弹簧；3—指针；4—标尺；5—调节杆；6—锁紧螺帽；7—静触头；8—动触头；9—出线套；10—接线端子；11—拨臂；12—刀支架；13—杠杆；14—刀；15—波纹管室；16—接头

二、压力控制器的结构

如图 2-8 所示，YWK-50-C 型压力控制器有切换差旋钮、调解弹簧、指针、标尺、调节杆、静触头、动触头、接线端子、拨臂、刀支架、杠杆、刀、波纹管室、接头等组成。

三、压力控制器的作用原理

当总风缸内的压力空气为 0 或很低时，总风缸内的压力空气进入波纹管内(以刀为支点)，拨臂向右，使微动开关触头闭合接通空气压缩机电路。

当总风缸内的压力空气达到 900 kPa 时(波纹管内的压力达到 900 kPa 时),波纹管压缩,顶针向上,以刀为支点,杠杆的右端向上,带动拨臂向左移动,使微动开关的触头断开。断开空气压缩机电路空气压缩机停止运转。

任务实施

一、压力控制器的安装

1. 打开表盖,将压力控制器垂直安装在安装板上,严禁用手拨动或用工具碰撞拨臂,以防改变性能。

2. 旋下接头,将外径为 6 mm 的金属导压管的一端锡焊于接头体上,然后旋紧接头,使连接管密封,将被控压力空气经导压管导入波纹管室。

3. 将导线连结在接线端子上。如果被控压力空气的压力需下降至下限设定值时,电路切换连通,应接 1 和 3 点;否则应接 1 和 2 点。机车上使用的压力控制器,导线应接 1 和 3 点。

4. 复查安装是否妥贴,装好表盖,接通电源。

5. 取下锁紧螺帽,用一字螺丝刀旋动调节杆,使指针指在所需控制的下限设定值,然后拧紧锁紧螺帽。

6. 用手旋动切换差旋钮以获得需要的切换差,即被控压力空气的压力上限设定值。

二、压力控制器的调整

欲控制总风缸内压缩空气的压力保持在 750～900 kPa 的范围内,应先接通压缩机电机的工作电源,并开通总风缸与波纹管室的气路。

首先旋动调解杆,使指针指示 750 kPa,然后闭合司机台面上的压缩机按键,这时压缩机组启动,总风压力上升,当压缩机组停机后,设法降低总风压力,并反复旋动调解杆,使压缩机组准确在总风压力为(750±20) kPa 时启动,在反复旋动切换差旋钮,使压缩机组准确在总风压力为(900±20) kPa 时停机。经反复调整,即可控制总风缸内压力保持在 750～900 kPa 的范围内。

三、调整注意事项

1. 切换差旋钮上的数字以及调节杆和指针在标尺牌上数值仅表示上,下限设定切换值的大小而非实际值,实际值由标准压力表(即司机室内总风压力表)读取。

2. 若欲控制压力空气不超过某一给定的压力范围,应先调下限设定值(调整调节杆使指针在该压力值上),后调上限设定值(调整切换差旋钮,使压力上升至该压力值时开关切换)。

3. 根据压力控制器的使用情况,进行定期校对调整。

实践与训练

学习工作单

工 作 单	压力控制器的控制		
任　　务	熟悉风源系统的组成及控制过程;熟知风源系统的作用		
班　　级		姓　　名	
学习小组		工作时间	
【知识认知】			
1. 了解 YWK-50-C 型压力控制器的基本组成 2. 熟知 YWK-50-C 型压力控制器的的工作原理			
【能力训练】			
利用压力控制器和模拟驾驶装置,完成压力控制器的调整			
任务学习其他说明或建议:			
指导老师评语:			
任务完成人签字:　　日期:　　年　　月　　日 指导老师签字:　　日期:　　年　　月　　日			

任务四　空气干燥器的控制

知识要点

1. 熟悉空气干燥器的组成及控制过程。
2. 熟知空气干燥器的作用。

项目任务

1. 画出空气干燥器再生作用流程图。
2. 比较单塔式空气干燥器与双塔式空气干燥器的作用。

任务准备

1. 所需设备：电力机车模拟驾驶装置、空气压缩机、空气干燥器、储风缸、安全阀、压力表、塞门、止回阀、空气管路。

2. 所需物品：专用工具箱、教学模型、多媒体教学课件、干净抹布、手电、参考资料、学习工作单。

相关理论知识

空气干燥器分为双塔式和单塔式。

一、单塔式空气干燥器

DJKG-A 型空气干燥器为单塔式，即只有一个装有吸附剂的干燥筒和一个滤清筒。SS_4 改型电力机车采用 DJKG-A 型空气干燥器来处理压力空气。空气干燥器是利用干燥剂吸收压力空气中的水分并周期地将干燥剂中的水分除去并附有滤清装置的组合设备。

当机车主空气压缩机工作时，干燥器产生吸附作用；当空气压缩机停止运转时，干燥器即自动产生再生作用。由于其结构和作用的关系，该装置要求主空气压缩机间歇工作，不能长时间连续工作，否则干燥筒内的吸附剂将无法再生，最终失去干燥能力。

1. 主要部件的构造和作用

DJKG-A 型空气干燥器由滤清筒、干燥筒、再生风缸、电动排泄阀、截断塞门、消音器以及电动排泄阀防冻装置和连接钢管等组成，除消音器外，所有部件均安装在一个钢架上，构成了一个完善的“空气处理中心”。DJKG-A 型空气干燥器是一种单塔无热再生空气干燥器。其工作流程图如图 2-9 所示。

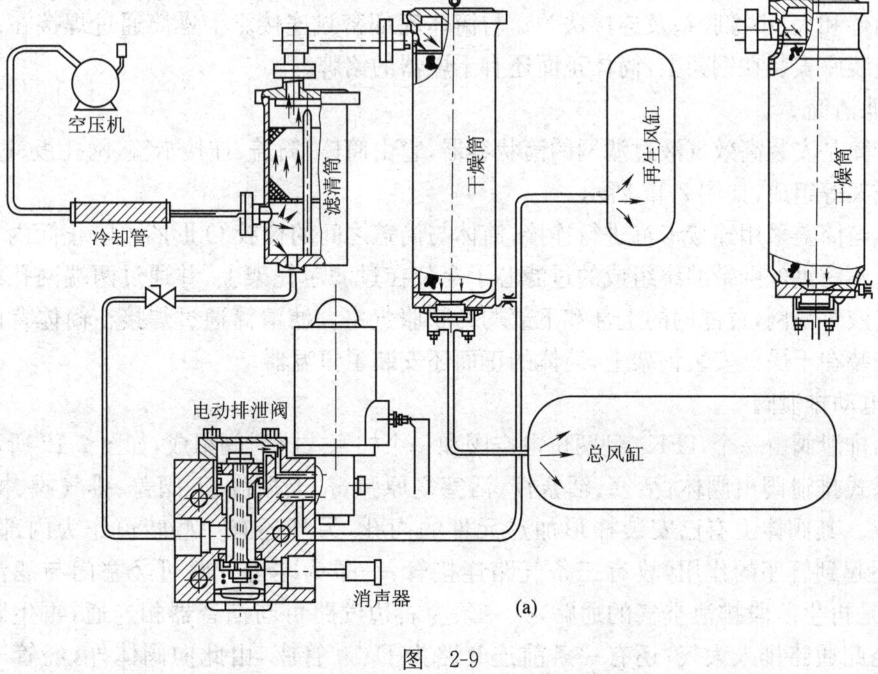

(a)

图　2-9

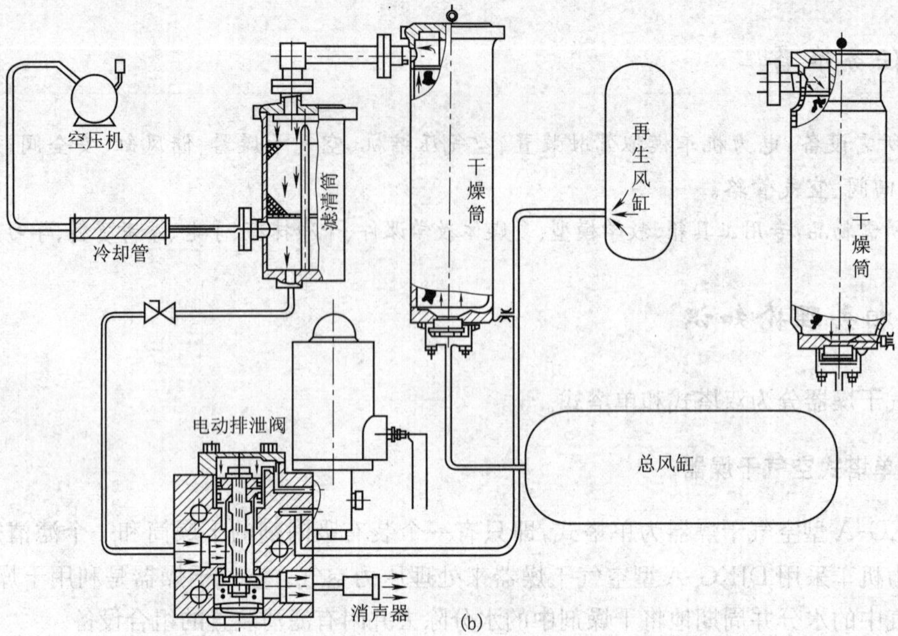

图 2-9　空气干燥器工作流程图

(a)干燥作用流程图;(b)再生作用流程图

(1)干燥筒

干燥筒是盛装吸附剂的筒状容器,它由筒体、筒盖、连接卡箍、压紧弹簧、橡胶 O 形圈、上滤网、支架、吸附剂、止回阀、大橡胶垫、小橡胶垫、连接法兰盘等组成,如图 2-10 所示。

筒体与筒盖采用连接卡箍进行连接,筒体与筒盖之间的橡胶 O 形圈可防止筒内压力空气外泄。下滤网通过支架安装在筒体下部,在上、下滤网间填满了吸附剂,安装在上滤网上部的压紧弹簧,可将吸附剂压紧,防止吸附剂在工作过程中移动。止回阀安装在连接法兰盘内部,通过紧固件和大、小橡胶垫及连接法兰盘与筒体底部密封连接。干燥筒通过焊接在筒体背面的两个安装座安装在钢架上,筒体正面还有干燥器的铭牌。

(2)滤清筒

滤清筒是安装高效气液过滤网的筒状容器,它由筒体、筒盖、连接卡箍、网孔板、过滤芯子、过滤芯托架等组成,如图 2-11 所示。

筒体与筒盖采用连接卡箍进行连接,筒体与筒盖之间的橡胶 O 形圈可防止筒内压力空气外泄。由不锈钢丝网带缠绕组成的过滤芯子穿装在过滤芯托架上,并通过两端网孔板夹紧组成高效气液过滤网,过滤网的上部和下部均为膨胀气室。滤清筒通过焊接在筒体背面的两个安装座安装在干燥器安装钢架上,筒体的正面还安装了恒温器。

(3)电动排泄阀

电动排泄阀由一个 TFK_{1B}型两位电空阀和一个柱塞式排泄阀组成,如图 2-12 所示。

柱塞式排泄阀由阀体、活塞、活塞杆、活塞复原弹簧、上端盖、下阀盖、排气阀、橡胶 O 形圈等组成。其阀体上有已安装棒形加热元件的内孔,另外还有一些暗道作为内部气路,由于阀体还起到管座的作用,故有三条气路连接管:一条为左边气路可经塞门与滤清筒底部相连通,是再生阶段排泄空气的通路,另一条为右边气路可与消音器相连通,再生阶段的排泄空气经此通路排入大气;还有一条前连气路为 Dg10 管座,由此向阀体外,经管子与再生风缸相通，并经阀体内暗道、电空阀、阀体暗气路、上盖与活塞的上气室沟通，这是控制活塞动作的空气通路。

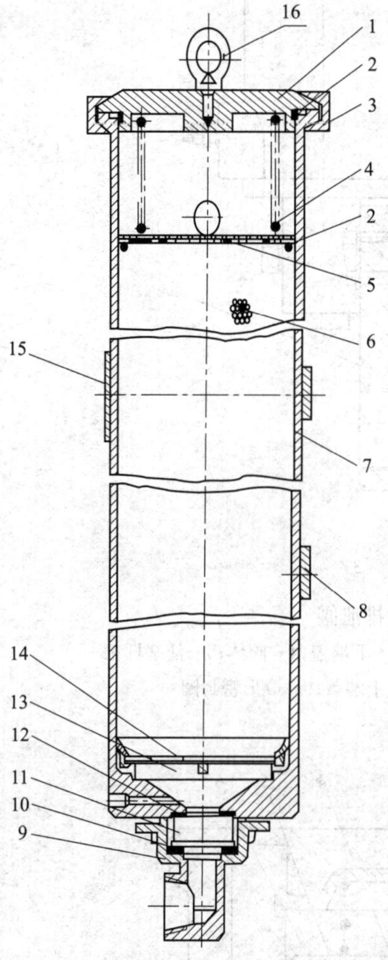

图 2-10　干燥筒

1—筒盖；2—橡胶 O 形圈；3—连接卡箍；4—压紧弹簧；5—上滤网；6—吸附剂；7—筒体；8—安装座；9—连接法兰盘；10—大橡胶垫；11—止回阀；12—小橡胶垫；13—支架；14—下滤网；15—铭牌；16—吊环

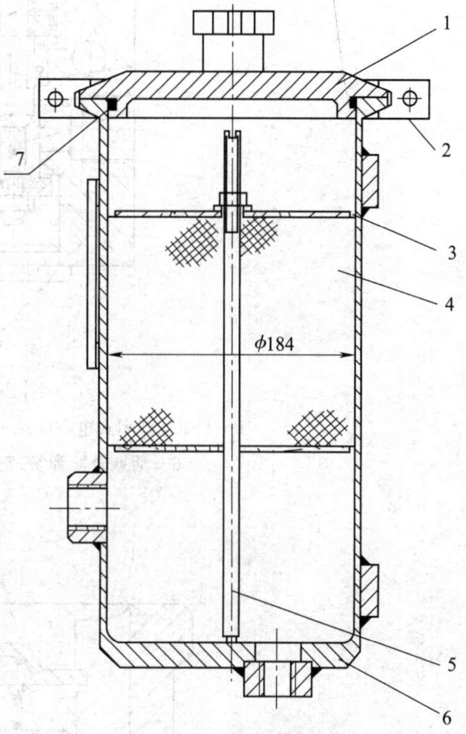

图 2-11　滤清筒

1—筒盖；2—连接卡箍；3—过滤芯子；4—网孔板；5—过滤芯子托架；6—筒体；7—O 形密封圈

(4)止回阀

止回阀用法兰盘固定在干燥筒的底部，其结构如图 2-13 所示（图示位置与实际安装位置相差 180°）。

通过干燥筒的干燥空气，推开止回阀阀片，从止回阀内侧的气路输入总风缸。当止回阀阀片上、下侧的压力均衡时，在弹簧的作用下，止回阀片关闭阀口。当总风缸内压力低于干燥筒侧压力时，止回阀又开启。

(5)消声器

消声器是为了消除干燥器在再生阶段排气时产生的尖锐刺耳的噪声而设置的。消声器内的填料为六层间隔放置的穿孔板。

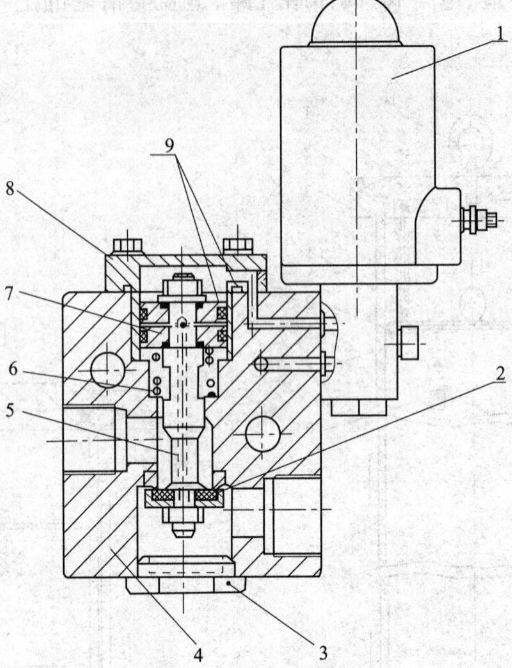

图 2-12　电动排泄阀

1—TFK_{1B}型闭式电空阀;2—排气阀;3—下端盖;4—阀体;5—活塞杆;6—活塞复原弹簧;7—活塞;8—上端盖;9—O 形密封圈

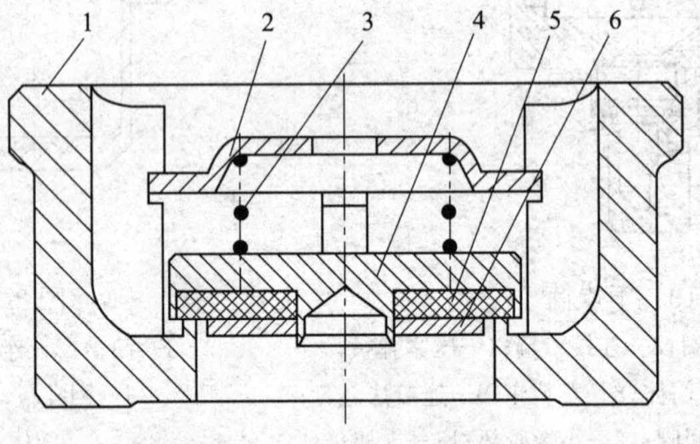

图 2-13　干燥止回阀结构图

1—止回阀体;2—橡胶垫;3—止回阀弹簧;4—弹簧托;5—止回阀阀片;6—压圈

(6)塞门

在滤清筒至电动排泄阀之间设有一个塞门,平时处于常开位。在机车运行途中若发生因排泄阀关闭不严而排气不止时,可关闭此阀门以防压力空气漏泄,待处理正常后再开放。该空气干燥器作用正常时,不得随意关闭此塞门,否则将使吸附剂过早失效。

(7)电动排泄阀的防冻装置

该防冻装置的作用是为了防止管路和阀冻结而设置的,它包括控温器、感温元件盒和加热元件等部分。

电动排泄阀及防冻装置电路连接,如图 2-14 所示。

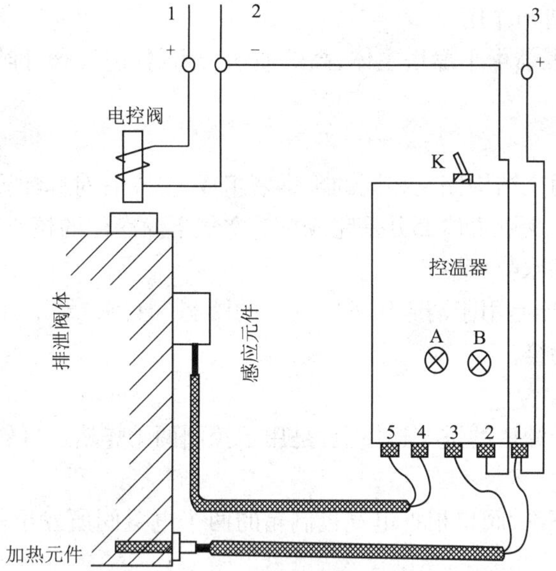

图 2-14　电动排泄阀及防冻装置电路连接图

从连接图可以看出，空气干燥器要求机车提供三根电源线。一根为 DC 110 V 电源正线，经常带电，提供给防冻装置，接恒控器 1 号端子，一根为 DC 110 V 电源负线，接恒控器 2 号端子；另一根为 DC 110 V 电源正线，当空气压缩机启动运转时失电，空气压缩机停止运行时得电，提供给排泄电空阀，连接电空阀接线端子。

2. 单塔式空气干燥器工作原理

(1)吸附干燥过程

如图 2-9(a)所示，当空气压缩机运转时，饱和湿空气由空气压缩机出风口经过冷却管冷却后进入滤清筒，压力空气中的油雾、水分和尘埃、机械杂质被高效气液过滤网拦截捕获。然后除去凝结水、油雾、水分和尘埃、机械杂质的饱和湿空气进入干燥筒内，通过吸附剂的作用，其水蒸汽分子被吸附。故干燥筒底部的压力空气是洁净干燥的。这些干燥空气经过干燥筒的底部的止回阀向机车总风缸输送，同时还经节流孔向再生风缸充风。这一过程称为吸附干燥过程。当空气压缩机停止运转时，该吸附干燥过程结束。在此过程中排泄电空阀失电，排泄阀口关闭。

(2)再生过程

如图 2-9(b)所示，当空气压缩机停止运转时，控制电路使排泄电空阀得电，再生风缸内压力空气进入排泄阀活塞上部，克服活塞弹簧反力，推动活塞及活塞杆下移，打开排泄阀口。这时，滤清筒、干燥筒以及空气压缩机出风口至干燥筒管道内的压力空气连同油、水分和尘埃、机械杂质经开放的排泄阀口，再经消音器排入大气。同时，再生风缸内的干燥压力空气通过干燥筒底部的节流孔膨胀成为接近大气压力的超干燥空气，并朝着与吸附干燥过程相反的流向由上而下通过吸附剂，将吸附剂吸附的水蒸汽分子几乎全部带出，经排泄阀口、消音器排入大气，使吸附剂重新恢复干燥状态。这一过程称为再生过程。当再生风缸内压力空气的压力降至约 30 kPa 时，排泄阀内的活塞弹簧推动活塞及活塞杆上移，关闭排泄阀口，再生过程结束。

二、双塔式空气干燥器

SS_9 型电力机车已采用 JKG1D 型空气干燥器来处理压力空气。

1. 主要部件的构造和作用

JKG1D 型空气干燥器由干燥塔主体、高效油水分离器、进气阀、排气阀、出气止回阀、电控器及安装夹等组成。

(1)干燥塔主体

干燥塔主体是由两个结构完全相同的干燥塔组成,呈左右对称配置。主要有干燥筒、高效滤清吸附剂等组成。干燥塔主体部分是完成压缩空气干燥净化的核心部件。

(2)JKF1 型高效油水分离器

JKF1 型油水分离器是用于清除压缩空气中的液态(油、水)粒子,以减轻吸附剂的吸附负荷和油污对吸附剂的污染。

(3)进气阀

进气阀安装于两干燥塔的进气连体上,是用于控制两干燥塔进气转换的机构。

(4)排气阀

安装于干燥塔的下部,阀口根据电气控制箱的两个电磁阀所发出的压缩空气指令来控制开闭。

(5)出气止回阀:防止总风缸压力空气向干燥塔倒流,且左右进风口有一小孔相连以使干燥空气进入再生干燥塔进行再生。

(6)电控器

机车空气压缩机的工况是随机变化的,当这些工况以电信号(通电、断电)的形式由控制线(VK)输入电控器后,经过电空阀的逻辑处理,将变成有规律的“指令”输出,并通过电空阀来操纵干燥器上的机械动作,构成“电器一机械”控制系统,使两塔按一定的程序交替工作。

2. 双塔式空气干燥器工作原理

JKG1D 型空气干燥器是有两个干燥筒交替工作的无热再生式除湿净化装置,其工作原理如图 2-15 所示。

当电空阀 Ad 处于失电状态而电空阀 Bd 处于得电状态时,进气阀左移,排气阀 Bp 开启,Ap 关闭,此时,B 塔进入再生状态,A 塔进入吸附状态。饱和湿空气由空压机进入进气阀座,湿空气经开放的进气阀进入左边干燥筒 A,沿着箭头的流向,经过干燥器下部的过滤芯时,除去较大的水滴、油滴及灰尘,然后送到干燥床,经干燥后的干燥空气借助压力打开出气止回阀,干燥空气送向总风缸。出气止回阀的左右进气室有一小孔相连,经干燥筒 A 处理后的净化空气有一部分经过小孔流向干燥筒 B,从 B 筒上部流向干燥床,吸走干燥床内的水分(再生),并带走高效率清器下部的水滴、油滴及尘埃由排气阀排出。

当 B 塔再生状态到设定时间 72 s 时,电控器停止对电空阀 Ad 供电,这时两电空阀(Ad,Bd)均处于失电状态,两排气阀亦处于长闭状态。但进气阀仍保持原作用位,故 A 塔继续吸附而 B 塔却停止再生。A 塔的干燥空气仍源源不断充入 B 塔,因 B 塔无排出,使压力逐渐上升,B 塔在这段时间处于“充气状态”,这段时间为 18 s。然后电控器开始向 Ad 供电,A 塔、B 塔再生吸附相互转换,其转换周期为 90 s。如此每个 90 s 改变左右干燥筒的干燥与再生。这样,左右干燥筒反复进行干燥和再生。

充气时间的设定主要是为减轻筒里、筒外的压力差,使进气流速缓慢,减少进气气流对干燥剂的冲击,被称为“柔性转换”可减少粉尘的产生。

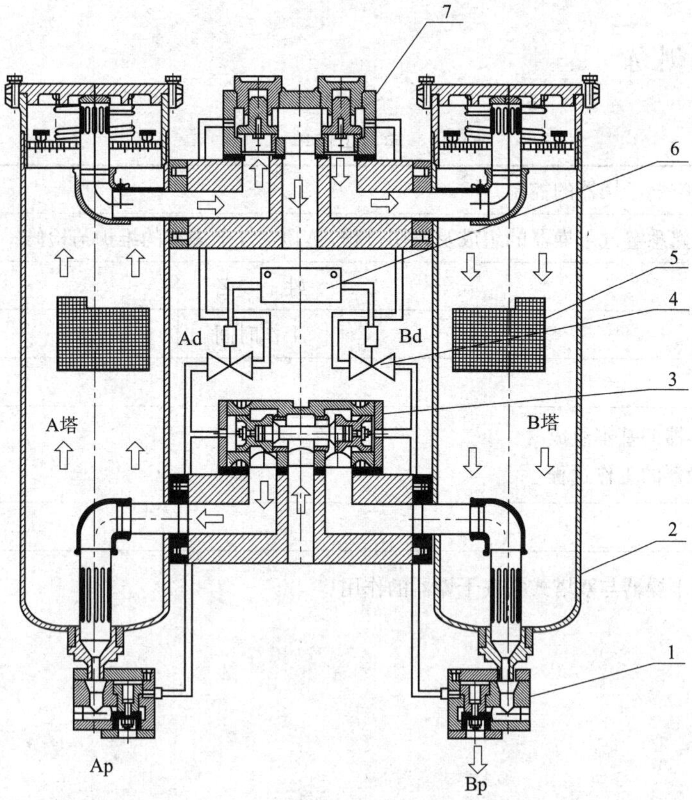

图 2-15　JKG1D 型空气干燥器工作原理图

1—排气阀；2—干燥塔；3—进气阀；4—电空阀；5—干燥剂；6—电控器；7—出气止回阀

任务实施

干燥器的维护与检修

机车乘务员每次出乘前，应观察整套装置的工作是否正常，定期察看总风缸内是否有积水。干燥器应定期进行检查和大修。机车进行中修时，其检修内容如下：

(1)清洗检查电动排泄阀各部；

(2)用去污粉洗净消声器各部；

(3)解体并清洗滤清筒内的过滤元件，组装前要用压力空气吹干；

(4)解体并清洗干燥筒内各部件，更换活性氧化铝，并使吸附剂填实，然后用压力空气与正常气流相反方向吹扫一遍；

(5)按恒控器盒内侧所附线路图检修恒控器；

(6)重新组装整套装置后，并在试验台上进行性能检查，合格后装车使用。

实践与训练

学习工作单

工 作 单	空气干燥器的控制		
任　　务	熟悉空气干燥器的组成及作用过程；熟知空气干燥器的维护与检修		
班　　级		姓　　名	
学习小组		工作时间	
【知识认知】			
1. 了解空气干燥器的基本组成 2. 熟知空气干燥器的工作过程			
【能力训练】			
比较单塔式空气干燥器与双塔式空气干燥器的作用			
任务学习其他说明或建议：			
指导老师评语：			
任务完成人签字：　　　　日期：　　年　　月　　日 指导老师签字：　　　　日期：　　年　　月　　日			

任务五　风源系统辅助部件的控制

知识要点

1. 熟悉风源系统辅助部件的组成及控制过程。
2. 熟知风源系统辅助部件的作用。

项目任务

1. 利用机车模拟驾驶装置了解风源系统辅助部件的位置。
2. 利用机车模拟驾驶装置了解风源系统辅助部件的组成及控制过程。

任务准备

1. 所需设备：电力机车模拟驾驶装置、制动屏柜。

2. 所需物品：专用工具箱、教学模型、多媒体教学课件、干净抹布、手电、参考资料、学习工作单。

相关理论知识

一、调 压 阀

DK-1 型制动机使用三个 QTY 型调压阀，一个用于调整均衡风缸压力，两个用于调整空气制动阀的作用管或均衡风缸压力。

（一）QTY 型调压阀的结构

如图 2-16 所示，调压阀主要由调压弹簧（一级和二级）、膜板、调整手轮、进气阀、阀座、溢流阀、O 形圈、阀杆、阀体、阀弹簧、上体、下体等组成。进风阀为平板橡胶阀，溢流阀为金属锥形阀口，下阀体上有供装压力表的管座，安装压力表可观察输出压力。

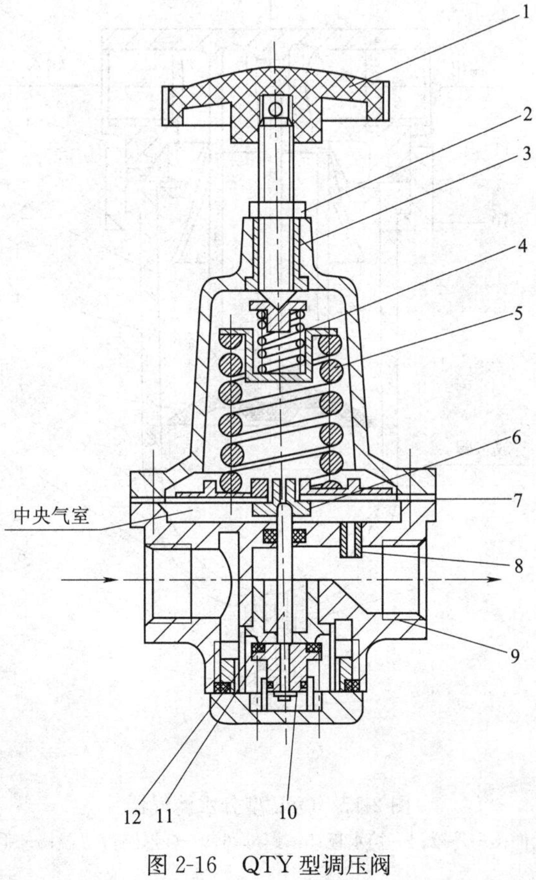

图 2-16　QTY 型调压阀

1—手轮；2—紧固螺母；3—上体；4—一级弹簧；5—二级弹簧；6—溢流阀；7—膜板；8—小孔；9—下体；10—进风阀；11—阀弹簧；12—阀杆

(二)QTY 型调压阀的作用

当调压阀左侧通入压缩空气时,由于调整弹簧的作用,膜板下凹,通过阀杆顶开进风阀,使空气经进风阀口通向右侧输出,同时经下阀体上的平衡小孔进入膜板下方中央气室。当输入压力逐渐增高直至与膜板上方弹簧力平衡时,膜板渐趋平衡,进风阀在阀弹簧的作用下上移关闭阀口。如果输出端压力因漏泄等原因降低,膜板将再下凹,使阀开启,总风向输出端充风直至新的平衡。若是输出端压力高于调整压力,膜板将上凸,打开溢流阀,使过高的压力空气由膜板上方的排风孔排入大气以保证输出压力的稳定。

整定值通过调整手轮来控制调整弹簧的压力来完成,顺时针旋转压力增高,逆时针旋转压力降低。

二、分水滤气器

DK-1 型电空制动机采用 QSL 型分水滤气器,是为了提高压缩空气的清洁度,确保制动机的稳定性能和可靠的工作而对压缩空气进行滤清。

(一)分水滤气器的结构

QSL 型分水滤气器由体、压盖、旋风叶、过滤元件、外罩、挡水板、O 形圈、盖、手把等组成,如图 2-17 所示。过滤元件由青铜粉未冶金烧结而成。

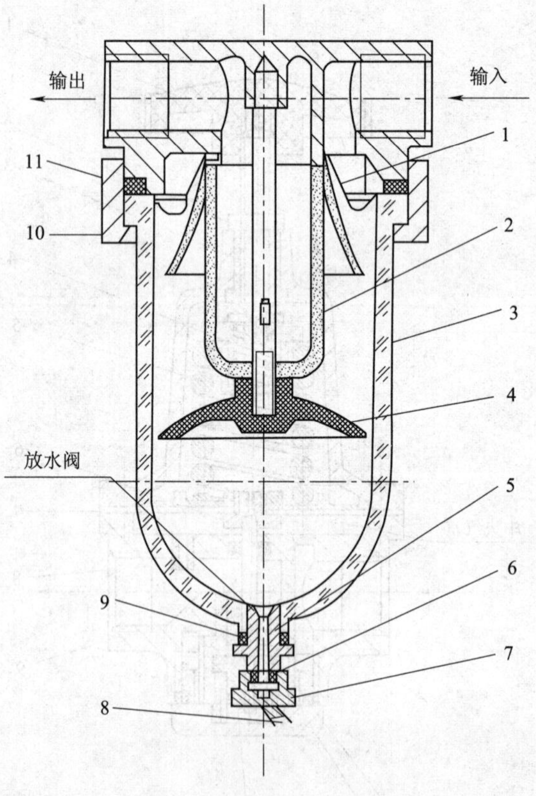

图 2-17　QSL 型分水滤气器

1—旋风叶;2—过滤元件;3—外罩;4—挡水板;5—螺母;6、9—O 形圈;7—盖;8—手把;10—体;11—压盖

(二)分水滤气器的作用

当压缩空气由输入端进入,通过带导向孔的旋风叶后,气流成旋转状,外罩和旋风伞作高

速圆周运动，油、水及大颗粒尘埃落下。而较洁净的空气流经过滤元件后，又将细微尘埃过滤，再经过滤元件内腔向输出端送出高品质的压缩空气。其过滤精度为 50 μm，最大输出压力 100 kPa。

三、滤尘止回阀

(一)滤尘止回阀的结构

滤尘止回阀由阀盖、弹簧、阀组成、阀体、阻流盖、滤网、填料、阀座等组成，如图 2-18 所示。

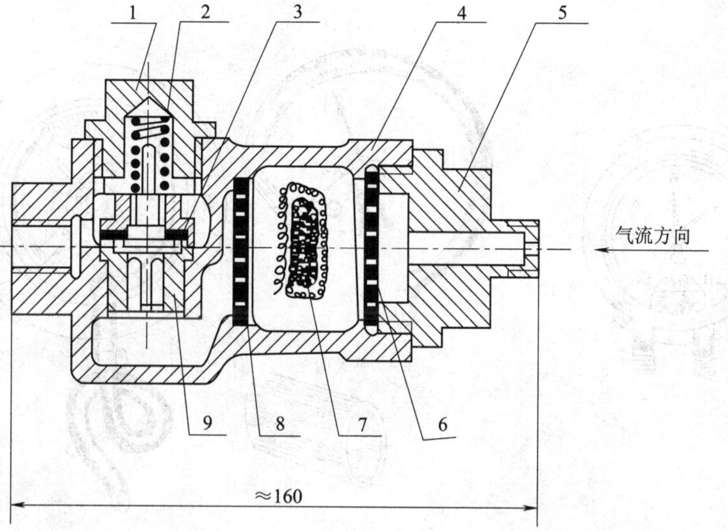

图 2-18　滤尘止回阀

1—阀盖；2—弹簧；3—阀组成；4—阀体；5—阻流盖；6、8—滤网；7—填料；9—阀座

阻流盖上有一个直径 3 mm 的小孔，它是为防止当制动管向总风缸充风时，因总风缸容量大而使制动管压力骤然下降，而引起自然制动现象。阀组成上部的弹簧其调整压力为 140 kPa，当制动管压力为 600 kPa 时，充入总风缸的最大压力应不大于 460 kPa，当制动管压力因减压而下降时，弹簧可下压阀组成关闭阀口，防止总风缸的压力空气向制动管逆流。

(二)滤尘止回阀的作用原理

制动管的压力空气，从阀的右侧进入，经阻流盖、滤网、填料，再经滤网并推阀组成压缩弹簧开放阀口，最后充入总风管。

四、管道滤尘器

管道滤尘器是防止压力空气中的机械杂质进入制动机而影响各阀正常工作的装置，如图 2-19 所示。它由盖、垫、O 形圈、滤芯、体等组成。压缩空气从右侧进管道滤尘器后，经滤芯过滤后，从左侧流出。

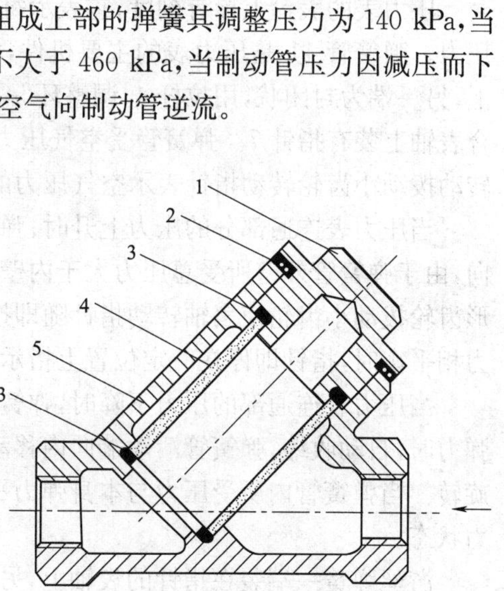

图 2-19　管道滤尘器

1—盖；2—垫；3—O 形圈；4—滤芯；5—体

DK-1 型电空制动机采用两个管道滤尘器，一个安装在中继阀的总风管上，一个安装在分

配阀的制动管上。从 SS_{4B} 开始，只采用一个管道滤尘器，安装在空气管路柜口总风缸管上。

五、压 力 表

在韶山型电力机车司机操纵台上有三个空气压力表。中间单黑针压力表指示制动管压力；右侧是双针压力表，其中红针指示总风缸压力，黑针指示均衡风缸压力；左侧也是双针压力表，红针指示Ⅰ端转向架各制动缸压力，黑针指示Ⅱ端转向架各制动缸压力，如图 2-20 所示。

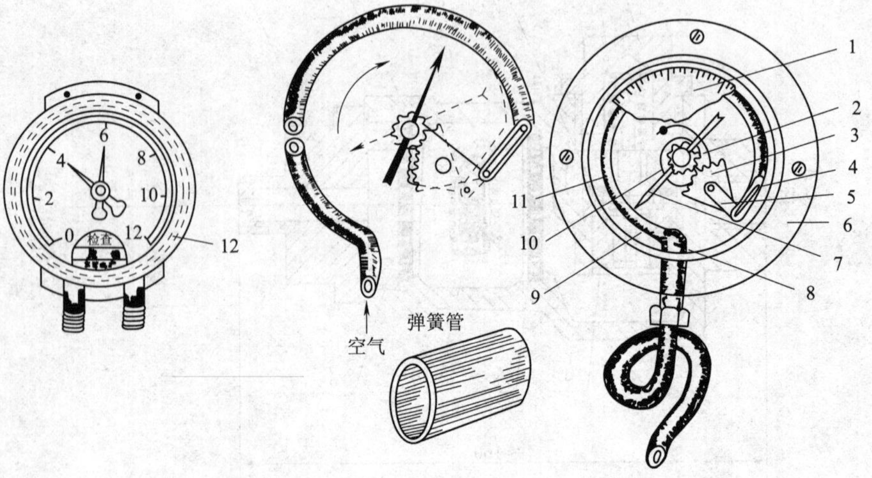

图 2-20　压力表结构及作用

1—表盘；2—小齿轮；3—扇形齿轮；4—拉杆；5—调整环；6—表盒；7—指针；8—管座；9—固定轴；10—游丝弹簧；11—弹簧管；12—双针压力表外形

压力表的表盘上标有刻度，它表示每平方厘米所承受压力数，红线表示工作时容许的极限压力。弹簧管 11 是压力表的主要机件，它是一个富有弹性的椭圆形磷铜管，一端焊在管座 8 上，另一端为封闭状，用拉杆 4、调整环 5 与扇形齿轮 3 相连。扇形齿轮与表轴上的小齿轮吻合表轴上装有指针 7。弹簧管受空气压力的作用而伸张或收缩，使用形齿轮绕固定轴 9 自由转动拨动小齿轮转动指针表示空气压力的升降。

当压力表连通部分的压力上升时；弹簧管椭圆断面受压力作用后，有趋于正圆并伸直的倾向，由于弹簧管外壁所受总压力大于内壁所受总压力，所以迫使弹簧管外移，带动拉杆传给扇形齿轮拨动小齿轮使表轴转动指针随即按顺时针方向旋转。当弹簧管内所受压力与本身的弹力相平衡时，指针即停在一定位置上指示出压力表连通部分的压力。

当压力表连通部的压力下降时，弹簧管内压力也随着下降，向外作用的压力小于弹簧管的弹力时，自动收缩，弹簧管活动端向内移动。此时，扇形齿轮拨动小齿轮，带动指针逆时针方向旋转。当弹簧管内所受压力与本身弹力平衡时，压力表针即停止下降，可表示连通部分空气压力状态。

游丝弹簧一端装在指针的表轴上，另一端固定在夹板上，靠本身的弹力，使扇形齿轮与小齿轮之间接触紧密防止指针颤动，使指针指示正确。

实践与训练

学习工作单

工 作 单	风源系统辅助部件的控制		
任　　务	熟悉风源系统辅助部件的组成及作用		
班　　级		姓　　名	
学习小组		工作时间	
【知识认知】			
1. 了解风源系统辅助部件的基本组成 2. 熟知风源系统辅助部件的作用			
【能力训练】			
按照要求对调压阀进行整定压力调整			
任务学习其他说明或建议：			
指导老师评语：			
任务完成人签字：　　日期：　年　月　日 指导老师签字：　　日期：　年　月　日			

项目三　主要电器部件的控制

任务一　电空制动控制器的控制

知识要点

1. 熟知电空制动控制器的构造。
2. 掌握电空制动控制器的使用(以 SS_4 改型机车为例)。

项目任务

1. 通过学习,熟悉 DK-1 型电空制动机的操纵部件。
2. 掌握电空制动控制器的功能。
3. 掌握电空制动机的检修流程和注意事项。

任务准备

1. 所需设备:DK-1 型电空制动机试验台,TZ 检测仪,冲子(φ6 mm,φ3 mm),电烙铁,电气钳,电器钳工常用工具。

2. 所需物品:0～5 N 弹簧秤,500 V 兆欧表,万用表。

3. 所需材料:工业凡士林,汽油,白布,丙酮,酒精,松香,焊锡,锂基脂,砂布。

相关理论知识

一、电空制动控制器的构造

电空制动控制器,俗称“大闸”,是一种电器组合转换开关,是 DK-1 型电空制动机的操纵部件。

电空制动控制器是操纵全列车制动或缓解的指挥装置。当司机操纵电空制动控制器时,它通过在不同位置接通不同的电路,产生电信号,传递给不同的电空阀,开放或关闭气路,来控制列车空气制动系统进行制动、缓解与保压。

至目前为止,DK-1 型电空制动机先后采用了 TKSl3 型和 TKS22 型两种结构的电空制动控制器,它们通用手把,工作位置相同,闭合表也基本相同。

电空制动控制器主要由操纵手柄、凸轮轴组装、静触头组及定位机构等组成,如图 3-1、图 3-2所示。

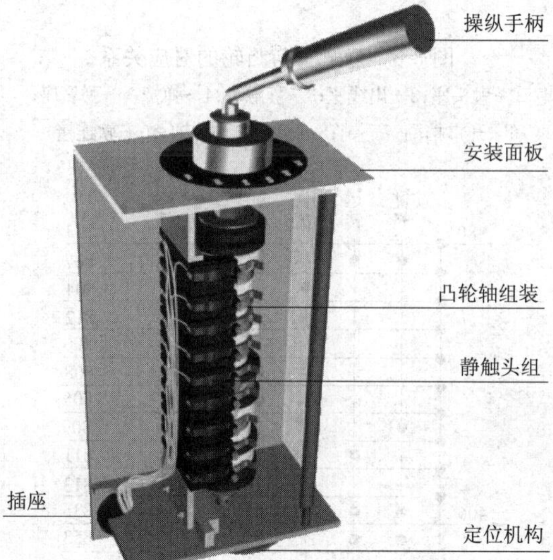

图 3-1　电空制动控制器结构图

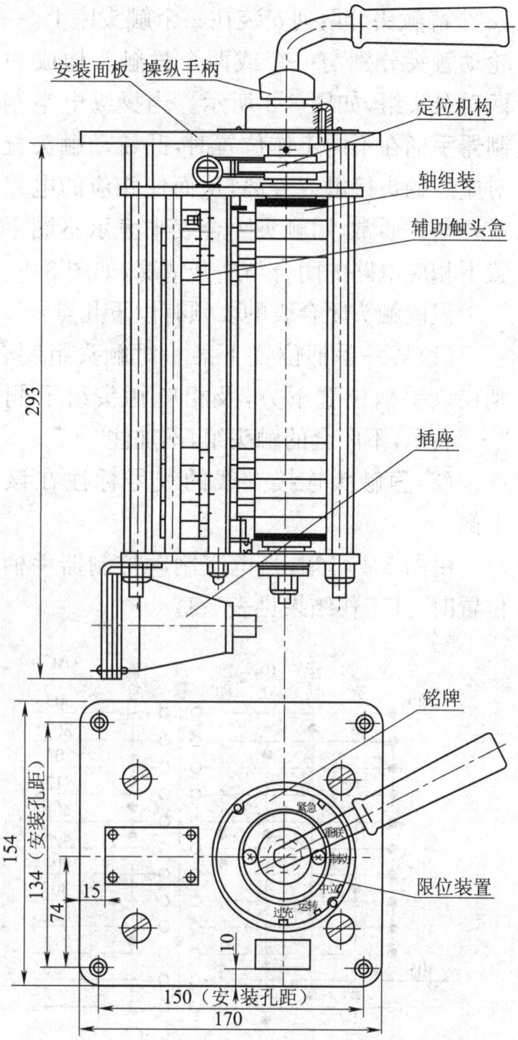

图 3-2　电空制动控制器结构示意图

1. 操纵手柄

电空制动控制器共设 6 个工作位置，按逆时针排列顺序依次为：过充、运转、中立、制动、重联及紧急位，由于安装面板上限位装置的作用，操纵手柄只能在重联位取出或装入。对于双端操纵的机车，两个电空制动控制器只配备一个操纵手柄，以保证机车运用中只有一台电空制动控制器在工作，另一台被锁定在重联位，而不会引起制动指令的混乱，以确保行车安全。

2. 凸轮轴组装

用于随操纵手柄进行同步转动，以控制和实现相应电路的闭合与断开。主要由转轴、轴承、调速垫圈、隔板、动触头等组成。由于该控制器的工作范围小于 180°，所以一个凸轮动触头与两个对应的静触头构成两对独立的触头组，既减少了凸轮动触头个数，又使其结构紧凑，电空制动控制器共设 9 个动触头。

3. 静触头组

静触头组包括 18 个静触头，每个静触头均由触头座、触指、出线座及辅助连接片等组成。

18 个静触头分两列安装在一个触头座上，一个凸轮动触头分别与一个或两个静触头构成一对或两对触头组，如图 3-3 所示。当操纵电空制动控制器手柄在不同工作位置时，凸轮动触头分别与对应静触头接触或分离，从而使相应的电路闭合或开断。通常，用触头闭合表来表示不同手柄位置下相应电路的闭合与断开情况，如图 3-4 所示。

识读触头闭合表的要领有以下几点：

(1)某一手柄位置下某一对触头组闭合时，则在该手柄位置下方，及相应触头组下侧加注“·”表示，不闭合的触头组，不加注“·”。

(2)静触头连接导线的线号标注在该导线上侧。

由图 3-4 可知，当电空制动控制器手柄在各位置时，其工作结果见表 3-1。

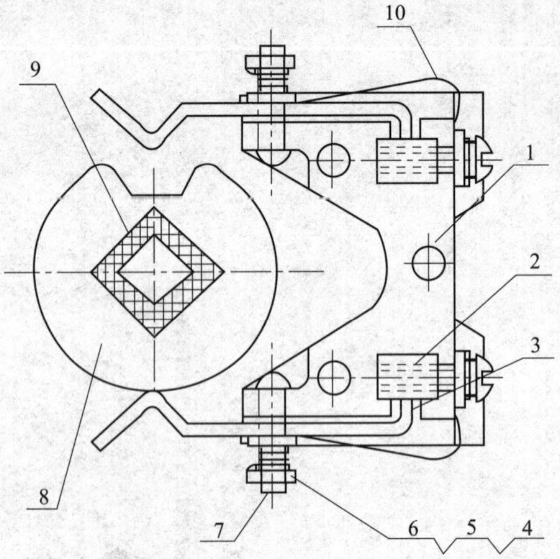

图 3-3 静触头与凸轮的对应关系

1—触头座；2—出线座；3—静触头；4—弹簧；5—弹簧座；6—开口挡圈；7—销；8—凸轮；9—转轴；10—软连接片

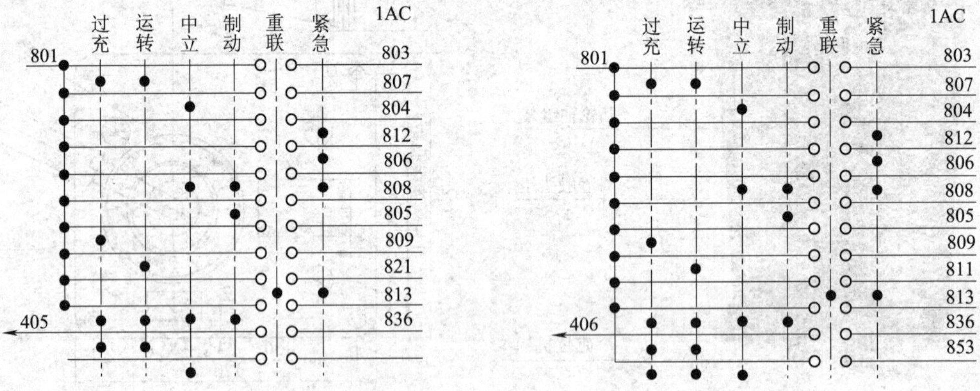

图 3-4 电空制动控制器触头闭合表

(a)SS_4 改进型机车触头闭合表；(b)SS_9 型机车触头闭合表(Ⅰ端)

表 3-1 电空制动控制器各位置电路工作情况及作用

手柄位置	得电导线		作 用
	SS_4 改型机车	SS_9 型机车	
过充位	803、805、813、836（经405）	803、805、813、836（经406）、853	车辆快速缓解，机车保压
运转位	803、809、813、836（经405）	803、809（Ⅱ端：819）、813、836(经 406)、853	正常运行位，机车、车辆缓解
中立位	807、806、813	807、806、813、853	全列车保压
制动位	806、808、813	806、808、813	常用制动位，机车、车辆制动
重联位	821	811(Ⅱ端：811 与 821 连接)	换端操纵、重联机车位，接受本务机车控制
紧急位	804、812、806、821	804、812、806、811(Ⅱ端：811 与 821 连接)	紧急制动位，全列车紧急制动

4. 定位机构

定位机构的用途是固定电空制动控制器手柄在一定的工作位置上，不能自动移动位置。它主要由棘轮、滚轮杆及弹簧组成。定位机构的滚轮杆利用有缺口的棘轮和弹簧的张力来实现定位，以保证操纵手柄可靠停放在各个工作位置上，如图 3-5 所示。

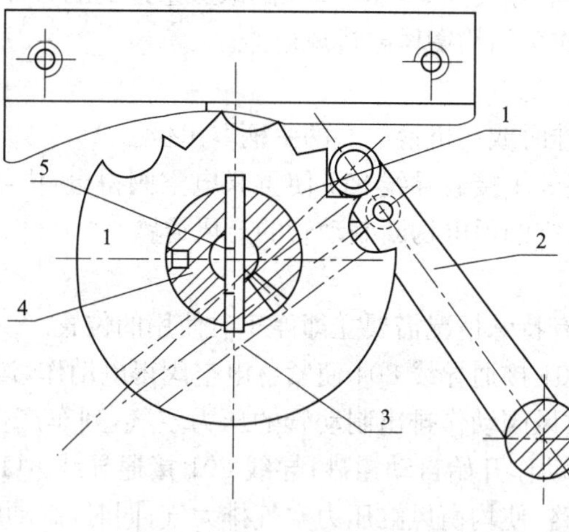

图 3-5　定位机构

1—棘轮；2—滚轮杆；3—弹簧；4—转轴；5—定位销

任务实施

一、电空制动控制器的控制(以 SS_4 改型机车为例)

1. 过充位

该位置是施行制动后，为了在较短的距离内将制动管内的风压充满，缩短充风时间，满足坡道充风的需要而使用的位置。

手柄在此位置，导线 801 接通导线 803 及导线 805，使缓解电空阀得电、总风向均衡风缸及制动管充风；使过充电空阀得电，制动管得到高于定压 30～40 kPa 的过充压力。

2. 运转位

该位置是列车运行中常置位置。

手柄在此位置，导线 801 接通导线 803，使缓解电空阀得电，总风向均衡风缸及制动管充风；同时导线 801 接通导线 809，使排风，电空阀得电，作用管通大气，机车与车辆处于缓解状态。

3. 中立位

该位置是司机准备制动前或施行制动后放置的位置。

手柄在制动前的中立位，导线 801 接通导线 807 并经二极管 262 使制动电空阀得电动作关闭均衡风缸排风口；同时导线 807 经二极管 263 使缓解电空阀得电，均衡风缸处在充风状态。导线 801 接通导线 806 使中立电空阀得电，切断了总风向制动管的充风通路。

手柄在制动后的中立位与制动前的中立位的不同在于，均衡风缸因压力开关 209 断开了导线 807 到缓解电空阀的电路而不再处于充风状态。

4. 制动位

该位置是司机有目的的进行常用制动调速或正常停车的位置。

手柄在此位置，导线 803 失电，缓解电空阀失电使均衡风缸的压力经失电的制动电空阀排大气，机车列车均产生制动作用。导线 801 接通导线 806 使中立电空阀得电切断制动管的充风通路。同时，导线 801 接通导线 808，当均衡风缸减压量达到压力开关 208 动作值时，208 接点接通制动电空阀使其动作关闭均衡风缸排风通路。

5. 重联位

该位置是机车重联加挂时或司机换端时的手柄取出位。

手柄在此位置，导线接 801 接通导线 811 使重联电空阀得电，中继阀自锁；使制动电空阀得电关闭排风口，使中立电空阀得电切断制动管的充风通路。

6. 紧急位

该位置是在运行中遇有特殊情况需要立即停车时使用的位置。

手柄在此位置，导线 801 接通导线 804 使紧急电空阀得电动作，沟通总风到电动放风阀的通路，电动放风阀及紧急放风阀动作排出制动管的压力空气，列车产生紧急制动；导线 801 接通导线 810，使撒砂电空阀动作开始自动撒砂；导线 801 接通导线 811，使重联电空阀得电，沟通均衡风缸与制动管的通路，使均衡风缸压力空气排大气；同时，制动电空阀，中立电空阀也得电动作。

电空制动控制器手柄在 6 个位置的电路工作情况及作用见表 3-1。

二、电空制动控制器的检修

1. 解体

(1)取下手柄，松下螺丝，取下定位弹簧。

(2)拆下静触头指组上各接线及静触指固定螺丝，取下静触指组。

(3)打出穿销，拆下定位螺丝，取出控制器棘轮。

(4)拆下固定螺丝，取下面板及转数。

(5)拆下插座。

(6)解体静触指组。

2. 清洗

(1)用汽油清洗转鼓、胶木、静触指及其他零件。

(2)用酒精擦拭插座内部。

(3)用丙酮擦拭线号。

3. 检修

(1)凸轮、触指除尘后，应着重检查触指烧损、凸轮拉伤、触头弹簧和触指安装情况。触指轻微烧损，可用小锉刀修烧痕，清除铜镏。凸轮轻微拉伤可用细砂布消除。缺陷消除后，应检查触指和凸轮面的接触状态，线接触必须保证在 80% 以上。

(2)检查圆鼓的磨耗状态，更换破损的绝缘件，圆鼓磨耗超过 0.2 mm 的更换或解体后焊修，小于 0.2 mm 的磨痕应用锉刀锉修，用 500 V 兆欧表测量圆鼓对轴的绝缘不小于 5 MΩ。

(3)弹簧应无断裂及永久变形，机械各部无异常磨耗。

(4)检查胶木座及导电片无断裂，触指厚度不小于原形的 2/3。

(5)插头座、端子排、线束良好。

4. 组装

组装时,各转动机械磨耗处涂适量锂基脂。

(1)组装静触指,然后用 500 V 兆欧表测量各触指间绝缘电阻不得小于 5 MΩ。

(2)装上转鼓和面板。

(3)调整各静触指与对应动触头的接触状态,接触中心偏差不得大于 1 mm,开距应大于 2.5 mm,超程在 1～3 mm 范围内,接触线长不小于 3 mm,压力在 2～4 N 范围内,调好后在圆鼓工作面涂适量工业凡士林。

(4)组装棘轮,紧固圆锥穿销及定位螺丝,挂好定位弹簧。

(5)安装手柄座。

(6)安装支座,接好各静触指接线,注意各静触指接线正确、牢固。

5. 试验

(1)用 500 V 兆欧表测量触指对地绝缘电阻不小于 10 MΩ。

(2)检查手柄在手柄内活动灵活,操作力不大于 30 N,配合不能过旷,手柄只有在重联位时才能取出。

(3)在试验台上按触头闭合表检查各触指闭合情况,手柄在相应位置时,试验台上的指示灯应亮。

6. 操作安全注意事项

(1)检修时应穿戴工作服,做好必要的安全防护措施。

(2)必须按检修规程进行检修。

(3)在试验台上拆装配件时,首先关闭相应的截断塞门,排净部件及相应管路内的余压后再进行拆卸。

(4)电器部件或带有电联锁的部件拆装时,必须首先切断控制电源。

(5)给风试验中须两人以上进行,一人试验,一人监护。遇到异常情况时,应首先切断电源或风源,以防事态扩大。

实践与训练

学习工作单

工作单	电空制动控制器的控制		
任　务	通过学习,熟悉 DK-1 型电空制动机的操纵部件;掌握电空制动控制器的功能		
班　级		姓　名	
学习小组		工作时间	
【知识认知】			
1. 归纳总结电空制动控制器的构造 2. 归纳总结电空制动控制器的使用			

续上表

【能力训练】	
通过所学知识，总结电空制动控制器的检修流程及注意事项	
任务学习其他说明或建议：	
指导老师评语：	
任务完成人签字：	日期：　　年　　月　　日
指导老师签字：	日期：　　年　　月　　日

任务二　电空阀的控制

知识要点

1. 了解 TFK_{1B} 型电空阀的结构和工作原理。
2. 熟知 TFK 型电空阀的结构和工作原理。

项目任务

1. 通过学习，熟悉 TFK_{1B} 型电空阀的结构和工作原理。
2. 掌握 TFK 型电空阀的结构和工作原理。
3. 掌握各电空阀连接的管路和作用。

任务准备

1. 主要设备和工具：DK-1 型制动机试验台、清洗盘、专用支架、凸轮规、常用钳工工具、万用表、游标卡尺。

2. 主要材料：凡士林、植物油、酒精、水砂纸、清洗剂、绸布、白布、棉丝。

相关理论知识

电空阀是进行电路、气路转换的控制元件，是通过电磁力来控制空气管路的连通或切断，从而实现远距离控制气动装置的电器。

电空阀种类较多，按电磁铁的形式分为拍合式和螺管式；按组装方式可分为立式和卧式，按作用原理可分为开式和闭式。其结构相似，都是由电磁机构及气阀两大部分组成。开式电空阀是指在电空阀失电时主气阀口处于开启状态；闭式电空阀是指在电空阀失电时主气阀口处于关闭状态。

目前，国产电力机车上统一装用螺管式电磁铁、立式安装的闭式电空阀，如图 3-6 所示。

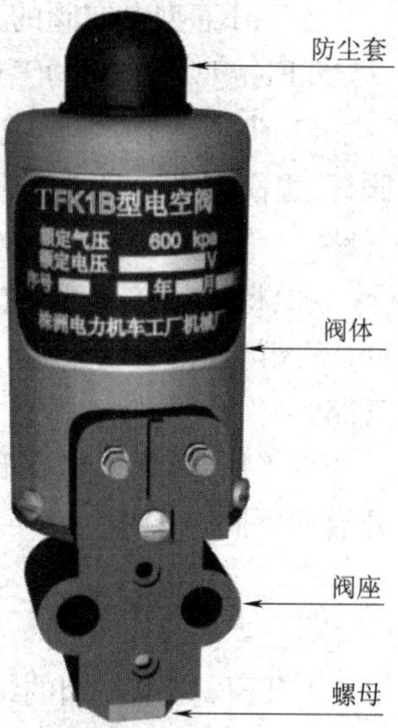

图 3-6　电空阀的结构

一、TFK_{1B}型电空阀

DK-1 型电空制动机除采用传统的 TFK_{1B}型电空阀外，为满足系统的性能还装用 TFK 型电空阀(习惯称三通电空阀)。

1. TFK_{1B}型电空阀的结构

TFK_{1B}型电空阀主要由电磁机构部分的励磁线圈、动铁芯、铁芯座、磁轭、接线座及气阀部分的阀座、上阀门、下阀门、弹簧、阀杆等组成，其中上、下阀门与阀座分别构成上、下阀口，如图 3-7所示。气阀部分被上、下阀口分成三个气室，且各气室分别与外部连通。排气室与风源连接，称为输入口；中气室通向控制对象，称为输出口；上气室与大气连通，称为排气口。

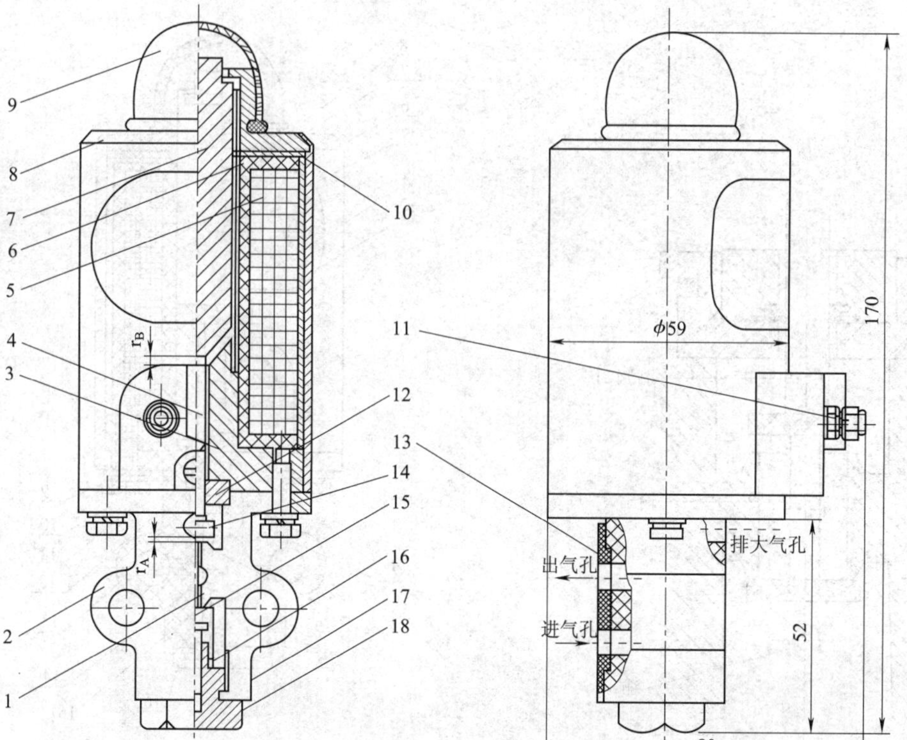

图 3-7　TFK_{1B}型电空阀结构原理图

1—阀杆；2—阀座；3—静铁芯；4—芯杆；5—线圈；6—铜套；7—动铁芯；8—磁轭；9—橡皮防尘帽；10—橡胶垫；11—接线柱；12—滑块；13—密封垫；14—上阀门；15—下阀门；16—复原弹簧；17—O 形圈；18—下盖；r_A—阀门行程；r_B—铁芯气隙

2. TFK_{1B}型电空阀的工作原理

TFK_{1B}型电空阀的工作过程包括以下两个状态：

(1)失电状态：当励磁线圈失电时，励磁线圈内不产生电磁力，在弹簧作用下，推动下阀门、阀杆、上阀门、芯杆、动铁芯上移，关闭下阀口，并开启上阀口，连通输出口与排气口之间的气路。

(2)得电状态：当励磁线圈得电时，励磁线圈所产生的电磁力推动动铁芯、芯杆、上阀门、阀杆、下阀门压缩弹簧下移，从而关闭上阀口，并开启下阀口，连通输入口与输出(排气)口之间的气路。

综上所述，闭式电空阀的基本工作原理为得电时上阀口关闭而下阀口开启，失电时上阀口开启而下阀口关闭。

二、TFK 型电空阀

1. TFK 型电空阀的结构

TFK 型电空阀又称"二位三通电空阀"，如图 3-8 所示。是 TFK_{1B}型电空阀的派生产品，其结构和与 TFK_{1B}型电空阀相似，只是两种电空阀在气阀部分有所区别，TFK_{1B}型电空阀的阀口沟通的是输出与大气，而 TFK 型电空阀的阀口沟通的可以是输出与大气，也可以是输出与另一控制管路，如图 3-9 所示。

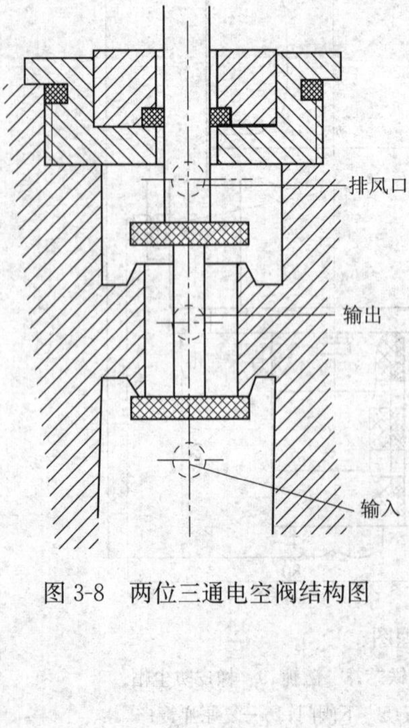

图 3-8　两位三通电空阀结构图

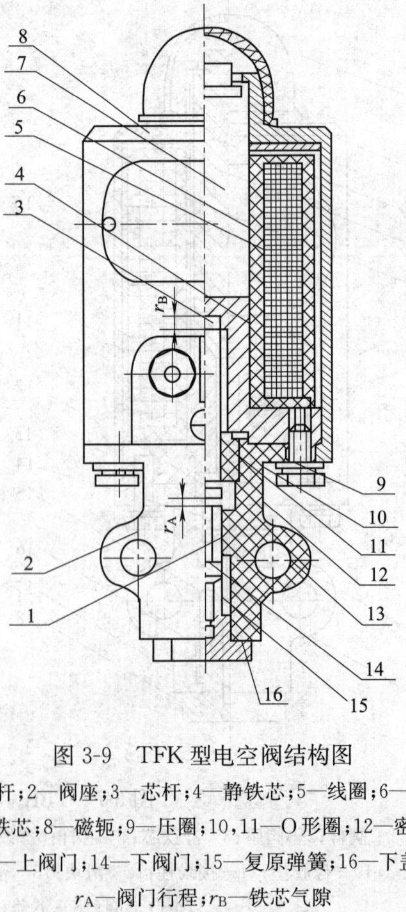

图 3-9　TFK 型电空阀结构图

1—阀杆；2—阀座；3—芯杆；4—静铁芯；5—线圈；6—铜套；7—动铁芯；8—磁轭；9—压圈；10,11—O 形圈；12—密封套；13—上阀门；14—下阀门；15—复原弹簧；16—下盖；r_A—阀门行程；r_B—铁芯气隙

2. TFK 型电空阀的工作原理

TFK 型电空阀与 TFK_{1B}型电空阀的区别在于：前者可在排气口处集中引出，并根据需要接管或加堵，以实现三通的要求；而后者则无法在排气口处集中引出，且由于上阀门与滑道间有间隙，所以无法保证上气室的气密性。

当线圈得电时，与 TFK_{1B}型电空阀的工作原理相同。

当线圈失电时，下阀门在弹簧作用下密贴阀座并通过阀杆顶开上阀口。使下阀口控制的输入与输出关闭，输出与排风口沟通，也可以与另一控制管路沟通。

任务实施

一、电空阀连接的管路控制和作用

DK-1 型电空制动机在 SS_1、SS_{7E}等型机车上使用 11 个电空阀，在 SS_9、SS_4 改等型机车上使用 13 个电空阀。后者较前者多 2 个撒砂电空阀。SS_4 改型、SS_9 型电力机车电空阀代号为“数字＋YV”，SS_{7E}型电力机车制动机电空阀代号为“YV ＋数字”。各电空阀空气管路连接情况及其功用如下：

1. 撒砂电空阀

SS_4 改型、SS_9 型电力机车上共有 4 个撒砂电空阀，代号为 251YV、241YV、250YV、240YV。输入口接总风管，输出口经止回阀与撒砂器连接，排气口通大气。当电空制动控制器置于紧急制动位时，使其得电以完成自动撒砂，防止车轮在制动时滑行。

SS_{7E}型电力机车共有 2 个撒砂电空阀，代号为 YV241、YV240。

2. 过充电空阀

代号为 252YV。输入口接总风管，输出口接过充风缸管，排气口被堵。当电空制动控制器置于“过充位”时，使其得电并连通总风向过充风缸充风的气路，以控制双阀口式中继阀动作，使制动管快速充风，并得到过充压力。

3. 中立电空阀

代号为 253YV。输入口接总风管，输出口接总风遮断阀管，排气口通大气。当操纵电空制动控制器使其得电时，连通总风向总风遮断阀充风的气路，以关闭总风遮断阀口，切断制动管供气风源；而其失电时，则开通制动管的供气风源。

4. 排风 1 电空阀

代号为 254YV。输入口接作用管，输出口和排气口通大气。当其得电时，连通作用管向大气排风的气路，以实现机车的缓解；而其失电时，则切断该排风气路。

5. 检查电空阀

代号为 255YV。输入口接总风管，输出口接均衡风缸管，排气口被堵。当按下“充气”按钮使其得电时，连通总风向均衡风缸充风的气路，以完成制动管折角塞门开通状态的检查。

SS_9 型机车取消了检查电空阀。

6. 排风 2 电空阀

代号为 256YV。输入口被堵，输出口接过充风缸管，排气口通大气。当其失电时，加快过充风缸的排风。

7. 制动电空阀

代号为 257YV。输入口被堵，输出口与初制风缸和缓解电空阀 258YV 的排气口连接，排气口通大气。当其失电时，连通初制风缸和缓解电空阀 258YV 排气口向大气排风的气路；而其得电时，则切断该气路。

8. 缓解电空阀

代号为 258YV。输入口经止回阀 203、调压阀 55 接总风管，输出口接均衡风缸管，排气口与初制风缸和制动电空阀 257YV 输出口连接。当其得电时，连通总风经调压阀 55 向均衡风缸充风的气路，并使其得到定压；而其失电时，则连通均衡风缸与初制风缸、制动电空阀 257YV 输出口的气路。

可见，只有当制动电空阀 257YV、缓解电空阀 258YV 同时失电时，才连通均衡风缸向大气排风的气路。

9. 重联电空阀

代号为 259YV。输入口接制动管，输出口接均衡风缸管，排气口被堵。当其得电时，连通均衡风缸与制动管之间的气路，以实现中继阀自锁；而其失电时，则切断该气路。

10. 紧急电空阀

代号为 94YV。输入口接总风管，输出口与电动放风阀膜板下侧连通，排气口通大气。当其得电时，连通总风向电动放风阀膜板下侧充风的气路，以控制电动放风阀开放制动管的放风气路；而其失电时，则连通电动放风阀膜板下侧向大气排风的气路，以控制电动放风阀切断制动管的放风气路。

11. 停放制动电空阀

SS_9 型电力机车设有停放制动电空阀，代号为 239YV。输入口接总风管，输出口与停放制动器制动缸连通，排气口通大气。当其得电时，连通总风向停放制动器制动缸充风的气路，切除停放制动器的制动作用；当其失电时，则连通停放制动器制动缸向大气排风的气路，使停放制动器产生作用，防止机车溜行。

二、电空阀的管路连接及功用

各电空阀的管路连接及其功用见表 3-2。

表 3-2 各电空阀的管路连接及其功用

名称	代号	配管			功用
		输入口	输出口	排气口	
撒砂	251YV 241YV 250YV 240YV	总风管	撒砂管	大气	紧急制动时得电，自动撒砂防滑
过充	252YV	总风管	中继阀过充管	不通	过充位得电，使制动管得到过充压力(30～40 kPa)
中立	253YV	总风管	总风遮断阀管	大气	中立、制动、重联、紧急位得电，切断中继阀的制动管供风风源
排风 1	254YV	作用管	大气	大气	得电时，排放作用管的压力空气，以实现机车制动机的缓解
检查	255YV	总风管	均衡风缸管	不通	与检查按钮配合，用于发车前检查判断制动管开通状态

续上表

名称	代号	配管			功用
		输入口	输出口	排气口	
排风 2	256YV	不通	过充风缸管	大气	中立、制动、重联、紧急位失电，加速排放过充风缸的压力空气，以避免影响中继阀的作用
制动	257YV	不通	初制风缸管	大气	失电时，排放初制风缸的压力空气；得电时，关闭该气路
缓解	258YV	55 调压阀管	均衡风缸管	初制风缸管	缓解、过充位得电，使总风经调压阀 55 向均衡风缸充风；失电时，连通均衡风缸与初制风缸的气路
重联	259YV	制动管	均衡风缸管	不通	重联、紧急位得电，连通制动管与均衡风缸的气路，使中继阀自锁
紧急	94YV	总风管	电动放风阀膜板下侧	大气	紧急位得电，以控制电动放风阀开放制动管的放风气路；失电时，关闭该气路
停放制动	239YV	总风管	停放制动器制动缸	大气	按下“停放制动”按钮时，使其失电，停放制动控制器起作用，防止机车溜行

实践与训练

学习工作单

工作单	电空阀的控制		
任　务	通过学习，熟悉 TFK_{1B} 型电空阀的结构和工作原理；掌握 TFK 型电空阀的结构和工作原理；掌握各电空阀连接的管路和作用		
班　级		姓　名	
学习小组		工作时间	

【知识认知】

1. 归纳总结 TFK_{1B} 型电空阀和 TFK 型电空阀的结构和工作原理
2. 归纳总结各电空阀连接的管路和作用

【能力训练】

收集资料，简述 TFK_{1B} 型电空阀和 TFK 型电空阀的异同

任务学习其他说明或建议：

指导老师评语：

任务完成人签字：　　日期：　年　月　日

指导老师签字：　　日期：　年　月　日

项目四　主要气动部件的控制

任务一　空气制动阀的控制

知识要点

1. 熟知空气制动阀的构造。
2. 熟知空气制动阀作用原理。

项目任务

1. 通过学习，掌握空气制动阀的构造。
2. 掌握空气制动阀的作用原理。

任务准备

1. 主要设备和工具：DK-1 型制动机试验台、清洗盘、专用支架、凸轮规、常用钳工工具、万用表、游标卡尺。

2. 主要材料：凡士林、植物油、酒精、水砂纸、清洗剂、绸布、白布、棉丝。

相关理论知识

空气制动阀，俗称“小闸”，是 DK-1 型电空制动机的操纵部件。用于“电空位”下，单独控制机车的制动、缓解与保压；“空气位”下，控制全列车的制动、缓解与保压。它有 4 个工作位置，按逆时针方向依次为：缓解位、运转位、中立位和制动位，如图 4-1 所示。通过限位装置，操纵手柄只能在运转位取出或装入。

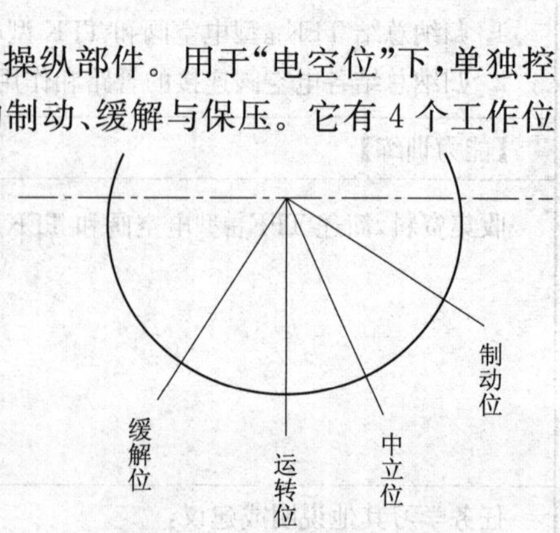

图 4-1　空气制动阀的工作位置

一、空气制动阀的构造

如图 4-2 所示，空气制动阀由阀体部分、凸轮盒部分及阀座等组成。

1. 阀座

阀座，既是空气制动阀的安装基座，也是管路的连接座。管座上接有三根管子：经调压阀 53（或 54）通过来的总风管（简称调压阀管）、作用管和均衡风缸管，如图 4-3 所示。

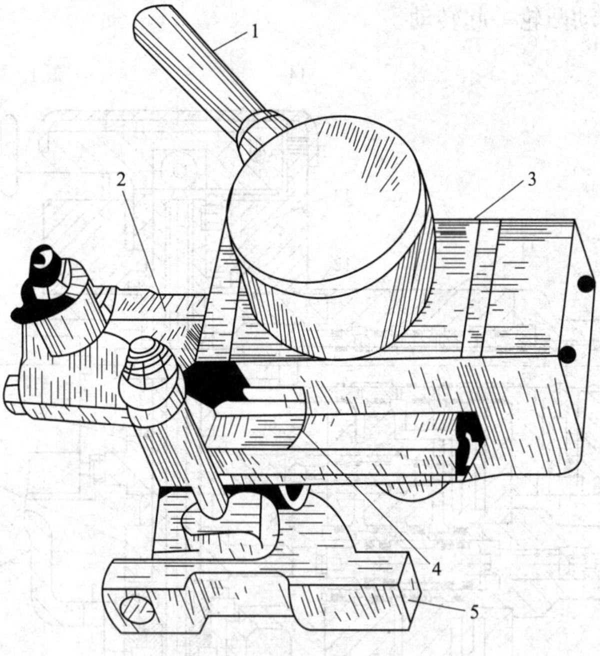

图 4-2　空气制动阀

1—操纵手柄；2—阀体；3—凸轮盒；4—电空转换扳钮；5—阀座(管座)

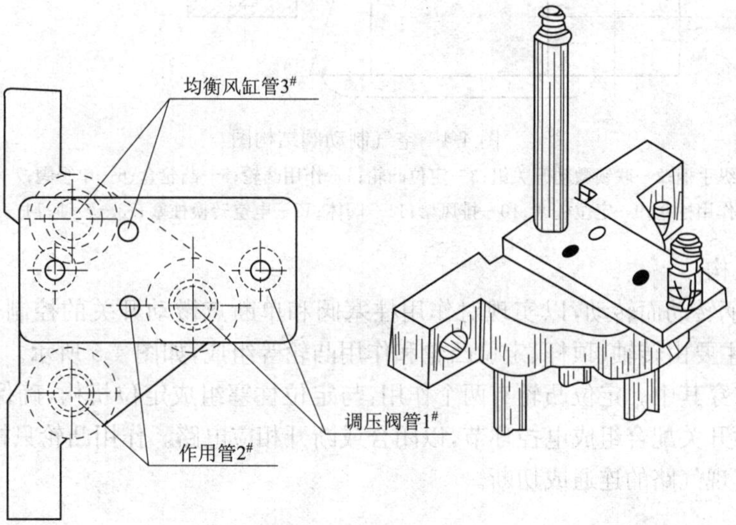

图 4-3　空气制动阀管座

2. 凸轮盒部分

凸轮盒左侧与阀体连接，右侧安装了联锁开关，下部为排风阀，中间安装了轮轴以及定位凸轮、作用凸轮、上部装有手把座与盖板。

主要由操纵手柄、凸轮机构、单独缓解阀及微动开关、接线座等部分组成，如图 4-4 所示。

(1)操纵手柄

设有 4 个工作位置，按逆时针顺序为：缓解位、运转位、中立位、制动位，只有在运转位才能装入或取出。工作中，手柄须插入手柄座内，并通过手柄座与凸轮机构的转轴连接，以便在转动手柄时通过转轴带动凸轮一起转动。

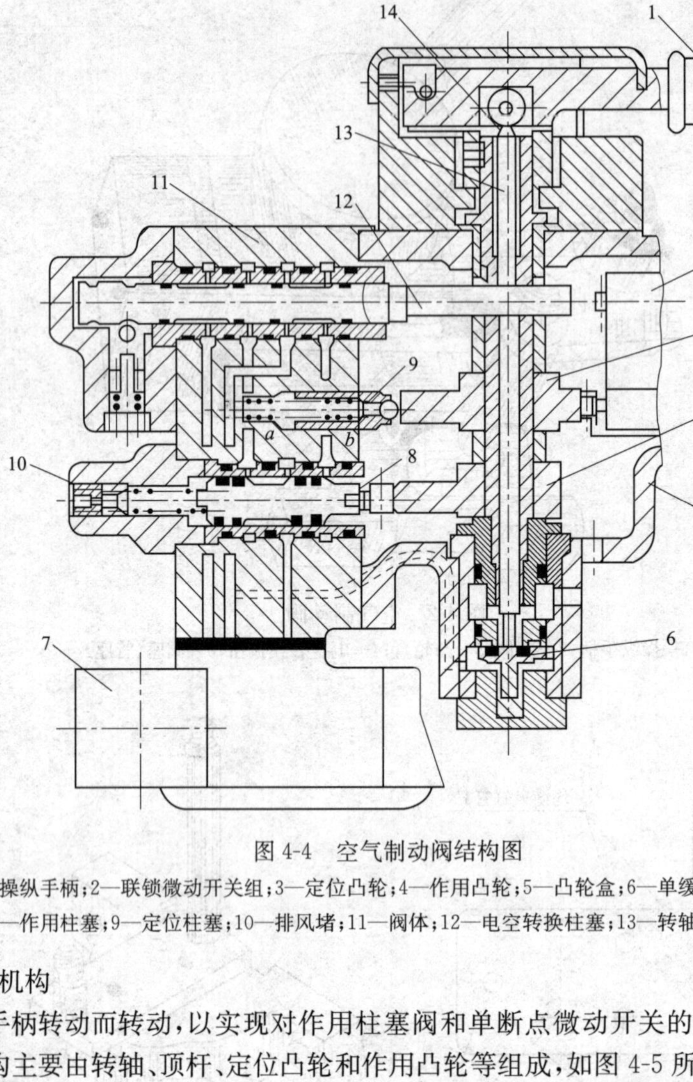

图 4-4　空气制动阀结构图

1—操纵手柄；2—联锁微动开关组；3—定位凸轮；4—作用凸轮；5—凸轮盒；6—单缓阀；7—管座；8—作用柱塞；9—定位柱塞；10—排风堵；11—阀体；12—电空转换柱塞；13—转轴；14—顶杆

(2)凸轮机构

用于随手柄转动而转动，以实现对作用柱塞阀和单断点微动开关的控制，并完成定位作用。凸轮机构主要由转轴、顶杆、定位凸轮和作用凸轮等组成，如图 4-5 所示。其中，转轴为空心轴，使顶杆贯穿其中。定位凸轮有两个作用：与定位柱塞组成定位机构，确保位置的准确无误；与联锁微动开关配合组成电控环节，以闭合或断开相应电路。作用凸轮只控制作用柱塞阀的左右移动，实现气路的连通或切断。

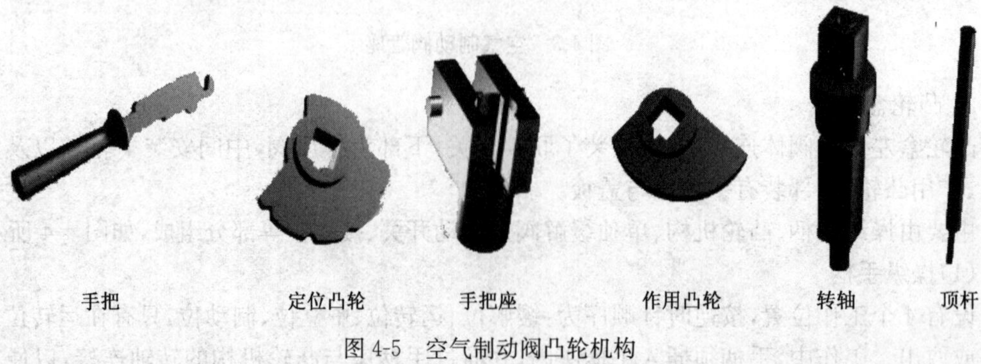

图 4-5　空气制动阀凸轮机构

(3)单独缓解阀

简称单缓阀。主要由单独缓解阀、单独缓解阀座套及单独缓解阀弹簧等组成。其中,单独缓解阀与其座套构成该阀的阀口,如图 4-4 所示。当下压手柄时,推动顶杆下移并顶开单缓阀阀口,从而连通作用管向大气排风的气路,以实现机车的单独缓解。

(4)接线座与微动开关

在空气制动阀上共装两个微动开关,分别受转换柱塞及定位凸轮的控制,并通过接线端子与外电路相连。接线端子分别与导线 818、899、801、800(SS$_9$ 型机车Ⅱ端:819、899、802、800)连接。

微动开关,包括双断点微动开关和单断点微动开关两个微动开关。其中,双断点微动开关用来控制电空制动控制器电源电路 899-801(SS$_9$ 型机车Ⅱ端:899-802,下同)与制动电空阀 257YV 单独得电电路 899-800 的转换,其电器代号为 3SA1(SS$_9$ 型机车Ⅱ端:4SA1,下同)。双断点微动开关的工作由电空转换阀转换柱塞联动,当电空转换阀处于“电空位”时,转换柱塞脱离与微动开关 3SA1 的接触,使其闭合电路 899-801,并断开电路 899-800;当电空转换阀处于“空气位”时,转换柱塞压缩微动开关 3SA1,使其闭合电路 899-800,并断开电路 899-801。单断点微动开关作为串联联锁用来控制排风 1 电空阀 254YV 得电电路 809-818(SS$_9$ 型机车Ⅱ端:819-818。下同)的闭合与断开,其电器代号为 3SA2(SS$_9$ 型机车Ⅱ端:4SA2。下同)。单断点微动开关由定位凸轮控制,当空气制动阀手柄处于“缓解位”或“运转位”时,定位凸轮不压缩微动开关 3SA2,使其闭合电路 809-818;当空气制动阀手柄处于“中立位”或“制动位”时,定位凸轮压缩微动开关 3SA2,使其断开电路 809-818。

3. 阀体部分

阀体为转换柱塞套、作用柱塞套以及定位柱塞、排气缩堵等零件的安装体,还有许多暗道作为内部气路。

阀体部分主要包括电空转换阀、作用柱塞阀及定位柱塞等,如图 4-6 所示。

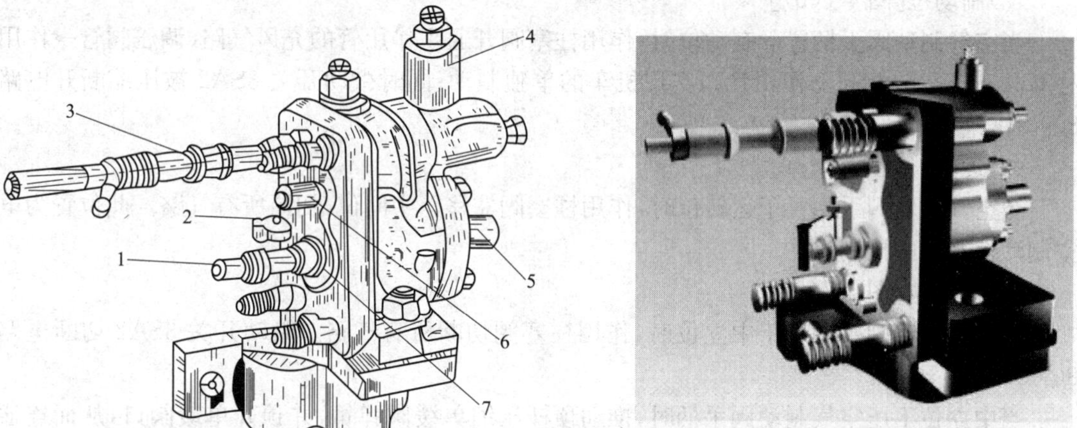

图 4-6　空气制动阀阀体部分

1—作用柱塞;2—支承;3—转换柱塞;4—转换柱塞定位机构;5—作用柱塞顶盖;6—定位柱塞;7—作用柱塞套

(1)电空转换阀

电空转换阀用于控制“电空位”与“空气位”之间的转换。电空转换阀属于柱塞式空气阀。主要由电空转换柱塞、电空转换柱塞阀套、定位机构及 O 形圈等组成。其中电空转换柱塞不随手把转动而动作,是通过阀的左侧电-空转换扳钮的扳动在转换柱塞套内做前后动作,通过其尾部定位装置使转换柱塞形成两个工作位置：电空位或空气位。电空转换柱塞阀套上设径向通孔，分别与均衡风缸管和作用管连通。

(2)作用柱塞阀

作用柱塞是通过司机操纵小闸手柄，使作用凸轮旋转，由其工作曲面的变化而使作用柱塞左右移动，通过凹槽连通或切断 a 管或 b 管，从而连通或切断相应气路，间接控制均衡风缸或作用管的充、排风，以实现小闸电空位时单独控制机车或空气位时控制全列车的制动、保压、缓解作用。

主要由作用柱塞、作用柱塞阀套、作用柱塞弹簧及 O 形圈等组成。作用柱塞阀套上设径向通孔，与调压阀管连通，并且作用柱塞两端与大气连通。

(3)定位柱塞

定位柱塞工作端设有钢珠，并嵌在阀体内的定位柱塞端部；定位柱塞与定位凸轮配合，实现空气制动阀手柄的定位作用。

二、空气制动阀作用原理

空气制动阀是通过直接控制分配阀容积室压力空气的充入或排出而使机车制动或缓解的。它的作用原理包括“电空位”和“空气位”两种工况。

1. 电空位

电空位为空气制动阀的正常工作位置，用于单独控制机车的制动与缓解。它有 4 个工作位置：缓解、运转、中立、制动。此时电空转换柱塞处于左极端位置，转换柱塞凹槽连通作用管与 b 管的气路，同时微动开关 3SAl 动作，闭合电路 899-801，断开电路 899-800。

(1)缓解位[图 4-7(a)]

当空气制动阀手柄置于缓解位时，作用柱塞阀开通了作用管的排风气路(作用管→电空转换阀→作用柱塞阀→大气)，实现机车的单独缓解；同时微动开关 3SA2 闭合电路 809-818。

(2)制动位[图 4-7(b)]

当空气制动阀手柄置于制动位时，作用柱塞阀开通了作用管的充风气路(调压阀管→作用柱塞阀→电空转换阀→作用管)，实现机车的单独制动；同时微动开关 3SA2 被压缩断开电路 809-818。

(3)运转位[图 4-7(c)]

当空气制动阀手柄置于运转位时，作用柱塞阀左移至中间位，切断所有气路。此位置为电空制动控制器的控制位。

(4)中立位[图 4-7(d)]

当空气制动阀手柄置于中立位时，作用柱塞阀切断所有气路。微动开关 3SA2 切断电路 809-818。

当中立位下压空气制动阀手柄时，推动顶杆压缩单缓阀弹簧，并顶开单缓阀口，从而连通作用管向大气排风的气路(作用管→单缓阀口→大气)，实现机车的单独缓解。

2. 空气位

运行中发现电空制动控制器或制动机系统有关电路、电器故障时，将空气制动阀上的转换柱塞扳钮扳至“空气位”。此时将实现以下两个作用：

转换柱塞凹槽连通均衡风缸管与 a 管的气路；

联动微动开关 3SA1 动作，闭合电路 899-800，使制动电空阀(257YV)单独得电；断开电路 899-801，从而使大闸断电失去作用，那么微动开关 3SA2 是否闭合都将使排风 1 电空阀

(254YV)失电,作用管排大气的通路被切断。

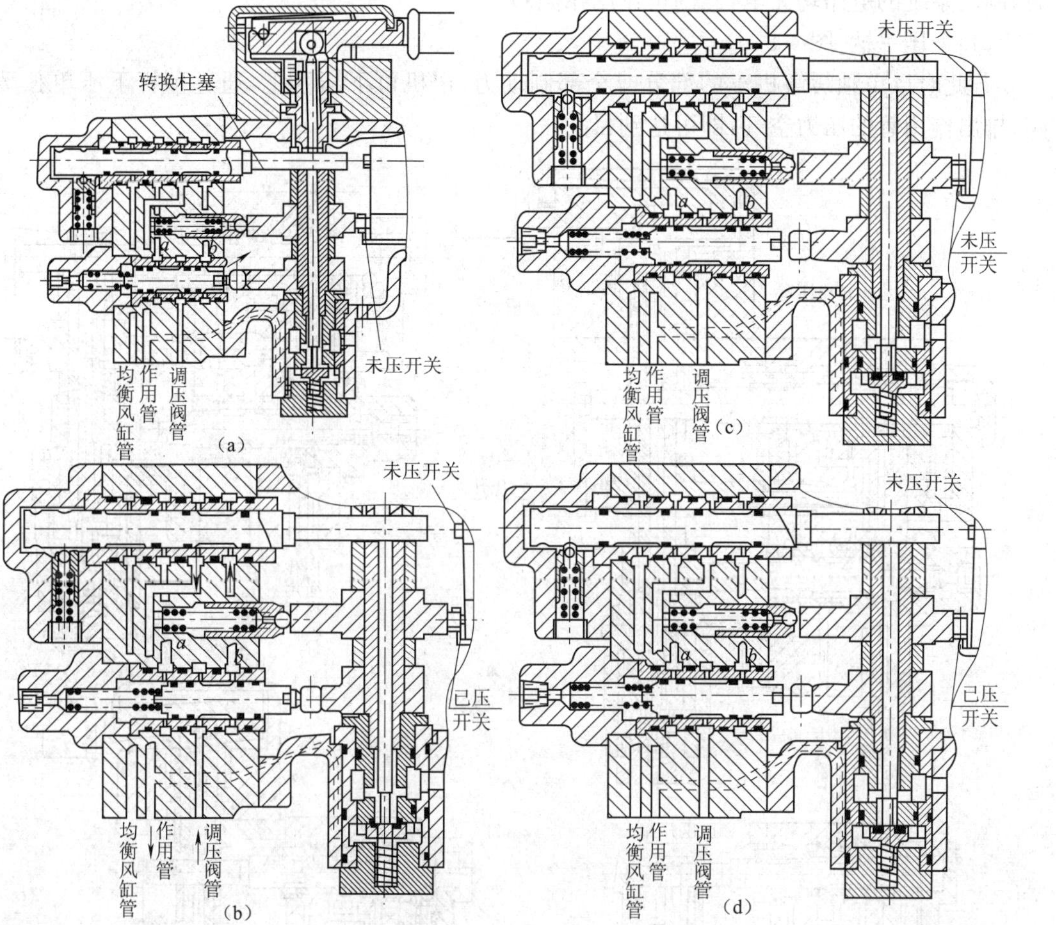

图 4-7　空气制动阀作用原理图-电空位

(a)缓解位;(b)制动位;(c)运转位;(d)中立位

在“空气位”时,空气制动阀有三个作用位置。

(1)缓解位[图 4-8(a)]

作用凸轮得升程,推动柱塞左移,连通调压阀管与 a 管的气路(调压阀管→作用柱塞凹槽→a 管→转换柱塞凹槽→均衡风缸管)。调压阀将总风压力空气调整为 500 或 600 kPa,向均衡风缸充气,控制中继阀向制动管充风,车辆缓解。机车的缓解是靠下压手把而得。(注意:此时必须下压手把,否则机车不能缓解)

(2)制动位[图 4-8(b)]

手柄右移到制动位,作用凸轮得到降程。作用柱塞在弹簧的反力作用下右移,切断调压阀管至均衡风缸的通路,开通均衡风缸管经端盖缩孔排气的通路,使均衡风缸压力空气排至大气。控制中继阀使制动管排出与均衡风缸减压量相等的压力空气,全列车制动。

(3)中立位[图 4-8(c)]

空气制动阀在制动位停留时间的长短可确定均衡风缸减压量的多少。如果此时均衡风缸减压量达到了要求,司机可将空气制动阀手把回移至中立位。作用凸轮使作用柱塞左移至中间位置,将调压阀管与均衡风缸管,以及均衡风缸管与大气的通路均切断,使机车、车辆保持制动。(在“电空位”操纵时,运转位与中立位气路相同,但电路不同,故此两位不同;而“空气位”时,制动系统的电路均无电,此两位作用相同。)

(4)下压手柄[图 4-8(d)]

若此时欲单独缓解机车的部分或全部制动力,司机可下压手把,通过顶杆下压单独缓解阀,排出作用管的压力空气,即可达到目的。

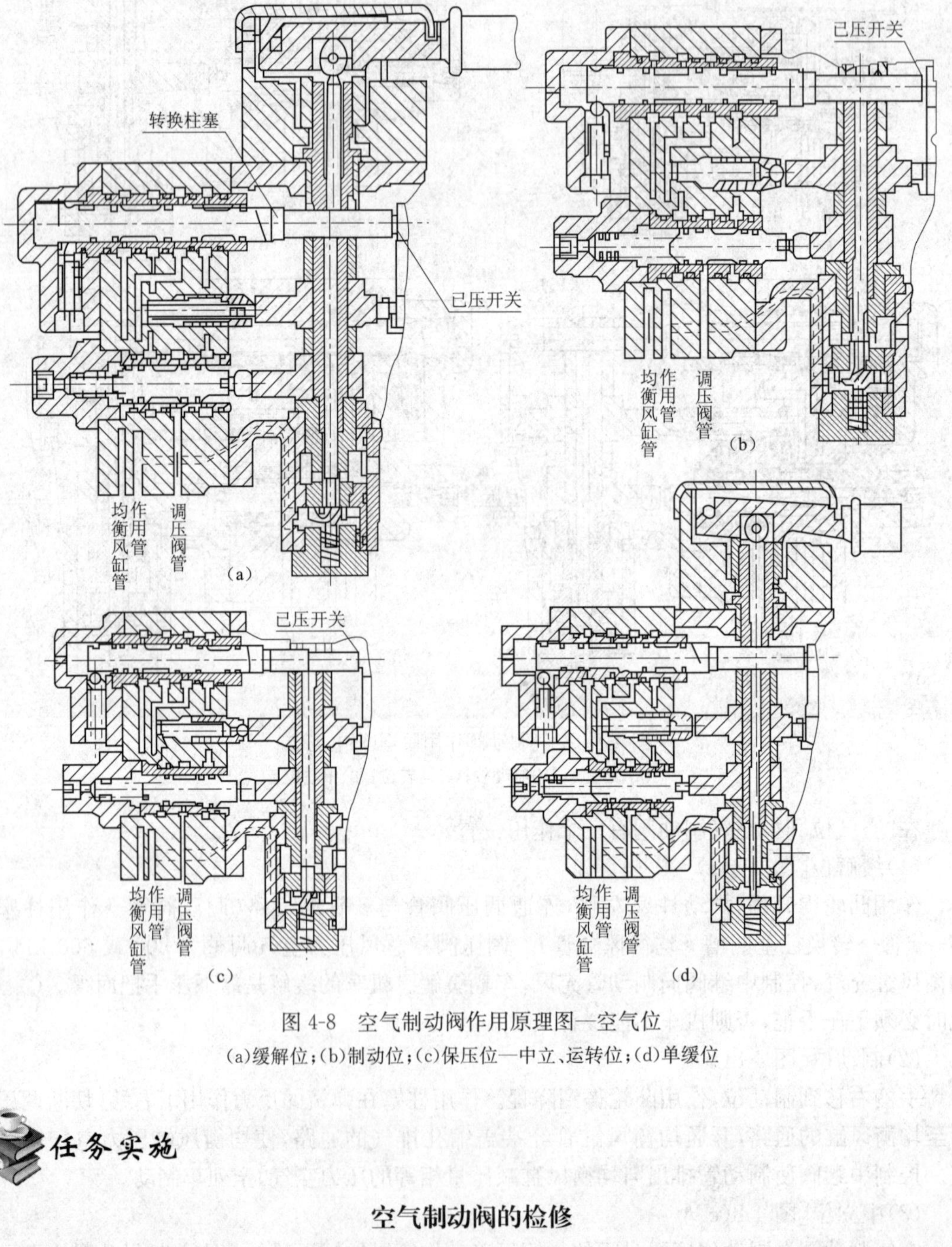

图 4-8　空气制动阀作用原理图—空气位

(a)缓解位;(b)制动位;(c)保压位—中立、运转位;(d)单缓位

任务实施

空气制动阀的检修

一、操作顺序及要求

空气制动阀(空气位—缓解位)剖面图如图 4-8(a)所示。

(一)分解

1. 将阀放在专用支架上,并用压缩空气将其外部吹干净。

2. 卸下接线盒盖,取出微动开关。

3. 分解凸轮箱,取出各栓塞及弹簧。

4. 卸下手把座固定螺钉,退出手把座及顶杆。

5. 卸下阀盖,退出手把轴、凸轮及各支承套。

6. 卸下放风柱塞盖,取出阀及弹簧。

(二)清洗

将卸下的各零件放在清洗油盘中清洗,压缩空气吹扫后,用绸布擦干。

(三)检修

1. 电气组件

(1)微动开关与接线端子的接线正确、紧固、线号清晰齐全。接线头裸线不宜过长,紧固螺钉不得滑扣。

(2)微动开关动作可靠,微动开关和接线端子板安装牢固,外壳无裂损。

(3)安装座无电蚀、裂损,表面电蚀碳化物须用砂布或旧锯条消除,电蚀严重者须更新。

2. 柱塞阀体

(1)柱塞阀体无裂损,体内清洁、干燥,暗孔畅通。

(2)支承转动灵活,转轴无弯曲、变形和明显磨损,开口销锁闭良好。支承与柱塞头磨合处磨耗量不大于 0.5 mm。

(3)柱塞与套配合间隙不大于 0.1 mm;与孔的配合间隙不大于 0.12 mm;柱塞无弯曲、变形,柱塞端触头镶接牢固,磨耗量不大于 0.5 mm。定位柱塞钢球铆接牢固,钢球转动灵活,不得松脱和固死。

(4)更换所有密封圈。

(5)各弹簧无锈蚀、断裂、变形,用游标卡尺测量各部弹簧高度,对不符合规定者更换。各部弹簧自由高度为:作用柱塞弹簧 45 mm,定位弹簧 43 mm,转换柱塞定位弹簧 0 mm。

3. 凸轮盒

(1)凸轮无裂损,均匀磨耗量 0.5 mm。

(2)方轴无弯曲、变形,定位止钉完好,方轴与凸轮方孔间隙不大于 0.2 mm,与手把座的方孔配合间隙不大于 0.3 mm,与轴套间不大于 0.5 mm。

(3)手把座无裂损,穿销无变形和严重磨损,开口销锁闭状态良好。定位丝扣和顶丝作用良好。

(4)排气阀胶口压痕均匀,无破损、松脱现象,对压痕不均或过深者,须用细砂布在平面上将阀口研磨平整,研磨后,胶口应略高于金属阀座。否则应更换排气阀。排气阀弹簧无锈蚀、断裂,自由高度 24.3 mm。

(5)顶杆无弯曲,顶杆在方轴中上下动作灵活,长度符合(135±1) mm,顶杆磨损后,可在顶杆上部补焊后锉修,长度符合要求,且不得有阻滞现象。

(四)组装

1. 用压缩空气吹扫检修好的各部件,并用绸布擦干净。

2. 在有相对运动的零件摩擦面涂适量凡士林。

3. 在阀体内壁涂适量植物油。

4. 将作用柱塞和定位柱塞装入阀体内，用手按动应灵活无卡滞现象。

5. 其余部件按与分解相反的顺序进行组装。

(五)试验

组装好的空气制动阀应在试验台上进行试验，各项试验数据应符合基本技术要求。

1. 试验准备：被试制动阀安装在安装座上，转换至"电空位"，手把放制动位、开风源，调整调压阀使作用风缸的压力为 300 kPa。

2. 操纵作用风缸压力试验

(1)手把移缓解位，作用风缸排大气，作用风缸压力由 300 kPa 下降至 40 kPa 时间不超过 3.5 s，且压力能降为零。

(2)作用风缸排空后，手把再放制动位，测作用风缸压力从零上升到 280 kPa 所需时间不超过 3.5 s。

(3)待作用风缸压力充至 300 kPa 后，手把移缓解位，同时下压手把作用风缸排大气，测作用风缸由 300 kPa 下降到 40 kPa 所需时间不超过 2.8s，并能降到零。

(4)作用风缸排零后，手把再放到制动位，待作用风缸压力上升到 300 kPa 后，手把移缓解位，使作用风缸压力从 300 kPa 下降到 280 kPa 后，再将手把放至运转位，此时要求作用风缸保压 4 min，压力上升或下降值不超过 20 kPa，手把再移至中立位，要求作用风缸再保压 2 min，压力上升或下降不超过 10 kPa，然后不压手把，测定压力值下降至 40 kPa 所需时问不超过 2.8 s。

(5)作用风缸压力排尽后，手把恢复到缓解位，上述各位置试验时阀体各部不漏泄，均衡风缸不得进入压力空气。手把未下压时制动阀凸轮盒上的排气孔不得漏风。

3. 操纵均衡风缸压力试验

(1)试验准备：转换阀至"空气位"手把放缓解位，调整调压阀，使均衡风缸压力达 500 kPa。

(2)手把移制动位，测均衡风缸压力从 500 kPa 下降到 360 kPa 所需时间为 5～7 s。

(3)待均衡风缸压力空气排尽后，手把移缓解位，测均衡风缸压力从零上升到 450 kPa 后移到中立位，均衡风缸保压 4 min，均衡风缸压力上升或下降不得超过 20 kPa，再将手把移运转位，均衡风缸仍保压 2 min，均衡风缸压力上升或下降不得超过 10 kPa，然后再将手把放制动位，均衡风缸压力空气排尽。

(4)以上各位试验时，阀体各部不得漏泄，作用风缸内不得产生压力空气，制动阀凸轮盒排气口不得漏泄。

4. 开关接线检查

(1)接线牢固、整齐，线头不得伸进开关内部或外露，线号标记清晰。

(2)转换至电空位 LXW2_11 型开关应处于未压缩状态，导线 800 与 244 不通，转换至空气位时，导线 800 与 244 接通。

(3)手把置运转时，JwL1_11 型开关应处于未压缩状态，连接电路 809 与 818 应接通。当手把移至中立位时开关被压缩，809 与 818 应不通，再将手把从运转位到中立位间来回搬动 2～3 次，确认开关开闭正常。

五、操作安全注意事项

1. 检修时应穿戴工作服，做好必要的安全防护措施。

2. 必须按检修规程进行检修。

3. 在试验台上拆装配件时，首先关闭相应的截断塞门，排净部件及相应管路内的余压后再进行拆卸。

4. 电器部件或带有电联锁的部件拆装时，必须首先切断控制电源。

5. 给电或给风试验中须两人以上进行，一人试验，一人监护。遇到异常情况时，应首先切断电源或风源，以防事态扩大。

实践与训练

学习工作单

工 作 单	空气制动阀的控制		
任　　务	通过学习，掌握空气制动阀的构造；掌握空气制动阀的作用原理		
班　　级		姓　　名	
学习小组		工作时间	
【知识认知】			
1. 归纳总结空气制动阀的构造 2. 归纳总结空气制动阀的作用原理			
【能力训练】			
通过本节所学内容，总结空气制动阀的检修流程			
任务学习其他说明或建议：			
指导老师评语：			
任务完成人签字：　　日期：　年　月　日 指导老师签字：　　日期：　年　月　日			

任务二　中继阀的控制

知识要点

1. 掌握总风遮断阀的构造和工作原理。

2. 掌握双阀口式中继阀的构造和工作原理。

项目任务

1. 通过学习，掌握总风遮断阀、双阀口式中继阀的构造和工作原理。
2. 分组制作PPT展示学生对中继阀的控制的认识。

任务准备

1. 主要设备和工具：DK-1型制动机试验台、平台、开口扳手、卡环钳子、螺丝刀、手锤、钢板尺、钢针、装取橡胶O型圈专用工具、油盘、毛刷。
2. 主要材料：水砂布、汽油、绸布、中性洗涤剂、润滑脂、凡士林等。

相关理论知识

中继阀由双阀口式中继阀、总风遮断阀和管座三部分组成，如图4-9、图4-10所示。

作为气动部件的空气阀，在DK-1型电空制动机的工作过程中起着非常重要的作用。其工作性能的好坏直接影响着DK-1型电空制动机能否安全、可靠地工作。因此，熟悉、掌握空气阀的构造和作用原理是学习、使用DK-1型电空制动机的基础。

在DK-1型电空制动机系统中设置的总风遮断阀是受中立电空阀控制，用以启闭双阀口式中继阀的总风源，控制制动管的充风风源。而双阀口式中继阀则是根据均衡风缸压力变化来控制制动管的充风、排风，以使全列车缓解或制动的。

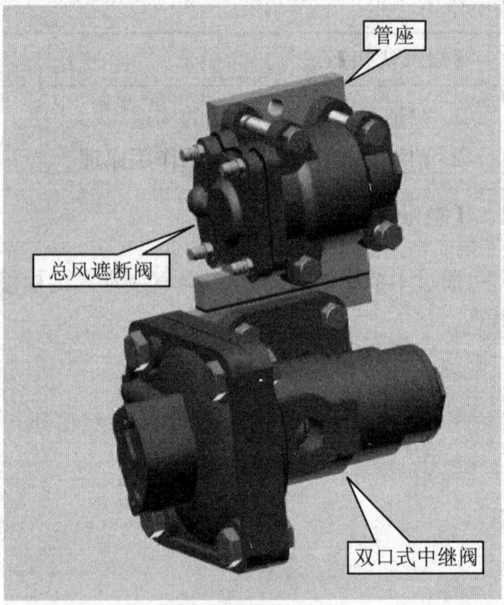

图4-9 中继阀的组成

双阀口式中继阀和总风遮断阀通过阀座安装于制动屏柜上，共用一个阀座，并经阀座与总风缸管、制动管、均衡风缸管、过充风缸管和总风遮断阀管5条空气管路连接，因此，阀座既是安装基座，又是管路连接基座(简称管座)。

均衡风缸用于储存压力空气，并以均衡风缸压力变化为控制信号来控制双阀口式中继阀的动作，从而控制制动管的减压量，达到准确控制列车制动力的目的。那么，为什么司机不直接控制制动管的充、排风，而是通过控制均衡风缸压力变化来控制制动管的压力变化呢？因为制动管贯穿于列车的首尾，其充、排风是由司机在机车上操纵实施的，而司机操纵台上反映制动管压力的压力表是连接在机车上的，因此该压力表只能即时反映机车附近的制动管压力，而不是整个列车的制动管压力，如果司机通过观察制动管压力表直接控制制动管减压量来控制制动力大小进行操纵的话，容易造成失误。所以，在制动机工作过程中，需设一个比较准确、迅速控制的参量为标准量，使制动管压力依照该标准量的变化而变化，从而达到准确控制列车制动管减压量，以此控制列车制动力大小。

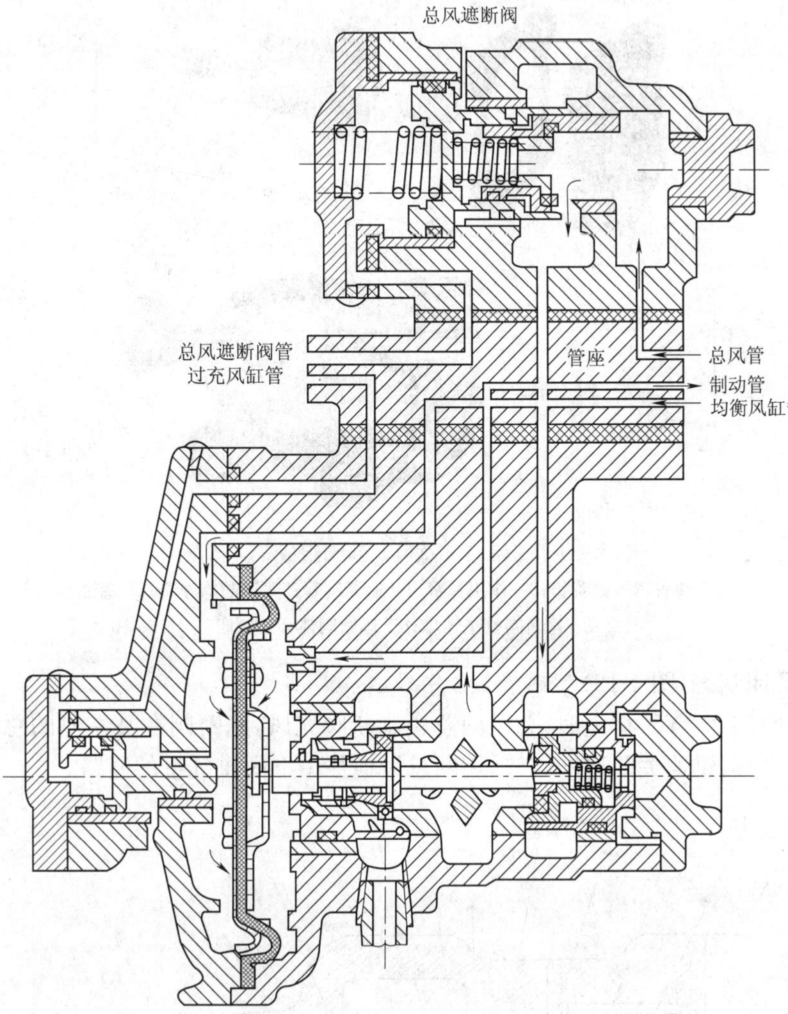

图 4-10　中继阀结构图

(一)总风遮断阀

总风遮断阀用于控制总风能否通往双阀口式中继阀的供气室,即控制制动管的供气源。

1. 总风遮断阀的构造

总风遮断阀属于阀口式空气阀。主要由阀体、遮断阀、阀座、遮断阀套、弹簧等组成,如图 4-11、图 4-12 所示。

总风遮断阀各内部空间分别与三条管路连通,如图 4-12 所示。

①阀座右侧空间与总风缸管连通,并经遮断阀中心孔通往遮断阀套右侧空间。

②阀座左侧空间与双阀口式中继阀供气室连通。

③遮断阀套左侧空间与总风遮断阀管连通。

2. 总风遮断阀的作用原理

总风遮断阀的基本作用原理为:根据总风遮断阀管压力变化,从而使遮断阀套带动遮断阀左右移动,开启或关闭遮断阀口,以连通或切断总风通往双阀口式中继阀供气室的气路。

总风遮断阀的工作过程包括以下两个动作状态:

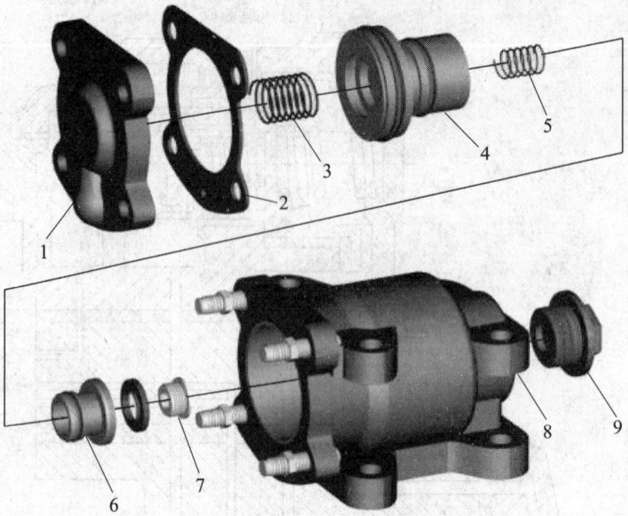

图 4-11　总风遮断阀组成

1—遮断阀盖；2—盖胶垫；3—作用弹簧；4—遮断阀套；5—遮断阀弹簧；6—遮断阀；7—遮断阀胶垫螺母；8—遮断阀体；9—阀座

(1)阀口关闭状态(图 4-12)

当中立电空阀 253YV 得电时，总风向总风遮断阀充风，遮断阀在其左侧的总风压力及弹簧力的作用下右移，迅速关闭遮断阀口，切断总风通往中继阀供气室的通路。

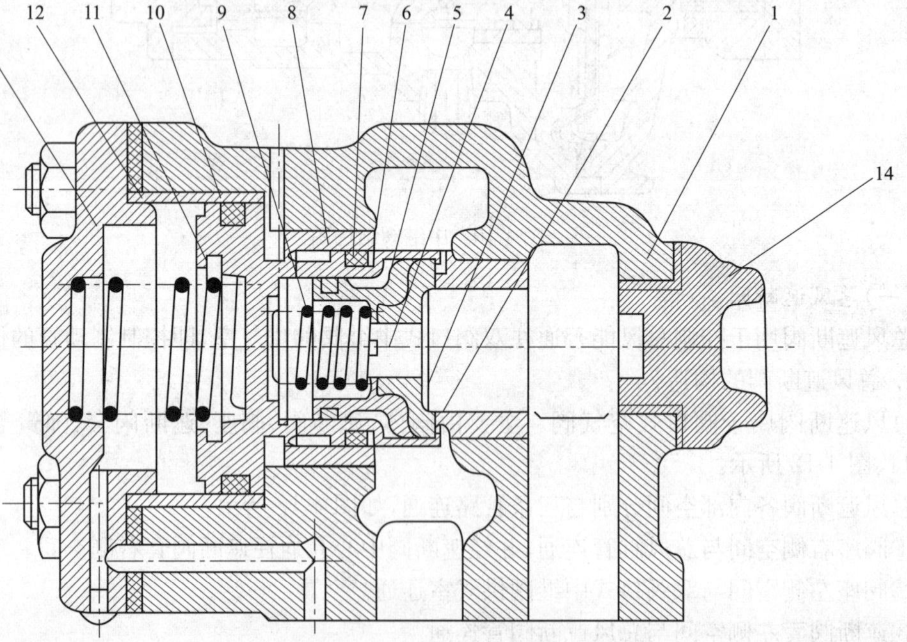

图 4-12　总风遮断阀结构图

1—遮断阀体；2—挡圈；3—胶垫；4—胶垫螺帽；5—遮断阀；6—遮断阀套；7、8、10—O 形圈；9—遮断阀弹簧；11—弹簧；12—胶垫；13—遮断阀盖；14—螺盖

(2)阀口开启状态(图 4-10)

当中立电空阀 253YV 失电时，总风遮断阀管向大气排风，遮断阀套左侧无压力空气时，遮

断阀在其右侧的总风压力作用下，克服弹簧的反力左移，遮断阀口呈开启状态，连通总风通往中继阀供气室的通路。

(二)双阀口式中继阀

双阀口式中继阀根据均衡风缸的压力变化来控制制动管的压力变化，主要是控制制动管的充风和排风。

1. 双阀口式中继阀的构造

双阀口式中继阀主要由以下零部件组成，如图 4-13 所示。

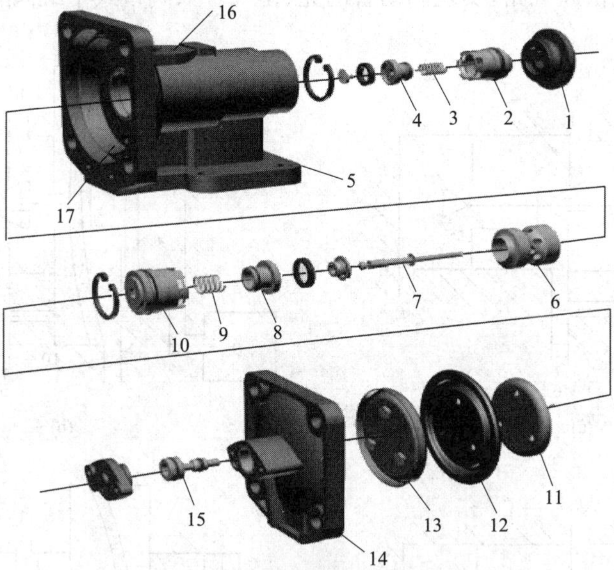

图 4-13　双阀口式中继阀组成图

1—螺盖；2—供气阀套；3—供气阀弹簧；4—供气阀；5—阀体；6—阀座；
7—顶杆；8—排气阀；9—排气阀弹簧；10—排气阀套；11—内活塞；12—膜板；
13—外活塞；14—过充盖；15—过充柱塞；16—排气堵；17—缩堵

(1)主活塞：传感部件，用于感应不同压力空气间的压力变化，从而带动顶杆左、右移动，以开启或关闭排风阀口或供气阀口，最终实现连通或切断排气、供气气路。主要由内、外活塞和橡胶膜板等组装而成。

(2)供气阀机构：连通或切断供气气路的执行部件。主要由供气阀、供气阀套、供气阀弹簧及 O 形橡胶密封圈(简称 O 形圈)等组成。

(3)排气阀结构：连通或切断排风气路的执行部件。主要由排气阀、排气阀套、排气阀弹簧及 O 形圈等组成。

(4)顶杆：跟随主活塞移动并顶开供气阀口或排气阀口。

(5)阀座：为双向阀座结构，分别与供、排气阀形成供、排气阀口。

(6)过充柱塞："过充位"快速充风时，产生附加作用力并作用在活塞膜板上，以实现制动管的快速充风，并使制动管得到过充压力。

(7)其他零部件：包括阀体、端盖、缩堵、排风堵及橡胶密封件等。

双阀口式中继阀各内部空间分别与 5 条气路(即管路)连通，如图 4-10 所示。

①过充柱塞左侧空间与过充风缸管连通；

②活塞膜板左侧空间(称为中均室)与均衡风缸管连通；

③活塞膜板右侧及阀座中间的空间与制动管连通；

④排气室与大气连通；

⑤供气室与经总风遮断阀过来的总风管连通。

2. 双阀口式中继阀的作用原理

双阀口式中继阀的基本作用原理为：根据均衡风缸压力变化使作用在活塞膜板两侧的作用力之差发生变化，从而使活塞膜板带动顶杆左、右移动，顶开供气阀口或排气阀口，以连通或切断制动管的排风或供风气路，实现制动管的充、排气。双阀口式中继阀有 4 个作用位置。

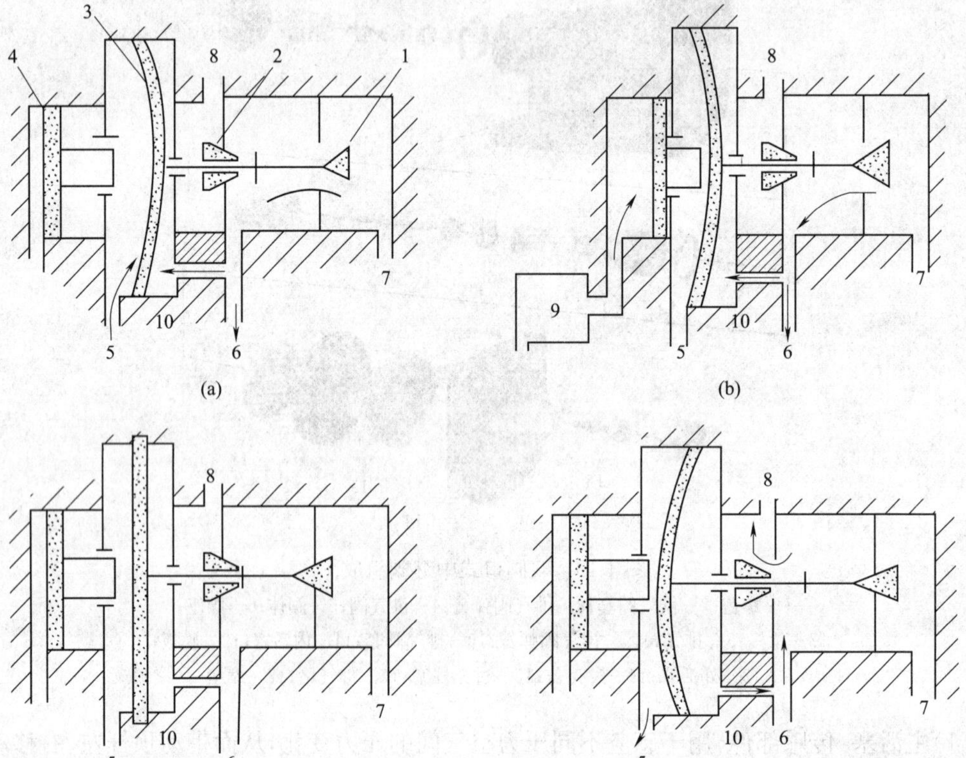

图 4-14　双阀口式中继阀各作用位置示意图

(a)充气缓解位；(b)过充位；(c)保压平衡位；(d)制动位

1—供风阀及阀口；2—排气阀及阀口；3—主活塞；4—过充柱塞；5—均衡风缸管；

6—制动管；7—总风管；8—排风口；9—过充风缸；10—缩孔

(1)充气缓解位[图 4-14(a)]

当均衡风缸压力增加时，活塞膜板左侧的压力升高，使其产生向右的作用力，因此，活塞膜板带动顶杆右移，并压缩供气阀弹簧推动供气阀右移，从而顶开供气阀口，则由总风遮断阀过来的总风缸压力空气(以下简称总风，其压力为 700～900 kPa)经开启的供气阀口向制动管充风，同时总风经缩堵(X 1.0)向活塞膜板右侧充风。

(2)过充位[图 4-14(b)]

为了适应列车运行于长大坡道或长大列车运行时对缓解充风速度的要求，DK-1 型电空制动机设置了“过充位”操纵，以实现列车的快速充风。

当司机将电空制动控制器手柄置于“过充位”时，连通了总风向过充风缸充风的气路，即过充柱塞侧压力升高，推动过充柱塞右移，并作用在活塞膜板上，该作用力的大小相当于30～40 kPa压力空气所产生的作用力；同时，连通总风经调压阀55（用于调整、限定均衡风缸的定压，为500 kPa或600 kPa）、缓解电空阀258YV向均衡风缸充风的气路，即活塞膜板左侧压力升高。在二者共同作用下，活塞膜板带动顶杆迅速右移，顶开供气阀口，并且阀口开启较大，使总风迅速向制动管及活塞膜板右侧充风；当活塞膜板右侧压力及制动管压力与活塞膜板左侧压力平衡时，在供气阀弹簧作用下，关闭供气阀口。可见，当电空制动控制器手柄置于“过充位”时，经双阀口式中继阀动作，能够实现制动管的快速充风，并使制动管压力得到过充压力，即超过定压30～40 kPa。

如欲消除过充压力，可将电空制动控制器手柄由“过充位”转换至“运转位”，此时，均衡风缸仍保持定压，而过充风缸内的压力经过充风缸小孔（ϕ0.5 mm）缓慢排向大气（120～180 s消除过压），则过充柱塞端部作用在活塞膜板上的附加力缓慢消失，此时制动管过充压力缓慢排向大气，而不会引起后部车辆的自然制动。

(3)保压位[图4-14(c)]

①缓解后保压位

随着活塞膜板右侧和制动管压力的增加，逐渐平衡活塞膜板左侧压力，在供气阀弹簧作用下，使供气阀推动顶杆、活塞膜板左移逐渐缩小供风阀口，直至关闭。同时，顶杆、活塞膜板停止左移，不能打开排风阀口，使其处于供、排气阀口均不开启的保压状态。

当制动管发生泄漏时，双阀口式中继阀活塞膜板右侧的压力随之降低，在活塞膜板上产生向右的作用力，所以活塞膜板带动顶杆右移，顶开供气阀口，使总风向制动管内补风，同时活塞膜板右侧也得到补风；当活塞膜板右侧及制动管压力补充到与活塞膜板左侧压力平衡时，在供气阀弹簧作用下，关闭供气阀口，完成补风过程。可见，补风作用是随着制动管的泄漏而自动进行的。

②制动后保压位

随着活塞膜板右侧和制动管压力的降低，逐渐平衡活塞膜板左侧压力，在排气弹簧作用下，使排气阀推动顶杆、活塞膜板右移；直到活塞膜板两侧压力平衡时，关闭排气阀口，从而切断制动管的排风气路。同时，顶杆、活塞膜板停止右移，不能打开供气阀口，使其处于排、供气阀口均不开启的保压状态。

(4)制动位[图4-14(d)]

当均衡风缸压力减小时，活塞膜板左侧的压力下降，使其产生向左的作用力，因此活塞膜板带动顶杆左移，并压缩排气阀弹簧推动排气阀左移，从而打开排风阀口，制动管向大气排风，同时，膜板右侧的压力空气经缩堵、排风阀口也向大气排风。

由上可知，当制动管发生泄漏时，双阀口式中继阀也有自动补风作用。由于目前我国绝大多数车辆制动机采用二压力机构分配阀，只具有一次缓解性能，故实际运行中，通过转换装置将自动补风作用切除，以避免发生自然缓解而危及行车安全。

同样，制动管压力随着均衡风缸压力变化而变化。为什么司机不直接控制制动管的充、排风，而是通过控制均衡风缸压力变化来控制制动管的压力呢？因为贯穿列车首尾又细又长的制动管，存在压力差，不便于操纵。因此为达到准确控制制动管减压量，以控制列车制动力大小的目的，设置了均衡风缸（容积4 L）压力为标准参量，依此准确地控制制动管减压量。

进一步分析发现：若使双阀口式中继阀活塞膜板左右两侧沟通，即均衡风缸与制动管沟通，则无法在活塞膜板上形成有效作用力之差，从而不能打开其供、排气阀口，人们习惯地称双阀口式中继阀此时处于自锁状态。显然。使双阀口式中继阀呈自锁状态的条件是使制动管与均衡风缸沟通。

综上所述，总风遮断阀与双阀口式中继阀共同控制制动管的充风气路，而制动管的排风气路则是由双阀口式中继阀单独控制的。

任务实施

中继阀的检修

中继阀、总风遮断阀剖面图如图 4-10 所示。

(一)解体

1. 外观检查，用压缩空气吹扫干净。

2. 将中继阀和总风遮断阀放在检修工作台上。

3. 用开口扳手卸下中继阀盖上 4 条 M12×45 螺栓，将阀盖连同过充部取下，用两手扣住主活塞模板上沿，拇指顶住模板中间，沿箭头指示相反方向倾斜提出，使主活塞模板与顶杆挂钩脱扣，取下模板活塞。

4. 用卡环钳子取下定位挡圈，取出排气阀组成和顶杆。

5. 卸下排气阀挡圈，取出排气阀及排气阀弹簧。

6. 用专用扳手拧开中继阀螺盖，取出供气阀组成。

7. 卸下供气阀挡圈，取出供气阀及供气阀弹簧。

8. 分解模板活塞组成，取下内外活塞及模板。

9. 用开口扳手卸下过充柱塞阀盖上 2 条 M8×30 的双头螺栓，取下过充盖，抽出过充柱塞。

10. 用开口扳手将遮断阀盖上 4 条 M8×30 的双头螺栓、螺母旋下，取下遮断阀盖，并取出遮断弹簧。

11. 取出遮断阀组成。

12. 取下遮断阀挡圈，取出遮断阀及弹簧。

13. 取下所有零件上的 O 形圈及橡胶件。

(二)清洗与检修

1. 除橡胶件外，将解体后的零部件置油盘中用汽油或中性洗涤剂清洗干净，再用清水清洗后用压缩空气吹扫干净，阀体内部各暗孔、沟槽不得有余垢及异物。

2. 各橡胶件应符合技术要求，不良者更换新品，橡胶垫严禁用汽油清洗，组装时涂少量白色凡士林。

3. 检修中继阀双阀口应符合技术要求，不良者更换供、排气阀套。

4. 检修测量各弹簧，必须符合技术要求，每个弹簧反复压缩 3 次后应符合技术要求。

中继阀及总风遮断阀各弹簧自由高原形尺寸为：供气阀弹簧 29 mm，排气阀弹簧 38 mm，遮断阀弹簧 38 mm，遮断活塞弹簧 63 mm。

5. 检测各阀自由压缩行程。

供气阀行程为 8.6 mm；

排气阀行程为 8.7 mm；

遮断阀行程为 1.4～2.0 mm。

6. 检查各阀口与阀平面胶垫接触状态。压痕不均匀或过深者应用细砂布在平台上研磨胶面，研磨后不得低于金属座面，否则更换胶垫。

7. 用圆形直柄钻头检查 ϕ0.8 mm 缩口风堵，符合技术要求，并用压缩空气吹扫暗道。

8. 检查各阀与阀套应符合技术要求。

9. 检测顶杆长度为(92.2±0.2) mm，应符合技术要求。

10. 检查过充柱塞放入套内至底部，柱塞伸出量为 10 mm，施以 10N 的力作用在过充柱塞上时，过充柱塞应恢复到原位，即低于限制平面 0.8 mm。

11. 检查各螺栓丝扣应良好，阀体不许破损、掉块。

（三）组装

1. 组装前对检修合格配件再一次进行清洁处理，用洁净绸布擦拭干净，再用压缩空气吹净，并在各运动部位涂少量润滑剂后进行组装。

2. 给各阀装上 O 形圈，O 形圈不得有翻拧现象，并给各风道装上密封圈，在各 O 形圈上涂少量凡士林。

3. 拧紧 ϕ0.8 mm 缩口风堵。

4. 按解体相反顺序组装供气阀和排气阀，将供气阀组装装在中继阀体内，紧固螺盖。

5. 装上排气阀组装及顶杆，然后装上排气阀挡圈。

6. 装入活塞组装，按箭头方向推动活塞，注意检查确认挂上顶杆。

7. 拨动顶杆动作灵活，并检查顶杆端与供气阀座口有 0.2 mm 间隙。

8. 装上阀盖及紧固螺母。

9. 将过充柱塞装入中继阀盖内，并装上过充阀盖。

10. 按解体相反顺序组装好总风遮断阀组装。

（四）试验

将检修完毕的中继阀及总风遮断阀安装到 DK-1 型制动机试验台上进行试验，见表 4-1。

表 4-1　中继阀、总风遮断阀试验操作方法

项目	操 作 方 法
遮断性能	除闭合 2K 外，其余各开关置断开位，1TL 推位阀手柄置于压入位，先将 3BK 闭合再按 2A 按钮，均衡风缸压力充至 600 kPa，这时制动管压力应不随均衡风缸压力上升而上升
充气性能	断开 3BK 制动管压力应快速升至定压
保压性能	按压 3A 按钮，使均衡风缸减压 40～80 kPa 后松开 3A 按钮，保压 1 min，中继阀排风口应无排气现象
灵敏度	在均衡风缸上升或下降的任意时刻，使用锁定键，在数量仪上读出的均衡风缸与制动管的压力差值不大于 4 kPa
过充性能	均衡风缸压力为 600 kPa 时，按压 1A 按钮，制动管压力应比原值高出 40 kPa

（五）操作安全注意事项

1. 检修时应穿戴工作服，做好必要的安全防护措施。

2. 必须按检修工艺规程进行检修。

3. 汽油清洗时禁止烟火，工作场地要保持清洁。

4. 禁止活扳手拆装作业。

5. 给电或给风试验中须两人以上进行，一人试验、一人监护。遇到异常情况时，应首先切断电源、风源，防止事态扩大。

实践与训练

学习工作单

工作单	中继阀的控制		
任　　务	掌握总风遮断阀的构造和工作原理；掌握双阀口式中继阀的构造和工作原理；掌握中继阀的检修过程		
班　　级		姓　　名	
学习小组		工作时间	
【知识认知】			
1. 归纳总结总风遮断阀的构造和工作原理 2. 归纳总结双阀口式中继阀的构造和工作原理			
【能力训练】			
通过现场实习，简述中继阀的检修过程			
任务学习其他说明或建议：			
指导老师评语：			
任务完成人签字：　日期：　年　月　日 指导老师签字：　日期：　年　月　日			

任务三　分配阀的控制

知识要点

1. 熟知109型分配阀的主要特点。
2. 熟知109型分配阀的结构。
3. 熟知109型分配阀的作用原理。

项目任务

1. 通过学习掌握109型分配阀的作用原理。
2. 分组制作PPT展示学生对109型分配阀的认识。

任务准备

1. 主要设备和工具:DK-1 型制动机试验台、清洗盘、专用支架、刮刀、油石、常用钳工工具、钢板尺、游标卡尺。

2. 主要材料:凡士林、研磨膏、水砂纸、清洁剂、绸布、白布、棉丝。

相关理论知识

一、109 型分配阀的特点及结构

分配阀是根据制动管的压力变化来控制机车制动与缓解的。DK-1 型电空制动机系统中的分配阀除接受电空制动控制器的操纵外,还可接受空气制动阀的操纵,从而使机车得到制动、保压与缓解作用。

109 型分配阀是 103 型货车分配阀和 104 型客车分配阀的派生产品。109 型分配阀的标准件、通用件占零件总数的 88.5%,这在国内现有的各类机车制动机中是少见的,考虑到机车分配阀与客、货车分配阀在性能上的一致性,采用 109 型分配阀不仅便于推广,而且还便于掌握,使操纵和检修更为简便。所以,在 DK-1 型电空制动机系统中采用了 109 型分配阀。

(一)109 型分配阀的主要特点

DK-1 型电空制动机选用 109 型机车分配阀,它具有以下主要特点。

1. 具有良好的稳定性

在制动管发生允许范围内的漏泄(即缓慢减压),制动机不发生制动作用的性能,称制动机的稳定性。109 型机车分配阀的稳定性在于:

(1)工作风缸向制动管逆流。在充气状态时,制动管的压力空气经 $L_2 \rightarrow L_5 \rightarrow g_1$ 与工作风缸沟通,当制动管发生漏泄(每分钟不超过 20 kPa),工作风缸压力空气将逆流返回制动管,保持活塞上下压力的平衡。

(2)主活塞尾部的稳定弹簧以及阻力。由于稳定弹簧的反力、橡胶膜板的变形阻力及节制阀移动的阻力,所以,主活塞两侧必须具备一定的压力差才能上移。在工作风缸尚有逆流的情况下,主活塞不可能克服上述阻力而上移。

2. 制动力的不衰减性

在制动后的中立位,当制动缸发生漏泄时,由于均衡活塞上侧的压力随之下降,均衡活塞上移,重新开放均衡阀,总风向制动缸充风,直至新的平衡为止,这种自动补风作用使 109 型分配阀保持制动力的不衰减。

3. 制动缸压力的单独控制

109 型机车分配阀可通过空气制动阀控制作用管(容积室)的压力变化来控制制动缸的压力变化,实现机车的制动与缓解。

(二)109 型分配阀的结构

109 型机车分配阀由安装座、主阀(主阀部、均衡部、紧急增压阀部)、安全阀及局减室、容积室(二室)和工作风缸(一缸)组成。局减室与容积室在中间体内,主阀部、均衡部、紧急增压部为阀体部分,安全阀装在中间体的上面,如图 4-15 所示。

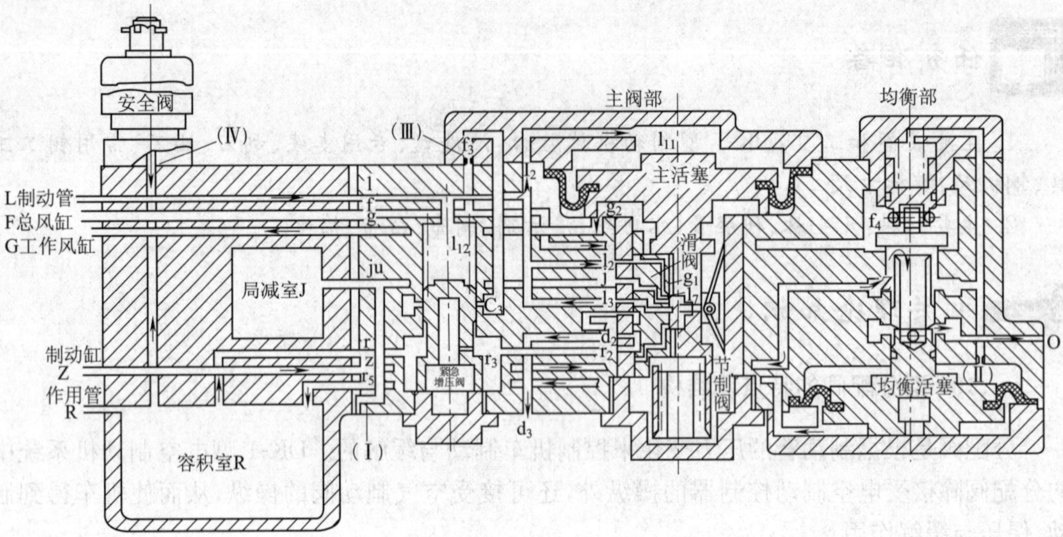

图 4-15　109 分配阀结构图(缓解状态)

1. 主阀

主阀控制着不同通路的充风、缓解、制动和保压作用,是分配阀的最主要部分。由主阀部、均衡部、紧急增压阀三部分组成,如图 4-16 所示。

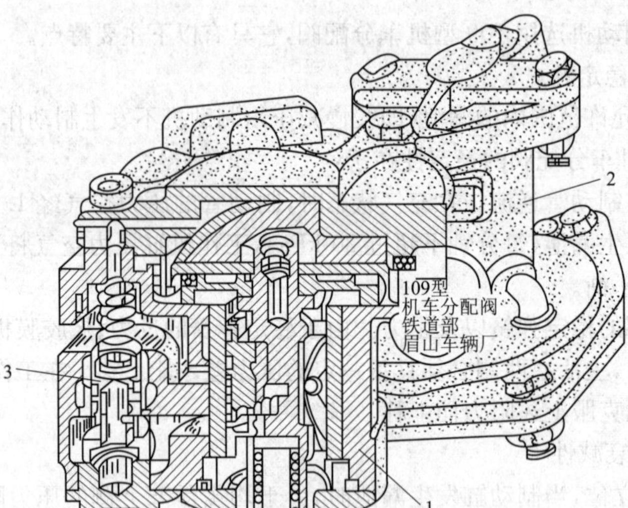

图 4-16　109 分配阀主阀

1—主阀部;2—均衡部;3—紧急增压阀

(1)主阀部

主阀部用于根据制动管的压力变化来控制容积室和作用管的充、排风。由主活塞、橡胶膜板、滑阀、滑阀座、滑阀弹簧、节制阀、稳定杆、稳定弹簧及挡圈等组成(图 4-17)。

主活塞的膜板上、下两侧互相密封,膜板上侧通列车制动管,下侧通工作风缸。主阀部就是利用上下压力差,即制动管与工作风缸的压力差,使主活塞带动滑阀、节制阀上下移动,以连通或切断相应气路,形成充风、局减、制动、保压和缓解等作用。

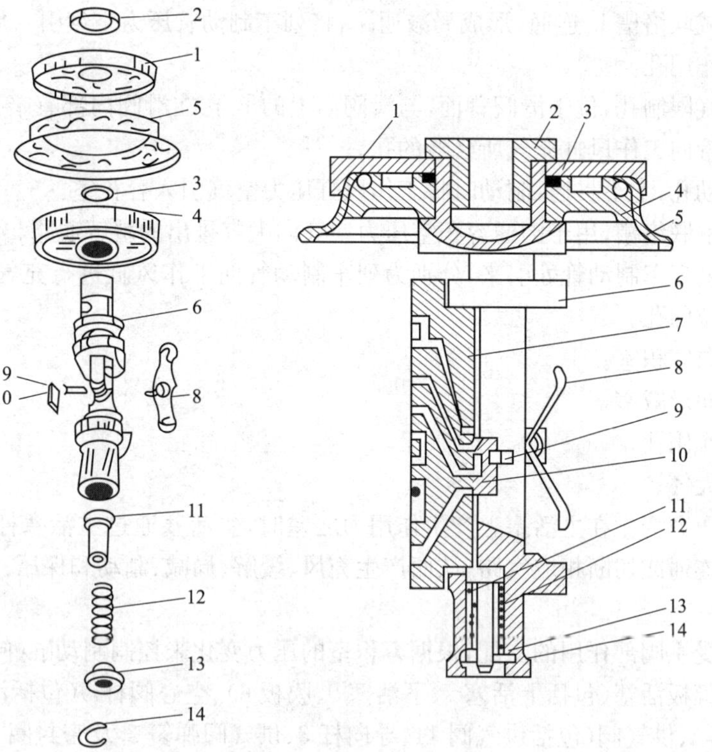

图 4-17　109 型分配阀主阀部结构

1—上活塞；2—活塞压帽；3—密封阀；4—下活塞；5—膜板；6—活塞杆；7—滑阀；8—滑阀弹簧；9—节制阀弹簧；10—节制阀；11—稳定杆；12—稳定弹簧；13—稳定弹簧座；4—挡圈

由稳定杆、稳定弹簧及挡圈等零件安装在主活塞杆尾部的套筒内，它一定程度上阻碍主活塞的向上移动，用以防止列车在运行中因制动管轻微漏泄或压力波动而引起意外自然制动，从而加强制动机在缓解状态时的稳定性。

节制阀、滑阀和滑阀座上设置相应的孔、槽，布置如图 4-18 所示。其作用如下：

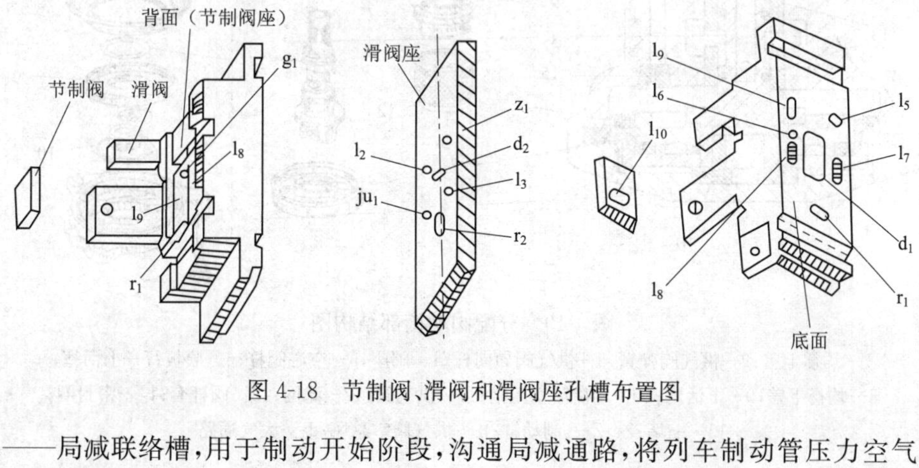

图 4-18　节制阀、滑阀和滑阀座孔槽布置图

l_{10}——局减联络槽，用于制动开始阶段，沟通局减通路，将列车制动管压力空气引入局减室。

l_5——充气孔，列车制动管向工作风缸充气时压力空气所必经的孔。

l_6、l_7——分别为局减孔和局减室入孔，为上下贯通孔。制动开始阶段，这两孔通过节制阀上

局减联络槽 l_{10} 连通，形成局减通路，将列车制动管压力空气引入局减室。

l_8、l_9——无作用孔。

g_1——充气限制孔，位于滑阀背面，与滑阀面上的 l_5 孔在滑阀内部有暗孔相通，为列车制动管向工作风缸充气所必经的孔。

r_1——制动孔，上下贯通，制动时将工作风缸压力空气引入容积室。

d_1——缓解联络槽，用于沟通容积室压力空气向大气排出的缓解通路。

l_2、l_3——均由列车制动管处引来，分别为列车制动管向工作风缸进行充气和向局减室进行局减的孔。

r_2——通向容积室。

ju_1——通向局减室。

z_1——无作用孔。

d_2——通大气。

当制动管压力变化在主活塞上产生作用力之差时，主活塞通过主活塞杆带动节制阀或滑阀上、下移动，连通或切断相应气路，从而产生充风、缓解、局减、制动和保压。

(2)均衡部

均衡部是受主阀部作用的支配，根据容积室的压力变化来控制制动缸(闸缸)的压力。

均衡部由膜板活塞(包括上活塞 7、下活塞 9、膜板 6)、空心阀杆 5(包括活塞压帽 10、阀杆 5、密封圈 14 等)、供气阀(包括供气阀 11、导向杆 3、供气阀弹簧 2 及密封圈 14 等)、供气阀座阀杆套 13、缩堵 15(ϕ0.8 mm)、均衡上盖 1、均衡下盖 8 等构成，如图 4-19 所示。

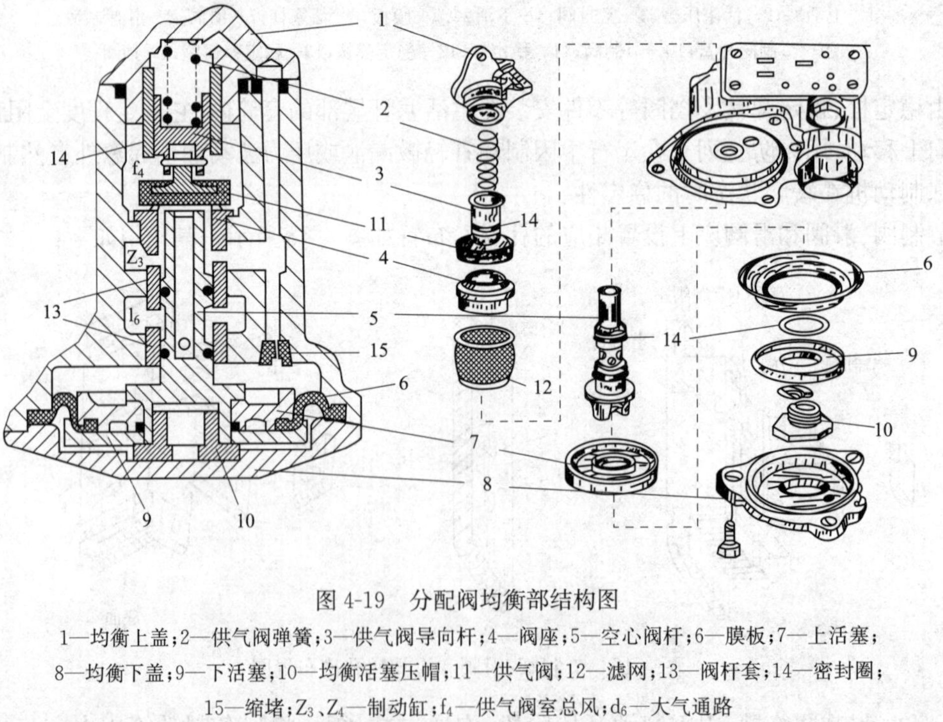

图 4-19　分配阀均衡部结构图

1—均衡上盖；2—供气阀弹簧；3—供气阀导向杆；4—阀座；5—空心阀杆；6—膜板；7—上活塞；8—均衡下盖；9—下活塞；10—均衡活塞压帽；11—供气阀；12—滤网；13—阀杆套；14—密封圈；15—缩堵；Z_3、Z_4—制动缸；f_4—供气阀室总风；d_6—大气通路

供气阀室内通入的是总风缸压力空气(f_4)；供气阀座下风孔 Z_3 可通制动缸，并可经缩堵孔(ϕ0.8 mm)通膜板活塞上方；膜板活塞下方为 r_4 与容积室 R 相沟通；而空心阀杆套之间通大气，是制动缸的排气通路。

(3)紧急增压阀

为使紧急制动时提高制动缸压力，确保列车行车安全，在分配阀上设有紧急增压阀。

紧急增压阀设于主阀部与均衡部之间，其功用是当发生紧急制动工况时，利用容积室与制动管的压力差，使总风缸的压缩空气进入容积室，从而将制动缸的压力提高，以得到更大的制动力。

增压阀由增压阀弹簧1、增压阀套2、增压阀4及密封圈等组成，如图4-20所示。

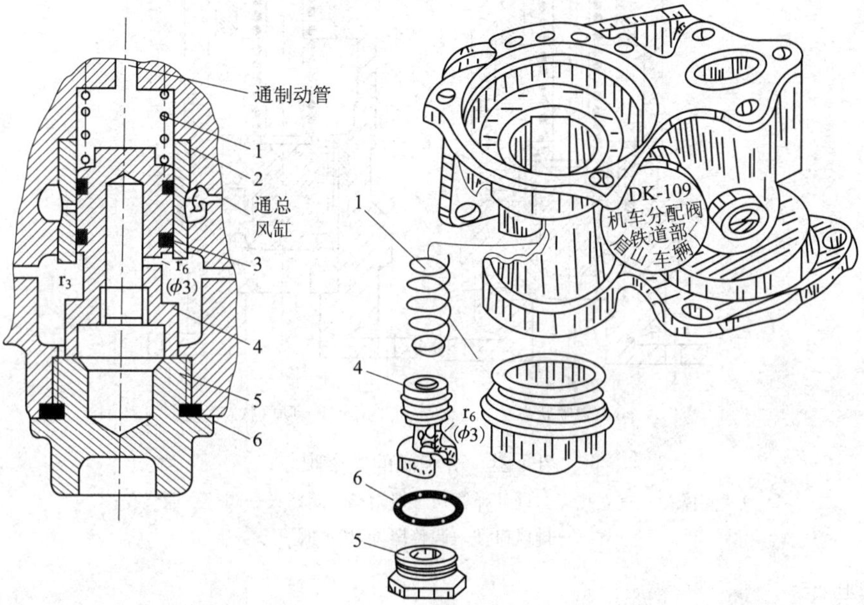

图4-20　紧急增压阀

1—增压阀弹簧；2—增压阀套；3—密封圈；4—增压阀；5—增压阀盖；6—密封圈

增压阀上方通制动管；增压阀内为空心，外周通容积室 r_3 与主阀滑阀座下方 r_2 孔；增压 29 阀中部细腰处有一个 $\phi 3$ mm 的孔 r_6 与其内空腔沟通；增压阀套上的径向孔 f_5 与总风相通。

在紧急制动时，总风可由套上径向孔 f_5 经增压阀孔 r_6 进入增压阀内腔 r_3，再进入容积室，促使制动缸增高压力。在平时，由于增压阀弹簧和制动管内压力空气的作用，增压阀常处于下部关闭位置。只有在紧急制动时，增压阀上方制动管内压力空气迅速排尽，下方容积室压力迅速上升，克服弹簧张力使增压阀上升，连通总风至容积室的通路。总风缸的压力空气经开启的通路进入容积室，产生增压作用。

2. 安全阀

安全阀通过阀座安装在安装座上。它主要由阀、阀杆、调整弹簧、阀体等组成，如图4-21所示。其功用是在紧急制动作用后将制动缸压力稳定在规定范围内，其整定值是(450±10)kPa(无火回送时定为200 kPa)。

当容积室压力超过调整弹簧压力时，阀稍稍离开阀座，压缩空气进入较大的阀面上，使阀快速上升，阀杆上移。则将左侧直孔关闭，同时开放排风口，使容积室压力降低。一旦容积室压力降低，弹簧稍稍将阀压下，此时直孔开放，空气进入阀的上面，使阀上部受力增大，迅速将阀压下停止排风。当容积室压力再度增加时又重复上述过程。

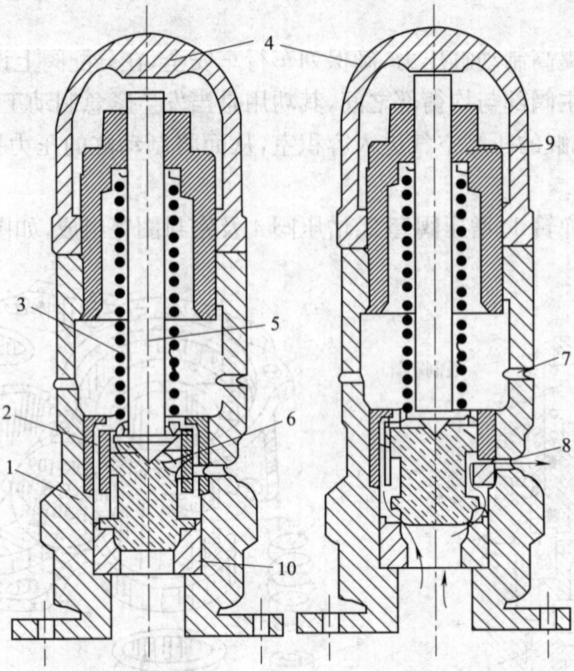

图 4-21　分配阀的安全阀

1—阀体;2—直立孔;3—调整弹簧;4—螺帽;5—阀杆;6—阀;7—通气孔;

8—排风口;9—调整螺母;10—阀座

3. 安装座

安装座又叫中间体,座内为 1.85 L 的容积室和 0.6 L 的局减室。安装座背面为接管面,分别接有总风管(F)、制动缸管(Z)、作用管(R)、列车制动管(L)及工作风缸管(G)等五根管。其正面为主阀安装面,顶面装有安全阀与座内容积室相通,如图 4-22 所示。

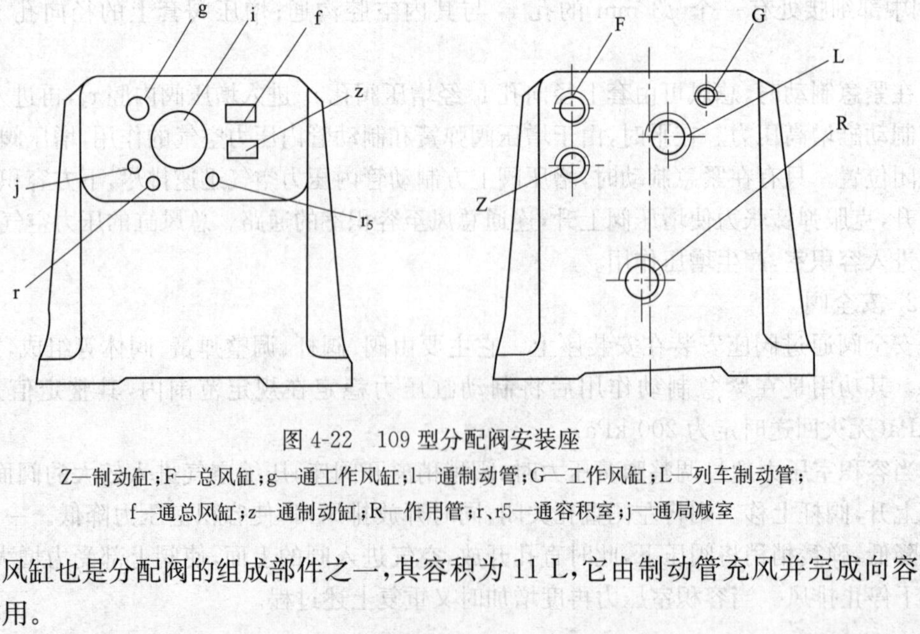

图 4-22　109 型分配阀安装座

Z—制动缸;F—总风缸;g—通工作风缸;l—通制动管;G—工作风缸;L—列车制动管;

f—通总风缸;z—通制动缸;R—作用管;r、r5—通容积室;j—通局减室

工作风缸也是分配阀的组成部件之一,其容积为 11 L,它由制动管充风并完成向容积室的增压作用。

二、109型分配阀的控制

1. 充风缓解位

在充风缓解位如图4-15所示，列车制动管充风。

(1)列车制动管压力进入主活塞上方压主活塞至下极端位置。$l \rightarrow l_1 \rightarrow l_{11}$

(2)工作风缸充风。使列车制动管压力空气进入工作风缸备用。$l \rightarrow l_2 \rightarrow l_5 \rightarrow g_1 \rightarrow g_2 \rightarrow G$。

(3)紧急增压阀上方充风。列车制动管压力空气进入紧急增压阀上方，使其处在下部关闭位。$l \rightarrow l_{12}$。

(4)容积室缓解。

均衡活塞下方的压力空气经$\rightarrow r_4 \rightarrow r_s$ 容积室R。

容积室的压力空气经增压阀杆下部$\rightarrow r_2 \rightarrow d_1 \rightarrow d_2 \rightarrow d_3$ 再排大气。

(5)制动缸缓解。

由于容积室的缓解，均衡活塞上下失去平衡，活塞下移，活塞杆顶面离开均衡阀，制动缸压力空气经均衡阀口进入均衡活塞的轴向中心孔排大气。$z \rightarrow z_1 \rightarrow z_3 \rightarrow$轴向中心孔$\rightarrow d_5$ 排大气。

充风缓解位分初充风缓解和再充风缓解位两种工况。前者为机车运行前初始状态，列车制动管压力为零时由总风向列车制动管充至定压；后者为列车制动管已减压产生了制动作用后需要缓解时，总风向列车制动管再充至定压，使制动缸缓解。

(1)初充风缓解

当列车制动管充风时，压缩空气经安装座进入主阀，经主阀体内暗道及通路 l_1 到主阀部主活塞上方，将主活塞推向下方，主活塞杆通过其上肩推动滑阀一起向下移，直至主活塞下底面碰到主阀体时为止。此时主活塞及滑阀处于充气缓解位，列车制动管压缩空气经以下通路充入工作风缸直到定压。

①工作风缸充风

列车制动管压力空气经主阀→滑阀座充风孔 l_2→滑阀充风孔 l_5→滑阀充风限制孔 g_1→滑阀室孔 g_2→经主阀体暗道至安装座→工作风缸。

②增压阀处于关闭位

列车制动管压缩空气经主阀体内暗道进入增压阀杆上方的 l_{12} 与增压弹簧的共同作用下，使增压阀处于下部关闭位。

由上可见，工作风缸的充风由列车制动管通过滑阀及 g_1 来控制。

(2)再充风缓解

当列车制动管减压制动后再充风时，由于列车制动管增压，破坏了主活塞在制动保压位时的平衡，所以当主活塞两侧压力差及重量之和超过滑阀与节制阀的摩擦阻力时，主活塞便带动滑阀下移到充气缓解位。此时，工作风缸再充气，容积室与制动缸排气缓解，其充气通路与初充风完全相同。

①容积室缓解

容积室(包括作用管)的压缩空气经主阀安装面→增压阀杆下部→滑阀座孔 r_2→滑阀底部的缓解联络槽 d_1→滑阀座 d_2→主阀部排气口 d_2→大气。而均衡活塞下方的压缩空气经主阀体内暗道 r_4→主阀体安装面上的 r_5 孔→容积室，再经上述通路排入大气。

②制动缸缓解

由于容积室的缓解，均衡活塞上下失去了平衡，在制动缸压力作用下，活塞下移，使活塞杆的顶面离开供气阀，制动缸压缩空气经安装座→主阀安装面上的 z 孔→均衡活塞杆上部外围 z_3→活塞杆轴向中心孔和径向孔 d_5→均衡部排气口→大气。而均衡活塞上侧及均衡阀杆上侧的压力空气也经上述通路排入大气。

由上可知，制动缸的压力受容积室压力的控制。

2. 常用制动位

当列车制动管进行常用制动减压时，因工作风缸压力空气来不及经充气通路向列车制动管逆流，于是在主活塞两侧产生了一定的压力差。此压力差克服了节制阀、主活塞膜板和稳定弹簧等阻力，使主活塞先带动节制阀，然后带动滑阀向上移动，产生常用制动作用。

(1)初制动位(图 4-23)

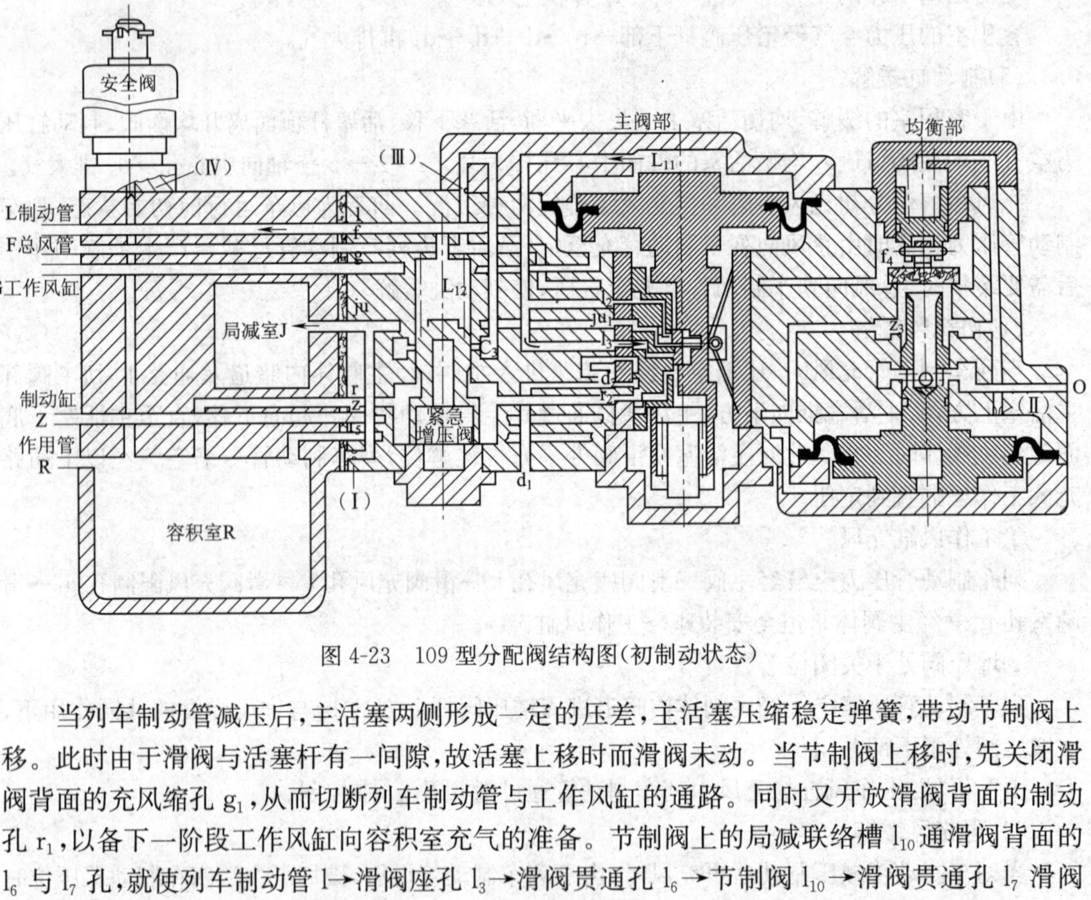

图 4-23　109 型分配阀结构图(初制动状态)

当列车制动管减压后，主活塞两侧形成一定的压差，主活塞压缩稳定弹簧，带动节制阀上移。此时由于滑阀与活塞杆有一间隙，故活塞上移时而滑阀未动。当节制阀上移时，先关闭滑阀背面的充风缩孔 g_1，从而切断列车制动管与工作风缸的通路。同时又开放滑阀背面的制动孔 r_1，以备下一阶段工作风缸向容积室充气的准备。节制阀上的局减联络槽 l_{10} 通滑阀背面的 l_6 与 l_7 孔，就使列车制动管 l→滑阀座孔 l_3→滑阀贯通孔 l_6→节制阀 l_{10}→滑阀贯通孔 l_7 滑阀座局减室孔 ju_1→局减室 J，同时经主阀安装面孔排入大气。这就形成了分配阀的初制动位。

在此位，主活塞仅上移 4 mm(滑阀与主活塞杆的上、下两肩之间的间隙)，使该间隙处于滑阀上方，列车制动管产生局减作用。

(2)制动位(图 4-24)

由于列车制动管的局减作用及列车制动管减压量的加大，增加了主活塞两侧的压力差，于是主活塞带动滑阀克服滑阀与滑阀座之间的摩擦阻力进一步上移到制动位。滑阀与滑阀座的相对位置发生了变化，滑阀底面上的 l_6 孔与滑阀座上的 l_3 孔错开，因而切断了列车制动管与局减室的通路，第一阶段局减作用结束。同时，滑阀底面上的 l_8、l_9 和 r_1 孔分别与滑阀座上的 l_3、z_3 和 r_2 孔对准，形成了容积室与制动缸充风通路，进一步产生制动作用。

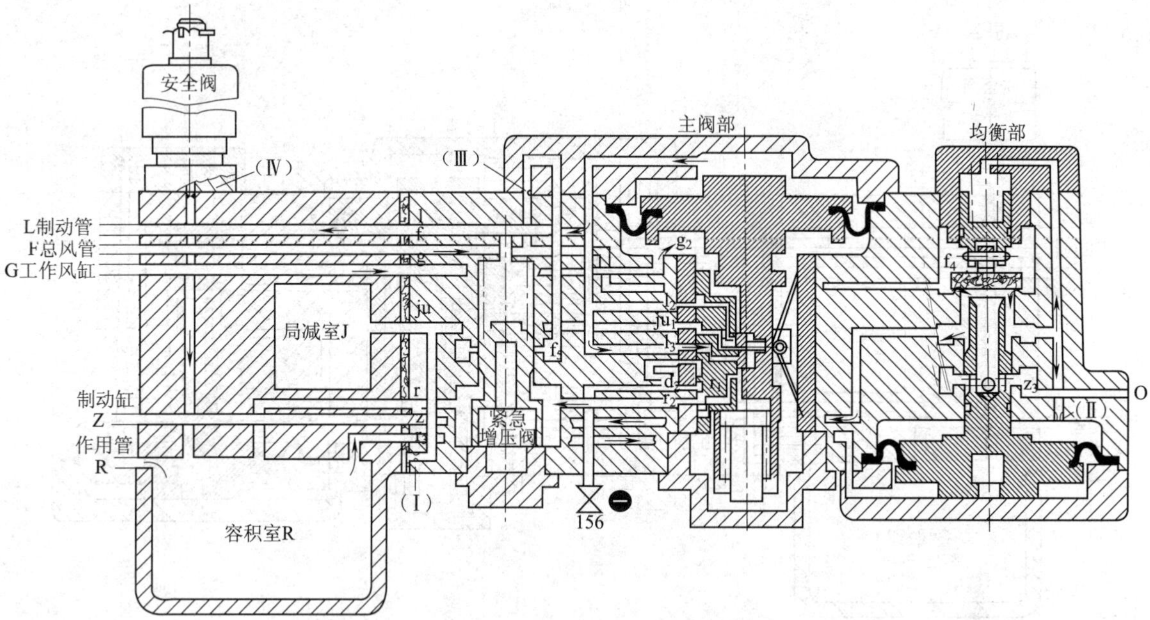

图 4-24　109 型分配阀结构图(制动状态)

①容积室充风

工作风缸压力空气→滑阀室→滑阀上的制动孔 r_1→滑阀座上的容积室孔 r_2→增压阀杆的下部通路→主阀安装面上的孔→容积室 R,容积室压力上升。

②制动缸充风

容积室压力空气→主阀安装面上的 r_5 孔→主阀体暗道和主阀体底面孔 r_4→均衡活塞下侧,推动均衡活塞上移顶开供气阀。同时总风经体内暗道至供气阀气室上方 f_4→开放的供气阀口→均衡活塞杆上端外围空间 z_3→安装座→制动缸,制动缸压力增加。另一路经 z_3 至供气阀杆上方,使供气阀与阀座密贴;再一路经缩孔(Ⅱ)进入均衡活塞上侧。另外,由于增压阀杆上部的列车制动管剩余压力与弹簧力之和仍大于其容积室的压力,增压阀杆仍处于下部,不参与作用。

3. 制动保压位

列车制动管停止减压,使分配阀处于保压位置,如图 4-25 所示,制动缸压力也保持不变。

在列车制动管刚停止减压时,由于主活塞和滑阀、节制阀都还在制动位,工作风缸仍在向容积室充风,因而工作风缸压力继续下降,直到主活塞两侧的列车制动管与工作风缸压力相接近时,在主活塞尾部原被压缩的稳定弹簧的反力及主活塞自重的作用下,使主活塞仅带动节制阀向下移动,节制阀遮盖住滑阀的背面的制动孔,切断工作风缸与容积室的通路,工作风缸停止向容积室充风。此时的主阀部处于保压位。

分配阀均衡部,当容积室压力停止上升时,由于供气阀仍在开放状态,总风仍在向制动缸充风,当通过缩孔(Ⅱ)流到均衡活塞上侧的制动缸压缩空气,其压力增大到与均衡活塞下部的容积室压力相接近,在均衡阀、均衡活塞的自重及供气阀弹簧的作用下,停止制动缸充风,制动缸压力停止上升,使分配阀处于制动保压位。

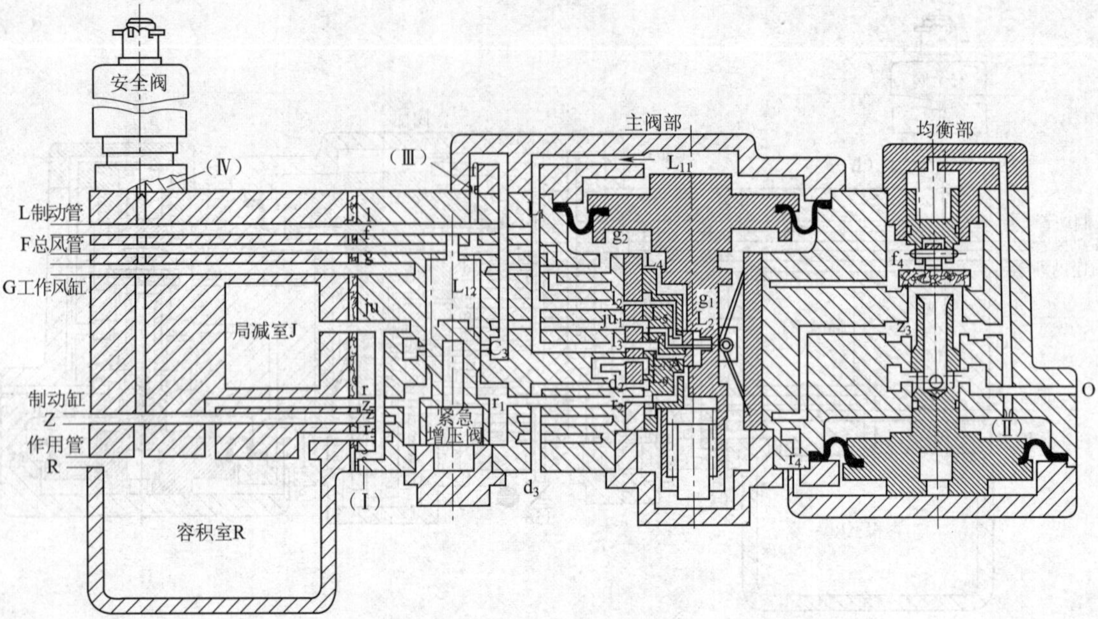

图 4-25　109 型分配阀结构图(制动保压状态)

4. 紧急制动位

当列车制动管由于种种原因而引起急速排风时,分配阀产生紧急制动作用如图 4-26 所示。紧急制动时,主阀各部分的作用,除增压阀外,均与常用制动位相同,只是动作更加迅速,通路变大。

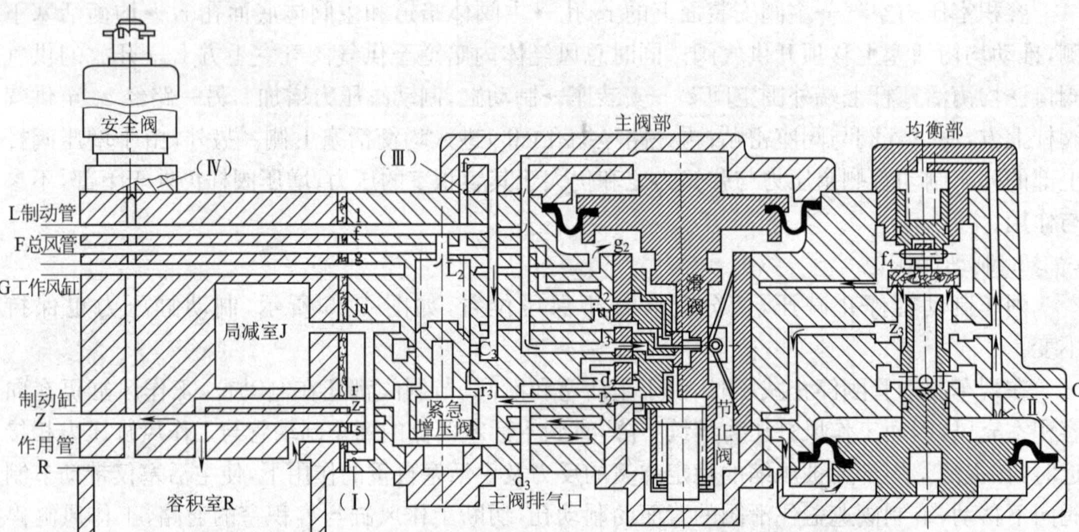

图 4-26　109 型分配阀结构图(紧急制动状态)

由于列车制动管压力急速排出,所以在增压阀上部的列车制动管压力快速下降,而同时其下部容积室压力迅速上升。当容积室的压力达到能克服增压阀弹簧的反力和列车制动管较小的剩余压力时,增压阀上移,增压阀处于开放位。这时,总风经凹槽迅速流向容积室。容积室的压力达到(450±10)kPa 时,安全阀动作,以保证容积室压力不超过此规定值。此时均衡部供气阀开启时间延长,使制动缸压力达到(450±10)kPa,这就是紧急制动时的增压作用。

当 109 型机车分配阀由常用制动转为紧急制动时,由于列车制动管的压力急速排出,并且由于紧急增压阀的作用,仍能有效地发挥紧急制动作用。当然,其效果随常用制动时列车制动管减压量的增大而有所下降。

任务实施

109 型分配阀检修操作顺序及要求

(一)分解

1. 将分配阀安放在专用支架上,并用压缩空气吹干净。
2. 卸下主阀上盖,抽出主活塞杆组成及滑阀,并分解。
3. 卸下均衡阀后盖,抽出均衡活塞杆组成并分解。
4. 卸下均衡阀上盖,抽出滤尘套及均衡阀组成,并分解。
5. 卸下阀盖,抽出增压阀杆及弹簧。
6. 分解安全阀。

(二)清洗

将拆下各零部件放在清洗油盘中清洗干净。

(三)检修

1. 更换各橡胶件,检查各橡胶件应无老化、裂损等现象。
2. 检查各阀与套应无拉伤、偏磨现象,其相互间的配合应符合技术要求。
3. 检查均衡阀口,应无台阶、麻坑。不良者可磨修,磨修量须符合技术要求。
4. 均衡阀压痕深度应符合技术要求,压痕可用砂布打磨消除。
5. 检查各弹簧应无裂损和严重锈蚀,其自由高度应符合技术要求。各弹簧自有高度为:均衡阀弹簧 40 mm,增压阀弹簧 53 mm,递动稳定弹簧 34.5 mm,节制阀弹簧 14 mm。
6. 节制阀与滑阀、滑阀与座应密闭良好,不良者可研磨处理。
7. 检查各缩堵及暗道应畅通。分配阀有 4 个锁孔:锁孔Ⅰ～Ⅲ均为 ϕ0.8 mm,缩孔Ⅳ为 ϕ0.1 mm。
8. 检查安全阀阀体与阀座的接触状态应良好,接触不良可研磨修复。
9. 检查安全阀体导向部分与阀套径向间隙应符合技术要求。

(四)组装

1. 用压缩空气吹扫检修好的各部件,并用绸布擦干。
2. 在阀体内壁涂植物油。
3. 在有相对运动的零件表面涂适量的凡士林。
4. 按与分解相反的顺序进行组装,在组装过程中按动各活塞杆,动作应灵活,无卡滞现象。
5. 安全阀组装后需拧紧顶部螺帽。

(五)试验

1. 将安全阀放在试验台上进行试验,其试验性能应符合技术要求,完毕后应打好铅封。

2. 组装好的分配阀必须在试验台上进行实验，各项试验须符合技术要求：

(1)试验准备：总风压力应在 600 kPa 以上，调压阀调到 500 kPa。

(2)充气和充气位试验：手把置充气位，工作风缸压力上升，充至定压。

①工作风缸由零充到定压时间应符合技术要求规定。

②用肥皂水检查结合部及排气口漏泄，允许肥皂水少许鼓泡保持 5 s 内不破。

(3)缓解、制动灵敏度及保压试验：手把移运转位，待工作风缸充至定压后，手把置制动位，减压 40 kPa 后，保压 60 s 然后移缓解，保压时用肥皂水检查各排气口及结合部是否漏泄。

①制动灵敏度：应在制动管减压 20 kPa 以前起制动作用。

②制动保压漏泄：保压时各结合部不得漏泄，排气口允许肥皂水少许鼓泡，且 5 s 内不破灭，保压 60 s 内不得发生自然缓解。

③缓解灵敏度：手把运转位，应在 15 s 内开始缓解。

(4)全缓解试验：将工作风缸充至定压后，减压 140 kPa 再保压，到缓解。

①容积风缸压力由零上升至 340 kPa 的时间应小于 6 s。

②容积风缸压力由 360 kPa 下降至 40 kPa 的时间应小于 6 s。

③制动缸压力应尾随容积风缸压力下降，两者压差不超过 25 kPa。

(5)紧急增压试验：待工作风缸充至定压后，将制动管压力空气排尽。当制动管压力降至 250 kPa 时，容积风缸压力应继续上升，容积风缸压力从零上升到 400 kPa 的时间应在 9 s 以内。

(6)均衡部保压位漏泄试验：将工作风缸充至定压后再减压，当容积风缸压力上升至200～300 kPa 后，保压检查结合部和排气口：

①制动缸压力应应紧随容积风缸压力同事上升，两者压差不超过 10 kPa。

②各结合部、排气口不漏泄。

(7)自动补风灵敏度试验：使制动缸压力降低 20 kPa 后关闭排风塞门，制动缸压力应恢复至原有压力。

（六）操作安全注意事项

1. 检修时应穿戴工作服，做好必要的安全防护措施。

2. 必须按检修规程进行检修。

3. 在试验台上拆装配件时，首先关闭相应的截断塞门，排净部件及相应管路内的余压后再进行拆卸。

4. 电器部件或带有电联锁的部件拆装时，必须首先切断控制电源。

5. 给电或给风试验中须两人以上进行，一人试验，一人监护。遇到异常情况时，应首先切断电源或风源，以防事态扩大。

实践与训练

学习工作单

工 作 单	分配阀的控制
任　　务	熟知 109 型分配阀的主要特点；熟知 109 型分配阀的结构；熟知 109 型分配阀的作用原理；掌握 109 型分配阀的检修流程

续上表

班　　级		姓　　名	
学习小组		工作时间	
【知识认知】			
1. 归纳总结109型分配阀的主要特点 2. 归纳总结109型分配阀的结构 3. 归纳总结109型分配阀的作用原理			
【能力训练】			
归纳所学知识，简述109型分配阀的主要特点和检修流程			
任务学习其他说明或建议：			
指导老师评语：			
任务完成人签字：　日期：　年　月　日 指导老师签字：　日期：　年　月　日			

任务四　电动放风阀的控制

知识要点

1. 熟知电动放风阀的构造。
2. 熟知电动放风阀的作用原理。

项目任务

1. 通过学习，了解电动放风阀的结构。
2. 通过学习，了解电动放风阀的作用原理。

任务准备

1. 主要设备和工具：DK-1型制动机试验台、清洗盘、专用支架、刮刀、油石、常用钳工工具、钢板尺、游标卡尺。

2. 主要材料：凡士林、研磨膏、水砂纸、清洁剂、绸布、白布、棉丝。

相关理论知识

DK-1 型电空制动机中设有一个电动放风阀，设在制动屏柜内，用来接受紧急电空阀 94YV 的控制，作为列车制动管紧急排风的执行部件。

1. 电动放风阀的构造

电动放风阀属于阀口式空气阀。主要由橡胶膜板（简称膜板）、铜碗、芯杆、芯杆套、放风阀（简称阀）、放风阀弹簧、阀座等组成，如图 4-27、图 4-28 所示。

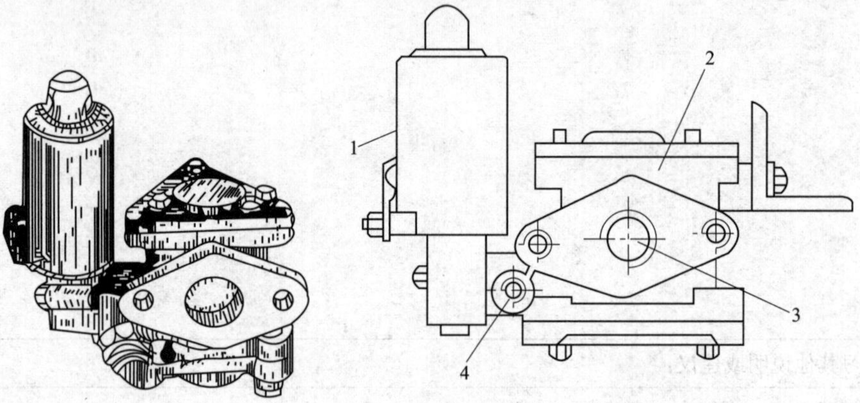

图 4-27　电动放风阀

1—紧急电空阀 94YV；2—阀体；3—制动管接管孔；4—总风缸接管孔

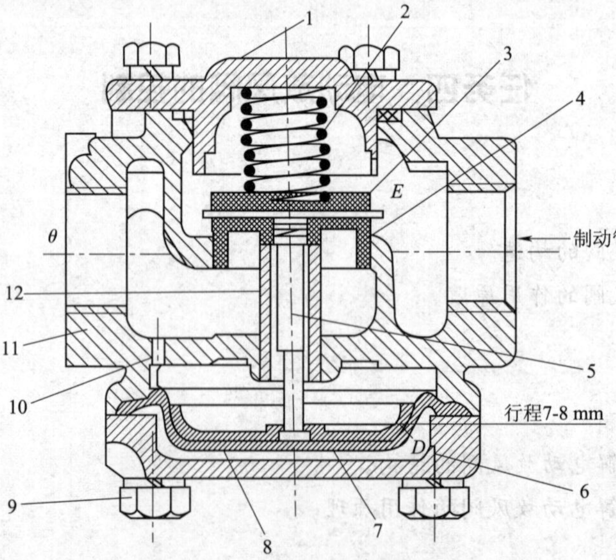

图 4-28　电动放风阀结构图

1—上盖；2—放风阀弹簧；3—放风阀；4—阀座；5—芯杆；6—下盖；7—橡胶膜板；8—铜碗；9—螺钉；10—小孔；11—阀体；12—芯杆套

电动放风阀内部空间分别与三条气路(或管路)连通:

(1)放风阀上侧空间经阀体孔与制动管连通。

(2)放风阀下侧及铜碗上侧空间经阀体孔与大气连通。

(3)铜碗及膜板下侧空间与紧急电空阀 94YV 的控制气路连通。

2. 电动放风阀的作用原理

电动放风阀的工作过程包括以下两个动作状态:

(1)紧急制动状态

当紧急电空阀 94YV 得电时,接通总风经紧急电空阀 94YV 向电动放风阀铜碗及膜板下侧空间充风的气路,橡胶膜板、铜碗推动芯杆上移而压缩放风阀弹簧,顶开放风阀口,连通制动管向大气放风的气路,使制动管压力迅速降低,实现全列车的紧急制动。

(2)非紧急制动状态

当紧急电空阀 94YV 失电时,接通电动放风阀铜碗及膜板下侧空间经紧急电空阀 94YV 向大气排风的气路,在放风阀弹簧作用下,放风阀推动芯杆、铜碗、橡胶膜板下移,关闭放风阀口,切断制动管向大气放风的气路。此时,制动管的压力变化主要由中继阀控制。

实践与训练

学习工作单

<table>
<tr><td>工 作 单</td><td colspan="3">电动放风阀的控制</td></tr>
<tr><td>任　　务</td><td colspan="3">熟知电动放风阀的构造;熟知电动放风阀的作用原理</td></tr>
<tr><td>班　　级</td><td></td><td>姓　　名</td><td></td></tr>
<tr><td>学习小组</td><td></td><td>工作时间</td><td></td></tr>
<tr><td colspan="4">【知识认知】</td></tr>
<tr><td colspan="4">1. 归纳总结电动放风阀的构造
2. 归纳总结动放风阀的作用原理</td></tr>
<tr><td colspan="4">【能力训练】</td></tr>
<tr><td colspan="4">通过收集资料,描述电动放风阀的构造和工作原理</td></tr>
<tr><td colspan="4">任务学习其他说明或建议:</td></tr>
<tr><td colspan="4">指导老师评语:</td></tr>
<tr><td colspan="4">任务完成人签字:　　　　日期:　　年　　月　　日
指导老师签字:　　　　日期:　　年　　月　　日</td></tr>
</table>

任务五 紧急阀的控制

知识要点

1. 熟知紧急阀的构造。
2. 掌握紧急阀的作用原理。

项目任务

1. 通过学习，掌握紧急阀的作用原理。
2. 分组制作 PPT 展示，促进学生对紧急阀的认识。

任务准备

1. 主要设备和工具：DK-1 型制动机试验台、清洗盘、专用支架、刮刀、油石、常用钳工工具、钢板尺、游标卡尺。

2. 主要材料：凡士林、研磨膏、水砂纸、清洁剂、绸布、白布、棉丝。

相关理论知识

紧急阀根据列车制动管排风速度的快慢，自动选择作用位置。在紧急制动时，紧急阀参与电动放风阀排风，从而加快了列车制动管的排风速度，并实现 DK-1 型电空制动机与自动停车、列车分离、车长阀制动的配合。同时，通过机车电气线路联锁，切除牵引工况机车的动力源，使紧急制动作用更为可靠。紧急阀，在 SS_4 改进型、SS_9 型机车上装设在制动屏柜内。

紧急阀的构造

紧急阀由紧急阀阀体与阀座两部分组成，如图 4-29 所示。阀座又称管座，其内部设一个空腔—紧急室(1.5 L)。

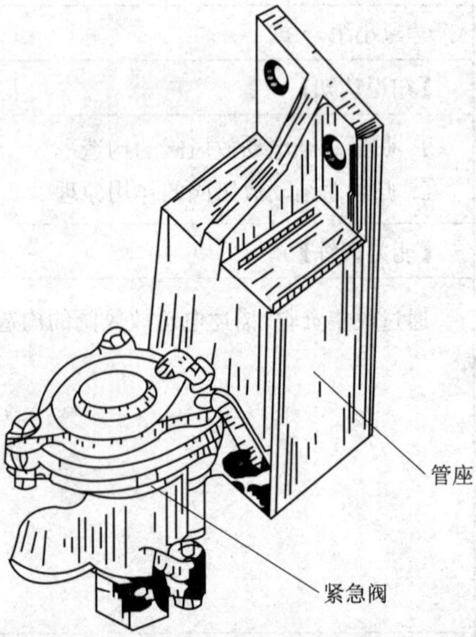

图 4-29 紧急阀

紧急阀主要由以下零部件组成，如图 4-30 所示。

1. 活塞膜板

活塞膜板为传感部件，用于感应作用在橡胶膜板上、下两侧的作用力之差，从而带动活塞杆上、下移动，以关闭或开启放风阀口，切断或连通制动管的放风气路；同时，联动微动开关 95SA 断开或闭合电路 838-839。主要由上活塞、下活塞、橡胶膜板等组成。

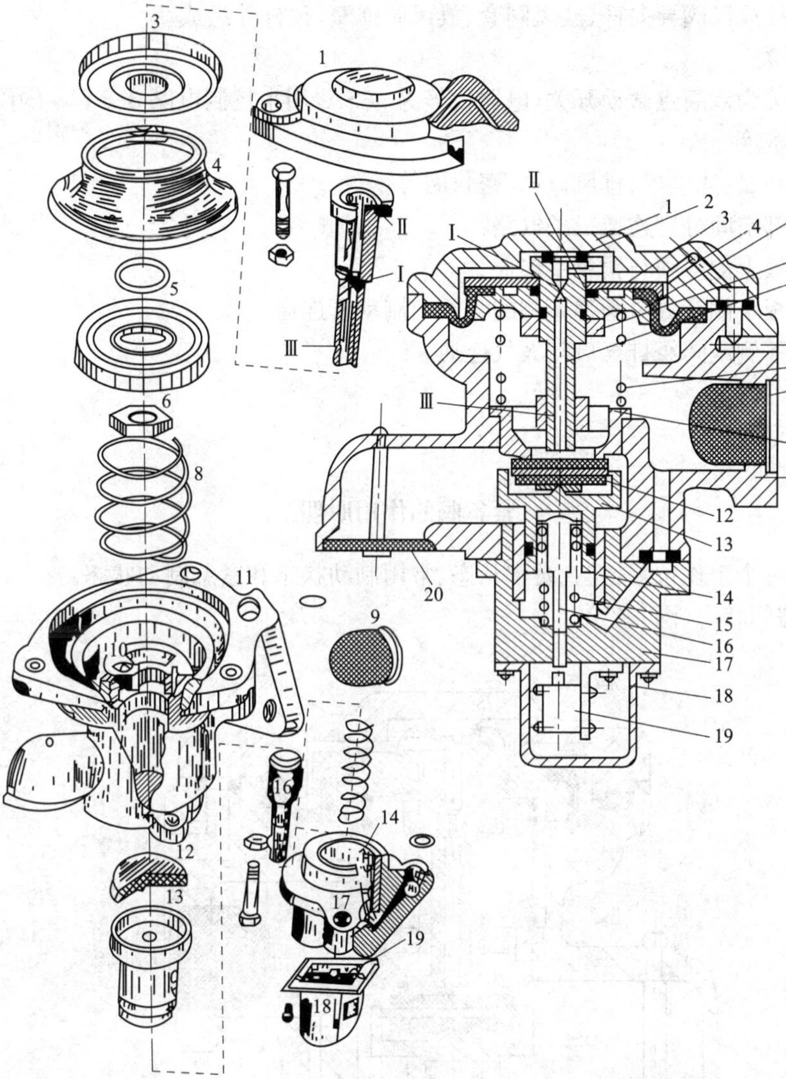

图 4-30　紧急阀结构图

Ⅰ—缩孔 ϕ1.8 mm；Ⅱ—缩孔 ϕ0.5 mm；Ⅲ—缩孔 ϕ1.2 mm

1—阀盖；2—密封圈；3—上活塞；4—膜板；5—下活塞；6—螺母；7—活塞杆；8—安定弹簧；9—滤尘罩；10—放风阀座；11—阀上体；12—放风阀；13—放风阀导向杆；14—放风阀套；15—放风阀弹簧；16—顶杆；17—阀下体；18—罩；19—双断点微动开关；20—排风口罩

2. 活塞杆

活塞杆可随活塞膜板上、下移动，关闭或顶开放风阀口。活塞杆轴向中心开一通孔，并设 3 个缩孔：缩孔Ⅰ(ϕ1.8 mm)、缩孔Ⅱ(ϕ0.5 mm)，缩孔Ⅲ(ϕ1.2 mm)。

① 中心孔Ⅰ(ϕ1.8 mm)。用以控制紧急室压力空气向制动管的逆流速度。

② 缩孔Ⅱ(ϕ0.5 mm)。用以控制制动管压力的紧急室的充风速度。

③缩孔Ⅲ(ϕ1.2 mm)。用以在紧急制动后，控制紧急室压力空气排大气的时间(延时时间)。

3. 放风阀机构

放风阀机构是连通或切断制动管放风气路并联动微动开关 95SA 的执行部件。主要由放风阀、放风阀座、放风阀导向杆、放风阀套、放风阀弹簧、顶杆等组成。

4. 微动开关

该微动开关为双断点微动开关，电器代号为 95SA，用来控制电路 838-839 的闭合与断开。

5. 其他零部件

包括安定弹簧、滤尘罩、排风口罩、密封圈等。

紧急阀内部空间分别连通三条气路：

①活塞膜板上侧空间与紧急室连通。

②活塞膜板下侧及放风阀弹簧侧的空间与制动管连通。

③放风阀下侧空间经排气口与大气连通。

任务实施

紧急阀的作用原理

紧急阀有三个工作位置：充气缓解状态、常用制动状态和紧急制动状态。

(1)充气缓解状态(图 4-31)

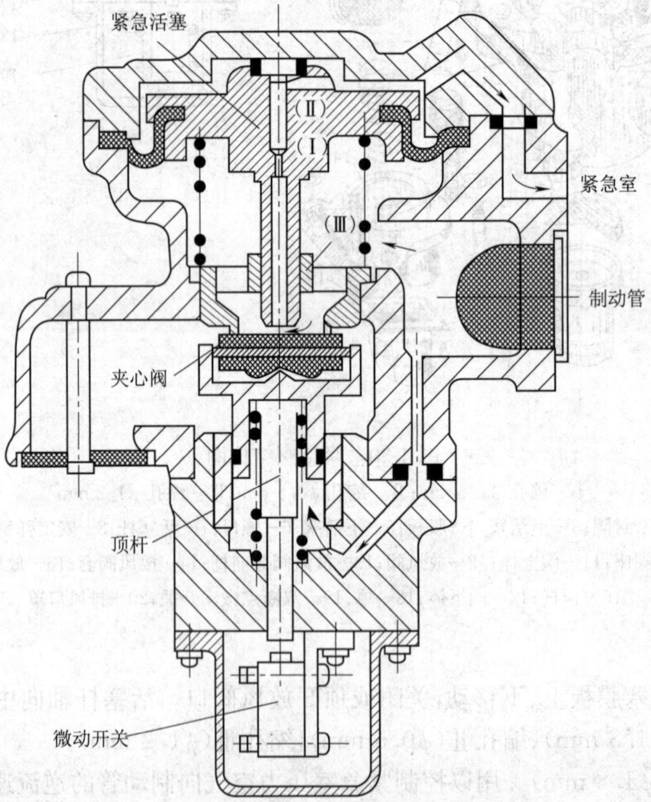

图 4-31　紧急阀缓解状态

当机车制动机充气缓解时，紧急阀处于充气位。即列车制动管充风，制动管压力升高，活塞膜板下侧压力上升的速度大于上侧的，所以活塞膜板产生向上的作用力之差，带动活塞杆上移至上端，关闭放风阀口，从而切断制动管的放风气路；同时，顶杆不压缩微动开关 95SA，使其断开电路 838-839。与此同时，制动管经缩孔Ⅰ、Ⅱ向紧急室缓慢充风，直至两者压力相等为止。此时，紧急活塞在安定弹簧作用下，仍保持上端位置。

(2)常用制动状态(图 4-32)

当制动管正常减压时，活塞膜板下侧压力下降的速度大于上侧的，所以活塞膜板带动活塞杆下移，打开活塞顶部上端口，紧急室的压缩空气经缩孔Ⅰ向制动管逆流，使活塞上下压力差减小，紧急阀不动作，当两者压力相等，在安定弹簧作用下，使活塞膜板带动活塞杆重新上移至上端。

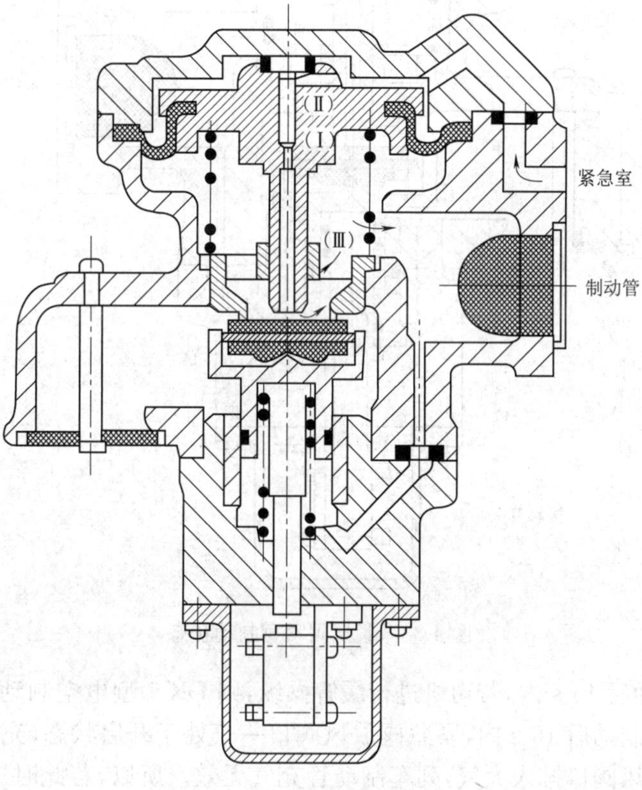

图 4-32　紧急阀常用制动状态

(3)紧急制动状态(图 4-33)

当制动管急速减压时，活塞膜板下侧压力下降的速度远远大于上侧，即紧急室压力来不及从缩孔逆流，所以活塞膜板带动活塞杆下移，压缩放风阀弹簧而顶开放风阀口，从而连通制动管的放风气路；同时，推动顶杆下移并压缩微动开关 95SA，使其闭合电路 838-839。与此同时，紧急室的压缩空气经缩孔Ⅰ、Ⅲ排向大气，当紧急室压力降到某一压力值时，在安定弹簧、放风阀弹簧作用下，使活塞膜板、活塞杆重新上移至上端；并且放风阀、顶杆也一起上移，关闭放风阀口，切断制动管的放风气路，并使微动开关 95SA 重新断开电路 838-839。

可见，紧急阀是根据制动管和紧急室的充、排风速度不同而进行工作的，并且由制动管的压力变化来控制。其放风阀口的开启和微动开关 95SA 闭合电路 838-839 仅保持一定时间。该时间参数主要决定于缩孔Ⅲ孔径的大小，正常工作时调整为 15 s。通过前面的分析可知，紧急阀放风阀口开启和微动开关 95SA 闭合电路 838-839 的保持时间决定于紧急室压力的排风速度，而紧急室是通过缩孔Ⅰ、Ⅲ进行排风的，并且缩孔Ⅲ的孔径小于缩孔Ⅰ

的，因此，改变缩孔Ⅲ孔径的大小，即可达到调整放风阀口开启及微动开关 95SA 闭合电路 838-839 的时间。

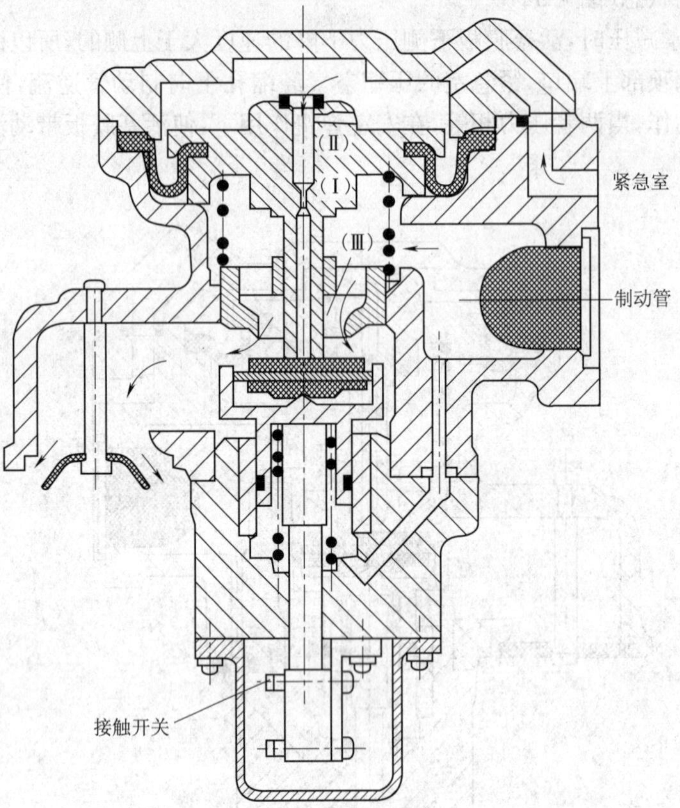

图 4-33 紧急阀紧急制动状态

此外，紧急制动后 15 s 内，若司机进行缓解操纵，则 DK-1 型电空制动机不能可靠实现缓解。这是因为紧急制动后 15 s 内，紧急阀放风阀口一直处于开启状态，充入的制动管压力空气还会经开启的放风阀口排入大气，列车制动管充气无效。所以，若此时进行缓解操纵，制动系统不能实现可靠缓解。

实践与训练

学习工作单

工 作 单	紧急阀的控制		
任 务	熟知紧急阀的构造；掌握紧急阀的作用原理		
班 级		姓 名	
学习小组		工作时间	
【知识认知】 1. 归纳总结紧急阀的构造 2. 归纳总结紧急阀的作用原理			

续上表

【能力训练】
通过学习，简述紧急阀的构造和紧急阀的作用原理
任务学习其他说明或建议：
指导老师评语：
任务完成人签字：　　　　　　　　　　　　日期：　　年　　月　　日 指导老师签字：　　　　　　　　　　　　　日期：　　年　　月　　日

任务六　重联阀的控制

知识要点

1. 熟知重联阀的结构。
2. 了解重联阀的作用原理。

项目任务

通过学习，了解重联阀的结构和作用原理。

任务准备

1. 主要设备和工具：DK-1 型制动机试验台、清洗盘、专用支架、刮刀、油石、常用钳工工具、钢板尺、游标卡尺。

2. 主要材料：凡士林、研磨膏、水砂纸、清洁剂、绸布、白布、棉丝。

相关理论知识

DK-1 型电空制动机在具备制动重联性能的机车上均使用重联阀。重联阀不仅可以使同型号的机车制动机重联，也能与其他类型的机车重联使用，以实现多机牵引，乘务员只需操纵本务机车制动机，就能保证重联机车的制动与缓解作用与本务机车协调一致。并且在列车分离时，重联阀将自动保持制动缸压力，使重联机车制动机恢复到本务机车制动机的工作状态，以便于操纵列车，起到分离保护作用。

重联阀的结构

重联阀由转换阀部、重联阀部、制动缸遮断阀部、重联阀体及管座组成。其连接管包括作用管、平均管、总风联管及制动缸管，如图 4-34 所示。

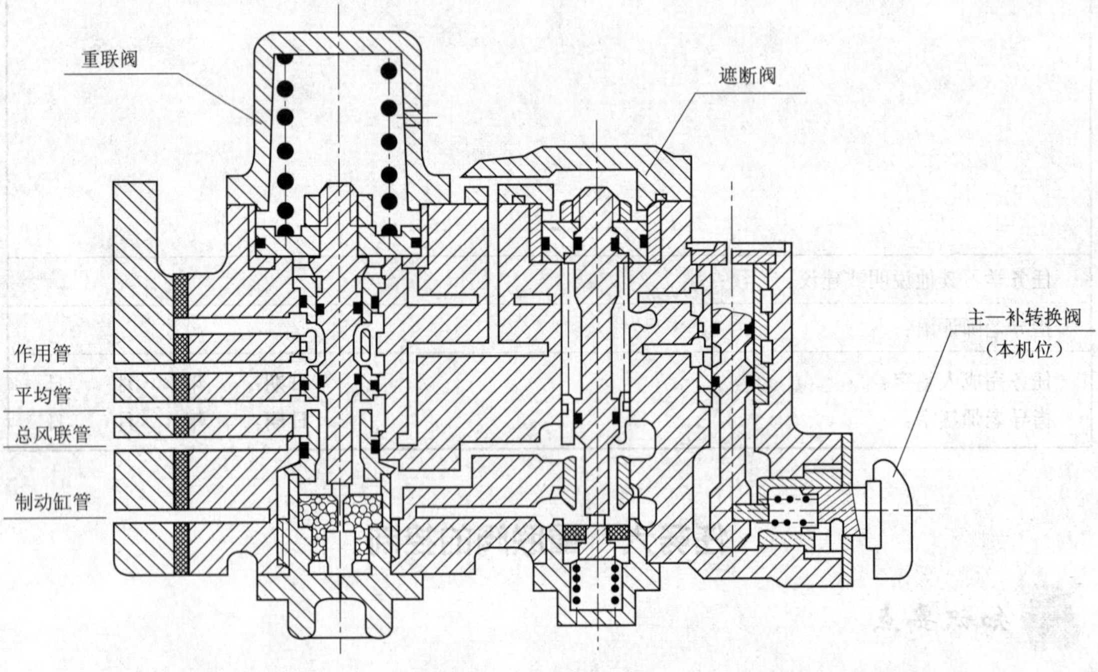

图 4-34　重联阀(本机位)

1. 转换阀部

转换阀部是一个手动操纵阀，它与转换阀结构相通，由转换按钮、偏心杆、弹簧、阀套、柱塞、O 形圈、标示牌和弹性挡圈、挡盖、定位销等组成。它有两个作用位置，分别是本机位和补机位。本机位时，总风压力至与重联阀活塞下方的通路不通，并且重联活塞下方通大气；补机位时，总风压力与重联活塞下方沟通，同时关闭重联活塞下方通大气的通路，如图 4-35所示。

2. 重联阀部

重联阀部由重联阀活塞、活塞杆、重联阀弹簧、阀套、O 形圈和止回阀、止回阀弹簧等组成，如图 4-36 所示。

重联阀活塞下方通过转换阀部分在补机位时沟通总风联管，活塞上方是重联阀弹簧，活塞按其上下方的压力关系带动活塞杆上下移动，顶开或关闭止回阀，并通过活塞杆上的 O 形圈的密封作用，实现不同通路的开和断。

3. 制动缸遮断阀部

制动缸遮断阀部由制动缸遮断阀活塞、活塞杆、遮断阀弹簧、阀套、O 形圈和止回阀、止回阀弹簧等组成，如图 4-37 所示。

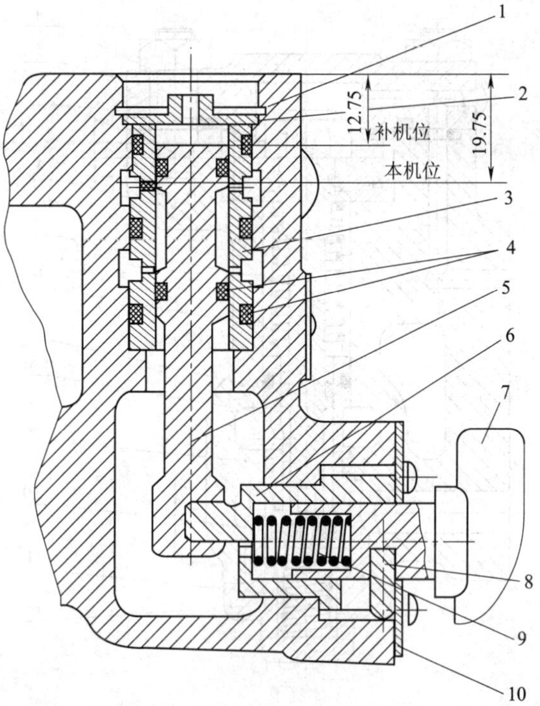

图 4-35　转换阀部组成

1—弹簧挡圈；2—挡盖；3—阀套；4—O 形圈；5—柱塞；6—偏心杆；7—转换按钮；8—定位销；9—弹簧；10—指示牌

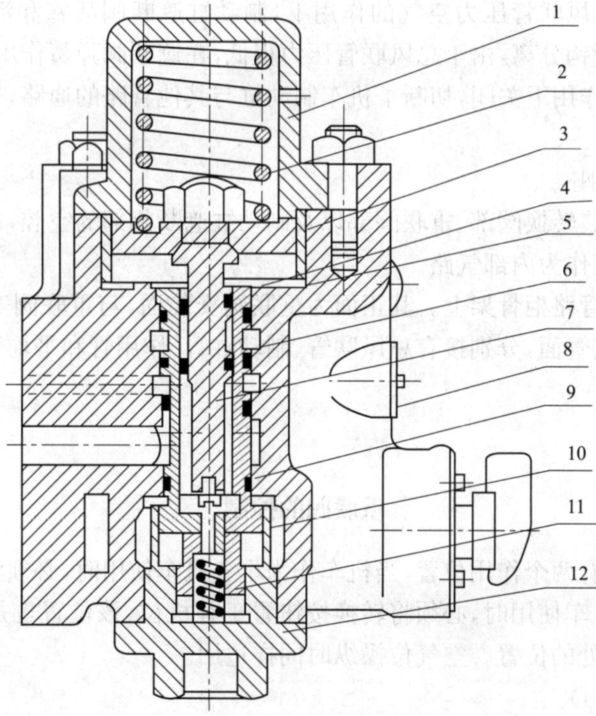

图 4-36　重联阀部组成(补机位)

1—重联阀上盖；2—重联阀弹簧；3—重联阀活塞；4—弹性挡圈；5、9—O 形圈；6—重联阀套；7—活塞杆；8—厂铭牌；10—止回阀弹簧；12—下盖

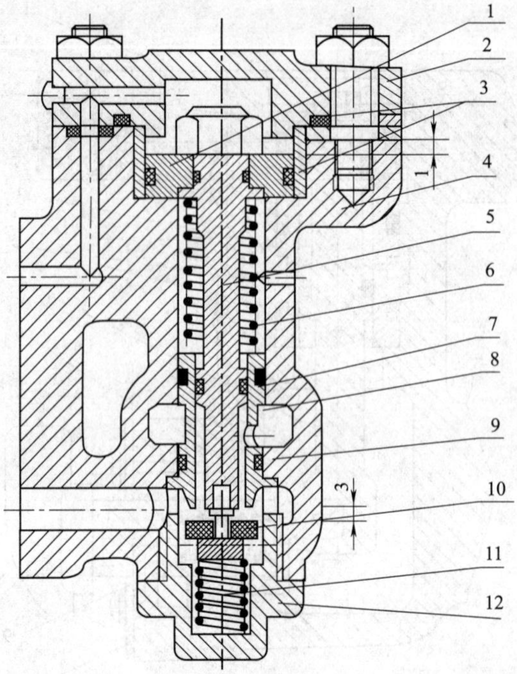

图 4-37　制动缸遮断阀部组成(补机位)

1—遮断阀活塞;2—遮断阀上盖;3、7、9—O 形圈;4—重联阀体;5—活塞杆;6—遮断阀弹簧;
8—遮断阀套;10—止回阀;11—止回阀弹簧;12—遮断阀下盖

正常运行时,在总风联管压力空气的作用下,制动缸遮断阀活塞和活塞杆下移顶开止回阀,一旦机车间发生断钩分离,由于总风联管压力很低,在遮断阀弹簧作用下活塞向上移动,止回阀在止回阀弹簧的作用下关闭,切断了机车制动缸与其他管路的通路,自动保持机车制动缸压力。

4. 重联阀体与管座

重联阀体内部安装转换阀部、重联阀部以及制动缸遮断阀部的空腔,并压装有与部件相配的铜套,还有许多暗道作为内部气路。

管座吊装在空气管路柜骨架上。其正面为重联阀安装面,与重联阀安装时采用橡胶垫密封;背面和右侧面为接管面,分别接有总风联管、制动缸管、作用管和平均管。

任务实施

重联阀的控制

重联阀转换按钮有两个作用位置,当机车作为本务机车使用时,必须将转换按钮置于本机位,当机车作为重联机车使用时,必须将转换按钮置于补机位,该位置也是 SS_4 改进型电力机车非操纵节重联阀所处的位置。空气位操纵时同样适用。

1. 本机位(图 4-34)

由总风联管来的压力空气被转换阀部 O 形圈遮断,而重联阀活塞下方经柱塞下方通大气,重联阀活塞在其上方重联阀弹簧作用下,带动活塞杆一起向下移动,顶开下方的重联止回阀,这时作用管压力空气被活塞杆上 O 形圈遮断,平均管与重联止回阀下方的制动缸通路相通。同时总风联管来的压力空气流入制动缸遮断阀活塞上方，使活塞克服下方遮断阀弹簧张力带动活塞杆下移，顶开止回阀，使制动缸管经止回阀与重联止回阀下方的制动缸通路相通，继而与平均管相通。

当本务机车制动机进行制动、缓解操纵时，本务机车制动缸压力将会变化，通过重联阀，本务机车制动缸的压力变化将经平均管和机车间的平均管塞门，平均软管传入重联机车的平均管。

当机车发生断钩分离时，制动管、总风联管、平均管等连接软管均断裂，本务机车制动机将产生紧急制动。同时由于总风联管内压力空气下降，制动缸遮断阀活塞在其下方遮断阀弹簧作用下，带动活塞杆上移，并脱离与止回阀的接触，止回阀在其弹簧作用下，关闭阀口，从而切断了制动缸管与重联止回阀处的制动缸通路的连通，制动缸管被遮断。防止了制动缸内压力空气经打开的重联阀止回阀进入平均管后排入大气，从而保证了本务机车的安全。

2. 补机位(图 4-27、图 4-38、图 4-39)

由总风联管来的压力空气经转换阀柱塞上的凹槽流入重联阀活塞下方，使活塞克服上方弹簧的作用，带动活塞杆上移，并脱离与止回阀的接触。止回阀在其弹簧作用下，关闭阀口，切断了平均管与止回阀下侧制动缸通路连通，但作用管经活塞杆上的凹槽与平均管沟通。制动缸遮断阀在总风联管的压力空气作用下，仍与本机位一样，使止回阀开放，制动缸通路沟通后被重联止回阀遮断。

在此位置，由于作用管与平均管沟通，本务机车制动缸的压力变化将通过平均管传入重联机车的作用管，重联机车的分配阀均衡部将根据作用管的压力变化，使重联机车的制动缸压力产生变化，保持与本务机车制动缸压力协调一致。

在制动管减压制动时，重联机车分配阀主阀部也将产生制动作用，工作风缸将向作用管充风，即向平均管和本务机车制动缸均衡。由于机车分配阀采用间接方式控制制动缸压力，该压力不会引起本务机车的制动缸压力变化，同时重联机车的制动缸压力也不会受影响。同样重联机车误动空气制动阀引起的重联机车作用管的充、排气，也不会引起本务和重联饥车的制动缸压力的变化。所有重联运行的机车制动缸压力只受本务机车的控制。

当机车间发生断钩分离时，制动管、总风联管、平均管等连接软管均断裂，由于总风联管内的压力下降，制动缸遮断阀与本机位相同。在重联阀部，同样由于总风联管内的压力空气下降，重联活塞在上方弹簧作用下向下移动，顶开止回阀，自动转换到本机位，防止了作用管压力空气经断裂的平均管排入大气。

实践与训练

学习工作单

<table>
<tr><td>工 作 单</td><td colspan="3">重联阀的控制</td></tr>
<tr><td>任　　务</td><td colspan="3">熟知重联阀的结构；了解重联阀的作用原理</td></tr>
<tr><td>班　　级</td><td></td><td>姓　　名</td><td></td></tr>
<tr><td>学习小组</td><td></td><td>工作时间</td><td></td></tr>
<tr><td colspan="4">【知识认知】</td></tr>
<tr><td colspan="4">1. 归纳总结重联阀的结构
2. 归纳总结重联阀的作用原理</td></tr>
</table>

续上表

【能力训练】
通过实物观察，描述重联阀的结构和作用原理
任务学习其他说明或建议：
指导老师评语：
任务完成人签字：　　　　日期：　年　月　日 指导老师签字：　　　　日期：　年　月　日

任务七　辅助气动部件的控制

知识要点

1. 熟知辅助气动部件的作用。
2. 熟知辅助气动部件相关名词术语。

项目任务

通过网络搜集资料，了解辅助气动部件的控制。

任务准备

1. 主要设备和工具：DK-1 型制动机试验台、清洗盘、专用支架、刮刀、油石、常用钳工工具、钢板尺、游标卡尺。

2. 主要材料：凡士林、研磨膏、水砂纸、清洁剂、绸布、白布、棉丝。

相关理论知识

一、压力开关

压力开关是利用空气压力差控制微动开关电器，来现实电路通断的控制元件。

SS_4 改进型电力机车的 DK-1 型电空制动机中采用 208、209 两个 TJY 型压力开关，其中，压力开关 208 是为自动控制制动管的最大减压量而设，动作值是 190～230 kPa；压力开关 209 是为自动控制制动管的最小减压量而设，动作压差不大于 20 kPa。

SS_9 型电力机车的 DK-1 型电空制动机中除了 208、209 两个压力开关外，还有一个 210 压力开关，用于控制列车的电空制动，整定值也为 20 kPa。

1. 压力开关的结构

如图 4-38 所示，TJY 型压力开关由微动开关、外罩、芯杆、导套、模板、下盖、O 形弹性挡圈等组成。

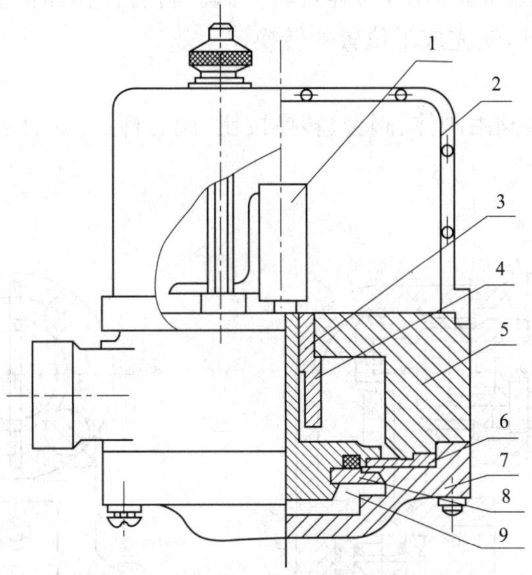

图 4-38　TJY 型压力开关

1—微动开关；2—外罩；3—芯杆；4—导套；5—体；6—膜板；7—下盖；8—挡板；9—弹性挡圈

膜板上方与总风管相通，模板下方与均衡风缸管相通，压力开关 208、209 膜板上方与总风管间是通过安装座上的 ϕ0.8 mm 的限制缩孔相通的。另外，膜板上下压力空气的作用面积上方小，下方大。

2. 压力开关的作用原理

压力开关是利用膜板上下的压力差动作，使膜板上凸或下凹，带动芯杆上下移动，顶触或脱离微动开关。

当列车进行充气缓解时，均衡风缸压力上升并与调整后的总风压力相等，由于压力开关膜板上侧压力空气作用面积比下侧作用面积小，膜板下侧压力空气作用力大于上侧压力空气作用力，便膜板呈凸起状，带动芯杆上移顶触微动开关。

当均衡风缸减压时，压力开关下气室压力下降，达到一定值时，膜板上下作用力相等，再继续下降，膜板上侧压力空气作用力大于下侧压力空气作用力，使膜板呈凹下状，芯杆由于芯杆的顶触或脱离微动开关，微动开关由联锁将发生改变，再经微动开关外接的导线，实现电路的转换。

压力开关 208，微动力开关只有常闭联锁外接两根导线 800 与 808，在充风缓解位时两导线断开，在均衡风缸减压大于 190～230 kPa 时两导线接通。

压力开关 209 微动开关常开联锁接导线 807、837；常闭联锁接导线 822、800。当均衡风缸充气到接近定压时导线 822、800 断开，而导线 807、837 接通。当均衡风缸减压超过 20 kPa 时，导线 807、837 断开，而导线 822、800 接通。

SS_9 型电力机车压力开关 210 控制电路 847-899。

二、转 换 阀

为保证良好的气密性和屏柜布置的需要，DK-1 型电空制动机采用特制的塞门结构的手动操纵阀，即 153、154 两个转换阀。每个转换阀有两个作用位置，153 有空气位和正常位，为空电转换阀；154 有客车位和货车位，为客货转换阀。将转换按钮向里推，然后再转动 180°到达所需的作用位置后松开，便完成了位置的转换。

1. 转换阀的结构

如图 4-39 所示，转换阀由阀体、阀套、转换按钮、偏心杆、弹簧、柱塞、O 形圈、挡盖、弹性挡圈、定位销等组成。

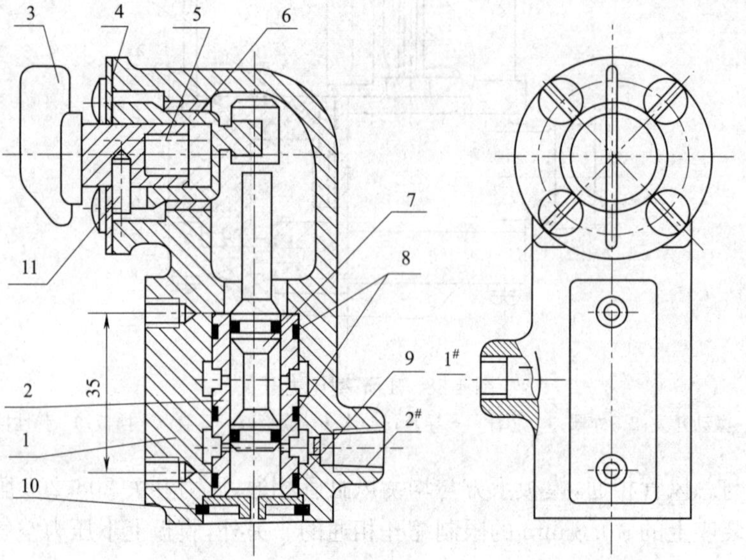

图 4-39　转换阀结构示意图

1—阀体；2—阀套；3—转换按钮；4—标示牌；5—弹簧；6—偏心杆；7—柱塞；8—O 形圈；9—挡盖；10—弹性挡圈；11—定位销。1# —输入；2# —输出

2. 转换阀的作用原理

转换阀是通过转换按钮的转动来带动偏心的转动，而偏心杆与柱塞为垂直方向连接，所以，偏心杆的转动便变成了柱塞的上下移动，这样，通过柱塞上的 O 形圈的密封作用，实现两个通路的开或断。

转换阀 153 串接在均衡风缸与电空制动屏均衡管中间，1# 接均衡风缸，2# 接制动屏均衡管。正常位时，两管沟通；空气位时，两管切断，同时沟通制动屏均衡管与大气的通路，使其空气压力排大气，达到空气位使制动屏均衡风缸系统部件不发生作用的目的。

转换阀 154 串接在两个初制风缸(其容积分别是 0.36 L 和 0.2 L)中间。以便使在不同的制动管定压下达到满意的制动效果，1# 接初制风缸Ⅰ，2# 接初制风缸Ⅱ。货车位时两初制风缸沟通；客车位时两初制风缸切断。

三、机车无动力装置

机车无动力装置是机车无动力回送时，即在非电气化线路上被拖动时使用的装置。

无动力装置由滤尘止回阀和截断塞门 155 组成。连接在机车上的制动管与总风缸支管之间。当开通截断塞门 15 时，制动管内的压力空气经滤尘止回阀充入总风缸内。此时的总风缸在机车制动装置中相当于车辆的副风缸。

1. 机车无动力装置的结构

无动力装置的结构如图 4-40 所示。

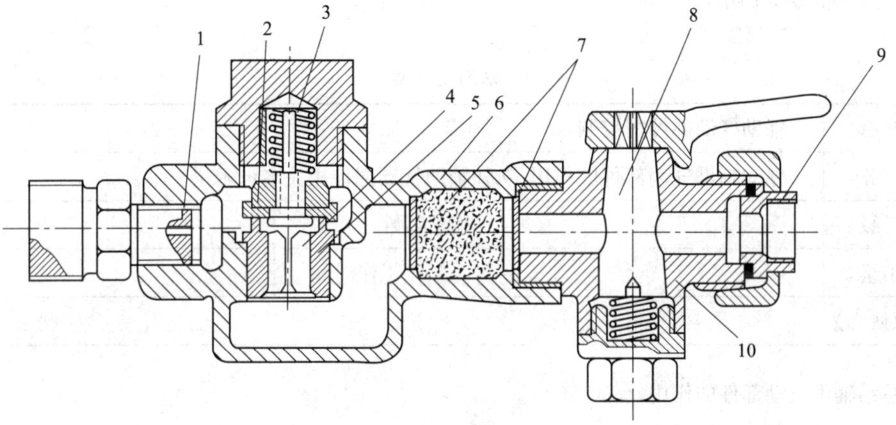

图 4-40　无动力装置结构示意图

1—阻流塞；2—皮垫座；3—止回阀弹簧；4—止回阀；5—止回阀座；6—止回阀体；7—滤尘网；8—截断塞门芯；9—管接头；10—截断塞门体

无动力装置结构包括阻流塞 1、止回阀 4、止回阀弹簧 3、止回阀座 5、滤尘网 7 及塞门芯 8 等。

由制动管来的压力空气，经开放的塞门被滤尘网过滤，除去其中所含机械杂质，推开止回阀，再经阻流塞进入总风缸内以备制动时使用。

止回阀是为防止制动管减压时，总风缸的压力空气向制动管逆流而设置的。止回阀上部有弹簧，其组装后的压力应调整为 140 kPa。所以，当制动管定压为 600 kPa 时，充入总风缸内的最大压力应为 460 kPa；当制动管定压为 500 kPa 时，充入总风缸内的最大压力应为 360 kPa。

阻流塞是一个 $\phi 3.2$ mm 的缩堵。它是为防止本务机车向制动管充气，制动管的压力空气又向后部的无电回送机车总风缸充气时，因总风缸容量大，会使制动管压力突然下降发生自然制动而设计的。

2. 机车无动力装置的作用原理

当机车正常运用时，应关闭截断塞门 155，切断制动管经无动力装置向总风缸充风的气路。

当机车无动力回送时，将截断塞门 155 的手柄旋转至开放位，制动管的压力空气经截断塞门、滤尘网，并压缩止回阀弹簧而打开止回阀口，向无动力机车总风缸充风。当制动管减压制动时，虽然无动力机车总风缸压力大于制动管压力，但由于止回阀的作用，使总风缸的压力空气不能向制动管逆流，保证了全列车制动的可靠性。

另外，机车无动力回送时，除开放本装置塞门155外，还必须对制动机作如下处理：

(1)将两端电空制动控制器手把置于“重联位”并取下手把。

(2)将两端的空气制动阀手把取下。

(3)将通中继阀上的制动管塞门115关闭。

(4)将分配阀上的缓解塞门156开放。

(5)将分配阀上的安全阀调至200 kPa。

(6)将总风缸间的塞门112关闭。

实践与训练

学习工作单

工作单	辅助气动部件的控制		
任　务	熟知辅助气动部件的作用；熟知辅助气动部件相关名词术语		
班　级		姓　名	
学习小组		工作时间	
【知识认知】 归纳总结辅助气动部件的作用			
【能力训练】 通过网络搜集资料，描述一下辅助气动部件的作用及如何动作			
任务学习其他说明或建议：			
指导老师评语：			
任务完成人签字：　日期：　年　月　日 指导老师签字：　日期：　年　月　日			

项目五　DK-1 型电空制动机的综合控制

任务一　DK-1 型电空制动机电空位操纵

知识要点

1. 了解电空位的气路。
2. 了解电空位的电路。
3. 了解电空位的压力表显示情况。

项目任务

1. 分组通过看 DK-1 型电空制动机的作用原理图，分析电空制动控制器在各位置时的电路和气路。

2. 分组进行电空位的模拟操纵，对电空制动控制器和空气制动阀进行正确的控制，观察各压力表的数值变化。

任务准备

1. 所需设备：电力机车模拟驾驶装置。
2. 所需物品：DK-1 电空制动机。

相关理论知识

一、SS_9 型电力机车 DK-1 制动机电空位操纵的作用原理

DK-1 型电空制动机的作用原理是针对电空制动控制器（大闸）、空气制动阀（小闸）手柄置于不同位置（由操纵列车或机车的实际运行情况而定）的操纵，来确定对机车、车辆实施制动、缓解与保压时制动机所属各主要部件的相互关系和作用规律。下面就 SS_9 型电力机车 DK-1 型电空制动机的电空位工作过程进行分析。

需要注意的是 SS_9 型电力机车是单节双端操纵的电力机车，其不同操纵端的操纵方法完全一致，只以Ⅰ端操纵为例进行分析。

电空位的操纵分为自动制动作用和单独制动作用两种。

将电空转换扳钮扳至“电空位”，则有：

1. 气路

作用管经转换柱塞上凹槽与作用柱塞处管路连通。

2. 电路

导线 809(电源)经空气制动阀上微动开关 3SA1 使导线 801 有电，为电空制动控制器送电。

(一)空气制动阀手柄在“运转位”，电空制动控制器手柄在各位的作用

该工况一般称为自动制动作用工况，既通过电空制动控制器来操纵全列车的制动、缓解与保压。

当空气制动阀在“运转位”时，则有：

1. 气路

切断所有气路。

2. 电路

微动开关 3SA2 闭合电路 809-818。

1)运转位

该位置是列车正常运行或制动后需缓解机车和车辆的位置。

(1)电路

①电空制动控制器—→导线 803
　　　　　　　　—→导线809→空气制动阀→3SA(2)→导线818→制动逻辑控制装置
　　　　　　　　—→导线 813

→缓解电空阀258YV得电。
→排1电空阀254YV得电。
→排2电空阀25得电。

②其余电空阀均失电。

(2)气路

①总风→塞门 157→调压阀 55(制动管定压)→缓解电空阀 258YV 下阀口→转换阀 153→均衡风缸 56。

②作用管(包括分配阀容积室)→排 1 电空阀 254YV 下阀口→大气。

③初制风缸 58→制动电空阀 257YV 上阀口→大气。

④总风遮断阀左侧压力空气→中立电空阀 253YV 上阀口→大气。

(3)中继阀

①总风遮断阀：中立电空阀 253YV 失电，开通总风向中继阀供气室的充风气路。

②中继阀：处于缓解充风状态。随着均衡风缸压力升高，活塞膜板带动顶杆右移而顶开供气阀口，连通总风经总风遮断阀向制动管及活塞膜板右侧充风的气路，制动管压力升高；当活塞膜板右侧及制动管压力升高至与均衡风缸压力相等时，在供气阀弹簧作用下，关闭供气阀口，且不打开排气阀口，中继阀处于保压状态。

(4)分配阀

①主阀部：处于充风缓解状态。随着均衡风缸压力升高主活塞通过主活塞杆带动滑阀、节制阀下移，连通制动管向工作风缸充风的气路；同时，由于 156 塞门的关断(电空位下关断)，故 156 塞门不开通作用管排大气的气路。

②紧急增压阀：增压阀柱塞保持在下端，切断总风向作用管充风的气路。

③均衡部：随着排风1电空阀254YV得电，作用管向大气排风，容积室、均衡活塞下方压力下降，均衡活塞带动空心阀杆下移，打开排气阀口，连通机车制动缸及均衡活塞上侧向大气排风的气路，机车制动缸缓解。

可见，随着制动管压力升高，机车制动机实现缓解，同时，车辆制动机也实现缓解。由于我国车辆制动机通常采用一次缓解性能的分配阀或三通阀，故车辆制动机产生完全缓解。

(5)紧急阀：紧急阀处于充气位。随着制动管压力的升高，使活塞膜板及活塞杆保持在上端，而不开启放风阀口，制动管压力空气经缩孔Ⅰ、Ⅱ向紧急充风室充风，直到紧急室压力与列车制动管定压相等，为紧急制动做好准备。

(6)压力开关：由于均衡风缸压力上升到定压，压力开关208、209的膜板带动芯杆上移，压缩微动开关，这时导线899与845切断，导线899与846切断。

(7)各压力表显示

总风缸：750～900 kPa。

制动管：500或600 kPa。

均衡风缸：500或600 kPa。

机车制动缸：0 kPa。

综上所述，该操纵可实现全列车的缓解。因此，用于制动管正常充风及列车正常运行状态。

实际运行中，禁止“偷风”操纵。所谓“偷风”，是指列车制动保压时，人为的将电空制动手柄由“中立位”短时间的移至“运转位”或“缓解位”，再移回“中立位”的操纵手法。因为车辆制动机通常为一次性缓解型的，不具备阶段缓解性能，即当制动管充风时，不论是否充到定压，一次缓解型制动机均进行完全缓解，所以，“偷风”操纵会使列车部分或全部车辆完全缓解，而形成列车制动力不足，极易造成人为行车事故，故严禁“偷风”操纵。

2)过充位

该位置是列车运行中，车辆快速缓解，而机车仍制动保压的工作位置。它与“运转位”的作用基本相同，只是列车制动管压力高出列车制动管定压30～40 kPa。

(1)电路

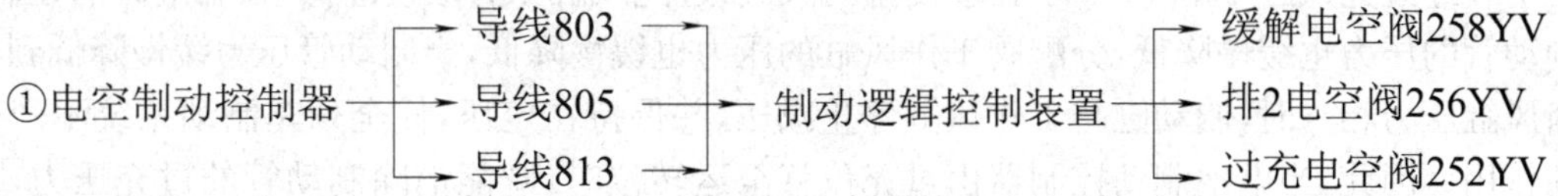

②其余各电空阀均失电。

(2)气路

①总风→塞门157→调压阀55→缓解电空阀258YV下阀口→转换阀153→均衡风缸56。

②初制风缸58→制动电空阀257YV上阀口→大气。

③总风→塞门157→过充电空阀252YV下阀口→过充风缸(同时经过充风缸57上排气缩孔缓慢排入大气)。

④总风遮断阀左侧压力空气→中立电空阀253YV上阀口→大气。

(3)中继阀

①总风遮断阀：中立电空阀253失电，开通总风向中继阀供气室的充风气路。

②中继阀：均衡风缸和过充风缸压力的升高，过充柱塞右移使活塞膜板左侧增加了30～

40 kPa 的过充压力，在均衡风缸压力和过充柱塞的共同作用下，活塞膜板带动顶杆迅速右移而顶开供气阀口，并且其开度较大，连通总风向制动管及活塞膜板右侧迅速充风的气路，制动管压力迅速升高，并获得比定压力高 30～40 kPa 的过充压力。当活塞膜板右侧及制动管的作用力升高至与活塞膜板左侧作用力平衡时，在供气阀弹簧作用下，关闭供气阀口，且不打开排气阀口，中继阀处于保压状态。

(4)分配阀

①主阀部：随着制动管压力迅速升高，主活塞通过主活塞杆带动滑阀、节制阀迅速下移，连通制动管向工作风缸充风的气路；由于塞门 156 的关断，故塞门 156 不连通作用管排大气的气路。

②紧急增压阀：增压阀柱塞保持在下端，切断总风向作用管充风的气路。

③均衡部：由于排风 1 电空阀 254YV 失电，作用管压力不变，所以，均衡部保持原有的位置。

此时，机车制动机保持原有状态，而车辆制动机则进行快速缓解。

(5)紧急阀

随着制动管压力迅速升高，使活塞膜板及活塞杆保持在上端而不开启放风阀，制动管压力空气经缩孔Ⅰ、Ⅱ向紧急室充风，以备紧急制动时使用。

(6)压力开关

与运转位相同。

(7)各压力表显示

总风缸：750 kPa。

制动管：高出定压 30～40 kPa。

均衡风缸：500 或 600 kPa。

制动缸：车辆快速缓解；机车仍制动保压，机车制动缸不缓解。

应当注意的是，当电空制动控制器由“过充位”移至“运转位”时，制动管会恢复定压，既产生 30～40 kPa 的减压量，但这一减压量不会使列车制动系统产生制动作用。这是因为，当电空制动控制器由“过充位”移至“运转位”时，均衡风缸压力仍保持定压，而过充风缸内原有的压力空气经过充风缸 $\phi 0.5$ mm 小孔缓慢排向大气，过充风缸压力缓慢降低，在中继阀的控制下，制动管的压力也缓慢降低，分配阀工作风缸的压力也缓慢降低，当制动管压力缓慢降低到与均衡风缸压力相当时，制动缸与工作风缸停止减压，并保持在定压，使全列车制动系统不产生制动作用。因此，当电空制动控制器由过充位移至运转位时，既能消除制动管的过充压力，又能避免列车制动系统产生制动。事实上，这一操作会使排风 1 电空阀 254YV 得电，作用管向大气排风，机车还要缓解。

3)制动位

该位置是操纵列车常用制动时的工作位置，电空制动控制器手柄在该位置停留时间的长短，控制着列车制动管的常用制动减压量。它与电空制动控制器“中立位”配合使用使列车制动管实现阶段常用准确减压。

(1)电路

①电空制动控制器 → 导线806 / 导线808 / 导线813 → 制动逻辑控制装置 → 中立电空阀253YV

②导线899→压力开关208上的208SA(当均衡风缸减压量大于200 kPa时,压力开关动作)→导线845→制动逻辑控制装置→制动电空阀257YV得电。

③其余电空阀均失电。

(2)气路

①缓解电空阀258YV失电,缓解电空阀下阀口关闭,切断了均衡风缸的充气通路,上阀口打开,则有:

均衡风缸→转换阀153→缓解电空阀258YV上阀口→

→阀座缩孔d_3→制动电空阀257YV上阀口→大气

→管接头锁孔d_4→初制风缸58

②总风→塞门157→中立电空阀253YV下阀口→中继阀总风遮断阀左侧。

③过充风缸→排2电空阀256YV上阀口→大气。

在此三条气路中,需注意的是:制动电空阀257YV失电时间的长短,既电控制动控制器的手柄在“制动位”停留时间的长短,决定了均衡风缸减压量的大小;均衡风缸的减压速度则由阀座上的缩孔d_3决定。初制风缸58可以确保使均衡风缸有一个最小有效减压量40~50 kPa,从而保证全列车制动机可靠动作。客/货转换阀154将设置在集成气路板内的初制风缸分隔为两部分,以适应不同的制动管定压(当牵引货车,定压为500 kPa时,客/货转换阀154置于货车位;当牵引客车,定压为600 kPa时,客/货转换阀154置于客车位)。压力开关208可使制动位操纵时,当均衡风缸打到最大减压量后自动停止减压,制动电空阀257YV自动得电,避免了不必要的过量减压量。

(3)中继阀

①总风遮断阀:中立电空阀253YV得电,切断总风充往中继阀供气室的气路。

②中继阀:处于排风制动状态。随着均衡风缸压力的降低,活塞膜板带动顶杆左移并打开排气阀口,连通控制管及活塞膜板右侧向大气排风的气路,既制动管压力降低;当制动管及活塞膜板右侧压力降低到与均衡风缸压力平衡时,在排气阀弹簧的作用下,关闭排气阀口,且不打开供气阀口,即停止制动管排风。

(4)分配阀

①主阀部:随着制动管压力降低,主活塞通过主活塞杆带动节制阀上移,连通制动管向局部减压室降压的气路,以实现局部减压作用;随着制动管压力进一步降低,主活塞通过主活塞杆带动节制阀、滑阀继续上移,连通工作风缸向作用管充风的气路,即作用管压力升高,而工作风缸压力降低;当工作风缸压力降低至与制动管压力平衡时,在自重及稳定弹簧作用下,主活塞通过主活塞杆带动节制阀下移,切断工作风缸向作用管充风的气路,即作用管停止充风。

②紧急增压阀:增压阀柱塞仍保持在下端,切断总风向作用管充风的气路。

③均衡部:随着作用管压力升高,均衡活塞带动空心阀杆上移,顶开供气阀口,连通总风向机车制动缸及均衡活塞上侧充风的气路,即机车制动缸压力升高,当机车制动缸及均衡活塞上侧压力升至与作用管压力平衡时,在供气阀弹簧的作用下,均衡活塞和空心阀杆下移,关闭供气阀口,即停止机车制动缸的充风。

此时,机车制动机处于制动状态,车辆制动机也处于制动状态。

(5)紧急阀

紧急阀处于常用制动状态。随着制动管压力降低，使活塞膜板带动活塞杆下移，但不足以顶开放风阀口，紧急室经过缩孔Ⅰ向制动管逆流，直至紧急室压力与制动管压力平衡时为止；在安定弹簧作用下，活塞膜板带动活塞杆上移到上端。

(6)压力开关

由于均衡风缸压力下降，压力开关 209 膜板带动芯杆下移离开微动开关，导线 899 与 846 连通。如均衡风缸压力继续下降，达到最大减压量时，压力开关 208 膜板也将带动芯杆下移离开微动开关，导线 899 与 845 连通。

(7)各压力表显示

总风缸：750～900 kPa。

制动管：一般减压 140 kPa 或 170 kPa。

均衡风缸：减压 140 kPa 或 170 kPa 的时间为 5～7 s。

机车制动缸：制动缸压力升至 340～380 kPa 的时间为 6～8 s。

综上所述，该操纵可实现全列车的常用制动，并能自动控制制动管过量减压量(190～230 kPa)。因此，用于列车调速或停车。

实际运行中，既可进行“一段制动法”操纵，又可进行“两段制动法操纵。所谓一段制动法，是指施行制动后不再进行缓解，根据列车减速情况追加减压，使列车停于预定地点的操纵方法。所谓两段制动法，是指进站前施行制动，待列车速度降至所需要的速度时进行缓解，充风后再次施行制动，使列车停于预定地点的操纵方法。

当在制动位实施追加制动时，须待第一次减压排风完成后，再实施追加减压。这是因为减压排风未完成就进行追加减压，相当于施行了一次大减压，列车因制动力过强而增加冲击，也容易使后部车辆产生紧急制动作用。同时，追加减压量不应超过第一次减压量，否则因列车制动力急剧增加，不利于平稳操纵。

制动位下，还可以进行“长波浪式制动”和“短波浪式制动”。所谓长波浪式制动，是指减压量小、列车减速慢、制动距离长的操纵方法。长波浪式制动的优点是列车在较长的距离内，基本保持匀速减速运行，且用风量小，使空气压缩机工作量小；缺点是闸瓦与轮箍摩擦时间长，易发热，因此在使用时，应注意制动距离不宜太长，以免闸瓦过热而使制动失效，或轮箍过热迟缓。另外，在起伏坡道的线路上，也可以用空气制动阀调整机车的制动力。所谓短波浪式制动，是指减压量大(一般在 100 kPa 以上)、列车减速快、制动距离短的制动操纵方法。短波浪式制动的优点是闸瓦不易过热，缺点是制动频繁，空气压缩机工作量大，因此使用时，应掌握好缓解时机，防止因缓解过早使列车速度剧增，并且严防充风不足，错过下一次制动时机，而造成超速或放风事故。

4)中立位

“中立位”是操纵列车常用制动前的准备和制动后的保压工作位置。根据作用可以分为制动前的中立位和制动后的中立位。

(1)电路

①电空制动控制器 —→ 导线806 / 导线807 —→ 制动逻辑控制装置→中立电空阀253YV和制动电空阀257YV导线得电

导线899→钮子开关463QS —→ 制动逻辑控制装置

②在制动前中立位即均衡风缸未减压,压力开关 209 未动作。

导线 899→209SA 压力开关→制动逻辑控制装置→缓解电空阀 258YV、排 2 电空阀 256YV 得电。

③ 其余电空阀均失电。

(2)气路

①总风→塞门 157→中立电空阀 253YV 下阀口→转换阀 153→均衡风缸(继续保持充风,压力不变)。

②制动前中立位

总风→塞门 157→调压阀 253YV 下阀口→中继阀总风遮断阀左侧。

③制动后中立位

均衡风缸 56→缓解电空阀 258YV 上阀口→制动电空阀 257YV 和初制风缸 58。

由于制动电空阀 257YV 得电,关闭均衡风缸排气口,均衡风缸不能继续减压而保压。

过充风缸→排 2 电空阀 256YV 上阀口→大气。

(3)中继阀

总风遮断阀口关闭,切断了列车制动管的风源。

如果在制动前的中立位,由于均衡风缸压力没有下降,活塞膜板两侧压力平衡,列车制动管保压。在保压过程中,列车制动管压力由于泄漏而下降,尽管供风阀口将打开,但是总风遮断阀已关闭,列车制动管的泄漏不能补充。

如果在制动后的中立位,由于均衡风缸压力停止下降,当列车制动管压力下降接近均衡风缸压力时,膜板活塞处于平衡状态,排气阀在其弹簧作用下关闭了排气阀口,列车制动管压力将停止下降而保压。同样,在保压过程中,列车制动管的泄漏不能补充。过充风缸内的压力空气将经排 2 电空阀 256YV 排向大气,消除过充柱塞的作用,确保可靠制动。

如果钮子开关 463QS 处于补风位,电空制动控制器中立位时中立电空阀 253YV 不能得电,总风不能进入总风遮断阀左侧,遮断阀不会切断列车制动管的风源,列车制动管的泄漏可以得到补充。

(4)分配阀

由于列车制动管压力停止下降,分配阀处于制动保压位(制动后中立位)或充风缓解位(制动前中立位)。

制动前中立位,由于列车制动管没有减压,分配阀主阀部、增压阀、均衡部与运转位相同。泄漏引起的列车制动管压力下降速度也很慢,也不会使分配阀部动作,工作风缸经充风通路与列车制动管沟通。

制动后中立位,由于列车制动管停止减压,在主阀部工作风缸向容积室充风后压力也下降到接近列车制动管压力时,在主活塞尾部原被压缩的稳定弹簧的反力及主活塞自重的作用下,主活塞仅带动节制阀下降,切断工作风缸与容积室的通路,工作风缸停止向容积室充风,容积室压力停止上升。同时在均衡部,制动缸压力增大到与容积室压力接近时,在均衡阀、均衡活塞自重及均衡部弹簧的作用下,使均衡阀压紧空心阀杆并一起下移,关闭阀口,切断总风向制动缸的充风通路,制动缸压力停止上升。此时,增压阀仍处于下部关闭。

(5)紧急阀

由于列车制动管停止减压,紧急阀活塞膜板在弹簧反力作用下恢复充风位。制动前中立位同样处于充风位。

(6)压力开关

分为制动前和制动后两种情况：

制动前中立位，压力开关 208、209 与运转位相同。

制动后中立位，压力开关 209 由于均衡风缸压力已下降，膜板将带动芯杆下移离开微动开关 209SA，导线 899 与 846 连通。如果均衡风缸减压量已超过最大减压量，压力开关 208 膜板也将下移离开开关 208SA，导线 899 与 845 连通但无作用。

(7)各压力表显示

总风缸：750～900 kPa。

制动管：基本不变，每分钟泄漏量不大于 10 kPa。

均衡风缸：基本不变，每分钟泄漏量不大于 5 kPa。

机车制动缸：压力不变。

5)紧急位

该位是列车运行中紧急停车时所用的位置。

(1)电路

①电空制动控制器 →
- 导线804
- 导线812
- 导线806
- 导线811→电空制动控制器2AC→821

→ 制动逻辑

控制装置 →
- 电动放风阀94YV得电
- 中立电空阀253YV得电
- 重联电空阀259YV得电
- 制动电空阀257YV得电
- 导线812→微机控制系统→导线810或820→撒砂电空阀251YV、241YV或250YV、240YV得电，根据机车实际运行方向撒砂。

②其余各电空阀均失电。

(2)气路

①总风→塞门 158→电空放风阀 94YV 下阀口→电动放风阀 94 膜板下移。

②总风→塞门 157→中立电空阀 253YV 下阀口→总风遮断阀阀套左侧。

③均衡风缸 56→转换阀 153→重联电空阀 259YV 下阀口→列车制动管→大气。

④过充风缸 57→排 2 电空阀 256YV 上阀口→大气。

(3)电空放风阀

随着膜板下侧压力的升高，膜板、铜碗推动芯杆上移，顶开放风阀口，连通制动管向大气放风的气路，即制动管压力迅速降低。

(4)紧急阀

随着制动管压力的迅速降低，活塞膜板带动活塞杆迅速下移而顶开放风阀口，连通制动管向大气放风的气路，即加速制动管放风；同时，联动微动开关 95SA 闭合电路 838-839。待15 s后，因紧急室压力空气经缩孔Ⅰ、Ⅲ排风使其压力与制动管压力趋于一致时，在安定弹簧作用下，关闭放风阀口，同时，联动微动开关 95SA 改变电路。

(5)中继阀

一方面因为中立电空阀 253YV 得电使遮断阀口关闭，以切断制动管的供气风源；另一方面，由于重联电空阀 259YV 的得电使中继阀处于自锁状态，并且排风 2 电空阀 256YV 得电而排放过充风缸内的压力空气，使其失去对制动管压力变化的控制作用。

(6)分配阀

①主阀部：随着制动管压力迅速下降，主活塞通过主活塞杆带动节制阀、滑阀迅速上移至上端，连通工作风缸向作用管充风的气路，并且气路的开启程度较大，即作用管压力迅速升高。

②紧急增压阀：随着制动管压力迅速下降及作用管压力迅速升高，增压阀柱塞迅速上移至上端，从而连通总风向作用管充风的气路，即作用管压力迅速升高，并且由低压安全阀将其压力限定在 450 kPa。

③均衡部：随着作用管压力迅速升高，均衡活塞带动空心阀杆迅速上移而顶开供气阀口，并且其开启程度较大，连通总风向机车制动缸及均衡活塞上侧充风的气路，即机车制动缸压力迅速升高；当机车制动缸压力及均衡活塞上侧压力迅速升高至与作用管压力（即 450 kPa）平衡时，在供气阀弹簧作用下，关闭供气阀口，且不打开排气阀口，停止机车制动缸的充风。

此时，机车制动机处于紧急制动状态，车辆制动机也处于紧急制动状态。

(7)各压力表显示

总风缸：750～900 kPa。

制动管：压力 3 s 内降为 0 kPa。

均衡风缸：压力 3 s 内降为 0 kPa。

机车制动缸：压力 5 s 内升至 400 kPa，最高压力为 450 kPa。

综上所述，该操作可实现全列车的紧急制动（又称非常制动），并伴随自动撒砂及切除牵引工况机车动力源，以确保列车的安全运行。因此，用于列车运行过程中当产生危机行车安全或人身安全的紧急情况。值得注意的是：紧急制动后，须 15 s 后再充风缓解。

6)重联位

该位置是重联补机位或换端操纵时手柄取出的位置。

(1)电路

电空制动控制器→导线811→电空制动控制器2AC→导线821

→制动电空阀257YV得电

→中立电空阀253YV得电

→重联电空阀259YV得电

②其余电空阀均失电。

(2)气路

①总风→塞门 157→中立电空阀 253YV 下阀口→总风遮断阀阀套左侧。

②均衡风缸 56→转换阀 153→重联电空阀 259YV→列车制动管。

③过充风缸→排 2 电空阀 256YV 上阀口→大气。

④缓解电空阀 258YV 失电，切断了均衡风缸充风通路。

⑤制动电空阀 257YV 得电，切断了均衡风缸排气口。

⑥排 1 电空阀 254YV 失电，切断了作用管（容积室）排风气路。

（3）中继阀

一方面因为中立电空阀 253YV 的得电而使遮断阀口关闭，以切断制动管的供气风源；另一方面，由于重联电空阀 259YV 的得电使中继阀处于自锁状态，再加上排风 2 电空阀 256YV 得电而排放过充风缸内的压力空气，所以使中继阀失去对制动管压力变化的控制作用。

（4）分配阀

由于制动管压力不变，分配阀主阀部未动作，而均衡部则受本务机车对作用管的控制影响。电空制动控制器手柄从“运转位”直接放“重联位”，由于制动管没有减压，分配阀仍处于充风缓解位；反之，电空制动控制器手柄先放在“制动位”停留后移“重联位”，均衡风缸、制动管减压后保压，分配阀如制动后的中立位，处于制动保压位。

（5）紧急阀

因制动管压力不变，故使其保持原状态。

（6）各压力表显示

总风缸：750～900 kPa。

制动管：受本务机车控制。

均衡风缸：受本务机车控制。

机车制动缸：受本务机车控制。

（二）电空制动控制器手柄在运转位，空气制动阀手柄在各位的作用

该工况一般称为单独制动作用，即通过空气制动阀来单独操纵机车的制动、缓解与保压。

当电空制动控制器手柄在“运转位”时，则有：导线 803 得电，使车辆制动机保持缓解。

1. 制动位

（1）空气制动阀

作用柱塞在其凸轮和弹簧作用下右移至右端，开通作用管充风的气路（总风→53→作用柱塞→转换柱塞→作用管）；同时，微动开关 3SA2 断开电路 809-818，使排风 1 电空阀 254YV 失电，从而切断作用管向大气排风的气路。所以，作用管压力升高。

（2）分配阀均衡部

随着作用管压力的升高，均衡活塞带动空心阀杆上移，并顶开供气阀口，连通总风向机车制动缸及均衡活塞上侧充风的气路，即机车制动缸压力升高。当机车制动缸及均衡活塞上侧压力升高至与作用管压力平衡时，在供气阀口弹簧作用下，关闭供气阀口，停止机车制动缸的充风。

综上所述，该操作可以实现机车的单独制动。

2. 中立位

（1）空气制动阀

作用柱塞在其凸轮和弹簧作用下处于中间位置，切断所有气路。同时，微动开关 3SA2 断开电路 809-818，使排风 1 电空阀 254YV 失电，从而切断作用管向大气排风的气路。所以，作用管压力不变。

（2）分配阀均衡部

由于作用管压力不变，使均衡部保持不动而为耻原状态，所以，机车制动缸压力不变。

综上所述，该操纵可实现机车的单独保压。因此，用于机车单独制动前的准备及制动后的保压。

3. 缓解位

(1)空气制动阀

作用柱塞在其凸轮和弹簧作用下左移至左端，开通作用管向大气排风的气路(作用管→转换柱塞→作用柱塞→大气)；同时，微动开关3SA2闭合电路809-818，使排风1电空阀254YV得电，从而连通另一条作用管向大气排风的气路。所以，作用管压力降低。

(2)分配阀均衡部

随着作用管压力降低，均衡活塞带动空心阀杆下移，打开排气阀口，连通机车制动缸及均衡活塞上侧向大气排风的气路，即机车制动缸压力降低，机车缓解。

综上所述，该操作可以实现机车的单独缓解，并且其环节速度较空气制动阀在运转位的缓解速度快。

4 运转位

此为作用同前，在此不详述。

5. 下压手柄

(1)空气制动阀

当下压空气制动阀手柄时，推动转轴内的顶杆下移，从而顶开单缓阀口，连通作用管内大气排风的气路，即作用管压力降低。

(2)分配阀均衡部

随着作用管压力降低，均衡活塞带动空心阀杆下移，打开排气阀口，连通机车制动缸及均衡活塞上侧向大气排风的气路，即机车制动缸压力降低。当停止下压手柄时，机车制动缸及均衡活塞上侧压力降低至与作用管压力平衡时，均衡活塞带动空心阀杆上移，关闭排气阀口，且不打开供气阀口，停止机车制动缸的排风。

综上所述，该操纵可以实现机车的单独缓解。

(三)电空制动控制器手柄在制动位或制动后的中立位，空气制动阀手柄在缓解位或下压手柄的作用

该工况一般称为电空制动控制器制动，空气制动阀单独缓解作用，即在全列车制动系统制动时，由空气制动阀单独缓解机车制动。

通过前面的讨论可以知道，若电空制动控制器手柄在“制动位”或制动后的中立位，则使制动管获得一定的减压量，即全列车制动系统进行常用制动。

当空气制动阀手柄移至“缓解位”(或下压手柄)时，由于作用柱塞(或单缓阀)连通作用管向大气排风的气路，即作用管→转换柱塞→作用柱塞→大气(或作用管→单缓阀口→大气)，则作用管压力降低，导致分配阀均衡部的均衡活塞带动空心阀杆下移而打开排气阀口，连通机车制动缸向大气排风的气路，即机车制动缸压力降低；当停止下压手柄时机车制动缸压力与作用管压力平衡时，关闭排气阀口，停止机车制动缸的排风。

可见，该操纵可实现保持车辆制动的同时，单独缓解机车制动。但在操纵过程中，应避免“大劈叉制动”。所谓大劈叉制动，是指电空制动控制器减压的同时，将空气制动阀手柄移至“缓解位”(或下压手柄)，这种车辆制动而机车不产生制动的操纵方法成为大劈叉制动，也叫“拉弓闸”。“大劈叉制动”使用不当时，极易损伤甚至拉断车钩，同时因机车不制动，会使列车制动力下降。

二、SS_4 改型电力机车 DK-1 制动机电空位操纵的作用原理

尽管装配在韶山系列电力机车上的 DK-1 型电空制动机有适应于该种车型的不同功能，但基本上是大同小异的。最大的不同是控制电路原理上的变化，气路的工作原理几乎是完全相同的。由于 SS_9 型电力机车上采用了制动逻辑控制装置 DKL，将有接点控制电路改进成为可外部编程的无接点控制电路形式，提高了控制的准确性和安全性，因此，它与 SS_4 改型电力机车 DK-1 型电空制动机在控制电路上就有很大的不同，这种不同主要体现在“电空位”操纵时，空气制动阀手柄“运转位”，电空制动控制器手柄在各位的作用上。下面分析分析 SS_4 改型电力机车 DK-1 型电空制动机的作用原理时，只分析其与 SS_9 型电力机车 DK-1 型电空制动机的不同之处。

需要注意的是，SS_4 改型电力机车是双节车重联的电力机车，重联的两节机车完全相同，分析时只以一节车为例。

电空位操纵时，空气制动阀手柄在“运转位”，电空制动控制器手柄在各位的作用。

(一)运转位

1. 电路

①电空制动控制器→导线 803→中间继电器 455KA、452KA、451KA 的常闭联锁→导线 837→缓解电空阀 258YV、排 2 电空阀 256YV 得电。

②电空制动控制器→导线 809→空气制动阀上的 3SA(2)→导线 818→中间继电器 405KA、452KA、451KA 的常闭联锁→导线 863→排 1 电空阀 254YV 得电。

③电空制动控制器→导线 813 有电。

④其余电空阀均失电。

2. 压力开关

由于均衡风缸压力上升到定压，压力开关 208、209 的膜板带动芯杆上移顶动微动开关，这时导线 807 与 827 连通，导线 822 与 800 切断，导线 808 与 800 切断。

3. 重联阀

由于重联阀处于本机位，使得制动缸管与平均管相通。平均管内压力空气通过重联阀到达制动缸管，并随制动缸压力空气一起经分配阀排入大气。

(二)过充位

1. 电路

①电空制动控制器→导线 803→中间继电器 455KA、452KA、451KA 的常闭联锁→导线 837→缓解电空阀 258YV、排 2 电空阀 256YV 得电。

②电空制动控制器→导线 805—过充电空阀 252YV 得电。

③电空制动控制器→导线 813 有电。

④其余电空阀均失电。

2. 压力开关

与“运转位”时相同。

3. 重联阀

与“运转位”时相同，只是平均管也与制动缸一样保压。

（三）制动位

1. 电路

①电空制动控制器→导线 806→钮子开关 463QS→导线 835→中立电空阀 253YV 得电。

②电空制动控制器→导线 808→压力开关 208 上的 208SA（当均衡风缸减压量大于 190～230 kPa 时，压力开关动作）→导线 800→制动电空阀 257YV 得电。

③电空制动控制器→导线 813 有电。

④其余电空阀均失电。

2. 压力开关

由于均衡风缸压力下降，压力开关 209 膜板将带动芯杆下移离开微动开关，导线 807 与 327 切断，导线 822 与 800 连通。当均衡风缸压力继续下降，达到最大减压量时，压力开关 208 膜板也将带动芯杆下移离开微动开关，导线 808 与导线 800 连通。

3. 重联阀

由于重联阀处于本机位，使得制动缸管与平均管相通，制动缸升压时，平均管也将升压。

（四）中立位

1. 电路

①电空制动控制器→导线 806→钮子开关 4630s→导线 835→中立电空阀 253YV 得电。

②电空制动控制器导线 807→二极管 262VD＋导线 800→制动电空阀 257YV 得电。

在制动前“中立位”，即均衡风缸未减压时，压力开关 209 还将开通另一条电路，即：

导线 807→209SA－导线 827→二极管 263VD－导线 803→中间继电器 455KA、452KA、451KA 的常闭联锁→导线 837→缓解电空阀 258YV、排 2 电空阀 256YV 得电。

③电空制动控制器→导线 813 有电。

④其余电空阀均失电。

2. 压力开关

制动前“中立位”，压力开关 208、209 与运转位完全相同。制动后中立位，压力开关 209 由于均衡风缸压力已下降，膜板将带动芯杆下移离开微动开关 209SA，导线 807 与 827 切断，导线 822 与 800 连通。如果均衡风缸减压量已超过最大减压量，压力开关 208 膜板也将下移离开微动开关 208SA，导线 808 与 800 连通但无作用。

3. 重联阀

由于重联阀仍处于本机位，使得制动缸管与平均管相通。制动缸升压停止，平均管压力也将停止上升。

（五）紧急位

1. 电路

①电空制动控制器→导线 804→94YV 得电。同时通过重联插座使另一节机车的 94YV 也得电。

②电空制动控制器→导线 812→两位置转换开关辅助联锁 107QPF 或 107QPBW→导线 810 或 820→251YV、241YV 或 250YV、240YV 得电。机车根据实际运行方向撒砂。

③电空制动控制器→导线 806→钮子开关 463QS→导线 835→中立电空阀 253YV 得电。

④电空制动控制器 →
- 重联电空阀259YV得电
- 导线821→二极管260VD→中立电空阀253YV得电
- 二极管264VD→导线800→制动电空阀257YV得电

⑤其余电空阀均失电。

2. 压力开关

对电路无控制作用。

3. 重联阀

同前述一样，平均管压力也将迅速上升到 450 kPa。

（六）重联位

1. 电路

①电空制动控制器 → 二极管264VD→导线800→制动电空阀257YV得电
→ 导线821→二极管260VD→中立电空阀253YV得电
→ 重联电空阀259YV得电

②其余电空阀与继电器、电动放风阀均失电。

2. 压力开关

失去对电路的控制作用。

3. 重联阀

由于重联阀处于补机位，作用管与平均管连通，本务机车制动缸的压力将通过平均管传入重联机车的作用管，从而控制重联机车的制动、缓解和保压。

任务实施

DK-1 制动机电空位操纵

一、SS_9 型电力机车操纵

1. 操作前的准备工作

①检查控制电源屏上的电空制动用自动开关 615QA 扳钮应朝上，处于闭合位。

②检查电空制动屏柜

——转换阀 154 在制动管定压为 500 kPa 时，置于货车位；在制动管定压为 600 kPa 时，置于客车位。

——转换阀 153 处于正常位。

——制动逻辑控制装置上的钮子开关打至正确位置，即：463QS 置“不补风”位、464QS 置“安全投入”位、465QS 置“空电联合投入”位、466QS 置“监控常用投入”位、467QS 置“停车投入”位、468QS 根据需要置“车列电空切除”位或“车列电空投入”位、469QS 根据需要置“平稳投入”位或“平稳切除”位。

——调压阀 55 输出压力调整为制动管定压（500 kPa 或 600 kPa）。调整时以司机操纵台制动管压力表读数为准。

③除 155、156、121 塞门外，开通所有与制动机系统有关的塞门。

④空气制动阀下方调压阀 53 调整压力为 300 kPa。调整时以司机操纵台制动缸压力读数为准。

⑤电空转换扳钮均处于“电空位”。非操纵节机车电空制动控制器手柄在重联位、空气制动阀手柄在运转位时将手柄分别取出后，并于操纵节机车电空制动控制器、空气制动阀的相应

位置装入手柄。

完成上述各项准备且风源系统工作正常，并对制动机进行规定的性能检查后，即可使用电空位操作。

2. 操作中的注意事项

①操纵电空制动控制器可对全列车进行制动与缓解；操作空气制动阀可对机车进行单独制动与缓解。

②电空制动控制器紧急制动后，若需要缓解全列车时，须在紧急位停留 15 s 以上才能返回运转位进行缓解。

③电空制动控制器手柄在过充位、运转位、中立位和制动位时，由于其他原因引起紧急制动作用，需经 15 s 以后，电空制动控制器手柄先置重联位或紧急位，再回运转位才能缓解列车。

准备工作中的第②及③项操作，只是在机车出库前或一般的机能检查时，为缩短检查时间的简易方法。在运行中，则应严格执行《机车操作规程》的第 43 条中"车未停稳，严禁移动单、自阀手柄"之规定。

3. 换端操作

SS_9 型电力机车系双司机室机车，两个司机室的结构基本相同，在换端操纵时，只需将非操纵端上的电空制动控制器、空气制动手柄拨出放入操纵端即可。

4. 退乘操作

运行后的退乘及机能检查试验完成后应作如下操作：

(1)切断电空制动及车列电控制电源。

(2)关闭总风缸塞门 113。

(3)确认控制风缸 102 的压力为 900 kPa 时，及时关闭膜板塞门 97。

5. 无动力回送操作

(1)关断列车的制动管塞门 115。

(2)开放分配阀缓解塞门 156 及无动力回送塞门 155。

(3)确认总风缸压力大于 600 kPa 时，先关闭 151 塞门，然后按压位于司机台上"停车制动"按钮，待蓄能制动器完全上闸后，后动缓解全部蓄能制动器，且 151 塞门保持关闭，以确保无火回送时绝对安全。

(4)分配阀、安全阀调至制动缸压力 180～200 kPa。

(5)关断总风缸塞门 112。

6. 列车双管供风操作

(1)机车出库前，关闭车内塞门 85、86、87、88，检查双管供风装置漏泄情况及供风调压阀的设置是否正确。

(2)将机车软管连接器与列车风管连接好。

(3)打开车内塞门 85、87(或 86、88)，即可向列车供风，从司机台上指示灯判断供风风压的正常与否，或者从双管供风装置的风压表可观察到供风风压。

7. 空电联合制动的使用

进行空电联合制动时，须把 465QS 置于"空电联合投入位"。

在机车速度为零时，空气制动与电制动应互不干涉。在机车速度大于 5 km/h 运行过程中，电空制动控制器手柄放运转位，司控器放牵引级位。当需要进行空电联合制动时，司机只需操纵电空制动控制器，给出一定的列车制动管减压量，然后放中立位（司控器可以放在牵引位也可以放在“0”位），或辅助功能发出的常用制动减压，机车根据列车制动管减压量的大小，按比例上电制动，同时，微机接收到空电联合制动状态信号 826（813→465QS→826→微机）；以及列车制动管减压指令 890（0～10 V），微机输出闸缸封锁指令 892、893，机车闸缸自动封锁。后面车辆制动机根据列车制动管减压量上空气制动。当机车速度低于 5 km/h 时，空气制动自动恢复上闸。

进行“空电联合试验制动”试验，只允许换向手柄处于“前”或“制”位，绝对不允许换向手柄放在“0”或“后”位。

二、SS_4 改型电力机车操纵

1. 电空位操作

（1）操作前的准备工作

①检查控制电源屏上的电空制动用自动开关 615QA 扳钮应朝上，处于闭合位。

②检查电空制动屏柜

• 转换阀 154 在制动管定压为 500 kPa 时，置于货车位；在制动管定压为 600 kPa 时，置于客车位。

• 转换阀 153 处于正常位。

• 开关板 502 上的三个转换开关 463QS、464QS、465QS 均应朝下，处于闭合位。其中，转换开关 463QS 因目前尚未使用，适应补风的车辆制动机，故不宜朝上处于补风位。转换开关 464QS、465QS 则在相应的电路有故障或各段另有规定时，可分别朝上处于切除位。

• 调压阀 55 输出压力调整为制动管定压（500 kPa 或 600 kPa）。调整时以司机操纵台制动管压力表读数为准。

③除 155、156、121 塞门外，开通所有与制动机系统有关的塞门。

④电空转换扳钮均处于“电空位”。非操纵节机车电空制动控制器手柄在重联位、空气制动阀手柄在运转位时将手柄分别取出后，并于操纵节机车电空制动控制器、空气制动阀的相应位置装入手柄。

⑤空气制动阀下方调压阀 53 调整压力为 300 kPa。调整时以司机操纵台制动缸压力读数为准。

完成上述各项准备工作并对制动机进行规定的机能检查后，即可使用电空位操作。

（2）操作中的注意事项

①操纵电空制动控制器可对全列车进行制动与缓解；操作空气制动阀可对机车进行单独制动与缓解。

②电空制动控制器紧急制动后，若需要缓解全列车时，须在紧急位停留 15 s 以上才能返回运转位进行缓解。

③电空制动控制器手柄在过充位、运转位中立位和制动位时，由于其他原因引起紧急制动作用，需经 15 s 以后，电空制动控制器手柄先置重联位或紧急位，再回运转位才能缓解列车。

准备工作中的第②及③项操作，只是在机车出库前或一般的机能检查时，为缩短检查时间的简易方法。在运行中，则应严格执行《机车操作规程》的第 43 条中“车未停稳，严禁移动单、自阀手柄”之规定。

2. 本、补机重联操作

当机车作为本务机车运行时，制动机操作方法与上述的电空位或空气位操作相同。当机车作为补机运行时，该机车制动机受本务机控制，因此补机需作以下处理（此时补机操纵节570DK应闭合）：

(1)与同型号机车重联

①两机车间平均管、总风联管、制动管均开通

● 将两节机车电空制动控制器手柄置重联位或取出；空气制动阀手柄置运转位或取出。

● 将两节机车重联转换阀93的转换按钮置于“补机位”。

● 如某节机车无电空制动电源或处于空气位，还应将该节机车中继阀座下方的制动管塞门115关断。

②两机车间平均管、总风联管没有开通

● 将两节机车电空制动控制器手柄置重联位或取出；空气制动阀手柄置运转位或取出。

● 将重联操纵节机车重联转换阀93的转换按钮置于“本机位”。

● 将重联非操纵节机车重联转换阀93的转换按钮置于“补机位”。

● 将重联操纵节机车的分配阀缓解塞门156开放。

● 如某节机车无电空制动电源或处于空气位，还应将该节机车中继阀座下方的制动管塞门115关断。

(2)与不同型号机车重联

同上述第②种情况。

3. 退乘操作

运行后的退乘及机能检查试验完成后的操作要点：

(1)切断电空制动电源。

(2)关闭总风缸塞门111、113。

(3)确认控制风缸102的压力为900 kPa时，及时关闭膜板塞门97。

4. 无动力回送操作

(1)空气制动阀手柄置于运转位或取出，电空制动控制器放重联位或取出。

(2)关断两节机车的制动管塞门115，并开放分配阀缓解塞门156及无动力回送塞门155。

(3)两节机车分配阀低压安全阀的整定值调整为180～200 kPa。

(4)两节机车的重联转换阀93与本务机车相同。

(5)关断两节机车的总风缸塞门112。

5. 电—空联锁的作用

使用电—空联锁时，制动机应工作在电空位下，且操纵节机车电空制动控制器在运转位。电空制动屏开关板上的转换开关465QS应朝下（电空联锁位）。

一次电空联锁结束，且调速手柄回“0”后，如需再一次实现电空联锁，应将电空制动控制器手柄移中立位后再回运转位。

电空联锁作用时，空气制动经25 s自动缓解后，电阻制动力不足时，可追加空气制动。机车制动缸压力能自动缓解。

6. 空电联合制动的作用

当操纵节机车在电空位，电空制动控制器手柄置于运转位或过充位，空电联合制动转换开关466QS处于Ⅰ位或Ⅱ位，电子柜为A组，司机控制器在制动位时，可产生空电联合

制动作用。

(1)若 466QS 处于Ⅰ位，则在通过分相无电区时，应先断主断，再断辅机，并将调速手柄回“0”；分相完毕后，先合主断，再合辅机，给定调速手柄，确认完毕后，按司机台上的空电恢复按钮。

(2)空电联合制动中，若需司机人工干预，可将电空制动控制器手柄置于制动位、中立位追加减压；也可将电空制动控制器手柄置于中立位再回运转位或过充位，以提前缓解。

(3)若 466QS 处于Ⅱ位，只能将电空制动控制器手柄置于中立位再回运转位或过充位缓解空气制动。缓解空气制动后，电制动将维持最长 1 min。

实践与训练

学习工作单

工 作 单	辅助气动部件的控制		
任　　务	熟知辅助气动部件的作用；熟知辅助气动部件相关名词术语		
班　　级		姓　　名	
学习小组		工作时间	

【知识认知】

1. 按图复习电空制动控制器的安装位置、6 个工作位置、工作位置的名称和顺序及各位置的运用时机

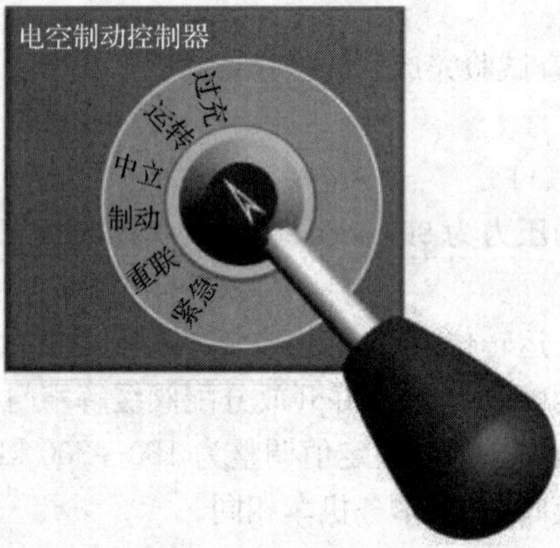

2. 按图说明双针压力表的指针指示谁的压力，并读出数值

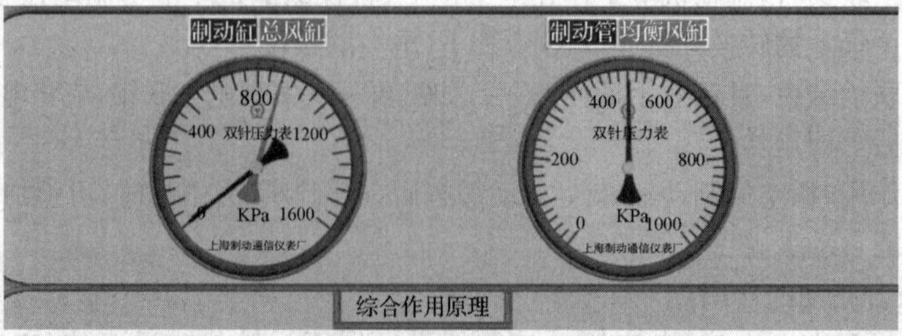

续上表

【动手能力训练】

1. 根据要求进行 DK-1 型电空制动机电空位的操纵,说出在各个位置的电路和气路

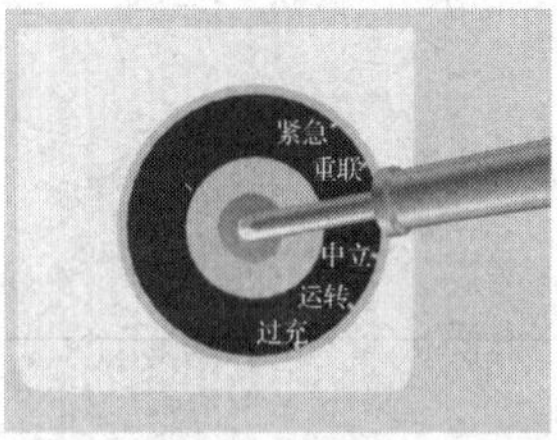

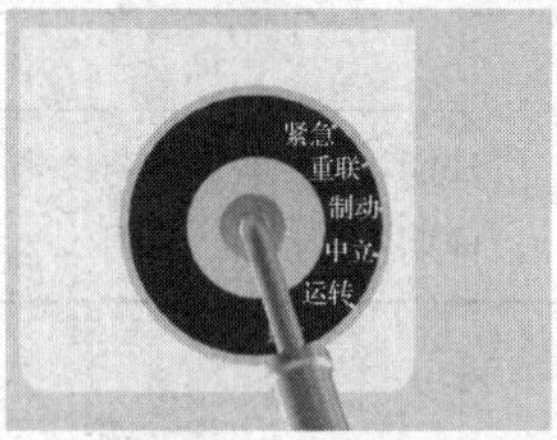

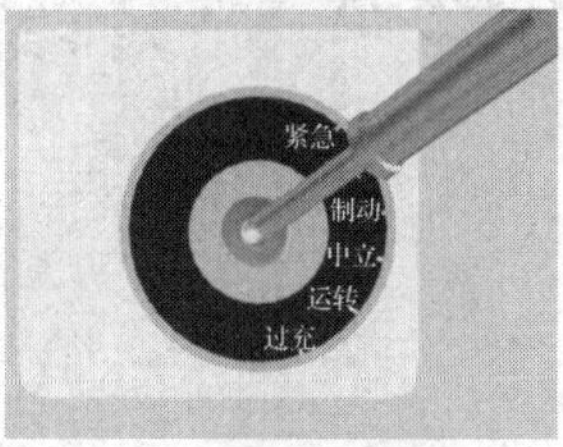

续上表

2. 实际运行中，如何选择“一段制动法”和“二段制动法”
3. 制动位下，如何选择“长波浪式制动”和“短波浪式制动”
4. 如何禁止“偷风”操纵
任务学习其他说明或建议：
指导老师评语：
任务完成人签字： 日期： 年 月 日 指导老师签字： 日期： 年 月 日

任务二 DK-1 型电空制动机空气位操纵

知识要点

1. 了解空气位的气路。

2. 了解空气位压力表显示情况。

项目任务

1. 分组通过看 DK-1 型电空制动机的作用原理图，分析电空制动控制器在各位置时的电路和气路。

2. 分组进行电空位的模拟操纵和软件模拟操纵，对电空制动控制器和空气制动阀进行正确的控制，观察各压力表的数值变化。

任务准备

1. 所需设备：电力机车模拟驾驶装置。

2. 所需物品：DK-1 电空制动机。

相关理论知识

SS_9 型电力机车 DK-1 制动机空气位操纵的作用原理

为确保行车安全可靠，DK-1 型电空制动机特设置“空气位操纵”。空气位操纵只是作为 DK-1 型电空制动机电气线路部分故障后的应急补救操纵措施，以避免在区间造成“途停”而影响线路的正常通过。因此，空气位操纵时，不具备“电空位”操纵时那样齐全的性能，而只保证控制列车制动和缓解的基本功能。

空气位操纵，就是将电空制动机转换成空气制动机，并且由空气制动阀来操纵全列车制动系统的制动、缓解与保压。空气位操纵时须进行如下基本转换。

(1)将电空转换扳钮扳至“空气位”，则有：

①气路：连通均衡风缸与 a 管的气路。

②电路：微动开关开关 3SA1 断开电路 899-801，即切断电源电路，并且闭合电路 899-800，使制动电空阀 257YV 单独得电，以保证空气位正常操纵。

(2)调整调压阀 53，使其整定值达到定压。

(3)将转换阀 153 置于“空气位”。

由于微动开关 3SA1 已切断电源电路，所以，微动开关 3SA2 闭合电路 809-818 与否均不能使排风 1 电空阀 254YV 得电。可见，在分析其工作过程中，不必考虑微动开关 3SA2 的工作状态，以简化分析过程。

(一)缓解位

1. 空气制动阀

作用柱塞在其凸轮及弹簧作用下左移至左端，开通总风经调压阀 53 与 a 管以及 b 管与大气的气路，则连通总风向均衡风缸充风的气路(总风→调压阀 53→作用柱塞→转换柱塞→均衡风缸)，即均衡风缸压力升高。

2. 中继阀

①总风遮断阀：由于中立电空阀 253YV 失电，而连通总风遮断阀管向大气排风的气路，所以，遮断阀左移而打开遮断阀口，使总风通过总风管充入双阀口式中继阀的供气室内。

②双阀口式中继阀：随着均衡风缸压力升高，活塞膜板带动顶杆右移而顶开供气阀口，连通总风向制动管及活塞膜板右侧充风的气路，即制动管压力升高；当活塞膜板右侧及制动管压力升高至与均衡风缸压力平衡时，在供气阀弹簧作用下，关闭供气阀口，且不打开排气阀口，即停止制动管充风。

3. 分配阀

①主阀部：随着制动管压力升高，主活塞通过主活塞杆带动滑阀、节制阀下移，连通制动管向工作风缸充风的气路；同时，尽管连通作用管通往 156 塞门的气路；但由于 156 塞门的关断，故 156 不开通作用管排大气的气路，即作用管压力不变。

②紧急增压阀:随着制动管的压力升高,增压阀柱塞保持在下端,切断总风向作用管充风的气路。

③均衡部:作用管压力不变,均衡部不动作,即机车制动缸压力不变。

可见,机车制动机实现保压作用。同时,随着制动管压力升高,车辆制动机进行缓解。由于我国车辆制动机通常采用一次缓解性能的分配阀或三通阀,故车辆制动机产生完全缓解。

4. 紧急阀

随着制动管压力升高,使活塞膜板及活塞杆保持在上端,而不开启放风阀口,制动管压力空气经缩孔Ⅰ、Ⅱ向紧急室充风,以备紧急制动时使用。

综上所述,该操纵可实现车辆缓解、机车保压。

(二)制动位

1. 空气制动阀

作用柱塞在其凸轮及弹簧作用下右移至右端,开通均衡风缸向大气排风的气路(均衡风缸→转换柱塞→作用柱塞→大气),即均衡风缸压力降低。

2. 中继阀

①总风遮断阀:由于中立电空阀253YV失电,而连通总风遮断阀管向大气排风的气路,所以,遮断阀左移而打开遮断阀口,使总风通过总风管充入双阀口式中继阀的供气室内。

②双阀口式中继阀:随着均衡风缸压力的降低,活塞膜板带动顶杆左移并打开排气阀口,连通制动管及活塞膜板右侧向大气排风的气路,即制动管压力降低;当制动管及活塞膜板右侧压力降低到与均衡风缸压力平衡时,在排气阀弹簧的作用下,关闭排气阀口,且不打开供气阀,即停止制动管排风。

3. 分配阀

①主阀部:随着制动管压力降低,主活塞杆带动节制阀上移,连通制动管向局减室降压的气路,以实现局部减压的作用;随着制动管压力进一步降低,主活塞通过主活塞杆带动节制阀、滑阀继续上移,连通工作风缸向作用管充风的气路,即作用管压力升高,而工作风缸压力降低;当工作风缸压力降低至与制动管压力平衡时,在自重及稳定弹簧的作用下,主活塞通过主活塞杆带动节制阀下移,切断工作风缸向作用管充风的气路,即作用管停止充风。

②紧急增压阀:增压阀柱塞仍保持在下端,切断总风向作用管充风的气路。

③均衡部:随着作用管压力升高,均衡活塞带动空心阀杆上移,顶开供气阀口,连通总风向机车制动缸及均衡活塞上侧充风的气路,即机车制动缸压力升高;当机车制动缸及均衡活塞上侧压力升高至与作用管压力平衡时,在供气阀弹簧作用下,均衡活塞和空心阀杆下移,关闭供气阀口,且不打开排气阀口,即停止机车制动缸的充风。

此时,机车制动机处于制动状态,车辆制动机也处于制动状态。

4. 紧急阀

随着制动管压力降低,使活塞膜板带动活塞杆下移,但不足以顶开放风阀口,紧急室经缩孔Ⅰ向制动管逆流;当紧急室压力降低至接近制动管压力时,在安定弹簧作用下,活塞膜板带动活塞杆上移到上端。

综上所述,该操纵可实现全列车的常用制动。因此,用于列车减速或停车。

尽管空气制动阀手柄如果一直保持在制动位,可是均衡风缸和制动管减压到零,但实际操作中,不允许将空气制动阀手柄长时间停放制动位,以免引起制动管过量减压而延误缓解时机。

(三)中立位或运转位

对于空气制动阀,作用柱塞在其凸轮及弹簧作用下处于中间位置,切断所有气路。均衡风缸既不充风,也不排风,即均衡风缸压力不变。导致中继阀、分配阀及车辆制动机、紧急阀均不动作而保持原状态,相应的制动管、工作风缸、紧急室、作用管、机车制动缸压力均不变,即全列车制动系统呈保压状态。

(四)下压手柄

1. 空气制动阀

当下压空气制动阀手柄时,推动转轴内的顶杆下移,从而顶开单缓阀口,连通作用管向大气排风的气路,即作用管压力降低。

2. 分配阀均衡部

随着作用管压力降低,均衡活塞带动空心阀杆下移,打开排气阀口,连通机车制动缸及均衡活塞上侧向大气排风的气路,即机车制动缸压力降低。当停止下压手柄,机车制动缸及均衡活塞上侧压力降低至与作用管压力平衡时,均衡活塞带动空心阀杆上移,关闭排气阀口,且不打开供气阀口,停止机车制动缸的排风。

综上所述,该操纵可实现机车的单独缓解。下压手柄操纵,通常是在空气制动阀"中立位"进行。

由于 SS_4 改电力机车和 SS_9 型电力机车空气位的作用原理是一样的,这里就不再叙述。

任务实施

DK-1 制动机空气位操纵

(一)SS_9 型电力机车空气位操纵

1. 操作前的准备工作

①将操纵节机车空气制动阀上的电空转换扳钮移至"空气位",并将手柄移至缓解位。

②将操纵节机车空气制动阀下方调压阀 53 的输出压力值调整为定压(500 kPa 或600 kPa)。

③将电空制动屏柜上的转换阀 153 由"正常位"转换至"空气位"。

上述第③项操作,在一般的检查时可不必进行。但在运行途中,必须转为空气位操作时,应全部完成上述三项操作,以确保顺利转换。

2. 操作中的注意事项

①操作空气制动阀可对全列车进行制动与缓解。单缓机车则要下压其手柄。

②电空制动控制器手柄应放运转位,也可从重联位取出。

③需紧急制动时,应按压紧急按钮或开放手动放风塞门 121。

④此时因制动管有补风作用,在中立位停留一段时间后,要监视速度的变化,以免因车辆的陆续自然缓解而丧失制动时机。

由于空气位操作只是一种补救措施,因此在操作时必须格外注意,做到司机和学习司机密切协调,方能确保运行的安全。空气位操纵,只允许短时间低速维持故障运行,到达安全地方后,应及时恢复电空制动,以确保运行安全。

(二)SS_4 改型电力机车空气位操纵

1. 操作前的准备工作

①将操纵节机车空气制动阀上的电空转换扳钮移至"空气位",并将手柄移至缓解位。

②将操纵节机车空气制动阀下方调压阀 53 的输出压力值调整为定压(500 kPa或600 kPa)。

③将电空制动屏柜上的转换阀 153 由“正常位”转换至“空气位”。

上述第③项操作,在一般的机能检查时可不必进行。但在运行途中,必须转为空气位操作时,应全部完成上述三项操作,以确保顺利转换。

2. 操作中的注意事项

①操作空气制动阀可对全列车进行制动与缓解。单缓机车则要下压其手柄。

②电空制动控制器手柄应放运转位,也可从重联位取出。

③需紧急制动时,应按压紧急按钮或开放手动放风塞门 121,并将空气制动阀手柄置于制动位。

④此时因制动管有补风作用,在中立位停留一段时间后,要监视速度的变化,以免因车辆的陆续自然缓解而丧失制动时机。

⑤由于空气位操作只是一种补救的措施,因此在操作时必须格外注意,做到正、副司机密切协调,方能确保运行的安全。

⑥若非操纵节机车处于空气位,或处于电空位但无电空制动电源,应将非操纵节机车中继阀的制动管塞门 115 关断。

⑦空气位操纵,只允许短时间低速维持故障运行,到达安全地方后,应及时恢复电空制动,以确保运行安全。

实践与训练

学习工作单

工 作 单	电空制动控制器的控制		
任　　务	通过学习,熟悉 DK-1 型电空制动机的操纵部件;掌握电空制动控制器的功能		
班　　级		姓　　名	
学习小组		工作时间	
【知识认知】			

1. 按图复习空气制动阀的安装位置、4 个工作位置的名称和顺序及各位置的运用时机

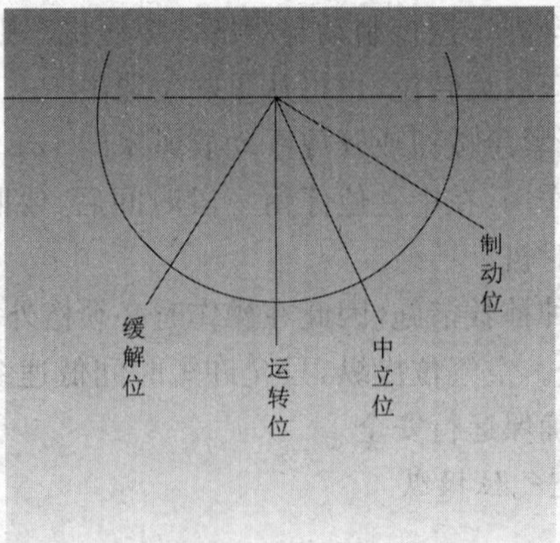

续上表

2. 结合制动屏柜图片，进行电空位与空气位的转换，并说明空—电转换的具体步骤 
【动手能力训练】
根据要求进行DK-1型电空制动机空气位的操纵，并说明在各位置能实现的功能和气路 下压手柄：  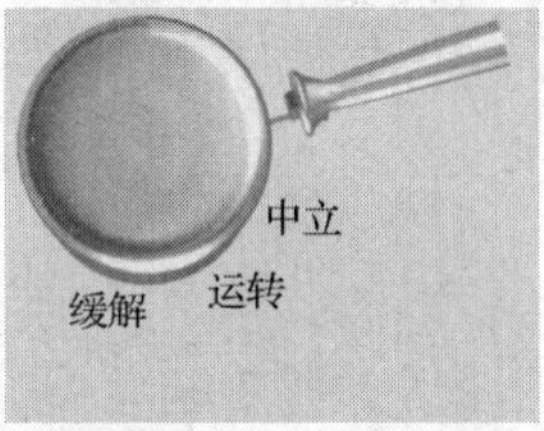  

续上表

任务学习其他说明或建议：	
指导老师评语：	
任务完成人签字： 指导老师签字：	日期：　年　月　日 日期：　年　月　日

任务三　DK-1 型制动机的辅助功能及其他系统的配合

知识要点

1. 紧急制动时自动切除动力。
2. 列车分离保护。
3. 与列车运行速度监控装置配合。
4. 与动力制动的配合。
5. 空电联合制动。
6. 检查制动管折角塞门开通状态。

项目任务

1. 分组通过看 DK-1 型电空制动机的作用原理图，分析电空制动控制器在各位置时的电路和气路。

2. 分组进行电空位的模拟操纵和软件模拟操纵，对电空制动控制器和空气制动阀进行正确的控制，观察各压力表的数值变化。

任务准备

1. 所需设备：电力机车模拟驾驶装置。
2. 所需物品：DK-1 型电空制动机。

相关理论知识

由于 DK-1 型电空制动机是建立在电控的基础上而又采用积木式结构，这不但为扩展其制动机自身的功能，而且也为其与机车其他系统的协调配合提供了极为有利的条件。可以断言，随着 DK-1 型电空制动机在运用中的不断完善和改进，其配合的内容也将会逐渐增多，功能也将更加完备。本任务以 SS_9 型和 SS_4 改型电力机车Ⅰ端操纵为例，分析 DK-1 型电空制动机与机车其他系统的配合作用。

一、紧急制动时自动切除动力

当司机将电空制动控制器放“紧急位”或其他原因产生紧急制动时，为避免不必要的分断主断路器，并方便司机操作，司机控制器在“0 位”，即机车无级位时，不断主断路器；而司机控制器离开“0 位”，即机车有级位时，自动分断主断路器。

(一)对 SS_9 型电力机车的控制原理

如图 5-1 所示，当制动机系统或是其他原因使列车产生紧急制动作用时，导线 804 得电，并送信号到逻辑控制单元 LCU，由逻辑控制单元 LCU 判断机车是否处于有级位，如机车处于有级位，则逻辑控制单元 LCU 为导线 549 送电，主断路器分断；如机车处于无级位，导线 549 将不得电，主断路器不能分断。按压司机台上的紧急制动按钮 594SB1,2(导线 804 不经制动逻辑控制装置而直接得电)，不论机车是否处于有级位，导线 549 都将得电，使主断路器分断。

(二)对 SS_4 改型电力机车的控制原理

如图 5-2 所示，“0”位中间继电器 568KA 在司机控制器均处于“0 位”时得电，其常闭联锁断开，导线 804 与 912 不通，紧急制动时不断主断路器。反之，则导线 804 与 912 连通，紧急制动时，导线 804 将经 568KA 到达导线 912，使主断路器分断。按压司机台上的 594SB 按钮时，由于导线 902 电源不经过 568KA 直接到达导线 912，所以各种条件下均分断主断路器。

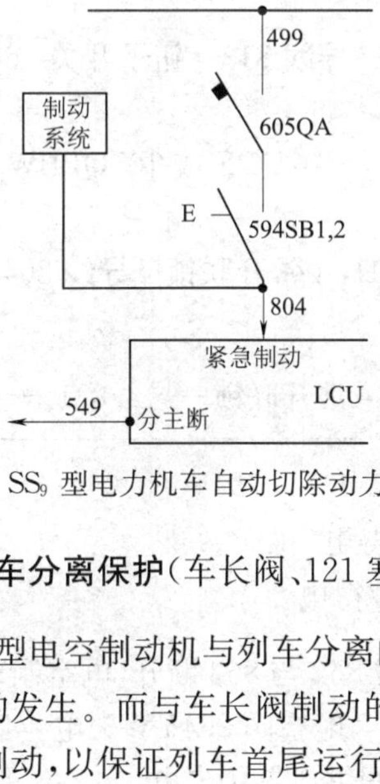

图 5-1　SS_9 型电力机车自动切除动力原理图

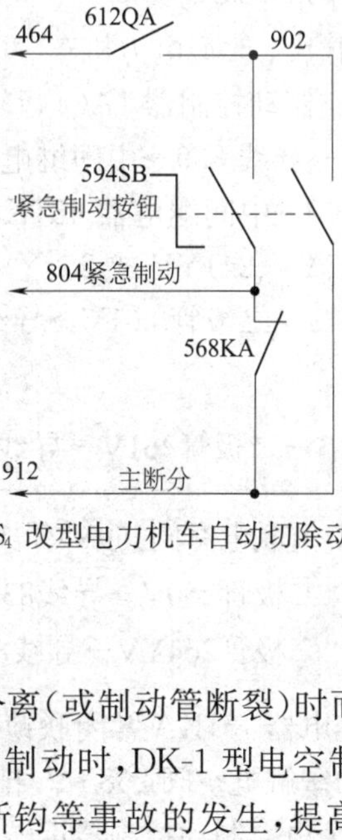

图 5-2　SS_4 改型电力机车自动切除动力原理图

二、列车分离保护(车长阀、121 塞门制动)

DK-1 型电空制动机与列车分离的配合用于防止列车分离(或制动管断裂)时而造成再次断钩事故的发生。而与车长阀制动的配合则用于当车长阀制动时，DK-1 型电空制动机随之产生紧急制动，以保证列车首尾运行状态的一致性，防止断钩等事故的发生，提高行车的安全性。

无论是制动管断裂、列车分离、车长阀制动，还是 121 塞门制动，都是直接开通制动管放风气路，从而使制动管压力迅速下降。因此，其与 DK-1 型电空制动机的配合过程相同。

电空制动控制器手柄在过充位、运转位、中立位或制动位，即机车处于牵引工况(或惰行工况、制动工况)，则导线 813 得电。当制动管断裂(或列车分离、车长阀制动，121 塞门制动)时，制动管迅速放风。

(一)紧急阀

由于制动管压力急剧下降，紧急阀处于紧急制动状态，紧急活塞带动活塞杆迅速下移而顶开其放风阀口，连通制动管的排风气路，加速制动管的排风，同时，联动微动开关 95SA 闭合电路 899-839(SS_4 改进型为 838-839)，起到断钩保护作用。

(二)电路

1. 对于 SS_9 型电力机车

(1) 电空制动控制器1AC（运转、过充、中立、制动位）→导线813
导线899→95SA导线839
导线899→钮子开关464QS
→制动

逻辑控制装置
→导线804→94YV得电（电动放风阀动作）
→重联电空阀259YV得电
→中立电空阀253YV得电
→制动电空阀257YV得电
→缓解电空阀258YV、排2电空阀256YV、排1电空阀254YV失电
→导线812→107QPF或107QPBW→导线810或820→机车撒砂

(2)其余电空阀均失电。

2. 对于 SS_4 改型电力机车

(1)电空制动控制器 1AC(运转、过充、中立、制动位)→导线 813→钮子开关 464QS→导线 838→95SA→导线 839→中间继电器 451KA 得电并自锁。

导线 560→中间继电器 451KA 常开联锁→导线 812→107QPF 或 107QPBW→导线 810 或 820→251YV、241YV 或 250YV、240YV 得电并撒砂。

导线 813→二极管 261V→导线 826→中间继电器 451KA 常开联锁→导线 804→94YV 得电。

导线813→二极管261V→导线826→中间继电器451KA常开联锁→导线821
→重联电空阀259YV得电
→二极管260V→导线835→中立电空阀253YV得电
→二极管264YV→导线800→制动电空阀257YV得电

中间继电器 451KA 常闭联锁使导线 861 与 837、导线 862 与 863 断开,电空制动控制器运转位得电的缓解电空阀 258YV、排 2 电空阀 256YV 和排 1 电空阀 254YV 失电。

(2)其余电空制动控制器运转位不得电的电空阀、中间继电器仍失电。

(三)气路

1. 撒砂电空阀 251YV、241YV 或 250YV、240YV 得电,总风→251YV、241YV 或 250YV、240YV 下阀口→机车撒砂阀,机车撒砂。

2. 电动放风阀 94YV 得电,总风→94YV 下阀口→放风阀膜板下方,电动放风阀阀口开启,增加列车制动管排大气通路。

3. 中立电空阀 253YV 得电,总风→253YV 下阀口→总风遮断阀左侧,遮断阀关闭,切断列车制动管风源。

4. 重联电空阀 259YV 得电,均衡风缸→259YV 下阀口→列车制动管→大气,中断阀自锁无动作。

5. 制动电空阀 257YV 得电,其上阀口关闭均衡风缸排气口。

6. 排 2 电空阀 256YV 失电，过充风缸→256YV 上阀口→大气，过充风缸压力空气快排大气。

7. 缓解电空阀 258YV 失电，其下阀口关闭均衡风缸充风气路。

8. 排 1 电空阀 254YV 失电，其下阀口关闭作用管排气口，作用管保压。

(四)电动放风阀

随着铜碗及膜板下侧压力的升高，膜板、铜碗推动芯杆上移，顶开放风阀口，连通制动管向大气放风的气路，即制动管压力迅速降低。

(五)中继阀

包括两部分动作。

1. 总风遮断阀：中立电空阀 253YV 得电，使遮断阀口关闭，以切断制动管的供气风源。

2. 中继阀：由于重联电空阀 259YV 的得电，使中继阀处于自锁状态。

(六)分配阀

包括三部分动作。

1. 主阀部：随着制动管压力迅速下降，主活塞通过主活塞杆带动节制阀、滑阀迅速上移至上端，连通工作风缸向容积室充风的气路，即容积室压力迅速升高。

2. 紧急增压阀：随着制动管压力迅速下降及容积室压力迅速升高，增压阀柱塞迅速上移至上端，从而连通总风向容积室充风的气路，即容积室压力迅速升高，并且由低压安全阀将其压力限定在 450 kPa。

3. 均衡部：随着容积室压力迅速升高，均衡活塞带动空心阀杆迅速上移而顶开供气阀口，连通总风向机车制动缸及均衡活塞上侧充风的气路，即机车制动缸压力迅速升高；当机车制动缸压力及均衡活塞上侧压力迅速升高至与容积室压力平衡时，在供气阀弹簧作用下，关闭供气阀口，且不打开排气阀口，停止机车制动缸的充风。

此时，机车制动机与车辆制动机均实现紧急制动。

当列车分离、制动管断裂及车长阀、121 塞门制动时，DK-1 型电空制动机与之配合协调动作，产生紧急制动作用，并切除牵引工况机车的动力，以保证列车运行的安全。

紧急制动后，若要继续运行，则须将电空制动控制器手柄先移至重联位，使断钩保护电路解锁，再移回运转位或过充位缓解列车。

三、与列车安全运行监控装置自动停车功能的配合

(一)SS_9 型电力机车

1. 概述

DK-1 型电空制动机自动常用制动是铁路近几年发展的一项新技术。它接受列车速度监控装置(以下简称监控)的常用制动电指令，然后控制 DK-1 型电空制动机实施列车制动管常用制动减压，使列车速度控制在线路限速之内。同时，还能接收监控的紧急制动电指令，利用 DK-1 型电空制动机原有的与自停装置配合功能，确保全列车产生有效的紧急制动作用。

监控通过自动常用制动接口装置实现 DK-1 型制动机产生常用制动和紧急制动。

2. 监控原理

(1)监控制动工作指令及常用制动的实施

监控发出的指令分为常用制动和紧急制动指令。其中常用制动指令包括一对常开联锁 899-840 及一对常闭联锁 899-841；紧急制动指令为 804 指令输出线及 899 电源线。

当监控发出常用制动指令时，常开联锁 899-840 闭合，常开联锁 899-841 断开，经过一定

的时间(约 1 s)后发出减压指令,即常闭联锁 899-841 复位闭合。通过常用制动接口装置,实现 DK-1 型机车制动机的常用减压和保压。

当监控发出紧急制动指令时,导线 804 发出 110 V 电指令,通过接口装置,实现制动机的紧急制动作用。

(2)人工追加常用减压

在监控装置未发出常用制动缓解指令前,导线 840、841 始终保持得电,制动机处于保压状态,这时司机不能人为缓解其减压作用,但可以通过大闸追加减压,这样对于监控装置实现了安全向导。

大闸手柄置“制动位”,制动电空阀 257YV 将再次失电,开通均衡风缸经缓解电空阀 258YV 上阀口至大气通路,均衡风缸中压力空气排大气,实现均衡风缸的追加常用减压,同样也实现了列车制动管的追加减压。当大闸手柄扳回“中立”或“运转”位时,制动电空阀 257YV 通过有关电路得电,实现制动机追加减压后的保压。

(3)常用制动缓解

监控装置是一种安全装置,它所发出的制动指令不得人为缓解,只有在其发出缓解指令后,方可回到原有的制动机有效操作。

监控发出的缓解指令为撤销常用制动指令,即常开联锁 899-840 及常闭联锁 899-841 复位,导线 840、841 撤销给逻辑单元的指令,制动机恢复到原有状态,如大闸手柄置“运转”位,则制动机自动缓解。

(4)紧急制动

当列车速度超过线路限速或冒闯信号红灯时,监控发出紧急制动指令。导线 804 发出 110 V电指令,导线 804 的指令通过制动机原有的自停装置控制电路,实现列车紧急制动作用。紧急制动作用后,只有当监控发出缓解指令后(列车速度为 0,并按压缓解键),制动机方可按正常紧急制动缓解方式缓解。

(5)其他

当监控装置出现故障时,可通过切除 466QS 而切除监控装置所发出的常用制动指令。

当 DK-1 型制动机出现故障而转换至“空气位”运行时,监控装置发出的常用制动不发生作用,而监控装置所发出的紧急制动仍保持有效。

(二)SS_4 改型电力机车

1. 自动常用制动

自动常用制动功能与 SS_9 型电力机车基本相同,在此不再赘述。

2. 紧急制动时

当列车速度超过线路限速或冒进信号红灯时,监控发出紧急制动指令。使继电器 391KA 得电动作,其常开联锁闭合,则导线 813→464QS→导线 838→391KA 常开联锁(闭合)→导线 839→中间继电器 451KA 得电,其常闭联锁断开而常开联锁闭合,则有导线 813→451KA5-6→导线 804 得电。此时产生两方面作用:一方面,若机车有级位,即机车处于牵引工况,零位继电器 558KA 联锁闭合,则导线 804 经闭合的零位继电器联锁 558KA,最终引起控制电路工作,使主断路器跳闸,切除机车牵引动力,保证机车由牵引工况转变为制动工况。另一方面,由导线 804 得电,使紧急电空阀 94YV 得电,总风向电动放风阀铜碗及膜板下方充风,列车产生紧急制动作用。其他控制环节与列车分离保护部分相同,不再赘述。列车安全运行监控记录装置自动停车功能引起紧急制动后,若要继续运行,则须扳动恢复自动停车信号电器屏上的恢复开关 464QS,使继电器 391KA 失电,待自停系统和制动系统恢复正常后方能重新发车。

应该注意到:与列车分离产生的紧急制动作用不同的是,当列车分离时,制动管大排风,首先动作的是紧急阀,并由紧急阀联动微动开关 95SA 连通相关电路后电动放风阀才动作。而在与列车运行速度监控装置自动停车功能的配合中则是电动放风阀先动作引起制动管大排风后,紧急阀才动作并连通相关电路。

四、与动力制动的配合

动力制动是电传动机车采用的又一种较为可靠的制动形式。为使空气制动与动力制动能协调作用,充分利用动力制动的效能,保证列车既安全又经济地运行,DK-1 型电空制动机设置了与动力制动联锁配合的功能。

(一)动力制动前微量空气制动的投入与消除

又称电空联锁性能。当实施动力制动时,其制动力通过机车牵引电机电磁反转矩产生于机车动轮踏面与轨道之间。因此,动力制动的制动力集中在机车部分,即机车动轮对轨道产生较大的反作用力。特别是在曲线下坡道上施用动力制动时,该反作用力的横向分力将加剧轨道的横移而不利于列车的正常行车。为了改善列车在曲线下坡道运行施用动力制动时,造成轨道横移的不良影响,在动力制动初始阶段,DK-1 型电空制动机自动产生 40～50 kPa 减压量的空气制动,并保持 25 s 左右后,该空气制动自动消除。

设电空制动控制器手柄在运转位或过充位,空气制动阀手柄在运转位,即机车处于牵引工况或惰行工况,则有:

(1)导线 803、809(或 805)、813 得电;

(2)均衡风缸充有定压,制动管充有定压或过充压力,即全列车实现缓解或仅保持机车制动。

1. 列车空气制动的自动产生

(1)电路

①SS_9 型电力机车

当司机控制器换向手柄置于“制动”位时,导线 406 得电,一方面送电给逻辑控制单元 LCU 控制励磁接触器闭合,完成动力制动的转换;另一方面送电给电空制动控制器使导线 836 得电。制动逻辑控制装置 DKL 综合以上信息控制排风 1 电空阀 254YV、缓解电空阀 258YV、排风 2 电空阀 256YV、制动电空阀 257YV 失电。当均衡风缸减压 20 kPa 时,压力开关 209 联动微动开关 209SA 连通导线 899-847,制动逻辑控制装置 DKL 控制制动电空阀 257YV 得电。

②SS_4 改进型电力机车

当司机将司机控制器换向手柄置于“制动”位时,导线 405 得电。一方面经控制电路使励磁接触器闭合,完成动力制动的转换;同时使风速继电器 530KT 常开联锁闭合;另一方面经电空制动控制器使导线 836 得电。当司机操纵司机控制器调速手柄离开“0”位移向“制动区”时,导线 415 得电,导线 415→530KT→导线 855→常开联锁 91KM 闭合→导线 856→466QS→导线 857→465QS→导线 841→电子时间继电器 454KT 得电并开始延时;同时,导线 841→中间继电器 453KA9-10 常闭联锁→中间继电器 452KA 得电,其常开联锁闭合而常闭联锁断开,排风 1 电空阀 254YV、缓解电空阀 258YV、排风 2 电空阀 256YV、制动电空阀 257YV 失电。当均衡风缸减压 20 kPa 时,压力开关 209 联动微动开关 209SA 连通导线 822-800,断开导线

827-807,使制动电空阀 257YV 得电。

(2)气路

由于排风 1 电空阀 254YV、缓解电空阀 258YV 得电,制动电空阀 257YV 恢复失电,使全列车气路恢复到制动前的状态,此时全列车的空气制动消除,电阻制动仍然保持。

2. 列车空气制动的自动消除

(1)电路

①SS_9 型电力机车

延时 25 s 后,由制动逻辑控制装置发出指令,使排风 1 电空阀 254YV、排风 2 电空阀 256YV、缓解电空阀 258YV 得电,制动电空阀 257YV 恢复失电。

②SS_4 改型电力机车

延时 25 s 后,电子时间继电器 454KT 接通中间继电器 453KA 的供电电路而使中间继电器 453KA 得电,其常闭联锁断开而常开联锁闭合,中间继电器 452KA 失电复原,使排风 1 电空阀 254YV、排风 2 电空阀 256YV、缓解电空阀 258YV 得电,制动电空阀 257YV 恢复失电。

(2)气路

①排风 1 电空阀 254YV 得电,连通作用管经排风 1 电空阀 254YV 的排风气路,机车缓解。

②缓解电空阀 258YV 得电,从而连通均衡风缸的充风气路并切断其排风气路,均衡风缸充风至定压。

③制动电空阀 257YV 恢复失电,排放初制风缸压力空气,为再次制动作准备。

(3)各阀的动作与电空制动控制器在"运转"时相同

综上所述,当司机操纵司机控制器进行动力制动时,DK-1 型电空制动机自动控制全列车制动系统产生 40～50 kPa 减压量所引起的空气制动,并且维持 25 s 后自动消除。

(二)动力制动不足时追加空气制动

SS_9 型电力机车上设有风压继电器 544KP(SS_4 改型机车:516KF。下同),整定值为 150 kPa。其目的是用于动力制动和空气制动同时施用时,若机车制动缸压力超过 150 kPa,则自动切断动力制动的励磁电源,以避免因制动力过大而造成制动滑行。但是,实际运行中,根据动力制动的性能、特点和列车运行的需要,往往需同时实施动力制动和空气制动,以提高列车制动力,确保行车安全。为了解决这一问题,DK-1 型电空制动机设置了在动力制动的基础上,追加空气制动的功能。下面,简要分析其工作过程。

司机操纵司机控制器实施动力制动 25 s 后,制动逻辑控制装置 DKL 控制排风 1 电空阀 254YV 得电(对于 SS_4 改进型:中间继电器 453KA 维持得电,导线 415→530KT→导线 855→常开联锁 91KM 闭合→导线 856→466QS→导线 857→465QS→导线 841→270V→453KA3-4→导线 862→451KA15-16→排风 1 电空阀 254YV 得电),从而保持作用管排风气路的开通。当需要追加空气制动时,司机将电空制动控制器手柄移至制动位,缓解电空阀 258YV 和制动电空阀 257YV 同时失电,从而连通均衡风缸排风气路,致使制动管也产生减压量,因此车辆进行制动。而对机车而言,尽管制动管压力下降使分配阀主阀部连通工作风缸向作用管充风的气路,但因排风 1 电空阀 254YV 得电而保持了作用管的排风气路,所以,作用管的压力不可能达到 150 kPa,即机车制动缸压力不会达到 150 kPa 而维持风压继电器 544KP(SS_4 改型为 516KF)不动作,从而实现了动力制动和空气制动的同时实施。这样,在动力制动工况下,补充车辆的空气制动,既简化操纵程序,又安全可靠。

值得注意的是：上述作用的实现，须符合先动力制动 25 s 后，再追加空气制动的操纵方法。否则（即同时操纵动力制动和空气制动；或先操纵动力制动，25 s 内再操纵空气制动；或先操纵空气制动，再操纵动力制动），动力制动和空气制动的配合，将受风压继电器 544KP（SS_4 改型为 516KF）的限制。

另外，在动力制动工况下，遇有危及行车安全和人身安全的紧急情况时，仍可实施紧急制动。此时，由于作用管的充风较快，而使机车制动缸得到较大的充风，当制动缸压力上升至 150 kPa 时，风压继电器 544KP（SS_4 改型为 516KF）动作，从而切除动力制动，以避免造成制动滑行。

当司机操纵换向手柄移开"制动位"而停止动力制动时，导线 406 失电（SS_4 改型为 405 失电，从而使 452KA、453KA、454KT 失电），相关电路复原，为下一次动力制动或空气制动做好准备。

五、空电联合制动

电力机车空气—电阻联合制动装置是以机车准恒速加馈电阻制动以及 DK-1 型机车电空制动机技术为基础，在机车进行常用制动时，用电制动替代空气制动，优先使用电制动的前提下，两种制动方式有机结合的一种新的制动技术。由于 SS_9 型电力机车一改以往的有接点电路而代之以由制动逻辑控制装置 DKL 来完成控制功能的无接点电路，所以空电联合制动功能也较以往的车型有很大的不同。为了便于学习，下面分别单独介绍 SS_9 型电力机车和 SS_4 改型电力机车的空电联合制动功能。

（一）SS_9 型电力机车空电联合制动

1. 概述

SS_9 型电力机车空电联合制动的切换由空气制动柜内制动逻辑控制单元上的空电联合转换开关 465QS 完成，该开关有两个位置："空电联合切除"位，"空电联合投入"位。

在列车运行过程中，电空制动控制器手柄放运转位，司控器放牵引级位。当需要进行空电联合制动时，司机只需操纵电空制动控制器，给出一定的列车制动管减压量，然后放中立位，或辅助功能发出的常用制动减压，机车根据列车制动管减压量的大小，按比例上电制动。其比例关系为：列车制动管达到减压量，电阻制动力为零；当列车制动管减压量达到最大有效减压量时，电阻制动力应达到最大值，如图 5-3 所示。同时，微机接收到空电联合制动状态信号 826 及列车制动管减压指令 890，并在电阻制动启动后，微机输出闸缸封锁指令 892、893，机车闸缸自动封锁。后面车辆制动机根据列车制动管减压量实施空气制动。

min	max	890线输出电压(V)
最小减压量	最大有效减压量	列车制动管减压量(kPa)

图 5-3　列车制动管减压量与电制动的动力关系

2. 新增的主要部件

(1)空电联合转换器

空电联合转换器是将列车制动管减压量转换成电压模拟量的一种装置,原理如图 5-4 所示。

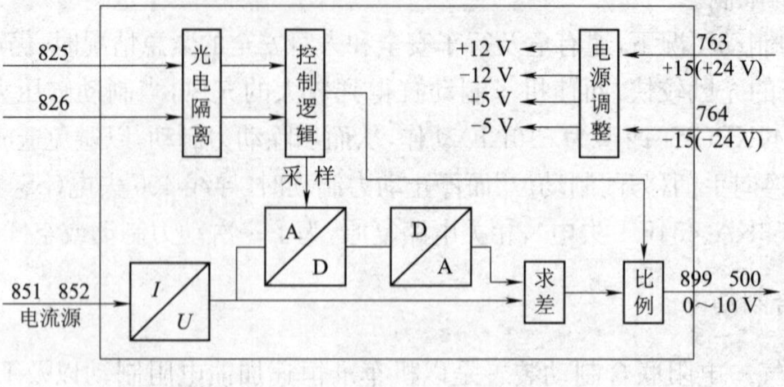

图 5-4　空电联合转换器原理框图

空电联合转换器工作电源为±24 V。该装置有三路输入信号:一路是模拟量输入信号,由列车制动管压力传感器通过导线 851、852 提供,信号为 4～20 mA 的电流源,对应的列车制动管压力为 0～1 000 kPa;另两路是经导线 825、826 输入的 DC 110 V 开关信号。输出信号为直流电压信号,幅值为 0～10 V,该信号经导线 899、500 直接进入微机系统,它代表着列车制动管的实际减压量。826 电位为高电平、825 为低电平时,允许转换器工作。转换器在 825 电压下降的瞬间,将此刻电流源输入信号作为基准(在整个 825 为低电平期间,基准应保持稳定不变),转换器对基准和电流源信号求差,输出信号与所求差值成正比,差值为 0～40 mA 时,对应输出电压 0 ～10 V,对应减压量 0～250 kPa;差值大于 4 mA 时,输出应限幅。

(2)切换阀

切换阀由阀体、左阀门、芯杆、右阀门和弹簧等组成。阀体上的 A 风口接入切换电空阀出风口过来的总风,B 风口接分配阀上的制动缸管,C 风口接闸缸,D 风口为排大气口,结构如图 5-5所示。

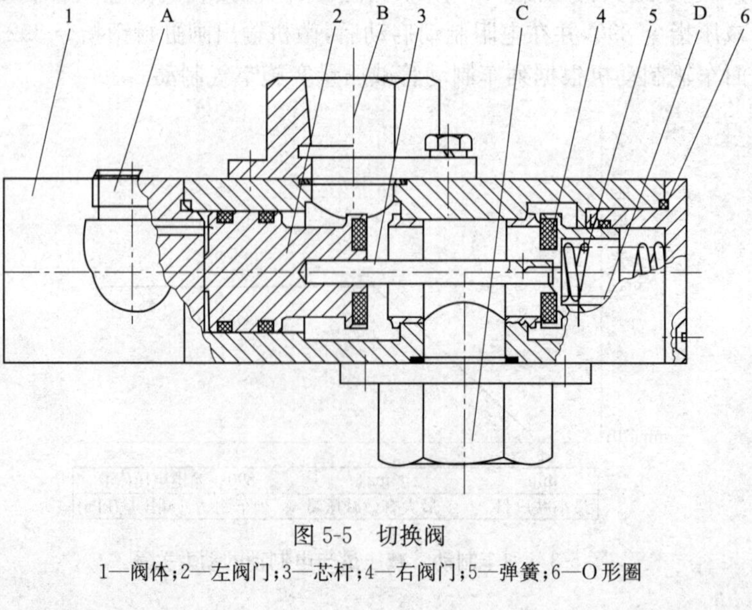

图 5-5　切换阀

1—阀体;2—左阀门;3—芯杆;4—右阀门;5—弹簧;6—O 形圈

当总风进入到控制风口 A，总风推动左阀门，同时通过芯杆传递，推动右阀门，并压缩弹簧，使得 B-C 风口切断，C-D 风口接通；当 A 处的总风压力降到 0 后，左、右阀门在弹簧的反力作用下，使得 B-C 风口连通，C-D 风口切断。

3. 空电联合制动综合作用原理

如图 5-6 所示，当微机柜（电子柜）接到 DK-1 的 826、890 空电联合指令并机车速度不小于预设最低速度时，分以下几种情况进行联合制动：

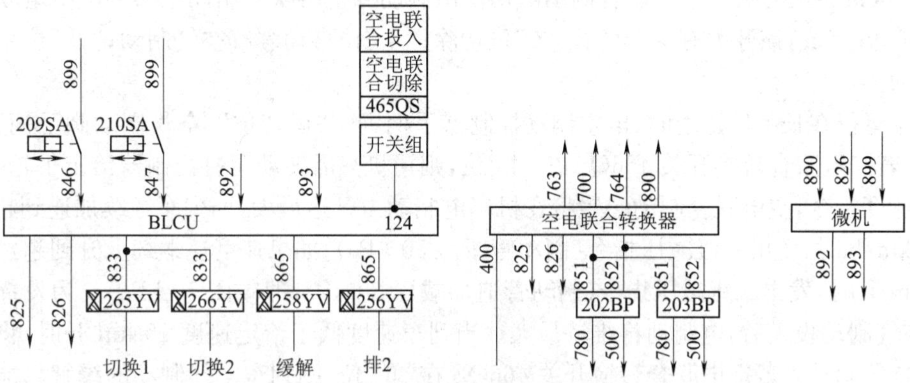

图 5-6　空电联合制动原理图

(1)司控器在牵引位（包括牵引级位、牵引 0 位）

当微机柜（电子柜）接到 DK-1 的 826 空电联合制动指令并机车速度不小于预设最低速度值时，微机柜（电子柜封锁牵引动力，待牵引电流为 0 A 时，发出制动位转换触头指令，机车控制电路进行电制动转换，待机车已进行完制动位转换，微机柜（电子柜）调整制动电流的大小与 890 送出的空气制动量对应，当制动电流大于最小限定值时，微机柜（电子柜）发出 892、893 缓解触头指令（892、893 分别与 899 连通）。DK-1 制动逻辑控制单元接到缓解指令并判断机车处于非紧急制动，缓解机车制动缸压力空气。

当 826 转为低电平，即空气制动缓解，微机柜（电子柜）调整制动电流相应为 0 A，如司控器在牵引级位，需同时锁定牵引动力为 0，只有在司机操作司控器回零位解锁后，方可进行在牵引级位的控制。

(2)司控器在制动位（包括制动级位、制动 0 位和大 0 位）

当微机柜（电子柜）接到 DK-1 的 826、890 空电联合指令并机车速度不小于预设最低速度值时，发出制动位转换触头指令，机车控制电路进行电制动转换，待机车已进行完制动位转换，微机柜（电子柜）调整制动电流的大小，取 890 送出的空气制动量对应的电制动与制动级位对应的电制动的较大值。当制动电流大于一定限定值时，微机柜（电子柜）发出 892、893 缓解触头指令（892、893 分别与 899 连通）。DK-1 制动系统接到缓解指令并判断机车处于非紧急制动，缓解机车制动缸压力空气。

当 826 转为低电平，即空气制动缓解，微机柜（电子柜）调整制动电流，回到司控器的控制级位。

(3)几种特殊情况

电制动电流小于最小限定值时，微机柜（电子柜）不得发出 892、893 制动缸缓解指令。

机车过分相、微机柜（电子柜）复位或故障而机车无制动电流情况下，不得发出 892、893 制动缸缓解指令。

即使不进行空电联合，即 826 无指令信号，只要电制动电流达到最大设定值，微机柜(电子柜)就可发出 892、893 制动缸缓解指令。

不管机车处于何种工况，紧急制动均采用空气制动，DK-1 制动系统切除 892、893 的缓解指令，即制动缸不允许缓解。

(二)SS_4 改型电力机车空电联合制动

SS_4 改进型电力机车空电联合制动的切换由制动屏柜内联合制动电器屏上空电联合转换开关 466QS 完成，该开关有三个位置："0"位切除；"Ⅰ"位自动缓解空气制动；"Ⅱ"位手动缓解空气制动。

列车运行在长大坡道上时，电空制动控制器手柄置于"运转位"，空气制动阀手柄置于"运转位"。若空电联合转换开关 466QS 在"Ⅰ"位，则司机只需转动司机控制器给定手轮，给定机车运行速度指令，空电联合制动装置将在机车电制动力已达最大，而列车继续加速到超过给定速度 5 km/h 时，发出一级减压指令(制动管减压 50 kPa)；如果速度还继续上升到超过给定速度 15 km/h 时，发出二级减压指令(制动管追加减压 20 kPa，即减压 70 kPa)。为发挥电制动作用，空气制动投入后，电制动将维持最大。当列车速度低于给定速度 15 km/h 时，将自动缓解列车空气制动。若空电联合转换开关 466QS 在"Ⅱ"位，则列车空气制动的缓解只能靠司机将电空制动控制器手柄从运转位移置中立位，再移回运转位来完成。在空气制动缓解后，为延长列车充风时间，电制动还将维持最大制动力达 1 min。空电联合制动过程中，司机根据运行要求可以随时人工干预空气制动，对制动管追加减压或充风缓解。同时，运行中只要机车存在电制动力，机车制动缸压力将自动缓解。

当空电联合转换开关 466QS 处于"Ⅰ"位时，为确保行车安全，在通过分相无电区断电时，空电联合制动将锁定在断电时的状态，只有在合闸以及重新给定司机控制器，司机按动操纵台面上的解锁恢复按钮，空电联合制动将从锁定点开始恢复工作。空电联合制动的锁定和解锁可在司机操纵台空电联合显示灯上显示。

此外，在机车加馈电阻制动故障后，空电联合制动装置将自动实行制动管减压。

空电联合制动的控制过程包括以下几方面。

1. 空电联合制动工作指令

导线 899(电源)→空气制动阀上的 3SA(1)→导线 801→电空制动控制器 1AC(运转、过充、中立、制动位)→导线 813→空电联合转换开关 466QS(Ⅰ、Ⅱ位)→导线 833→电子柜 AE。

当电子柜接受到导线 833 送入的电压信号(DC 110 V)，而电子柜本身也处于准恒速加馈电阻制动位(即电子柜处于 A 组、司机控制器调速手柄置于制动位)时，电子柜的空电联合制动环节开始工作。

从上述工作可知，只有 DK-1 型电空制动机处于电空位，且电空制动控制器手柄置于除重联位、紧急位以外的各位，以及空电联合转换开关 466QS 处于Ⅰ位或Ⅱ位时，导线 833 才有电。这就保证了只有 DK-1 型电空制动机处于电空位，本务机车操纵端电子柜的空电联合制动控制环节才能投入工作，而非操纵端和重联机车的电子柜的空电联合制动控制环节不能工作。另外，通过空电联合转换开关可切除电子柜的空电联合制动控制环节的工作指令，使电子柜的空电联合制动控制环节停止工作。

2. 制动缸压力自动缓解

在空电联合制动过程中，当电子柜检测到的电阻制动电流不小于 30 A 时，电子柜将发出制动缸缓解指令。该指令为一常开联锁，发出指令时，使得导线 445 与 845 连通，这时：

(1)导线 405(司机控制器制动位有电)→空电联合转换开关 466QS(Ⅰ、Ⅱ位)→导线 445→电子柜 AE→导线 845→中间继电器 457KA 得电。

(2)导线 405→中间继电器 457KA 常开联锁→导线 828→中间继电器 452KA11-12 常闭联锁→导线 862→中间继电器 451KA15-16 常闭联锁→导线 863→排风 1 电空阀 254YV 得电。

(3)作用管(包括容积室)压力空气→排风 1 电空阀 254YV 下阀口→大气。

由于作用管压力空气自动排大气，通过分配阀均衡部动作后，使机车制动缸压力空气也排大气，实现缓解。

3. 制动管减压控制

在空电联合制动过程中，当机车电制动力按准恒速特性控制已达最大，且列车继续加速超过给定速度 5 km/h 时，电子柜发出一级减压指令，即电子柜内列车缓解继电器得电，其常开联锁闭合，导线 846 与 847 连通。同时制动减压继电器得电 1 s 后失电，其常开联锁使导线 847 与 848 连通 1 s 后断开，常闭联锁使导线 850 与 849 断开 1 s 后连通。

(1)空电联合转换开关 466QS 处于Ⅰ位：

导线803（电空位下电空制动控制器置运转、过充位时有电）→466QS（Ⅰ位）→导线846→AE联锁→导线847→［AE联锁↑（闭合1 s）／455KA常开联锁］→导线848→455KA

中间继电器455KA得电并自锁。

导线 803→455KA 常开联锁(闭合)→导线 849→AE 联锁(断开 1 s 后闭合)→导线 850→456KA。

中间继电器 456KA 比 455KA 晚 1 s 得电。

455KA11-12 断开，切断 254YV 经导线 818 得电的电路；455KA9-10 断开，使 258YV 失电；其余各电空阀和中间继电器与电空制动控制器运转位相同。

所以，缓解电空阀 258YV、制动电空阀 257YV 同时失电，连通均衡风缸向大气排风的气路，均衡风缸压力下降。

由于电子柜发出一级减压指令时，电制动电流已达最大值，电子柜还将发出制动缸自动缓解指令。即，导线 405→466QS→导线 445→AE 联锁→导线 845→457KA 得电。经电路：导线 405→457KA 常开闭合→452KA11-12→451KA15-16→254YV，使排风 1 电空阀 254YV 得电，作用管排大气，实现制动缸自动缓解。

在中间继电器 455KA 得电 1 s 后，中间继电器 456KA 得电，则有：导线 405→电空制动控制器 1AC→导线 836→中间继电器 456KA 常开闭合→导线 822→209SA→导线 800→257YV。使制动电空阀 257YV 得电，切断了均衡风缸的排气口。由于均衡风缸压力空气只经制动电空阀 257YV 排气口排风 1 s，其余与初制风缸均衡，所以均衡风缸只减压 50 kPa 左右。同样中继阀使制动管减压 50 kPa 左右后自动保压。车辆产生初制动作用。

因在制动管减压、保压过程中，中立电空阀 253YV 一直失电，所以总风遮断阀没有关闭制动管的风源，使制动管的漏泄能够得到补充。

(2)空电联合转换开关 466QS 处于Ⅱ位：

导线803→466QS（Ⅰ位）→导线846→466QS（Ⅱ位）→导线847→

AE联锁（闭合1 s）/ 455KA常开闭合 →导线848→455KA

即，中间继电器 455KA 得电并自锁。

其余电路、气路及各阀作用与空电联合转换开关 466QS 处于Ⅰ位时完全相同，均衡风缸、制动管减压 50 kPa 后自动保压，机车制动缸自动缓解，而车辆产生初制动作用。

4. 制动管追加减压

(1)自动追加减压

在空电联合制动过程中，电子柜发出一级减压指令，且制动管已减压 50 kPa 后，如果列车速度继续上升，达到大于给定速度 15 km/h；或一级减压投入后，列车速度不再上升，也不再下降(或下降很慢)，5 min 内不能达到缓解点，电子柜将发出二级减压指令，即电子柜内制动减压继电器得电 1 s 后失电，其常闭联锁使导线 850 与 849 断开 1 s 后再连通。由中间继电器 456KA 得电电路可知，中间继电器 456KA 将失电 1 s 后再得电。这时 456KA 的常开联锁使得导线 836 与 822 断开 1 s 后再连通，制动电空阀 257YV 失电 1 s 后再得电。

由于制动电空阀 257YV 失电 1 s 后再得电，均衡风缸压力空气将经制动电空阀 257YV 上阀口排大气 1 s。这时均衡风缸追加减压 20 kPa，同时制动管也追加减压 20 kPa。

(2)人工追加减压

在空电联合制动装置进行一级减压后，司机可以通过移动电空制动控制器手柄达到追加制动管减压的目的。

当电空制动控制器手柄从运转位移至制动位再放中立位时，由于导线 803 失电，中间继电器 455KA、456KA 均失电，空电联合制动装置失去对 DK-1 型电空制动机的控制作用。这时除排风 1 电空阀 254YV 受中间继电器 457KA 控制仍保持得电外，其余电路与电空位下电空制动控制器手柄在制动位和中立位完全相同，均衡风缸、制动管追加减压，其减压量受电空制动控制器手柄在制动位停留时间的控制。

5. 制动管充气缓解

(1)自动充气缓解

在空电联合制动装置已进行空气制动后，且电空制动控制器手柄仍在运转位，转换开关 466QS 在Ⅰ位。当列车速度下降到小于给定速度 15 km/h 时(该缓解点速度应大于 35 km/h)，电子柜发出缓解指令，即电子柜内原得电的缓解继电器失电，其常开联锁断开导线 846 与 847，使中间继电器 455KA 将失电。接着 455KA 常开联锁断开中间继电器 456KA 的电源，中间继电器 456KA 失电。DK-1 型电空制动机恢复到电空制动控制器在运转位时的状态，均衡风缸、制动管充风缓解，全列车制动机缓解。

如果电空制动控制器手柄仍在运转位，转换开关 466QS 在Ⅱ位，电子柜发出的缓解指令，不能影响中间继电器 455KA、456KA 的得电。

(2)人工充气缓解

由中间继电器 455KA 得电电路可知，只要导线 803 失电后再得电，中间继电器 455KA 将解锁后失电，同时中间继电器 456KA 也将失电。

在转换开关 466QS 处于Ⅰ位，但还没自动缓解前，或转换开关 466QS 处于Ⅱ位时，将电空制动控制器手柄从运转位移至中立位，让导线 803 失电后，手柄再回运转位，中间继电器 455KA、456KA 将失电，DK-1 型电空制动机将恢复到电空制动控制器运转位状态，均衡风缸、制动管充风缓解，全列车制动机缓解。

6. 通过分相区时空电联合制动的锁定与解锁

由于空电联合制动的速度控制指令是由司机控制器的给定手柄提供的，在通过分相无电区时，因机车主电路、辅助电路的要求，重新闭合主断路器之前，司机控制器给定手柄应回“0”位。这时，空电联合制动指令的改变将影响列车制动机的正常工作。为保证列车制动性能，空电联合采用如下电路和操作方法：

(1)在通过分相区前，司机先按分闸按钮，再断辅机和司机控制器给定手柄回“0”位，这时：

导线405→466QS（Ⅰ、Ⅱ位）→导线445

→主断路器辅助联锁4QF（分闸时闭合）

→空电恢复按钮485SB→458KA常开联锁

→466QS（Ⅰ位）→458KA

即，中间继电器 458KA 得电并自锁。同时：

导线 445→458KA 常开联锁(闭合)→导线 831→电子柜 AE；

导线 780(DC 24 V 电源线)→458KA 常开联锁(闭合)→空电恢复指示灯 39EL→导线 700(DC 24 V 负线)。

电子柜接受到导线 831 输入的 DC 110 V 信号后，将自动锁定空电联合制动状态。同时司机操纵台上空电恢复指示灯 39EL 亮。

(2)在通过分相区后，司机先合闸，再启动辅机，重新给定司机控制器。确认完毕，按压司机操纵台上空电恢复按钮 485SB 后，中间继电器 458KA 解锁并失电。导线 831 失电，同时司机操纵台上空电恢复指示灯 39EL 灭；电子柜从锁定点恢复空电联合制动的控制。

以上作用只在空电联合转换开关 466QS 处于Ⅰ位时存在。

空电联合制动发生作用时，原 DK-1 型电空制动机的电空联锁性能将被切除。只有空电联合转换开关处于“0”位时，电空联锁性能才起作用。

六、检查折角塞门开通状态

列车制动系统正常工作的基本前提是贯穿列车首尾的制动管处于开通状态。如果某一制动管折角塞门关断，那么自该折角塞门以后的所有制动机将失去控制，不可避免地造成列车制动力不足，从而危及行车安全。这方面的行车事故屡见不鲜，因此，在列车运行中，必须保证全列车制动管的畅通无阻。但由于我国铁路运输的特殊情况及其他种种原因，运行中关断制动管折角塞门的现象时有发生，由此而引起的事故是极为严重和可怕的。为避免此类事故的发生，铁路部门除制订严密的操作管理规程外，还要求制动机本身应具备便于检查制动管折角塞门开通与否的功能。

根据客、货运输的特点和需要，SS_4 改型电力机车的 DK-1 型电空制动机设置了此项功能，而 SS_9 型电力机车的则没有设置此项功能。下面，按照检查制动管折角塞门开通状态的操纵方法来分析其工作过程。

(一)将电空制动控制器手柄置于运转位

导线 803 得电，且全列车处于缓解状态。

(二)按下“检查充气 481SB”按钮,直到制动管压力超过定压 100 kPa 为止

当按下检查充气按钮时,导线 803→570QS1→481SB→检查电空阀 255YV 得电,连通总风向均衡风缸迅速充风的气路,即均衡风缸压力迅速升高,经中继阀动作,使制动管压力也迅速升高,直到制动管压力表指针指向超过定压 100 kPa 时为止。该作用过程中,由于制动管又细又长,且制动管压力表安装在机车的制动管支管上,所以,此时制动管压力表的读数只反映机车附近制动管的压力,而列车后部的制动管的压力比该值小得多。

(三)松开“检查充气 481SB”按钮并立即按下“检查消除 483SB”按钮,观察制动管压力表读数的变化

当松开检查充气按钮并按下检查消除按钮时,首先,检查电空阀 255YV 失电,从而切断总风向均衡风缸充风的气路;其次,导线 803→570QS1→483SB→重联电空阀 259YV 得电,从而连通均衡风缸与制动管之间的气路,并使中继阀处于自锁状态。此时,均衡风缸过充量随列车前部制动管的过充量向后衰减,即制动管压力表读数下降。可见,制动管压力衰减快且幅度大,则可确认制动管畅通;反之,则可怀疑制动管通路受阻。

综上所述,可得到如下结论:

(1)该操纵用于检查制动管折角塞门开通状态,确保列车的行车安全。

(2)操作步骤:

①将电空制动控制器手柄置于运转位。

②先按下检查充气按钮,待制动管压力超过定压 100 kPa 时为止。

③松开检查充气按钮并立即按下检查消除按钮,观察制动管压力衰减情况,以判断制动管折角塞门开通情况。

(3)判断方法:

在较短时间内,制动管恢复定压,则为制动管畅通,无关断现象。

在一定时间内,制动管不能恢复定压,应引起警惕,可视为制动管不畅通,有折角塞门关断,须采取必要措施。并且制动管压力与定压差值越大,则关断处所离机车越近。

此方法只能定性地判断,并且随牵引车辆数的变化而有所变化。

(4)使用时的注意事项:

①制动管过充量不宜过高,一般控制在 100 kPa 上下。

②在消除过程中,即使制动管畅通,但由于受中继阀灵敏度的限制,恢复到与定压完全一致也是不可能的。通常,恢复到比定压高出 10 kPa 即属正常。

③对于单机,由于制动管容积小,所以,按下消除按钮时,只要制动管压力略有下降即可认为该装置作用正常。

④列车行驶过程中,严禁按压“检查充气”按钮,以防发生过量供给。所谓过量供给是指司机误操作或制动机某部件发生故障,使制动管压力超过定压的现象。发生过量供给后,车辆副风缸压力也随之升高,当制动管恢复定压或发生漏泄时,虽然司机并未施行减压制动,但列车也会产生自然制动,从而造成轮箍弛缓、晚点等行车事故。

七、与列车运行速度监控装置的配合

(一)SS_9 型电力机车

1. 概述

DK-1 型电空制动机自动常用制动是铁路近几年发展的一项新技术。它接受列车速度

监控装置(以下简称监控)的常用制动电指令,然后控制 DK-1 型电空制动机实施列车制动管常用制动减压,使列车速度控制在线路限速之内。同时,还能接收监控的紧急制动电指令,利用 DK-1 型电空制动机原有的与自停装置配合功能,确保全列车产生有效的紧急制动作用。

监控通过自动常用制动接口装置实现 DK-1 型制动机产生常用制动和紧急制动。

2. 监控原理

(1)监控制动工作指令及常用制动的实施

监控发出的指令分为常用制动和紧急制动指令。其中常用制动指令包括一对常开联锁 899-840 及一对常闭联锁 899-841;紧急制动指令为 804 指令输出线及 899 电源线。

当监控发出常用制动指令时,常开联锁 899-840 闭合,常开联锁 899 841 断开,经过一定的时间(约 1 s)后发出减压指令,即常闭联锁 899-841 复位闭合。通过常用制动接口装置,实现 DK-1 型机车制动机的常用减压和保压。

当监控发出紧急制动指令时,导线 804 发出 110 V 电指令,通过接口装置,实现制动机的紧急制动作用。

(2)人工追加常用减压

在监控装置未发出常用制动缓解指令前,导线 840、841 始终保持得电,制动机处于保压状态,这时司机不可以人为缓解其减压作用,但可以通过大闸追加减压,这样对于监控这一安全装置实现了安全向导。

大闸手柄置"制动位",制动电空阀 257YV 将再次失电,开通均衡风缸经缓解电空阀 258YV 上阀口至大气通路,均衡风缸中压力空气排大气,实现均衡风缸的追加常用减压,同样也实现了列车制动管的追加减压。当大闸手柄扳回"中立位"或"运转位"时,制动电空阀 257YV 通过有关电路得电,实现制动机追加减压后的保压。

(3)常用制动缓解

监控装置是一种安全装置,它所发出的制动指令不得人为缓解,只有在其发出缓解指令后,方可回到原有的制动机有效操作。

监控发出的缓解指令为撤销常用制动指令,即常开联锁 899-840 及常闭联锁 899-841 复位,导线 840、841 撤销给逻辑单元的指令,制动机恢复到原有状态,如大闸手柄置"运转位",则制动机自动缓解。

(4)紧急制动

当列车速度超过线路限速或冒闯信号红灯时,监控发出紧急制动指令。导线 804 发出 110 V 电指令,导线 804 的指令通过制动机原有的自停装置控制电路,实现列车紧急制动作用。紧急制动作用后,只有当监控发出缓解指令后(列车速度位 0,并按压缓解键),制动机方可按正常紧急制动缓解方式缓解。

(5)其他

当监控装置出现故障时,可通过切除 466QS 而切除监控装置所发出的常用制动指令。

当 DK-1 型制动机出现故障而转换至"空气位"运行时,监控装置发出的常用制动不发生作用,而监控装置所发出的紧急制动仍保持有效。

(二)SS_4 改型电力机车

1. 自动常用制动

自动常用制动功能与 SS_9 型电力机车基本相同,在此不再赘述。

2. 紧急制动时

当列车速度超过线路限速或冒进信号红灯时，监控发出紧急制动指令。使继电器 391KA 得电动作，其常开联锁闭合，则导线 813-464QS→导线 838-391KA 常开联锁(闭合)→导线 839→中间继电器 451KA 得电，其常闭联锁断开而常开联锁闭合，则有导线 813-451KA5-6→导线 804 得电。此时产生两方面作用：一方面，若机车右级位，即机车处于牵引工况，零位继电器 558KA 联锁闭合，则导线 804 经闭合的零位继电器联锁 558 KA，最终引起控制电路工作，使主断路器跳闸，切除机车牵引动力，保证机车由牵引工况转变为制动工况。另一方面，由于导线 804 得电，使紧急电空阀 94YV 得电，总风向电动放风阀铜碗及膜板下方充风，列车产生紧急制动作用。其他控制环节与列车分离保护部分相同，不再赘述。列车安全运行监控记录装置自动停车功能引起紧急制动后，若要继续运行，则须扳动恢复自动停车信号电器屏上的恢复开关 464QS，使继电器 391KA 失电，待自停系统和制动系统恢复正常后方能重新发车。

应该注意到：与列车分离产生的紧急制动作用不同的是，当列车分离时，制动管大排风，首先动作的是紧急阀，并由紧急阀联动微动开关 95SA 连通相关电路后电动放风阀才动作。而在与列车运行速度监控装置自动停车功能的配合中则是电动放风阀先动作引起制动管大排风后，紧急阀才动作并连通相关电路。

八、补风转换作用

制动管的漏泄是不可避免的，其漏泄量的标准根据各国的具体情况而制订。我国目前的标准为漏泄不大于 20 kPa/min。在制动保压过程中，制动管的漏泄量若不能得到及时补充，则随保压时间的延续，制动管的实际减压量会随之增加，制动缸压力也随之增大。可见，列车制动力是变化的，这给操纵带来不便。但我国目前的车辆制动机受其性能的限制，制动管不宜具有补风性能，因一旦制动管补风，有可能会使车辆制动机产生自然缓解现象，这是非常危险的。考虑到制动机性能将随铁路运输事业发展的需要而日臻完善，DK-1 型电空制动机增加了补风转换作用。

补风转换作用由转换开关 463QS 控制实现。在不补风位时，转换开关 463QS 闭合电路，电空制动控制器“制动位”或“中立值”，电空制动控制器经转换开关 463QS 向中立电空阀 253YV 供电，从而使总风遮断阀口关闭，以切断制动管的补风风源。而在补风位时，转换开关 463QS 断开电路，这样，即使电空制动控制器在“制动位”或“中立位”，也不能使中立电空阀 253YV 得电。从而保证总风遮断阀口开启，使制动管具有补风风源，因而当制动管漏泄时也能得到补充。

九、SS_9 型电力机车与列车电空制动装置的配合

SS_9 型电力机车具有与列车电空制动装置相配合的功能，可以使列车中的所有制动机同时动作，缩短制动时间，减小制动纵向动力作用，实现列车的平稳制动。与列车空气制动相比，可以提高列车的制动效率，缩短制动距离。

当把电空制动控制器手柄置于“运转位”或“过充位”时，制动逻辑控制装置 DKL 为导线 870 送电，使车列缓解接触器 443KM 得电吸合，其常开点闭合，连通导线 879-875，旅客列车电空制动机装置开始缓解。在制动管压力达到定压时，压力开关 210 联动 210SA 连通导线 899-847，制动逻辑控制装置 DKL 接收到此指令后，控制导线 870 断电，使 443KM 失电，断开导线 879-875，旅客列车电空制动装置停止缓解。

当把电空制动控制器手柄置于“中立位”时，制动逻辑控制装置 DKL 为导线 871 送电，使车列保压接触器 444KM 得电吸合，其常开点闭合，连通导线 879-876，旅客列车电空制动装置开始保压。

当把电空制动控制器手柄置于“制动位”时，制动逻辑控制装置 DKL 为导线 872 送电，使车列制动接触器 445KM 得电吸合，其常开点闭合，连通导线 879-877，旅客列车电空制动装置进行制动，在均衡风缸减压 190～230 kPa 时，208SA 连通导线 899-845，制动逻辑控制装置 DKL 接收到此指令后，控制导线 872 断电，使 445KM 失电，断开导线 879-877，旅客列车电空制动装置停止制动。

当把电空制动控制器手柄置于“紧急位”时，在机车进行紧急制动的同时，制动逻辑控制装置 DKL 为导线 873 送电，使车列紧急接触器 446KM 得电吸合，其常开点闭合，连通导线 879-878，旅客列车电空制动装置进行紧急制动。

若旅客列车不具备电空制动性能或其发生故障，应把机车电空制动屏柜上的转换开关 4680 s置于故障“0”位，而采用空气制动控制旅客列车制动机。

十、SS_9 型电力机车列车平稳操纵制动

为减小制动机车和车辆之间的纵向冲击，SS_9 型电力机车采用平稳投入功能。通过控制平稳电空阀 260YV 的得电开通，使作用管与平稳风缸连通，从而扩大了机车作用管的容积，减小了列车制动时机车制动缸的压力，机车和后部车辆之间的冲击也随之减小。

十一、SS_9 型电力机车停放制动

(一)概　述

SS_9 型电力机车停放制动装置采用的是停放制动电空阀失电停放制动投入，得电停放带动缓解的模式。停放制动指令通过微机给出，若停放制动没有解除，机车就不能给出牵引力，有助于行车的安全。

当司机将司机钥匙置于“0”位时，停放制动按钮灯亮，表示机车停放制动实施。

停放制动装置主要由以下部件组成：

(1)停放制动按钮。设在司机室台面上，实施停放制动。带有指示(红)灯，停放制动按钮灯亮表示停放制动实施；停放制动按钮灯灭表示停放制动缓解。

(2)停放制动缓解按钮。设在司机室台面上，实施缓解停放制动。

(3)压力继电器。代号 545KP 设定停放制动整定值。上限值为 650 kPa，下限值为 500 kPa。

(4)停放制动转换阀。代号 151，切除故障用。

(5)调压阀。总风传来 900 kPa 压力空气经调压阀，调整到 650 kPa 后给停放制动用风。

(6)停放制动电空阀。代号 239YV。

(二)控制原理

如图 5-7 所示，当司机按压停放解除按钮，给停放制动电空阀 239YV 送出 110 V 电压指令后“总风经停放制动电空阀 239YV 下阀口、停放制动管(压力上升至 600 kPa)，最后到达停放制动器，停放制动缓解。

当司机按压停放制动按钮，送出停放制动投入指令(0 V 电压)，停放制动电空阀 239YV 下阀口关闭，上阀口开放了停放制动管排大气的通路，停放制动管内压力将降至 0，停放制动器动作，停放制动投入。

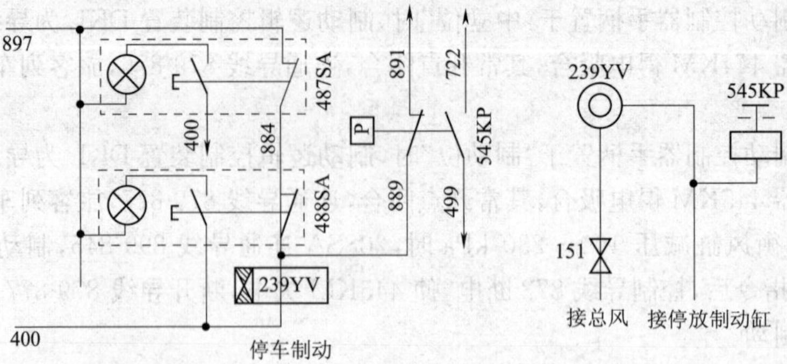

图 5-7 停放制动装置原理简图

停放制动压力继电器 545KP 用来检测停放制动管内压力变化，送出信号给微机。当压力高于 600 kPa 时，送出 110 V 到微机，当低于 500 kPa 时，送出信号为 0 V。

机车在运行过程中，如果因为停放管路存在泄漏或其他原因使得停放管路的压力低于 500 kPa 时，545KP 的常闭触点闭合，891 高电平被送进微机，微机随后向制动逻辑控制装置 DKL 发了常用制动指令 838，同监控装置控制列车减压阶段一样，微机发出的 838 指令使制动逻辑控制装置 DK-1 基本的过充、中立、排 1、排 2、缓解、制动电空阀的动作，使列车制动管产生常用制动减压，整列车产生空气制动作用，保证了全列车的行车安全；如果机车速度为 0，则 891 低电平禁止机车动车。

（三）停放制动故障处理

当停放制动电空阀 239YV 不能正常得电或者总风压力等原因，停放制动缸不能完全缓解，注意应手动将停放制动器逐个手动缓解。另外，库内无电动车（调车），应注意逐个手动缓解停放制动器。

实践与训练

学习工作单

工 作 单	DK-1 型制动机的辅助功能及其他系统的配合		
任 务	通过操纵模拟驾驶装置，掌握 DK-1 型制动机的辅助功能及其他系统的配合		
班 级		姓 名	
学习小组		工作时间	
【知识认知】			
【动手能力训练】			
1. 分析 DK-1 型电空制动机与监控装置的过程，并画出相关电路图。产生作用后应如何恢复			

续上表

2. 说明检查制动管折角塞门开通状态的操纵方法和判断方法，试述其工作过程			
3. SS_4 改和 SS_9 型电力机车空电联合制动作用原理			
任务学习其他说明或建议：			
指导老师评语：			
任务完成人签字： 指导老师签字：	日期： 日期：	年　　月 年　　月	日 日

任务四　DK-1 型电空制动机的试验

知识要点

1. 了解“八步闸”试验步骤及要求。
2. 熟知“五步闸”试验的步骤及要求。

项目任务

1. 分组进行“八步闸”试验。
2. 分组进行“五步闸”试验。

任务准备

1. 所需设备:电力机车模拟驾驶装置、多媒体设备。

2. 所需物品:DK-1 型电空制动机。

相关理论知识

DK-1 型电空制动机的检查、试验,主要用来检查 DK-1 型电空制动机的各项作用是否正常。它是通过电空制动控制器、空气制动阀手柄在各工作位置间的顺序转换,同时观察压力表指针的变化情况,来分析、判断 DK-1 型电空制动机及其各部件是否处于良好状态。DK-1 型电空制动机试验分为装车前试验和装车后试验。其中,装车前试验是在 DK-1 型电空制动机试验台上进行;而装车后试验通常是在单机上试验,主要包括检修试验(即"八步闸"试验)和日常试验(即"五步闸"试验)。

任务实施

(一)DK-1 型电空制动机单机检修试验

1. 试验前的检查

(1)确认各管路和电路连接正确。

(2)确认各塞门及有关电路开关处于正常工况。

(3)确认空气压缩机工作正常。

(4)确认非操纵节机车电空制动控制器处于"重联位",空气制动阀处于"运转位"。操纵节机车两手柄均置"运转位"。

(5)确认两节机车空气制动阀上的电空转换扳钮在"正常位"。

2. 电空位试验

(1)缓解状态下各压力值检查

电空制动控制器、空气制动阀手柄均置"运转位",检查各压力表针指示应符合下列要求:

①总风缸——750～900 kPa。

②均衡风缸——定压。

③制动管——定压(允许与均衡风缸压力差不大于 10 kPa)。

④制动缸——0 kPa。

(2)紧急制动性能检查

电空制动控制器在"运转位"停放不少于 90 s 后,移至紧急制动位。

①制动管压力由定压降至零的时间不大于 3 s。

②制动缸压力升至 400 kPa 的时间不大于 5 s。

③制动缸最高压力为(450±10)kPa;安全阀应动作。

④机车自动撒砂。

⑤机车有级位时,主断路器自动跳闸;否则,主断路器不跳闸。

(3)紧急制动后的单独缓解性能检查

①将空气制动阀手柄移至“缓解位”并下压手柄，制动缸压力应即刻下降，并能缓解至零。

②待制动缸压力降至零后，再将空气制动阀手柄移至“运转位”，制动缸压力不回升。

(4)列车充风性能检查

将电空制动控制器手柄置于“运转位”，制动管充风速度应符合表 5-1。

表 5-1　制动管充风速度

制动管定压 500 kPa	制动管定压 600 kPa
制动管压力由零升至 480 kPa 的时间不大于 9 s	制动管压力由零升至 480 kPa 的时间不大于 11 s

(5)初制动减压和均衡风缸、制动管漏泄检查

①将电空制动控制器手柄移至“中立位”，制动管压力下降每分钟应不大于 10 kPa。检查完毕后将电空制动控制器手柄移回运转位。

②将电空制动控制器手柄移至“制动位”，待制动管减压 40～60 kPa 后置于“中立位”，并保持 1 min，均衡风缸漏泄量每分钟不大于 5 kPa；制动管漏泄量每分钟不大于 10 kPa。检查完毕后将电空制动控制器手柄移回运转位。

(6)阶段制动性能及最大有效减压量、过量减压量的检查

①电空制动控制器手柄置于“运转位”20 s 以上后，再将其手柄在“制动位”与“中立位”间移动，施行阶段制动，直至达到全制动最大有效减压量。检查阶段制动是否稳定，制动管减压量与制动缸压力比例应符合表 5-2 的规定。

表 5-2　制动管减压量与制动缸压力比例表

项 目	制动管定压 500 kPa			制动管定压 600 kPa		
制动管减压量(kPa)	40～50	100	140	40～50	100	170～180
制动缸压力(kPa)	90～130	240～270	340～380	90～130	240～270	400～435

②最后将电空制动控制器手柄移至“制动位”，制动管获得过量减压量(见表 5-3)。待压力稳定后，制动缸压力变化每分钟不应大于 10 kPa。

表 5-3　制动管过量减压量

制动管定压(kPa)	500	600
制动管过量减压量(kPa)	190～240	210～290

(7)过充性能检查

①将电空制动控制器手柄移至“过充位”，制动管压力应超过定压 30～40 kPa，并且制动缸压力不缓解。

②当电空制动控制器手柄移回“运转位”后，制动缸压力应缓解到零，制动管过充压力在 120～180 s 内自动消除。

(8)常用全制动以及制动缸漏泄量检查

①将电空制动控制器手柄移至“制动位”，均衡风缸减压速度和制动缸压力升压速度应符合表 5-4。

表 5-4 均衡风缸减压速度与制动缸压力升压速度

制动管定压 500 kPa	制动管定压 600 kPa
均衡风缸减压 140 kPa 的时间为 5～7 s	均衡风缸减压 170 kPa 的时间为 6～8 s
制动缸由零升至 340～380 kPa 的时间为 6～8 s	制动缸由零升至 400～435 kPa 的时间为 7～9.5 s

②关断分配阀供给塞门，检查制动缸漏泄量每分钟不大于 10 kPa。检查完毕后开通供给塞门。

(9)缓解性能检查

将电空制动控制器手柄移回“运转位”，均衡风缸、制动管应恢复定压。制动缸压力下降速度应符合表 5-5。

表 5-5 制动缸压力下降速度

制动管定压 500 kPa	制动管定压 600 kPa
制动缸压力由 340～380 kPa 下降至 40 kPa 的时间不大于 7 s	制动缸压力由 400～435 kPa 下降至 40 kPa 的时间不大于 8.5 s

(10)单独制动与单独缓解性能检查

①将空气制动阀手柄在“中立位”与“制动位”间来回移动，阶段制动作用应稳定。

②将空气制动阀手柄在“中立位”与“运转位”间来回移动，阶段缓解作用应稳定。

③将空气制动阀手柄由“运转位”移至“制动位”，制动缸压力由零升至 280 kPa 的时间不大于 4 s。

④当空气制动阀手柄移回“运转位”时，制动缸压力由 300 kPa 下降至 40 kPa 的时间不大于 5 s。

(11)重联位性能检查

将电空制动控制器手柄由“运转位”移至“制动位”，待制动管减压后再将手柄移至“重联位”，制动管应保压。

3. 空气位试验

扳动空气制动阀上的电空转换扳钮置于“空气位”，并将其下方的调压阀的输出值调整为定压。

(1)缓解状态下各压力值检查

将空气制动阀手柄置于“缓解位”并下压手柄各压力值应符合下列要求：

①总风缸——750～900 kPa。

②均衡风缸——定压。

③制动管——定压(允许与均衡风缸压力差不大于 10 kPa)。

④制动缸——0 kPa。

(2)常用全制动及单独缓解性能检查

①将空气制动阀手柄置于“制动位”，再回“中立位”，均衡风缸减压速度和制动缸压力升压速度应符合表 5-4。

②下压空气制动阀手柄，制动缸压力应能缓解。停止下压空气制动阀手柄，制动缸压力停止下降。

(3)缓解性能检查

将空气制动阀手柄移回“运转位”,并下压手柄,均衡风缸与制动管压力应能升至定压,制动缸压力应能缓解至零。

(4)阶段制动性能检查

将空气制动阀手柄在“制动位”与“中立位”间移动,阶段制动作用应稳定。

4. 辅助性能检查

空气位试验完成后,将制动机恢复到电空位,即可进行辅助性能检查。在每项辅助性能检查之前,均应使制动机恢复到缓解状态,并将电空制动控制器、空气制动阀手柄置于“运转位”。

(1)检查按钮作用检查

按压充气按钮,均衡风缸与制动管压力同时上升至超过定压 100 kPa;松开该按钮,并迅速按下消除按钮,均衡风缸与制动管压力停止上升,并略有下降。

(2)电—空联锁性能检查

将司机控制器换向手柄置于“制”位,启动各风机,并将调速手柄离开“0”位。制动管应减压(45±5) kPa,且制动缸升压。延时 20~28 s 后,制动管应自动恢复定压,且制动缸压力自动缓解。

(3)断钩保护性能检查

开放制动管手动放风塞门,产生紧急制动作用:

①制动管压力应快速降至零,并不得自动缓解。

②制动缸压力升至(450±10)kPa。

③机车自动撒砂。

④自动选择切除机车牵引动力。

(4)失电制动性能检查

切除电空制动机电源,制动管压力应按常用制动减压速度减压,并且制动缸压力上升。

5. 无动力回送性能检查

将电空制动机调整到无动力回送状态,并将电空制动控制器手柄置于“重联位”,空气制动阀手柄置于“运转位”。

(1)当制动管压力为定压时,总风缸压力应在低于制动管定压 140~180 kPa。

(2)当制动管压力下降后,制动缸最高压力应限制在 200~180 kPa。

DK-1 型电空制动机单机检修试验的验收项目、方法及操作顺序见表 5-6。

表5-6　DK-1制动机“八步闸”试验程序

试验程序	操作顺序	电空制动控制器						空气制动阀				试验项目及要求	备注
		过充位	运转位	中立位	制动位	重联位	紧急位	缓解位	运转位	中立位	制动位		
电空位	一	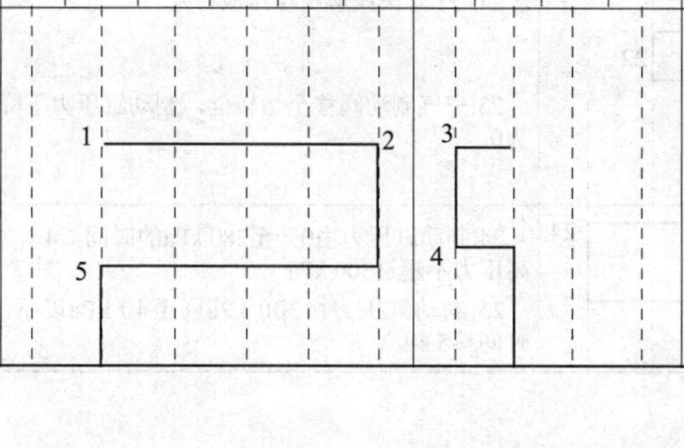										1.制动管、均衡风缸为定压,制动缸压力为零 2.制动管压力,均衡风缸压力下降为0的时间不大于5 s,制动缸压力为(450±10) kPa,分配阀安全阀动作,机车自动撒砂。机车加载时自动断开主断路器 3.将空气制动阀由运转位移至缓解位,并下压手把,制动缸压力立即下降,并能缓解至35 kPa以下 4.回运转位后,制动缸压力不得回升 5. 制动管由零升至480 kPa的时间≤9 s	3.下压手把

续上表

试验程序	操作顺序	电空制动控制器						空气制动阀				试验项目及要求	备注
		过充位	运转位	中立位	制动位	重联位	紧急位	缓解位	运转位	中立位	制动位		
电空位	二			6								6.由运转位移至中立位停留15 s以上	
			7									7.回运转位停留50 s以上，均衡风缸、制动管恢复定压，制动缸压力缓解至0	
					8							8.制动位减压40~50 kPa，制动缸压力按比例上升	
				9								9.回中立位，均衡风缸泄漏量≤5 kPa/min，制动管泄漏量≤10 kPa/min。人为开放121放风阀，放风后关闭，制动管压力不得回升	9.试验漏泄后人为开放121放风阀
			10									10.回运转位，均衡风缸、制动管恢复定压，制动缸压力缓解为0	
	三				11							11.制动管追加减压至100 kPa，制动缸压力为240～270 kPa。追加减压至140 kPa，制动缸压力为340～380 kPa	
				12								12.中立位，均衡风缸泄漏量≤5 kPa/min，制动管泄漏量≤10 kPa/min。人为开放121放风阀，放风后关闭，列车管压力不得回升	
					13							13.制动管最大减压量190～230 kPa，压力稳定后，制动缸泄漏每分钟不大于10 kPa	
		14										14.过充位，制动管过充压力为30~40 kPa，且制动缸的压力不得缓解	
			15									15.运转位，制动缸压力应缓解为0。过充压力在120 s左右自动消除	
					16							16.均衡风缸减压140 kPa，排风时间为5～7 s制动缸压力由0升至340 kPa的时间为6～8 s	
				17								17.关闭供给塞门123，制动缸泄漏量≤10 kPa/min，然后开放供给塞门	17.关供给塞门
			18									18.均衡风缸、制动管压力恢复定压。制动缸压力由340～380 kPa下降到40 kPa以下的时间≤7 s	
	四										19	19~20.阶段制动及保压应稳定	
										20			
								21				21~22.阶段缓解及保压应稳定	
										22			
									23			23.空气制动阀移至运转位，制动缸压力下降为0	
	五										24	24.制动缸压力由0升至280 kPa的时间≤4 s，最高压力不超过300 kPa	
									25			25.制动缸压力由300 kPa降至40 kPa以下的时间≤5 s	

续上表

试验程序	操作顺序	电空制动控制器						空气制动阀				试验项目及要求	备注
		过充位	运转位	中立位	制动位	重联位	紧急位	缓解位	运转位	中立位	制动位		
	六	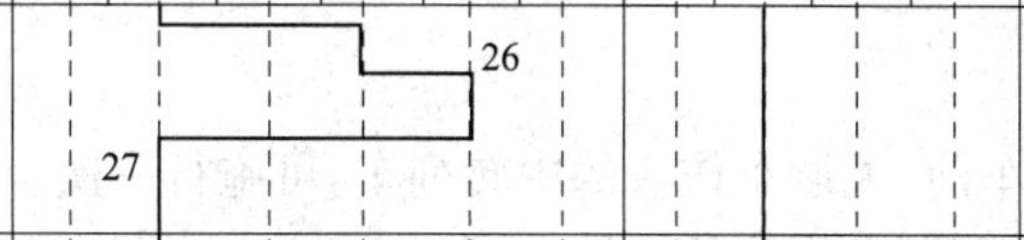										26.重联位制动管、均衡风缸风压应保持一致，将电空转换键转和153至“空气”位 27.电空控制器移至运转位	
空气位	七	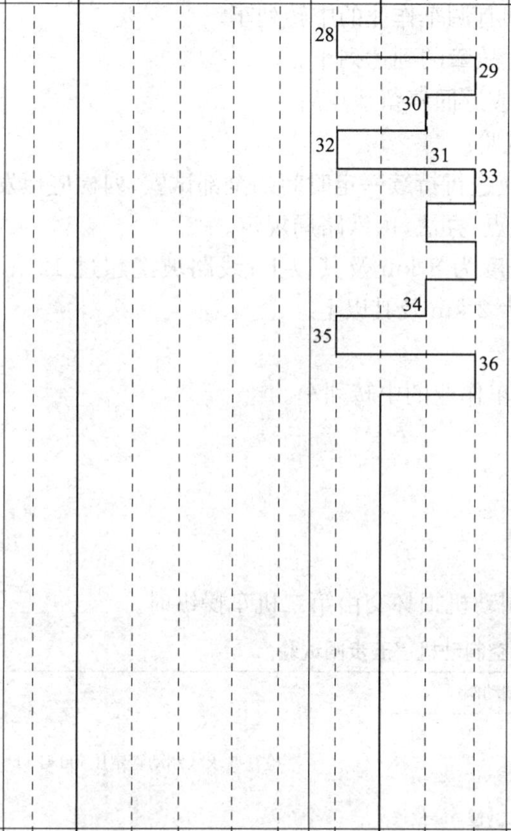										28.空气制动阀移至缓解位，调整调压阀使均衡风缸、制动管至定压。下压空气制动阀手把，制动缸压力应降为0 29.均衡风缸减压140 kPa，排风时间为5～7 s。制动缸压力由0升至340 kPa的时间为6～8 s 30.空气制动阀由制动位移回中立位。均衡风缸泄漏量≤5 kPa/min，制动管泄漏量≤10 kPa/min 31.下压空气制动阀手把，制动缸压力应下降。松开空气制动阀手把，制动缸压力停止下降，并能保压 32.空气制动阀移至缓解位，并下压手把。均衡风缸、制动管应恢复定压，制动缸压力应缓解为0 33~34.空气制动阀在制动位、中立位之间移动2～3次，阶段制动作用应稳定 35.空气制动阀移至缓解位，均衡风缸、制动管应恢复定压，制动缸压力不得下降。将电空转换开关153转换至“电空”位，制动缸压力下降为0 36.空气制动阀移至制动位，调整调压阀使制动缸压力至300 kPa，然后移回运转位	28.调整调压阀为规定压力。 35.恢复电空位
辅助性能	八	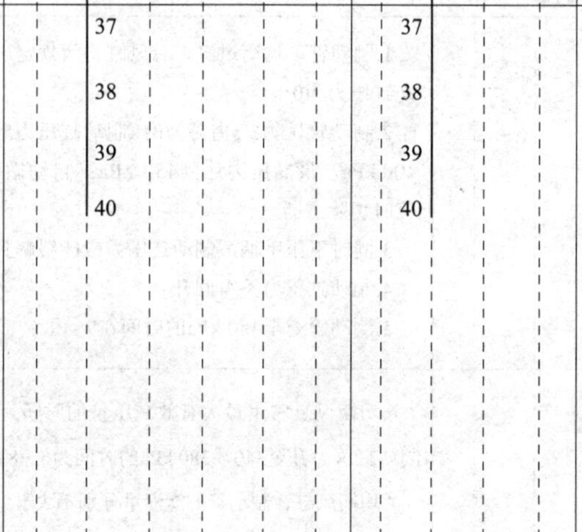										37.按压充气按钮，均衡风缸与制动管压力同时上升，并超过定压100 kPa；松开该按钮，迅速按下消除按钮，均衡风缸与制动管压力停止上升，并略有下降 38. 司机控制器换向手柄置于"制"位，调速手柄离开“0”位，制动管应减压(45±5) kPa，且制动缸升压。延时20～28 s后，制动管应自动恢复定压，制动缸压力自动缓解 39. 开放制动管手动放风塞门，应产生紧急制动，并不得自动缓解 40. 切断电空制动电源，应产生常用制动；闭合电源，制动机恢复正常	37.检查按钮性能 38.电空联锁性能检查 39.检查断钩保护性能 40.检查失电性能

(一)DK-1 型电空制动机单机检修试验

在日常运用的交接班过程中，通常，只进行单机日常试验，其试验顺序、检查项目及方法见表 5-7。

另外，运行中，对列车制动机还要进行相关的全部试验和简略试验，以确保列车运行的安全可靠。其使用时机为：

1. 列车制动机全部试验

① 列检所对解体到达后，编组列车发车前；无调车作业的中转列车，可施行一次。

② 区段列检所和一般列检所对始发和有调车作业的中转列车。

③ 列检所对运行途中自动制动机发生故障的到达列车。

④ 电动车组、内燃车组的列车出段前或返回停留地点后。

2. 列车制动机持续一定时间的全部试验。

列车在接近长大下坡道区间的车站，应进行持续一定时间的全部试验，列检应填发制动效能证明书交给司机。具体试验和瞭闸的地点、办法，由铁路局规定。

长大下坡道为：线路坡度超过 6‰，长度为 8 km 及其以上；线路坡度超过 12‰，长度为 5 km及其以上；线路坡度超过 20‰，长度为 2 km 及其以上。

3. 列车制动机简略试验

① 区段列检所和一般列检所，对无调车作业的中转列车。

② 更换机车或更换乘务组时。

③ 无列检作业的始发列车发车前。

④ 列车风管有分离情况时。

⑤ 列车停留超过 20 min 时。

⑥ 列车摘挂补机或第一机车的自动制动机损坏交由第二机车操纵时。

表5-7 DK-1型电空制动机“五步闸试验”

<table>
<tr><th rowspan="2">序号</th><th colspan="6">电空制动控制器</th><th colspan="4">空气制动阀</th><th rowspan="2">检查要求（制动管定压500 kPa）</th></tr>
<tr><th>过充位</th><th>运转位</th><th>中立位</th><th>制动位</th><th>重联位</th><th>紧急位</th><th>缓解位</th><th>运转位</th><th>中立位</th><th>制动位</th></tr>
<tr><td>1</td><td colspan="10" rowspan="2">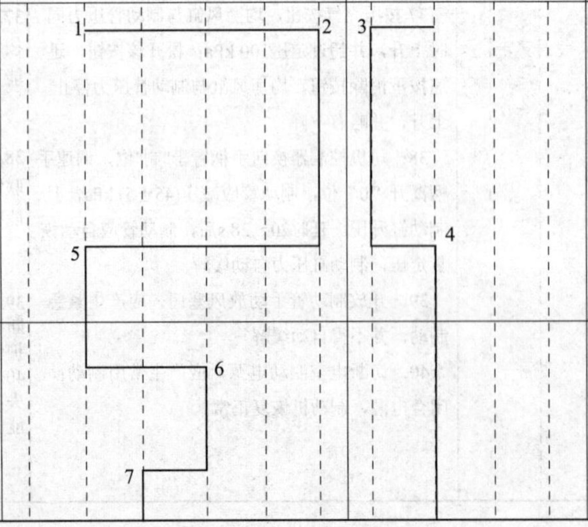</td><td>1.制动管、均衡风缸、总风缸均为规定压力；制动缸压力为0
2.制动管压力3 s内降为0；制动缸压力5 s内升至400 kPa，最高压力达到450 kPa；自动撒砂；有级位时切除主断
3.同时下压手柄，制动缸压力应能缓解到0
4.制动缸压力不得回升
5.制动管充至480 kPa的时间在9 s内</td></tr>
<tr><td>2</td><td>6.均衡风缸常用最大有效减压量的时间为5～7 s，制动缸压力升至340～380 kPa的时间为6～8 s。
7.均衡风缸、制动管的漏泄量分别不大于5 kPa/min、10 kPa/min</td></tr>
</table>

续上表

序号	电空制动控制器						空气制动阀				检查要求（制动管定压500kPa）
	过充位	运转位	中立位	制动位	重联位	紧急位	缓解位	运转位	中立位	制动位	
3	8		9								8.均衡风缸压力为定压，制动管压力为过充压力（定压30～40 kPa），制动缸不缓解 9.120～180 s左右过充压力消除，制动管恢复定压，制动缸压力应缓解为0
4								12	11	10	10. 制动缸压力由0升至280 kPa的时间在4 s内，最终达到300 kPa 11.制动缸压力不变 12.制动缸压力由300 kPa降至40 kPa的时间不大于5 s
5	空气位操作程序： 1.将电空转换扳钮扳至“空气位” 2.将调压阀53调至定压 3.空气位试验完毕后将电空转换扳钮复位至“电空位”						13 16		15	14	13.同时下压手柄，制动管、均衡风缸皆为定压，制动缸压力为0 14.均衡风缸减压140 kPa的时间为5～7 s 15.均衡风缸、制动管、制动缸的漏泄量分别不超过 5、10、10 kPa/min 16.均衡风缸、制动管恢复定压

实践与训练

学习工作单

工 作 单	电空制动控制器的控制		
任　　务	通过学习，熟悉 DK-1 型电空制动机的操纵部件；掌握电空制动控制器的功能		
班　　级		姓　　名	
学习小组		工作时间	
【知识认知】			

1. 按图复习空气制动阀的安装位置、4 个工作位置的名称和顺序及各位置的运用时机

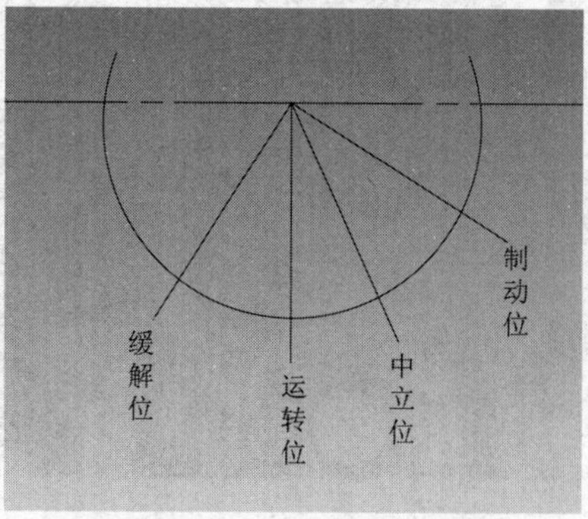

续上表

2. 按图复习电空制动控制器的6个工作位置、工作位置的名称、顺序及功用

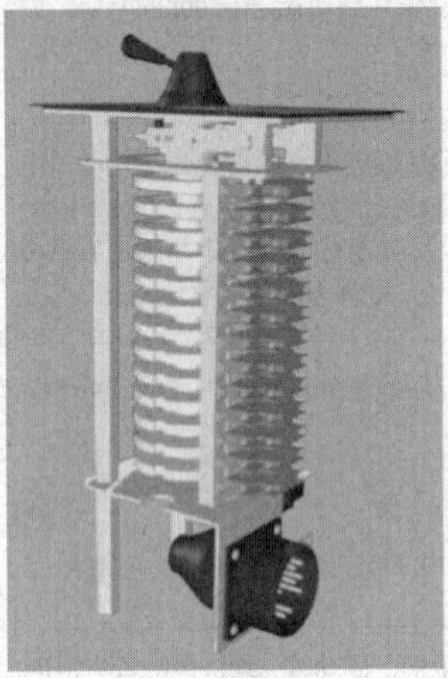

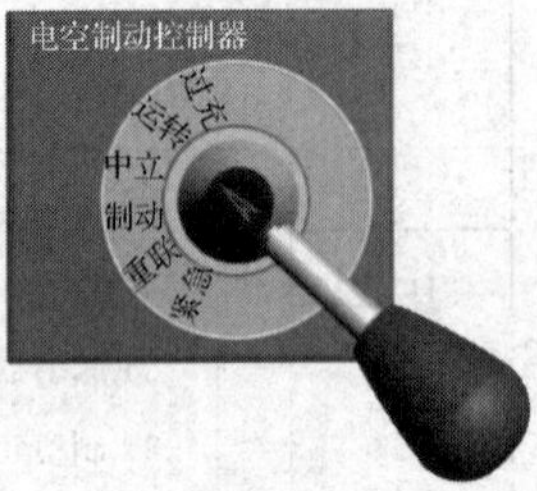

电空制动控制器触头闭合表

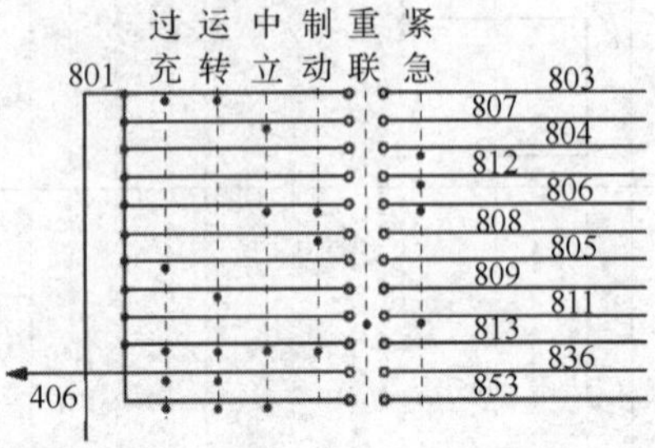

运转位：803、809（Ⅱ端819线）、813、853线得电，动力制动状态时836线从406线得电。

3. 按图说明各压力表的作用

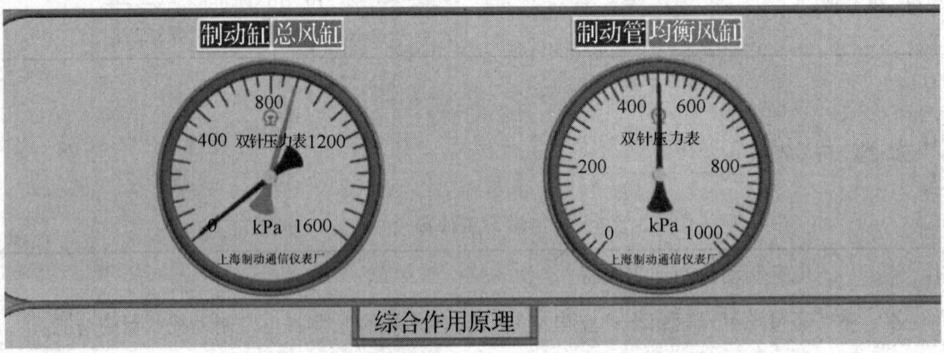

4. 结合制动屏柜图片，进行电空位与空气位的转换，并说明空—电转换的具体步骤

续上表

【动手能力训练】

1. 根据 DK-1 五步闸试验程序，进行制动机机能试验，并说明具体技术要求

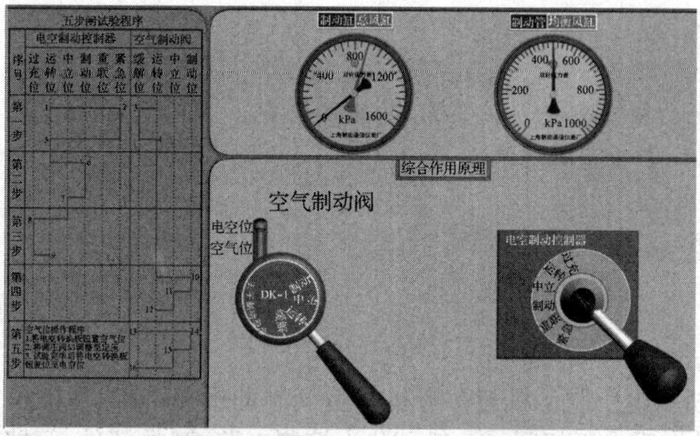

2. 通过进行“八步闸试验”，说明八步闸各步试验的性能

任务学习其他说明或建议：

指导老师评语：

任务完成人签字：　　　　　　　　　　　　　　　　日期：　　年　　月　　日

指导老师签字：　　　　　　　　　　　　　　　　　日期：　　年　　月　　日

任务五　DK-1 型电空制动机的故障处理

知识要点

1. 了解制动机故障的分类。
2. 掌握制动机常见故障的原因分析及处理方法。

项目任务

1. 熟悉制动屏柜内主要部件的名称、位置与作用，了解操纵台上各扳键的位置和作用，了

解 LKJ-2000 型列车运行监控记录装置的操作，掌握司机控制器的作用和操纵。

2. 进行 DK-1 电空制动机的操纵，了解 DK-1 电空制动机的综合作用原理，根据所学知识判断制动系统是否正常，查找故障，并进行处理。

任务准备

1. 所需设备：电力机车模拟驾驶装置、多媒体设备。

2. 所需物品：DK-1 电空制动机。

相关理论知识

一、故障分类

由于 DK-1 型机车电空制动机与一般机车空气制动机在结构、性能及操作方法等方面有较大的不同，故障的性质也不相同。一般可分为控制电路、阀类部件、管路及连接部分和操作不当以下几个方面的故障。

1. 控制电路故障

DK-1 型机车电空制动机的操作系统采用电控方式，因此常会出现一些控制电路故障。例如接线头、插头及插座的虚接和电子元件的虚焊，二极管及压敏电阻的击穿会造成控制功能的错误；而开关节点不良、中间继电器卡位及触头接触不良、线圈断路，电空阀线圈断路和控制单线断路、短路、接地等则会造成执行部件不动作。

2. 阀类部件故障

在 DK-1 型机车电空制动机中，阀类部件的故障会直接影响到气路的作用。这类故障大多是在阀类部件内的滑动件上。例如由于缺少油脂润滑，各种活塞杆和分配阀的滑阀、节制阀会出现卡滞，造成风路不能沟通；由于动作频繁和老化等原因，弹簧件会失效，影响阀类部件的正常动作橡胶件会出现破损裂纹造成窜风和漏风，使阀类部件不能动作或性能下降，同样阀类部件内的小孔堵塞也会影响动作。

3. 管路及连接部分故障

这类故障的现象一般比较明显，主要表现在堵塞和泄漏，也有部分阀座内部暗孔内泄引起的窜风。

4. 操作不当造成的故障

DK-1 型机车电空制动机是一个比较复杂的系统，特别是 SS_4 改型电力机车为双节制动机重联机车，司机在使用机车前，必须全面学习掌握 DK-1 型机车电空制动机的功能作用，并按照制动机的操作方法来操纵机车，如果违反操作方法或操作不当，也会使制动机出现故障。例如塞门开闭不对，重联阀位置不对，重联机车电空制动控制器、空气制动阀手把位置不对等都会使制动机不能正常工作。

二、故障处理法

首先，必须熟悉 DK-1 型机车电空制动机的控制电路和空气管路，而且要熟悉各部件的内部结构、作用原理和制动机的操作方法，以便快速、准确地判断故障。

对机车制动机所出现的故障大致判断一下，按分类方法将故障分类。例如通过电空阀、压力开关动作是否正常可以把故障区分成电路或气路故障。

对每一类故障化整为零，缩小范围，具体方法有两条，可以采用优选法查找故障，也可以根据分析从最易发生故障的地方入手查找故障。

任务实施

机车制动机故障处理

(一)均衡风缸的故障

1. 均衡风缸不增压

电空制动控制器(俗称“大闸”，以下同)手把置于运转位和过充位，小闸运转位。

(1)故障分析

1)电路原因

①电空制动控制器(大闸)电源自动脱扣开关(615QA)在断开位；

②电空转换开关在空气位；

③缓解电空阀(258YV)线圈烧损、线圈接线接点不良或 451KA、452KA、455KA 常闭虚接。

2)空气通路原因

①55 调压阀总风管 157 塞门在关闭位或管堵；

②55 调压阀调整值为零或 109 逆止回阀作用不良；

③153 转换阀在空气位或管堵。

(2)判断

①大闸各位置相应电空阀均无得电，故障为电路原因①②项；

②大闸在运转位、过充位时，电空阀(258YV)未吸合，故障为电路原因③项；

③大闸前两位 258YV 吸合正常，故障为空气通路原因①②③项。

(3)处理

①确认电源自动脱扣开关(615QA)、电空转换开关是否在正常位；

②258YV 本身故障，转换空气制动操纵。注意：遇危机人身及行车安全时，应使用紧急放风阀停车；

③检查 55＃调压阀总风管 157＃是否在打开位；

④如 109＃逆止阀作用不良，用检点锤轻敲震动即可；

⑤确认 153 转换阀是否在电空位。

2. 均衡风缸充风正常，制动管不充风

大闸置于运转位，小闸运转位。

(1)故障分析

1)电路原因

①253YV 中立电空阀犯卡；

②263 V、264 V 二极管同时击穿。

2)空气通路原因

①遮断阀供气阀固在关闭位；

②中继阀总风管 114＃塞门关闭或中继阀总风管 100＃空气滤清器太脏；

③中继阀总风管 115＃塞门关闭。

(2)判断

①大闸在前两位确认 253YV 吸合时,将钮子开关 463QS 置于闭合位,如 253YV 仍不释放,故障为电路原因②项;

②断开电源自动脱扣开关 615QA,而 253YV 仍不释放,故障为电路原因①项;

③大闸制动位减压时,均衡风缸下降正常,中继阀排风口无排风声,故障为空气通路①②项;

④如中继阀排风口有少量排风,故障为空气通路③项。

(3)处理

①先用检点锤轻敲 253YV 阀体震动,可消除犯卡;

②仍无效将 253YV 线圈正负接线任意一根卸下并抱扎好即可;

③如仍无效,可关闭总风管 157#塞门,卸下 253YV 风管接头排除余风,再用适当铁皮或胶皮装在螺母内,再拧紧螺母,打开总风管 157#塞门即可或转空气位维持运行;

④检查中继阀总风管 114#塞门、中继阀制动管 115#塞门是否在打开位;

⑤拆下中继阀总风管 100#空气滤清器取出滤芯即可;

⑥如遮断阀供气阀固着,可用检点锤轻敲阀体震动即可;

⑦如仍无效,可将遮断阀供气阀盖卸下,取出供气阀,再将盖装好,维持运行回段报活。

3. 均衡风缸充风慢

大闸置于运转位,小闸运转位

(1)故障分析

1)电路原因

①259YV 重联电空阀犯卡;

②483SB(484SB)消除按钮犯卡。

2)空气通路原因

①55#调压阀总风管 157 塞门未在全开位(半关);

②均衡风缸管半堵;

③中继阀主膜板破裂。

(2)判断

①大闸在运转位,断开制动控制电源自动脱扣开关 615QA 时,电空阀 259YV 线圈失电,故障为电路原因②项;

②大闸置于制动位,均衡风缸下降缓慢,中继阀排风口无风排出,但制动管空气压力也缓慢下降,故障为电路原因①项或空气通路原因②或③项;

③大闸置于运转位,均衡缸充风慢,在制动位时,均衡风缸、制动管减压正常故障为空气通路原因①项。

(3)处理

①应检查消除按钮是否在断开位,如仍无效,可转空气制动操纵维持运行;

②如 259YV 电空阀阀杆固着,用检点锤轻敲 259YV 电空阀体即可;

③中继阀主膜板破裂或均衡风缸管半堵时,可不作处理。但制动机操纵要注意列车制动和缓解均慢,需要调速或停车时,应提早制动降速,缓解时应保证有足够的充风时间,谨慎维持运行;遇紧急情况时,将大闸移到中立位,手扳紧急放风阀停车,返段报活;

④查看 55 调压阀总风管 157 塞门是否在全开位。

4. 均衡风缸充风正常，制动管充风缓慢

大闸运转位，小闸运转位

(1)故障分析

空气通路原因：

①中继阀总风管 114 塞门半关或总风管 100 空气滤清器不清洁；

②中继阀制动管 115 塞门半关。

(2)判断

①大闸减压制动时，制动管压力下降正常，故障为原因①项；

②制动管充、排风均慢，故障为原因②项。

(3)处理

①确认中继阀总风管 114 塞门应在全开位；

②如仍无效，卸下中继阀总风管 100 空气滤清器清洗即可；

③检查中继阀制动管 115 塞门应在全开位。

5. 均衡风缸、制动管、总风缸表三针一致(过量供给)

大闸置于运转位，小闸运转位

(1)故障分析

1)电路原因

①充气按钮 481SB(482SB)触点烧结或犯卡；

②255YV 检查电空阀犯卡。

2)空气通路原因

①55 调压阀调整压力过高或故障；

②大闸过充位，充风中继阀过充柱塞 O 型圈破损。

(2)判断

①大闸运转位，电空阀 255YV 在吸合状态时，断制动控制电源 255YV 失电，故障为电路原因①项，否则为②项；

②逆时针旋转 55 调压阀手轮，再施行减压后缓解，制动管压力不再上升，故障为空气通路原因①项，否则为 55 调压阀本身故障；

③大闸过充位时，均衡风缸增压，故障为空气通路原因②项。

(3)处理

①卸下 255YV 线圈正、负接线任意其中一根并包好可继续运行；

②如仍无效，用检点锤轻敲 255YV 阀体震动即可；

③过量不多时，将 55 调压阀压力调到与制动管压力相同，维持运行，待有计划进站侧线停车后，在施行最大有效减压待排完风时，再逆时针旋转 55 调压阀手轮，降低均衡缸压力不超过 100 kPa 后再缓解，如制动管压力仍超过规定压力，重复上述方法，即可消除。

④过量多时，制动管压力达 900 kPa 时，可分三步消除：

第一步，停车后追加减压至 200 kPa，待全列排完风，可将 55 调整手轮向逆时针旋转(每次调整不得超过 100 kPa)，再缓解；确认制动管压力应在 800 kPa 左右，重复几次后，即可消除(如：有时间可向后部确认车辆应呈缓解状态)；

第二步，如为 55 调整阀故障，将电空制动控制器置于运转位，关闭 157 塞门、将 153 转到空气位后，扳动电空转换开关置于空气位，小闸放在运转位，则须调 53 或 54 调压阀压力与制动管压力相等(即:能使列车呈缓解状态),再按第一步的方法处理。

第三步,途中运行发生过量供给时,尽量不作消除处理,可将 55 调压阀调高,应保持列车在不产生自然制动情况下,维持运行进站侧线停车后,再按第一步的方法处理。

第四步,牵引客货列车时,发生过量供给而途中未消除,维持过量供给的压力运行到终点停车站后,应及时按第一步的消除过量供给,避免更换机车后,车辆不能缓解而影响开车。

6. 均衡风缸充风正常,制动管充风缓慢

大闸置于运转位

(1)故障分析

①制动管表不良或表管半堵;

②中继阀供风阀未开到位;

③115 制动管塞门半关。

(2)判断

①换端检查制动管充风压力正常,故障为原因①项;

②大闸减压正常,故障为原因②项,否则为③项。

(3)处理

①若故障原因为①项,可不作处理维持运行;

②用检点锤轻敲中继阀或拆检之;

③将中继阀制动管 115 塞门置于全开位。

7. 均衡风缸减压正常,制动管压力下降缓慢

大闸制动位,小闸运转位

(1)故障分析

①中继阀排风口半堵;

②中继阀制动管 115 塞门半关。

(2)判断

①制动管充风正常,故障为原因①项;

②制动管充、排风均慢,故障为原因②项。

(3)处理

①清扫中继阀排风口;

②检查中继阀制动管 115 塞门将其打到全开位。

8. 均衡风缸不保压

大闸手把由制动位放中立位,小闸运转位。

(1)故障分析

1)电路原因

①262V 二极管断路;

②制动电空阀 257YV 故障;

③208 压力开关触指接触不良或接线断;

④455KA 常闭虚接。

2)空气通路原因

①初制动风缸或其管路系统泄漏;

②255YV、258YV、259YV、209SA、208SA 管系泄漏。

(2)判断

①将大闸放制动位均衡风缸下降 200 kPa 后自动保压,中立位制动电空阀 257YV 得电,为①②项原因;

②如 257YV 不得电,故障为电路原因③项;

③中立位制动电空阀 257YV 得电,故障为空气通路原因中的①②项。

(3)处理

①短接 262V 二极管维持运行;

②将 455KA 调整好即可;

③257YV 本身故障或 208SA 压力开关不良,转空气位维持运行;

④故障仍消除不了,关闭总风管 157 塞门、153 转换阀置于空气位,电空转换开关置于空气位维持运行。

9. 均衡风缸保压,制动管压力下降

大闸手把由制动位放中立位,小闸运转位。

(1)故障分析

①中继阀排风口关不严;

②制动管系及折角塞门泄漏;

③工作风缸泄漏。

(2)判断

①大闸中立位中继阀有排风口有风排出,故障为①项;

②中继阀排风口无风泄漏,故障为②项;

③大闸中立位,制动管不保压,而机车制动缸也不保压,故障为③项。

(3)处理

①用检点锤轻敲中继阀阀体或用大闸施行最大减压促使中继阀的排风阀关闭;

②制动管系轻微泄漏可维持运行;

③如泄漏严重时,应检查泄漏处所进行处理。

10. 均衡风缸压力又恢复定压,列车缓解

大闸手把由制动位放中立位,小闸运转位。

(1)故障原因

①压力开关 209SA 触指烧结或犯卡;

②209SA 压力开关膜板小破;

③258YV 缓解电空阀下阀与阀口不密贴。

(2)判断

①大闸运转位 258YV 缓解电空阀得电,故障为原因①②项;

②若均衡风缸减压缓慢、大闸由制动位回中立位,均衡风缸压力缓慢上升,故障为原因③项。

(3)处理

①卸下 209SA 触指中 807 或 827 接线任意一根并包好,可继续操纵;

②处理无效,转空气位维持运行。

(二)大小闸的故障

1. 大闸制动位,机车制动缓慢

(1)故障分析

①制动缸表管半堵;

②分配阀总风管 123 塞门半关或管半堵;

③机车制动缸管 119、120 塞门半关或管半堵。

(2)判断

①换端操纵制动正常,故障为原因①项;

②如故障仍一样,故障为原因②③项。

(3)处理

①表管半堵可不作处理,回段报活;

②检查分配阀总风管 123 塞门、制动缸管 119、120 塞门应在全开位;

③如管系半堵,机车制动时要做到提早制动,维持运行回段报活;

2. 小闸运转位,大闸手把由制动位回中立位,制动缸不保压

(1)故障分析

①254YV 排 1 电空阀的阀与阀口间密贴不严;

②作用管系泄漏或分配阀 156 塞门未关严;

③机车制动缸管系或单元制动缸端盖泄漏;

④分配阀均衡部端盖泄漏;

⑤平均管塞门未关严或管系泄漏。

(2)判断

①大闸中立位,手触 254YV 排 1 电空阀排风口有风排出,故障为①项;

②254YV 作用良好,而大、小闸中立位均不能使机车保压,故障为②③④⑤项。

(3)处理

①轻微泄漏可不处理,根据需要用小闸增加机车制动力;

②如排 1 电空阀排风口泄漏严重,可排风口堵死,机车缓解时,可用小闸置缓解位或下压小闸手把。

③关闭分配阀 156 塞门;

④关严平均管塞门;

⑤检查泄漏处所进行处理。

3. 大闸手把由运转位放制动位,小闸运转位,均衡风缸不减压

(1)故障分析

①258YV 缓解电空阀犯卡或出风口堵;

②258YV 与 257YV 间联络管堵;

③257YV 制动电空阀犯卡或排风口堵。

(2)判断

①大闸制动位,257YV 制动电空阀无排风声,故障为①项;

②258YV 释放正常,故障为②项;

③大闸制动位,手按 257YV 芯杆按不动或按得动无风排出。故障为原因③项。

(3)处理

①用检点锤轻敲 258YV、257YV 阀体震动即可;

②如无效时,拆卸联络管接头螺母或将 257YV 排风口清扫即可;

③仍无效,转空气位操纵维持运行,回段报活。

4. 大闸手减压制动后，由中立位移到运转位，小闸运转位，机车制动正常，缓解缓慢

(1)故障分析

①254YV 芯杆未吸合到位(阀与阀口开度过小)；

②254YV 电空阀作用管或排风口半堵。

(2)判断

①大闸缓解时手按 254YV 芯杆缓解正常，故障为原因①项；

②如 254YV 芯杆压不动，故障为原因②项。

(3)处理

①如 254YV 吸不良，可压小闸手把缓解机车制动；

②清扫 254YV 电空阀排风口；

③拆卸 254YV 电空阀作用管接头，用小闸施行制动冲出管内异物，再拧紧管接头螺母即可。

5. 大闸手把由运转位放制动位，均衡风缸减压正常，制动管不减压

(1)故障分析

①中继阀排风口堵塞；

②中继阀活塞与顶杆脱落。

(2)判断

充风正常可排除①项，否则为②项。

(3)处理

①大闸减压后，用检点锤轻敲中继阀阀体震动或清扫排风口；

②卸下中继阀端盖，取出供气阀再装好盖，堵住中继阀排风口，调整总风缸压力为500 kPa 或 600 kPa，施行制动时，断开风泵控制开关，用手扳紧急放风阀使列车减压制动，需要缓解时，合风泵控制开关充风，维持运行。

6. 大闸手把置制动位，小闸运转位，均衡风缸减压 190～230 kPa 仍继续减压

故障分析

①208SA 压力开关触点及接线虚接或本身故障；

②初制动风缸及其管路系统泄漏；

③均衡风缸及其管路系统泄漏；

④257YV 线圈接线断或故障。

(2)判断

①大闸制动位移至中立位，均衡风缸保压正常，故障为原因①项；

②如不能保压，257YV 制动电空阀排风口有风排出，故障为原因④项。

③将 153 转换阀置于空气位，转空气机车机操纵正常，故障为原因②项，反之为故障原因④项。

(3)处理

①如为 208SA 故障可不处理，正确操纵电空制动控制器(大闸)，达到需要的减压量后，及时将大闸移至中立位保压，再根据需要追加减压量。

②通过②④项处理仍无效时，转空气位维持运行(153 转换阀必须置空气位)。

③第③项原因，如泄漏不严重可维持运行。

7. 大闸手把置于制动位，小闸运转位，制动机起紧急制动

(1)故障分析

①紧急阀 95SA 的缩孔Ⅰ或Ⅱ半堵；

②初制动风缸大漏；

③均衡风缸管接口堵；

④制动管充风不足或车辆制动机故障。

(2)判断

①关闭 116 塞门再将大闸置于制动位，减压正常，故障为①项；

②如仍无效，故障为原因②③④项。

(3)处理

①关闭 116 塞门后维持运行；

②检查初制动风缸及管系，如有泄漏处所紧固即可；

③拆下均衡风缸管接头进行清扫；

④待制动管充满后，再施行大闸减压；

⑤如列车中某一车辆制动机故障时，尽量维持进站停车检查处理。

8. 大闸手把置于紧急位，小闸运转位，制动机不起紧急制动

(1)故障分析

①804 线或大闸紧急位接触点不良；

②紧急电空阀 94YV 线圈烧损或断路；

③电动放风阀 94 故障；

④117 或 158 塞门关闭。

(2)判断

①按压紧急按钮能起紧急制动，故障为①项；

②紧急电空阀 94YV 能得电，故障为③④项；

③94YV 不得电，故障为②项。

(3)处理

①可不作处理，遇危机人身及行车安全时按压紧急按钮停车；

②如 94YV 或 94 电动放风阀故障，也不作处理，遇紧急情况时，应将大闸置于中立或制动位，使用手动放风阀停车；

③检查 117 或 158 塞门应在开放位。

9. 大闸制动后由中立位移到运转位，小闸运转位，机车制动正常，不缓解

(1)故障分析

①254YV 线圈未得电或接线断；

②254YV 电空阀排风口堵；

③254YV 作用管堵；

④分配阀均衡部排风口堵。

(2)判断

①手按 254YV 芯杆有风排出，故障为原因①项；

②254YV 吸合正常，无排风声故障为原因②③项；

③254YV 吸合正常，有排风声故障为原因④项。

(3)处理

①查出 254YV 接线断，紧固即可，可将分配阀 156 塞门打开，单机运行必须关闭 156 塞门，机车缓解时，可下压小闸手把或置于缓解位；

②254YV吸合良好，应清扫排风口即可，如仍无效，卸下作用管接头螺母，用小闸制动冲扫管内脏物；

③如排风正常，用检点锤轻敲分配阀均衡部排风口处震动，仍无效，则应拆卸均衡部端盖进行清扫处理。

10. 大闸手把置于紧急位

均衡风缸、制动管排风正常，制动缸压力上升至450 kPa的时间大于5 s。

(1)故障原因

①分配阀总风通紧急增压阀的缩孔Ⅲ偏小或不畅通；

②紧急增压阀反力弹簧弹力偏大或紧急增压阀作用不灵活；

(2)判断

如作用管及制动缸管系无大漏为原因①②项。

(3)处理

途中维持运行，回段报活。

11. 大闸手把置于紧急位，小闸运转位

均衡风缸、制动管排风正常，制动缸压力不上升。

(1)故障分析

①分配阀主阀膜板大破；

②工作风缸系统大漏；

③分配阀安全阀脱落或调整压力为零；

④分配阀均衡部故障；

⑤123分配阀总风塞门或制动缸塞门119、120关闭。

(2)判断

①小闸能使机车制动，故障为原因①②项；

②大、小闸均不能使机车制动，故障为原因③④⑤项。

(3)处理

①分配阀膜板破损可不作处理，运行中制动时应及时用将小闸增加机车制动力或使用电阻制动配合；

②检查泄漏处所紧固即可；

③重新装好安全阀，调整好规定压力；

④确认123、119、120塞门应在开放位。

12. 大闸手把置于紧急位

均衡风缸、制动管排风正常，制动缸压力升不到定压或超过定压。

(1)故障分析

①安全阀调整压力过低或过高；

②分配阀紧急增压阀固着；

③小闸置于缓解位(有漏风音响)。

(2)判断

①如制动缸压力超过(或达不到)450 kPa，为安全阀整过高(低)；

②分配阀安全阀喷一次气不再喷，故障为原因②项；

③确认小闸手把的位置。

(3)处理

①运行中可不处理,维持运行,到站停车后,调整分配阀安全阀规定压力;

②维持运行回段报活;

③小闸移到运转位。

13. 大闸手把置于紧急位,小闸缓解位

制动缸压力缓解不到零。

(1)故障分析

①分配阀总风通紧急增压阀的缩孔Ⅲ偏大;

②增压阀柱塞不灵活。

(2)判断

将分配阀总风管 123 塞门关闭后,机车能缓解,故障为原因①②项。

(3)处理

大闸移回运转位,机车缓解正常,可不作处理,维持运行回段报活。

14. 大闸手把置于重联位,小闸运转位

机车重联时,操纵机车施行制动后移中立位,中继阀排风口排风不止。

(1)故障分析

①1AC(801、811 间)或 2AC(811、821 间)接点不良;

②259YV 重联电空阀故障或接线断。

(2)判断

手按 259YV 电空阀芯杆能按动,故障为原因①②项。

(3)处理

单机车运行时,可不作处理,维持运行;如机车需重联时,关闭中继阀制动管 115 塞门,转空气位维持运行回段报活。

15. 大闸手把由紧急位置运转位,制动管不充风

(1)故障分析

①操纵不当造成紧急阀 95SA 未恢复;

②中继阀遮断阀供气阀固着;

③258YV 线圈烧损、芯杆固着;

④中间继电器 451KA 犯卡或 258YV 电路中 451KA、452KA、455KA 常闭联锁不良;

⑤紧急电空阀 94YV 或 94 放风阀故障;

⑥紧急阀 95SA 故障。

(2)判断

①如紧急制动后大闸在紧急位或重联位的停留时间未到 15 s,属操纵不当;

②如均衡风缸也不充风,故障为原因③④项;

③断开 464QS 后正常,故障为原因⑥项;

④如电动放风阀处有大排风声响,故障为原因⑤项。

(3)处理

①正确操纵制动机;

②可轻敲中继阀遮断阀阀体,无效时,拆检遮断阀清扫;

③258YV 故障可不作处理,转空气位制动机操纵;

④94YV、94放风阀故障，可关117、158塞门维持运行；

⑤451KA、紧急阀95SA故障，应断开464QS或关闭116塞门维持运行。

16. 大闸手把由运转位置过充位，制动管无过充压力

(1)故障分析

1)电路原因

①805线接点不良；

②252YV过充电空阀故障。

2)空气通路原因

①过充风缸管堵；

②过充柱塞固着。

(2)判断

①大闸过充位，确认252YV电空阀未得电，故障为电路原因①②项；

②过充风缸排风口无排风音响，故障为空气通路原因①项；

③过充风缸排风口有排风音响，故障为空气通路原因②项。

(3)处理

途中可不作处理，需调速、进站停车时，将速度适当降低，保证充风时间，维持运行回段报活。

17. 大闸手把由运转位置过充位

制动管过充量追踪总风压力。

(1)故障分析

中继阀过充柱塞O型圈破损。

(2)判断

大闸过充位，均衡风缸压力超过规定500 kPa或600 kPa。

(3)处理

途中停止使用过充位，如发生过量时，应在适当时机，消除过量供给，使制动管压力恢复规定压力。

18. 大闸手把由过充位置运转位

过充量不能消除。

(1)故障分析

1)电路原因

252YV过充电空阀犯卡。

2)空气通路原因

①过充风缸缩孔堵；

②过充柱塞固死。

(2)判断

①大闸运转位，手按252YV电空阀按不动，故障为电路原因①项；

②过充风缸排风口无排风声，故障为空气通路原因①②项。

(3)处理

①用检点锤轻敲252YV阀体震动即可；

②大闸置于运转位，用扳手将252YV过充管接头稍松几扣，缓慢排出过充风缸内空气压力，待消除后停止使用过充位，运行回段报活。

19. 小闸制动位,大闸运转位

机车不起制动作用。

(1)故障分析

①53(54)调压阀无调整压力或总风管 127(128)塞门在关闭状态;

②小闸作用管堵;

③分配阀总风管 123 塞门关闭;

④机车制动缸管 119、120 塞门关闭;

⑤分配阀均衡部膜板破损或供气阀固着。

(2)判断

①大闸制动正常,故障为原因①②项;

②大、小闸均不能使机车产生制动,故障为原因③④⑤。

(3)处理

①检查 127(128)、分配阀总风管 123、制动缸管 119、120 塞门应在打开状态;

②小闸制动位,顺时针旋转 53(54)调压阀手轮,确认制动缸表针指示 300 kPa 即可;

③如为均衡部膜板大破损,可将排风口堵死,施行大闸制动不能满足机车制动力,必须用小闸增压,由于小闸直接向制动缸送风比较缓慢,机车需要制动时,应提前采取制动,维持运行回段报活。

20. 大闸手把运转位按压充气按钮后,再按消除按钮不起消除作用

均衡风缸压力追踪总风缸压力。

(1)故障分析

①充气按钮(481SB、482SB)接点烧结或犯卡;

②255YV 检查电空阀是否犯卡。

(2)判断

①立即断电空制动电源 615QA 脱扣开关,均衡风缸不在增压,故障为原因①项;

②如均衡风缸仍增压,故障为原因②项。

(3)处理

①将 255YV 重联电空阀正、负接线任意拆下一根并包好,再消除过量压力后,可正常操纵;

②如仍无效,将 153 转换阀置空气位、分配阀 156 塞门打开,转空气制动操纵维持运行。

21. 大小闸手把运转位

均衡风缸、制动管充风正常,机车制动缸不缓解。

(1)故障分析

①大闸 809(819)线接点不良;

②小闸微动开关 3SA2 或 4SA2 接点虚接;

③254YV 排 1 电空阀电路中 455KA、452KA、451KA 常闭虚接;

④254YV 排 1 电空阀排风口堵或故障;

⑤分配阀均衡部故障。

(2)判断

①将小闸手把置缓解位或下压手把,如机车制动缸仍不能缓解,故障为原因⑤项;

②手按 254YV 排 1 电空阀机车能缓解,故障为原因①②③项;

③如仍不缓解,故障为原因④项;用检点锤轻敲 252YV 阀体或清扫排风口。

(3)处理

①下压小闸手把能使机车缓解,可维持运行回段报活;

②如仍无效,可轻敲分配阀均衡部震动即可;

③如为分配阀均衡部故障,关分配阀总风管123塞门,拆下分配阀均衡部端盖排出余风(使机车缓解),并取出膜板及阀杆,将端盖装好,再将排风口堵上,机车制动用小闸,但注意机车上闸较慢。

22. 大闸手把运转位,小闸手把中立位

机车制动缸不保压。

(1)故障分析

①分配阀156缓解塞门未关严;

②254YV排1电空阀犯卡或下阀与阀口不密贴;

③小闸作用柱塞“O”型圈破损或作用管系泄漏;

④分配阀均衡部端盖泄漏;

⑤3SA2或4SA2接点烧结。

(2)判断

①大闸制动位减压移置中立位机车也不保压,故障为原因②③④⑤项;

②小闸制动位,手触分配阀156塞门排风口有风排出,故障为原因①项。

(3)处理

①将分配阀156塞门关到位;

②轻泄漏可不作处理,途中调速、停车时,需要机车增压应小闸置于制动位,可维持运行回段报活;

③如泄漏严重时,应查出泄漏处所紧固;

④大闸使机车制动保压,单机运行制动时,应先将大闸置于中立位,再操纵小闸使机车制动,维持运行回段报活。

23. 大闸各作用位正常,小闸手把制动位

机车制动缸无压力。

(1)故障分析

①小闸微动开关3SA2或4SA2烧结;

②调压阀53(54)调整压力为零;

③调压阀53(54)总风管127(128)塞门在关闭位。

(2)判断

①将大闸手把置中立位,小闸制动正常,故障为原因①项;

②如小闸不能使机车制动,故障为原因②③项。

(3)处理

①牵引列车运行时,可不作处理,单机运行机车需制动,应先将大闸置于中立位,再小闸使机车制动,维持运行回段报活;

②将调压阀53(54)压力调整为300 kPa即可;

③查看53(54)调压阀总风管127(128)塞门、机车制动缸119、120塞门应在打开位。

24. 小闸缓解位,均衡风缸不充风

(1)故障分析

①53(54)调压阀未调整到规定压力(500 kPa);

②53(54)调压阀总风管127(128)塞门在关闭位。

(2)判断

①施行减压300 kPa后再缓解，均衡风缸充到300 kPa不充了，故障为原因①项；

②减压后缓解不充风，故障为原因②项。

(3)处理

①将操纵端调压阀调到规定压力(500 kPa或600 kPa)；

②检查调压阀总风管127(128)塞门确定在打开位。

25. 小闸制动位，均衡风缸压力不降

(1)故障分析

①小闸均衡风缸排风口堵塞；

②小闸作用柱塞弹簧折断。

(2)判断

换端操纵正常，故障为原因①②项。

(3)处理

换端操纵维持运行回段报活。

26. 小闸制动位，均衡风缸压力下降过快

(1)故障分析

小闸均衡风缸排风口缩孔风堵丢失。

(2)判断

换端操纵正常，故障为操纵端故障。

(3)处理

将非操纵端缩孔风堵卸下换装到操纵端。

(三)电—空联锁时的故障分析、判断及处理

1. 电—空联锁时，调速手轮离开零位置制动区

均衡风缸无初制动减压。

(1)故障分析

①电空联锁转换开关465QS不良或在断开位；

②空电联合转换开关466QS不良或不在“0”位；

③452KA中间继电器电路中530KT常开、91KM常开、453KA常闭不良或415线接点不良；

④452KA中间继电器本身故障。

(2)判断

①如254YV排风1电空阀能得电为453KA常闭不良或452KA中间继电器本身故障；

②如有空电联合制动作用为466QS不在“0”位。

(3)处理

对应处理，无效时维持运行。

2. 电-空联锁时，调速手轮离开零位置制动区

均衡风缸减压正常，但其压力不能自动恢复。

(1)故障分析

①453KA中间继电器故障；

②454KT时间继电器故障。

(2)判断

若453KA线圈电源线(866)有电原因为①项,反之为②项。

(3)处理

拆检相应继电器,运行中可将465QS断开维持运行。

3. 电—空联锁时,使用电制动出现往复初制动减压

(1)故障分析

①风速继电器或其中间继电器不良,造成530KT吸合不稳定;

②454KT时间继电器故障。

(2)判断

如伴随有“预备”灯亮原因为①项反之为②项。

(3)处理

①若原因为①项确认风机工作正常后可将相应风速故障开关置故障位或顶死530KT维持运行;

②若原因为②项处理不好时,断开465QS维持运行。

4. 电—空联锁时,调速手轮离开零位置制动区

均衡风缸减压不止。

(1)故障分析

①大闸836线接点不良;

②455KA常闭或452KA常开不良;

③压力开关209SA下接点不良。

(2)判断

换端正常为①项原因,反之为②、③项原因。

(3)处理

检查处理上述各处所,运行中将465QS断开即可。

任务实施

1. 分组熟悉制动屏柜内主要部件的名称、位置与作用,了解操纵台上各扳键的位置和作用,了解LKJ-2000型列车运行监控记录装置的操作,掌握司机控制器的作用和操纵,需要1课时。

2. 分组进行DK-1电空制动机的操纵,了解DK-1电空制动机的综合作用原理,根据所学知识判断制动系统是否正常,查找故障,并进行处理,需要3课时。

实践与训练

学习工作单

工作单	DK-1型电空制动机的故障处理		
任　务	通过学习,熟悉DK-1型电空制动机的操纵部件;掌握电空制动控制器的功能		
班　级		姓　名	

续上表

学习小组		工作时间	

【知识认知】

按图了解电力机车制动屏柜中各主要部件的位置

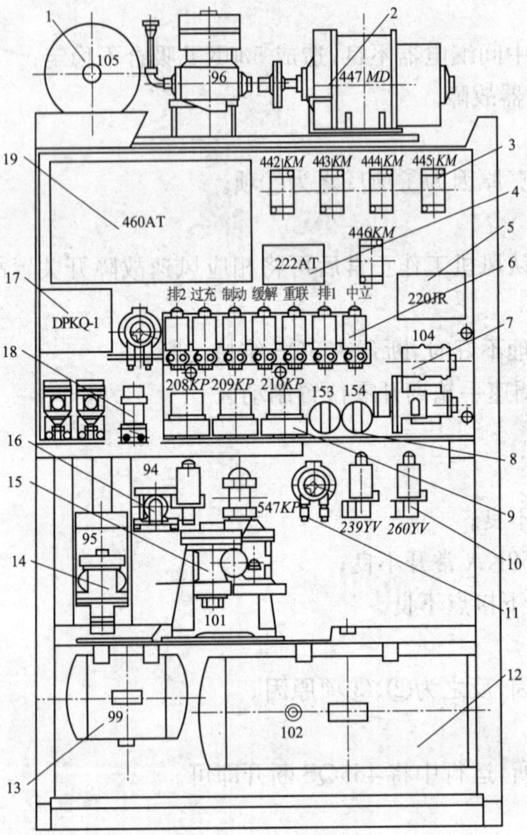

【动手能力训练】

1. 制动管漏泄，如何判断？

续上表

2. 电空制动控制器手柄置于“运转位”，均衡风缸与制动管均无压力的原因分析与处理
3. 电空制动控制器手柄置于“制动位”后移至“中立位”，均衡风缸保压，制动管压力下降的原因分析与处理
任务学习其他说明或建议：
指导老师评语：
任务完成人签字：　　　　　　　　　　　　日期：　　年　　月　　日 指导老师签字：　　　　　　　　　　　　　日期：　　年　　月　　日

项目六　基础制动与停车制动装置

制动装置一般包括三个部分,即制动机、基础制动装置和停车制动装置。制动机分为机车制动机和车辆制动机,一般认为它是制动装置中可直接受司机操纵控制及产生制动原力(制动缸活塞上所产生的推力)的部分。基础制动装置分为闸瓦制动和盘形制动两大类。盘形制动(摩擦式圆盘制动)是在车轴上或在车轮辐板侧面装上制动盘,一般为铸铁圆盘,用制动夹钳使合成材料制成的两个闸片紧压制动盘侧面,通过摩擦产生制动力,把列车动能转变成热能,消散于大气。盘形制动属于黏着制动。

闸瓦制动基础制动装置由制动缸活塞推杆以后至闸瓦及其间一系列传动部分组成。它的作用是把制动原力放大若干倍后均匀地传递到各个闸瓦,使之压紧车轮产生制动作用。基础制动装置的任务如下:

1. 传递制动原力(也叫制动缸活塞杆的推力)至各闸瓦;
2. 将制动原力放大一定倍数;
3. 保证各闸瓦有较一致的制动力;
4. 与手制动机或停车制动装置配合产生停车制动作用。

停车制动装置是机车车辆在无压缩空气时,用以代替空气制动机的作用,带动基础制动装置,使闸瓦压紧车轮的一种制动装置。停车制动装置一般包括手制动机和蓄能制动器(弹簧止轮器)。手制动机靠人力操纵并产生制动原力,而蓄能制动器则是靠蓄能弹簧产生制动原力。

本章重点讲述基础制动装置的基本构成,韶山系列电力机车单元制动器、停车制动装置、盘形制动和防滑器,并对制动力的形成、制动倍率、传动效率和制动率及其影响因素做简要介绍。

任务一　韶山系列电力机车基础制动装置概述

知识要点

1. 了解基础制动装置的组成。
2. 掌握基础制动装置的布置形式。

项目任务

1. 通过搜集资料,了解基础制动装置的发展。
2. 通过分组练习,描述基础制动装置的形式。

任务准备

1. 所需设备：韶山系列电力机车基础制动装置。

2. 所需物品：工业凡士林、汽油、白布、丙酮、酒精、松香、焊锡、锂基脂、砂布。

相关理论知识

一、基础制动装置的组成

基础制动装置由制动缸、制动传动装置、闸瓦装置及闸瓦间隙调整装置组成。

制动缸俗称闸缸，是产生制动原力的部件，它受制动缸压力空气压力变化的控制而进行动作。制动缸的种类很多，但其构造基本相同，主要由缸体、活塞、活塞杆及缓解弹簧等组成。

制动传动装置应用杠杆原理，将制动缸产生的制动原力放大一定的倍数后均衡地传递给各个闸瓦。

闸瓦装置用于安装闸瓦，并调整闸瓦与车轮踏面间的工作角度。闸瓦装置包括闸瓦、闸瓦托、闸瓦签及闸瓦定位装置等。

闸瓦间隙调整装置用于自动调整闸瓦与车轮踏面之间的间隙，使闸瓦间隙保持在规定的范围内，以确保制动作用的可靠性。

二、基础制动装置的布置形式

(一)按闸瓦的布置情况分

基础制动装置按照闸瓦的分布情况，可分为单侧制动式和双侧制动式。

单侧制动式也称单侧闸瓦式，即只在车轮的一侧设有闸瓦，如图 6-1、图 6-2、图 6-3 所示的 SS_4 改、SS_{7E} 和 SS_9 型电力机车的基础制动装置。单侧闸瓦式基础制动装置的构造较为简单，适用于速度不高、吨位不大的车辆和有其他制动形式的机车。但这种制动装置在制动时使轴箱单侧受力，轴瓦易于偏磨；而且闸瓦单位面积上的压力较大，闸瓦磨耗量大，制动效果较差。

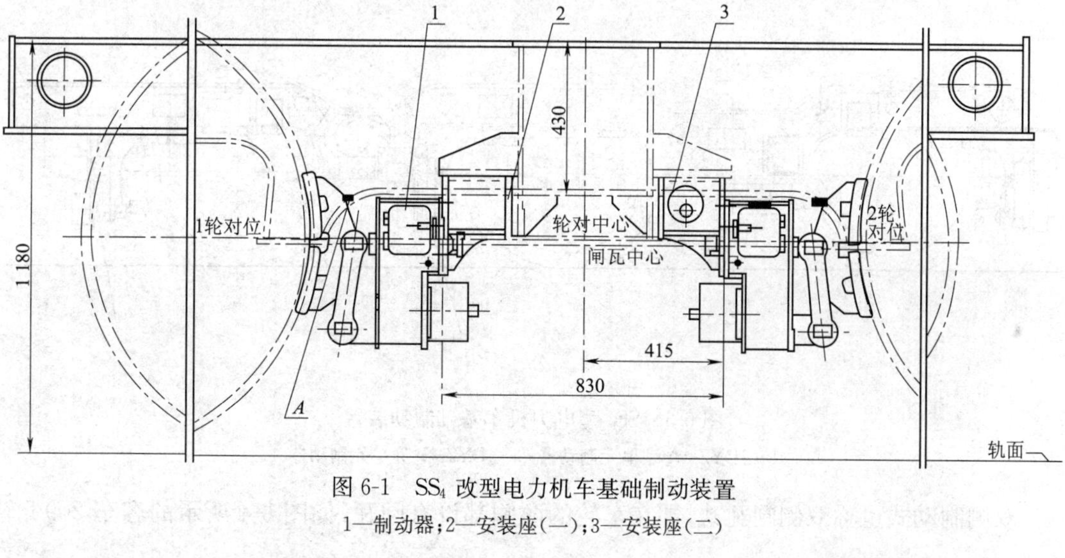

图 6-1　SS_4 改型电力机车基础制动装置

1—制动器；2—安装座(一)；3—安装座(二)

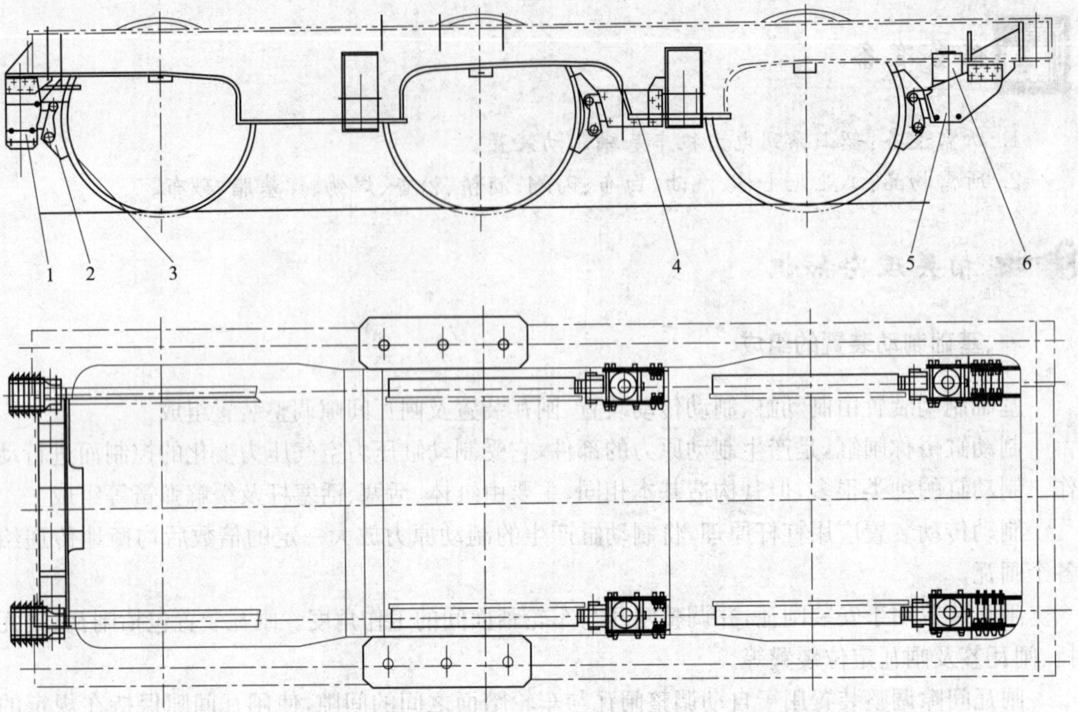

制动器安装位置示意图

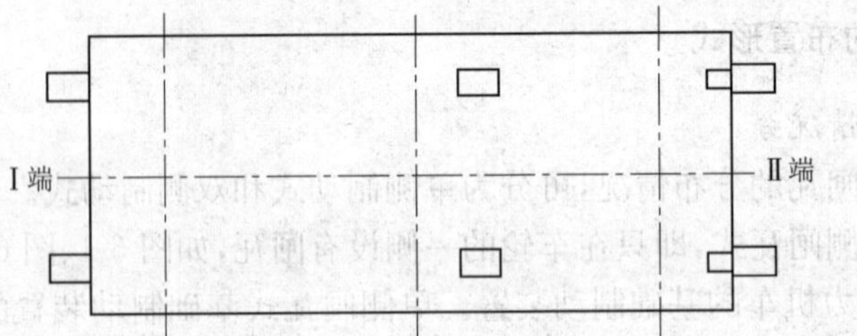

图 6-2　SS_{7E} 型电力机车基础制动装置

1—砂箱；2—闸瓦；3—轮对；4—XFD-1 型制动单元制动器；5—XFD-2 型单元制动器；6—制动缸

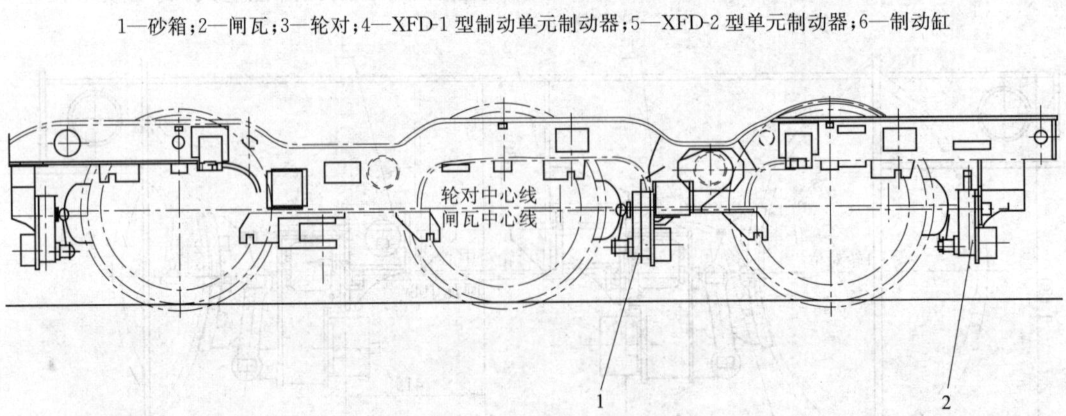

图 6-3　SS_9 型电力机车基础制动装置

1—JDYZ-4A 型单元制动器；2—JDYZ-4B 型单元制动器

双侧制动式也称双侧闸瓦式，即在车轮的两侧都设有闸瓦，如图 6-4 所示的客车 209T 转向架的基础制动装置。双侧闸瓦式基础制动装置结构比较复杂，但由于制动时闸瓦单位面积上所受的压力较小，因而摩擦系数较高，制动效果较好，闸瓦磨耗量也小，因此对缩短制动距离、提高运行速度都是有利的。

目前我国货车、DF_4 型内燃机车和部分电力机车采用单侧制动，客车和部分内燃、电力机车采用双侧制动。随着列车运行速度的提高，大吨位货车也有采用双侧式基础制动装置的必要。韶山系列电力机车除 SS_1、SS_3、SS_7 型机车采用双侧制动外，其他车型均采用单侧制动。

（二）按制动缸的控制对象分

基础制动装置按照制动缸的控制对象，可分为组合式和单独式。

组合式基础制动装置是由一个制动缸为若干个闸瓦装置提供制动原力，如图 6-4 所示。其工作原理如下：

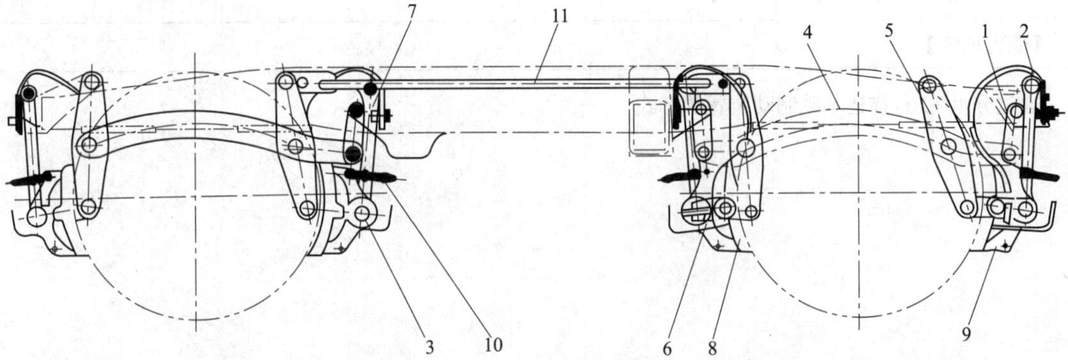

图 6-4　209T 转向架的基础制动装置

1—拉杆吊；2—缓解弹簧；3—制动梁；4—移动杠杆拉杆；5—移动杠杆；6—拉环；7—闸瓦托吊；8—闸瓦；9—闸瓦托；10—闸瓦托弹簧；11—移动杠杆上拉杆

当空气制动机起制动作用时，制动缸活塞推动制动缸前的杠杆系统，并通过制动拉杆（又称上拉杆，图中未示出）拉动第一个移动杠杆 5 的上端右移，第一个移动杠杆以中间的圆销为中心产生转动，并通过下端的圆销和拉环把制动梁推向车轮。制动梁朝向轮对移动时直接带动闸瓦托和闸瓦移向轮对，直到闸瓦贴靠车轮踏面。当制动拉杆继续拉动第一个移动杠杆 5 的上端右移时，第一个移动杠杆由于下端相对固定，便以下端的圆销为中心产生转动，通过它的中间圆销拉动移动杠杆拉杆 4 和第二个移动杠杆的中间圆销，使第二个移动杠杆绕它的上部圆销转动，于是第二个闸瓦便贴靠第一个车轮踏面的另一侧。此后，在制动力的继续作用下，第二个移动杠杆又绕下部圆销转动，它的上端圆销拉动移动杠杆上拉杆 11 和第三个移动杠杆的上端，其作用与第一个移动杠杆开始动作时一样，直到第三个和第四个闸瓦贴靠第二个车轮的两侧踏面为止。第四个移动杠杆由于上端有固定支点又称为固定杠杆，其上端用圆销固定在转向架构架的固定杠杆支点座上。

当制动机缓解时，制动装置靠 8 个缓解弹簧 2 的作用恢复原位。

单独式基础制动装置又称独立式，一个制动缸单独为一个闸瓦装置提供制动原力。其作用原理将在第二节作详细的介绍。

目前，国产韶山系列电力机车和大多数内燃机车、装用盘形制动的客车均采用单独式基础制动装置，货车和大多数客车采用组合式基础制动装置。

实践与训练

学习工作单

工 作 单	韶山系列电力机车基础制动装置概述		
任　　务	了解基础制动装置的组成，掌握基础制动装置的布置形式		
班　　级		姓　　名	
学习小组		工作时间	
【知识认知】			
1. 归纳总结基础制动装置的组成 2. 归纳总结基础制动装置的形式			
【能力训练】			
通过分组练习，描述基础制动装置的形式			
任务学习其他说明或建议：			
指导老师评语：			
任务完成人签字：　　　　日期：　　年　　月　　日 指导老师签字：　　　　日期：　　年　　月　　日			

任务二　单元制动器

知识要点

1. 了解韶山系列电力机车的基础制动装置的组成。

2. 掌握 SS_4 改型电力机车单元制动器的构造及工作原理。

3. 掌握 SS_9 型电力机车单元制动器的构造及工作原理。

项目任务

1. 通过搜集资料，了解韶山系列电力机车的基础制动装置的发展。

2. 通过分组制作PPT，简述 SS_4 改型电力机车单元制动器和 SS_9 型电力机车单元制动器的异同。

任务准备

1. 所需设备：韶山系列电力机车基础制动装置。
2. 所需物品：工业凡士林、汽油、白布、丙酮、酒精、松香、焊锡、锂基脂、砂布。

相关理论知识

一、概　　述

韶山系列电力机车的基础制动装置均采用独立箱式单元制动器，它是以制动器箱体为基础，将制动缸、制动传动装置和闸瓦间隙调整装置安装于箱体内部，闸瓦装置安装于箱体外侧的一种基础制动装置，因而又称为单缸制动器。主要由制动缸、杠杆传动系统、闸瓦间隙自动调整器和闸瓦装置组成。其特点是将制动单元各部件分别安装于箱体内外，对精密部件实行全密封，以提高可靠性。不论采用单侧制动，还是双侧制动，组装好的制动器作为一个独立单元吊装在转向架构架的制动器安装座上，用螺栓连接，此外还采用了其他的稳定措施。

韶山系列各型电力机车所使用的单缸制动器主要参数如表 6-1 所示。

表 6-1　韶山系列电力机车制动器的主要参数

制动器技术参数	SS_{3B}	SS_4 改	SS_{7E}	SS_8	SS_9
制动缸直径(mm)	178	178	177.8	203	190
缓解弹簧反力(N)	347	347		307	
制动倍率	2.85	2.85	4.47	3.5	4
传动效率	0.95	0.85	0.85	0.85	0.85
闸瓦压力(紧制)(N)	32 650	25 560	21 850	46 600	43 000
每台转向架制动缸数	6	4	12	4	6
闸瓦间隙(mm)	6～9	6～9	4～8	6～9	5～8
闸瓦材料	高摩合成	高摩合成	中磷铸铁	粉末冶金	粉末冶金

注：制动缸直径 203 mm 相当于 8 英寸，178 mm 相当于 7 英寸。

韶山系列各型电力机车基础制动装置的结构原理基本相同，只是 SS_7、SS_9 型机车的闸瓦自动调整器与其他车型不同。下面分别以 SS_4 改、SS_{7E} 和 SS_9 型电力机车单元制动器为例，介绍其构造和作用原理。

二、SS_4 改型电力机车单元制动器

(一)构造

SS_4 改型电力机车单元制动器的结构如图 6-5 所示。它主要由箱体、制动缸、制动杠杆、闸瓦间隙调整器和闸瓦装置等组成。

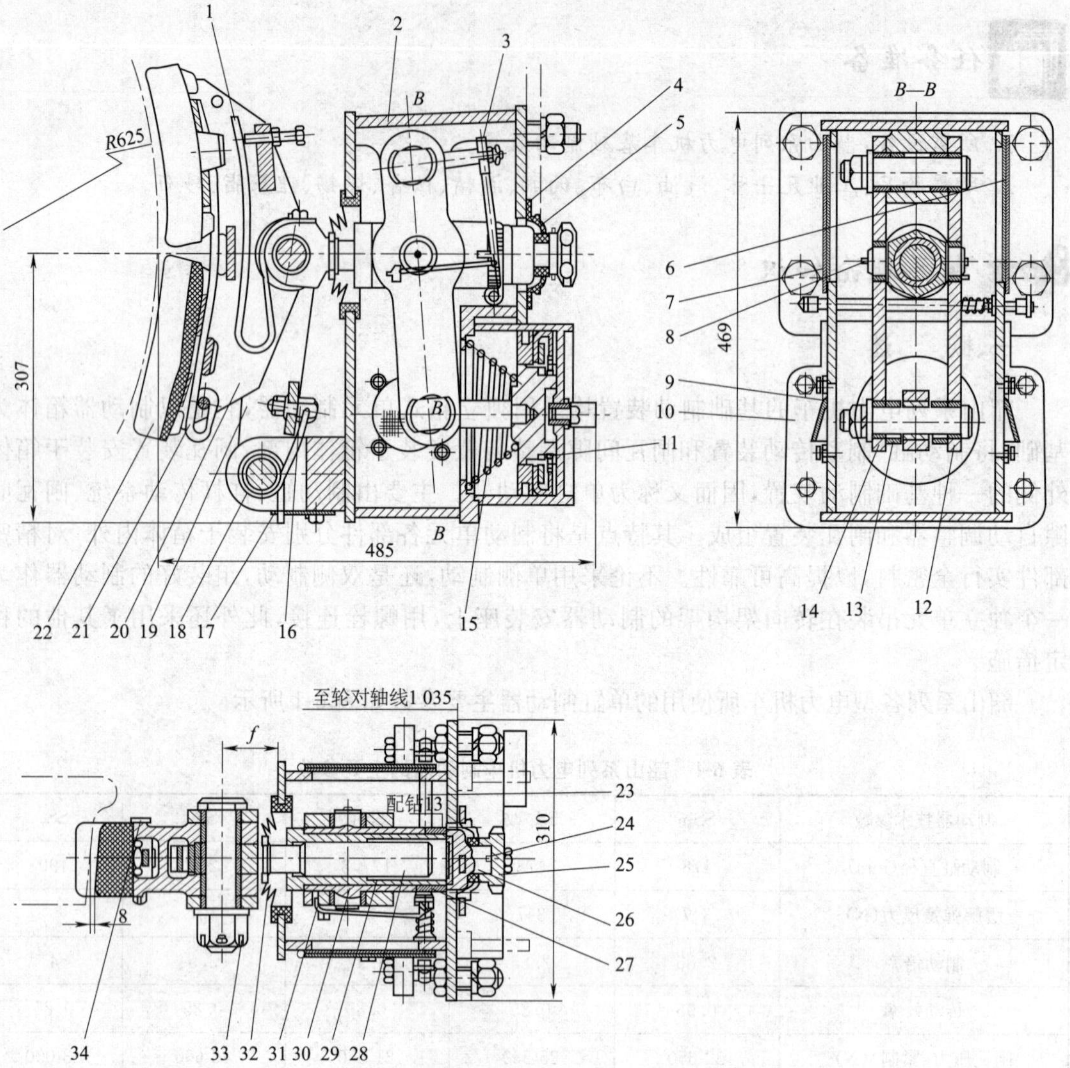

图 6-5　SS_4 改型电力机车单元制动器

1—闸瓦定位弹簧；2—箱体；3—棘钩；4—压环；5—密封套；6—门组装(左)；7—门组装(右)；8—油杯；9—护罩；10—滤尘网；11—制动缸；12、14—杠杆；13—隔套；15—圆锥弹簧；16—扭簧卡；17—扭簧止板；18—扭转弹簧；19—闸瓦托杆；20—闸瓦托；21—闸瓦签；22—闸瓦；23—脱钩杆；24—开口销；25—手轮；26—螺盖；27—棘轮；28—传动螺杆；29—传动螺母；30—滑套；31—条簧；32—密封罩；33—螺母；34—闸瓦签圆销

1. 箱体

箱体 2 为钢板电焊结构，将制动各单元件分别安装于箱体内外。箱体内安装制动杠杆 14 和闸瓦间隙自动调整器；箱体外安装制动缸 11、闸瓦托 20 及闸瓦 22。

2. 制动缸

制动缸为产生制动原力的部分，它采用活塞式结构，其上安装有制动缸管，为压力空气进出制动缸的管路。缸内装有带橡皮碗的活塞及活塞杆，活塞与箱体之间装有圆锥缓解弹簧 15，活塞杆的一端连在制动杠杆的下端。

3. 制动杠杆

制动杠杆用于传递、放大制动缸产生的制动原力。制动杠杆为两片，用销子吊装在箱体内上方的支点座上。杠杆中部孔吊装闸瓦间隙自动调整器。在外片制动杠杆的上端侧面焊装一个关节肘销，吊装棘钩。在外片制动杠杆上卡着的条簧将棘钩紧压在闸瓦间隙自动调整器的棘轮齿槽内，此条簧为“┛”形。

4. 闸瓦装置

闸瓦装置是基础制动装置中的最后一部分，它主要由闸瓦 22、闸瓦托 20、闸瓦托杆 19 等组成。闸瓦托杆下端销装在箱体下方的支点座上，上端安装闸瓦与托，并与传动螺杆 28 相连。闸瓦托上装两块闸瓦，以闸瓦签 21 串定。

5. 闸瓦间隙自动调整器

闸瓦间隙自动调整器为使闸瓦与车轮踏面保持一定间隙而设。韶山系列电力机车除 SS_7、SS_9 型外，均采用单向自动式闸瓦间隙调整器，即自动减小过大的闸瓦间隙，而增大闸瓦间隙则需人工调整。它吊装在制动杠杆上部，两端伸出箱体孔部分设密封装置防止灰尘进入箱体内。伸出箱体一端是调整手轮，一端是传动螺杆，连在闸瓦托与闸瓦托杆上。闸瓦间隙自动调整器由传动螺杆 28 与传动螺母 29(左旋螺纹副)、滑套 30、棘轮 27、棘钩 3 及调整手轮 25 等组成。传动螺母套装在滑套中可转动，传动螺母尾部露出滑套部分有右旋螺纹，其上拧装棘轮与调整手轮。滑套上有两耳轴销，是为吊装在制动杠杆之间而设。

箱体上部有脱钩机构，主要由脱钩杠杆 23 及棘钩 3 组成。撬起脱钩杠杆的长臂，压迫脱钩销可使棘钩绕关节肘销转动离开棘轮齿槽，以便反向旋转调整手轮使闸瓦离开车轮踏面，进行闸瓦更换。

(二)工作原理

如图 6-5 所示，当制动缸充气时，活塞带动活塞杆左移(活塞同时压缩了圆锥缓解弹簧)，推制动杠杆下端并以上螺销为支点向左摆动，制动杠杆带动与它相连的滑套，使传动螺母与传动螺杆推动闸瓦托，使闸瓦压在车轮踏面上实现制动作用。当制动缸排气时，活塞和活塞杆在缓解弹簧的推动下，使上述各传动零件作反方向运动，闸瓦即离开踏面而缓解。

(三)闸瓦间隙的自动调整

在运行过程中，由于闸瓦磨耗等原因，闸瓦与车轮踏面之间的间隙越来越大。为了消除增大的间隙，保证制动力的正常发挥，在基础制动装置中设置了闸瓦间隙自动调整器。当闸瓦间隙过大时，闸瓦间隙调整器将自动减小过大的闸瓦间隙。

当施行制动，制动杠杆绕上轴销摆动时，通过焊在制动杠杆上端的关节肘销使棘钩也随之摆动相同角度。棘钩在水平方向移动时，其钩尖不会落到棘轮齿槽外边，棘钩向下移动量之大小与杠杆摆角有关，摆角越大，向下移动量也越大。杠杆的摆角随闸瓦之间隙而变。若闸瓦间隙大于正常值时，杠杆的摆动幅度将使钩尖下移动的距离等于或大于棘轮齿的一个齿距。待缓解时，棘钩随杠杆回摆上移，同时钩住新达到位置的一个棘轮齿，使棘轮转动一个角度，与棘轮紧固在一起的传动螺母随着转动。传动螺母的转动使具有左旋螺纹的传动螺杆作直线移动而外伸，由此即可达到调整闸瓦间隙的目的。

设计时，使传动螺母转动一圈，传动螺杆外伸 6 mm。SS_1、SS_3 和 SS_4 改型电力机车的棘轮齿数为 30 个，而 SS_{3B}、SS_8 型电力机车的棘轮齿数为 27 个，因此其单齿调整量分别为 6/27＝0.22 mm 和 6/30＝0.2 mm。

(四)闸瓦间隙的人工调整

在需要手动调整闸瓦间隙或更换闸瓦时，可拧动手轮。右旋为调小闸瓦间隙，不需脱钩；

而左旋为调大闸瓦间隙,必须拉动(或推动)设置在箱体上的脱钩杠杆,使棘钩离开棘轮后方能转动手轮。

更换闸瓦或落车时,应先使闸瓦退到最大间隙位置。待更换闸瓦或落车后,顺时针方向转动手轮,使闸瓦紧贴车轮踏面,然后再向相反方向旋动手轮一周,此时,闸瓦间隙即为要求的正常间隙 6 mm。

为了使闸瓦上、下端与车轮踏面之间保持均匀的间隙,可通过调整闸瓦定位装置的调整螺栓来实现。在调整好闸瓦间隙后,一定要将调整螺栓上的锁紧螺母锁紧,以防机车运行过程中因调整螺栓松动,而导致闸瓦上、下端间隙不均。

三、SS_9 型电力机车单元制动器

SS_9 型电力机车基础制动装置采用 JDYZ-4A 型和 JDYZ-4B 型两种结构形式的单元制动器,其结构示意图分别如图 6-6、图 6-7 所示。它们的区别只是后者能与停车制动装置相连。该单元制动器具有结构紧凑、制动效率高、制动性能可靠等特点。组装好的制动器可作为一个独立部件直接用螺栓连接在构架的制动器安装座上。

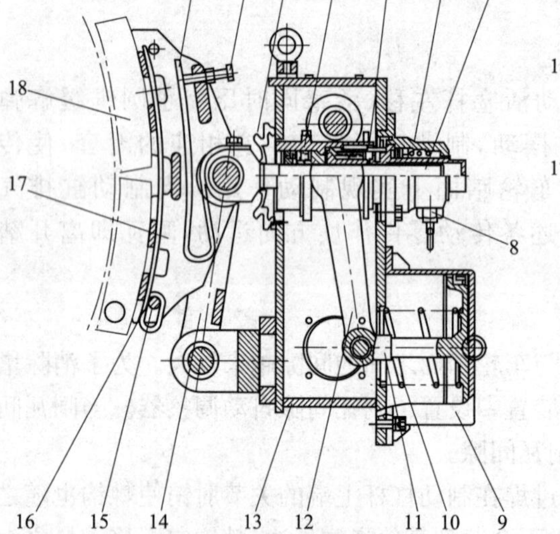

图 6-6　JDYZ-4A 型单元制动器

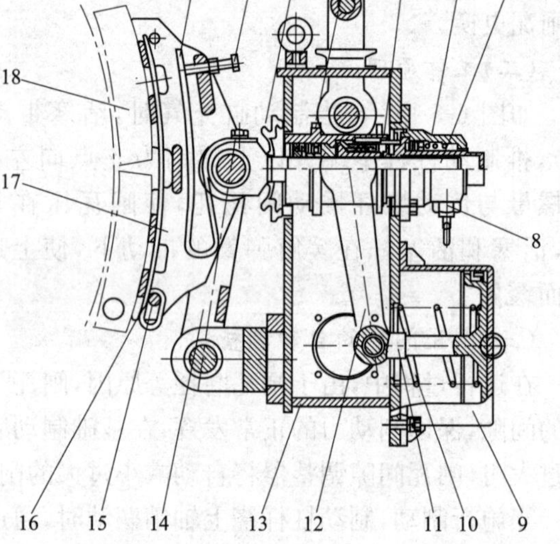

图 6-7　JDYZ-4B 型单元制动器

1—闸瓦定位弹簧;2—调整螺钉;3—防尘罩;4—调整机构;6—引导机构;6—挡套螺母;7—传动螺杆;8—锁紧机构;9—制动缸;10—弹簧;11—活塞;12—杠杆;13—箱体;14—闸瓦托杆;16—销;16—闸瓦钎;17—闸瓦托;18—闸瓦

(一)单元制动器的基本工作原理

如图 6-6 所示,当制动缸 9 内充气时,活塞 11 推动杠杆 12,杠杆推动闸瓦间隙调整机构 4,调整机构带动传动螺杆 7 及闸瓦托 17 一起向车轮踏面方向移动,从而实现机车制动。当制动缸排气时,活塞在弹簧 10 的推动下,分别带动杠杆、闸瓦间隙调整机构、传动螺杆、闸瓦托一起向相反方向运动,闸瓦离开车轮踏面而实行缓解。

(二)闸瓦间隙的自动调整

SS_7、SS_9 电力机车闸瓦间隙自动调整器与其他机型不同,它取消了棘轮机构,采用调整螺

母调整，使一次制动闸瓦间隙的调整量大为增加。其结构如图 6-8 所示。

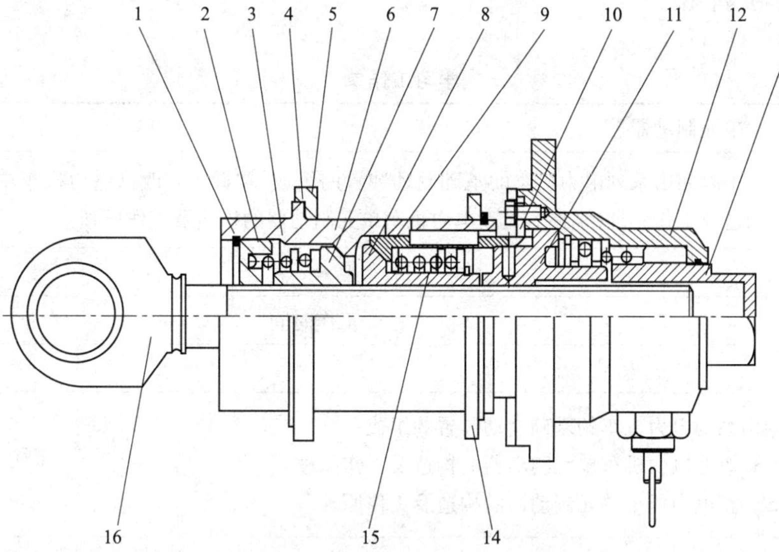

图 6-8　SS_9 型机车单元制动器闸瓦间隙调整机构

1—卡环；2—导向套；3—调整弹簧；4—轴承；5—力推挡圈；6—调整螺母套；
7—调整螺母；8—导向螺母；9—导向螺母套；10—压圈；11—调隙挡；12—端盖；
13—挡套螺母；14—复位挡圈；15—弹簧；16—传动螺杆

如果制动前和制动中闸瓦与踏面的间隙大于调隙挡 11 与压圈 10 间的间隙 X(X 为正常闸瓦间隙)为 $X+a$(a 为闸瓦磨损量)，则当传动螺杆 16 带动导向螺母 8、导向螺母套 9、调隙挡左移 X 后，由于调隙挡被压圈挡住，不能继续左移，导向螺母套 9 也不能继续左移，这时传动螺杆 16 和导向螺母 8 的左移使调整弹簧 3 压缩，导向螺母 8 与导向螺母套 9 间的锥形齿啮合脱开。由于传动螺杆与导向螺母间也是通过非自锁螺纹连接的，故此时导向螺母在调整弹簧的弹力作用下，绕传动螺杆旋转后退而不再随之左移。

在制动过程中，传动螺杆左移了 $X+a$，而导向螺母、导向螺母套和调隙挡 11 只左移了 X。

缓解时，杠杆推动复位挡圈 14，通过调整螺母套 6、卡环 1、导向套 2、调整弹簧 3、轴承 4、调整螺母 7、传动螺杆 16 右移，传动螺杆 16 带动导向螺母 8、导向螺母套 9、调隙挡 11 右移。当右移行程达到 X 后，调隙挡 11 被端盖 12 挡住，导向螺母套、导向螺母、传动螺杆也不能继续右移(在此过程中，调整螺母套与导向螺母间一直保持 a 的间隙)。而调整螺母套 6 的继续右移便与调整螺母 7 的锥齿啮合脱开。调整螺母与传动螺杆是通过非自锁螺纹连接的，所以调整螺母在调整弹簧 3 的弹力作用下绕螺杆旋转后退，直到调整螺母套被导向螺母挡住(间隙 a 消除)，调整螺母套与调整螺母的锥齿重新啮合。此时，缓解到位。在这过程中，传动螺杆右移 X，而调整螺母套右移 $X+a$，闸瓦与踏面间的间隙保持在 X，即闸瓦间隙得到了自动调整。

SS_9 型电力机车闸瓦间隙一次调整量最大为 7 mm，SS_7 型电力机车闸瓦间隙一次调整量为 2～5 mm。

实践与训练

学习工作单

工作单	单元制动器		
任　　务	了解韶山系列电力机车的基础制动装置的组成；掌握 SS_4 改型电力机车单元制动器的构造及工作原理；掌握 SS_9 型电力机车单元制动器的构造及工作原理		
班　　级		姓　　名	
学习小组		工作时间	
【知识认知】			
1. 归纳总结韶山系列电力机车的基础制动装置的组成 2. 归纳总结 SS_4 改型电力机车单元制动器的构造及工作原理 3. 归纳总结 SS_9 型电力机车单元制动器的构造及工作原理			
【能力训练】			
通过分组制作 PPT，简述 SS_4 改型电力机车单元制动器和 SS_9 型电力机车单元制动器的异同			
任务学习其他说明或建议：			
指导老师评语：			
任务完成人签字：　　　　日期：　年　月　日 指导老师签字：　　　　日期：　年　月　日			

任务三　停车制动装置

知识要点

1. 了解 SS_4 改型电力机车手制动机。
2. 掌握 SS_9 型电力机车停车制动装置的工作原理。

项目任务

1. 通过搜集资料，了解我国停车制动装置的发展。
2. 通过分组讨论，讲述蓄能制动缸的三种状态。

任务准备

1. 所需设备：SS 系列电力机车基础制动装置。
2. 所需物品：工业凡士林、汽油、白布、丙酮、酒精、松香、焊锡、锂基脂、砂布。

相关理论知识

现在我国的机车车辆，除了极个别的特种车辆无法安装外，都必须安装停车制动装置。停车制动装置包括手制动机和蓄能制动器(弹簧止轮器)。

停车制动装置的用途是：

1. 调车作业时，用以调速或停车，提高调车效率，保证调车作业安全；
2. 在运行途中，当空气制动机发生故障失去作用时，用以代替空气制动机，继续慢行到前方站，以免停留途中，妨碍运输；
3. 当车列或车辆停在有坡道的线路上时，用以防止其发生溜车引起事故。

SS_7、SS_8、SS_9 型电力机车的停车制动装置采用蓄能制动器，而此前的韶山系列电力机车均采用手制动机。下面分别以 SS_4 改、SS_{7E} 和 SS_9 型电力机车停车制动装置为例，介绍其构造和作用原理。

一、SS_4 改型电力机车手制动机

SS_4 改型电力机车手制动机的结构如图 6-9 所示。当摇动设置在司机室后墙上的手制动手轮 1 时，带动小链轮、链条 3、大链轮 5、丝杆 6、横杠杆 4、拉杆 7 至竖杠杆 8，竖杠杆上端左移，下端右移作用于第二位轮对上的制动器手轮上，手轮推动传螺杆，螺杆推动闸瓦托使闸瓦制动。

主要技术条件：

为保证拉杆环与竖杠杆对中，在组装时应对大链轮端面与丝杆端部调整为约 18 mm，并注意在焊装各托板时，丝杆、横杠杆、拉杆处于水平位置。

各部件组装完毕后应对下列项目进行检查：

1. 转动手轮时，各部件应灵活无卡滞现象；
2. 拉杆环应对中竖杠杆；
3. 手制动竖杠杆与制动器手轮之间间隙应在 2～3 mm 之内；
4. 各部件摩擦面应注润滑剂。

当手制动手轮作用力为 500N 时，机车手制动率为 27%。

二、SS_9 型电力机车停车制动装置

(一)组成及主要技术参数

1. 组成

SS_9 型电力机车在每台转向架第三位轮对处设置 2 套停车制动装置，如图 6-10 所示。每套停车制动装置由蓄能制动器 1、调整螺母 2、拉杆 3、水平杠杆 4、连杆 5、竖杠杆 6 等组成。

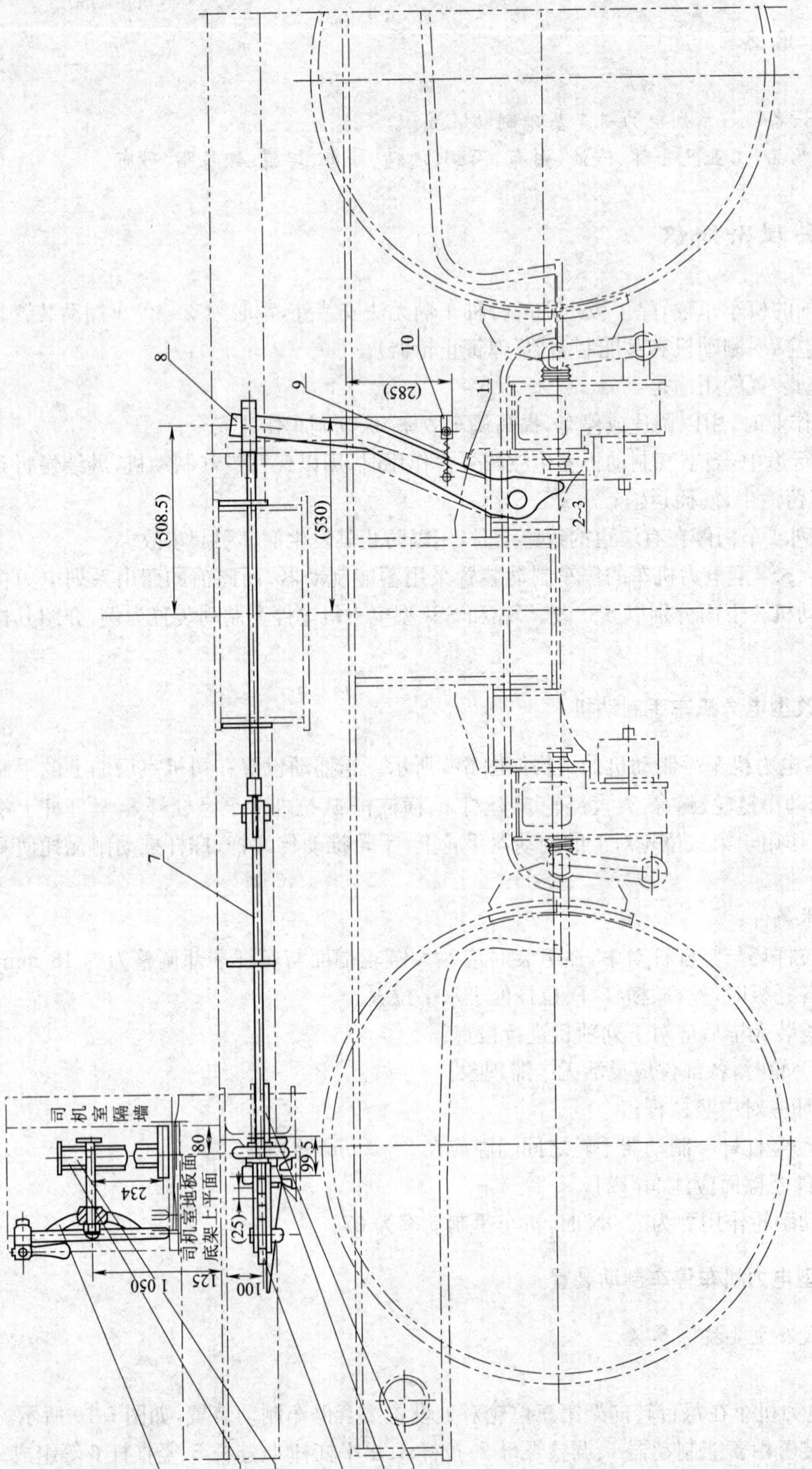

图 6-9　SS_4 改型电力机车手制动机

1—手轮；2—链轮箱；3—滚子链；4—横杠杆；5—大链轮装置；6—丝杆组成；7—拉杆组成；
8—竖杠杆；9—拉伸弹簧；10—拉簧支板；11—定位板

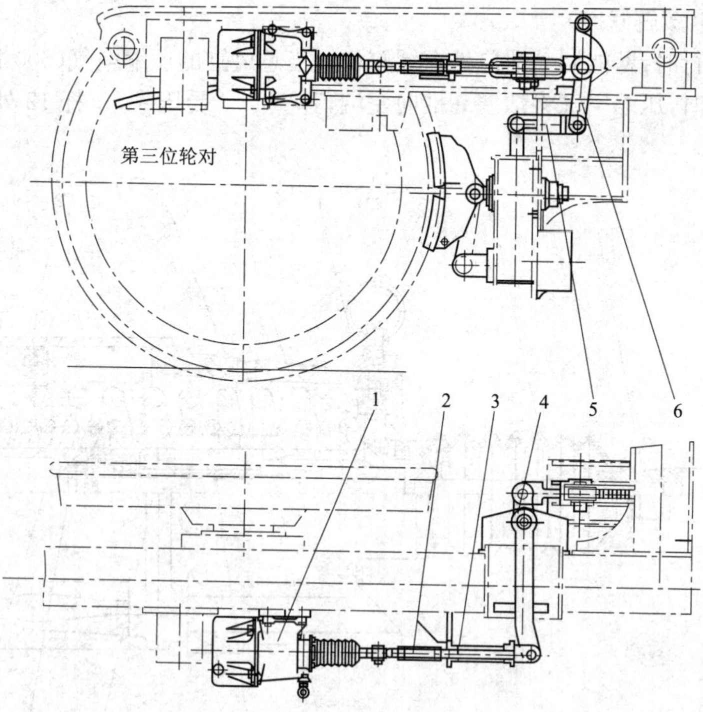

图 6-10　SS_9 型电力机车蓄能制动器

1—蓄能制动器；2—调整螺母；3—拉杆；4—水平杠杆；5—连杆；6—竖杠杆

蓄能制动器所产生的制动力依次通过拉杆、水平杠杆、竖杠杆和连杆传递到制动器闸瓦上，以实现车轮踏面制动。

2. 主要技术参数

杠杆倍率……………………………………………………………… 4

蓄能制动缸制动倍率………………………………………………… 2.456

制动时主弹簧反力 ………………………………………………… 14 100 N

复原弹簧反力 ……………………………………………………… 300 N

制动效率 …………………………………………………………… 85%

蓄能制动器重量……………………………………………………… 46 kg

(二)蓄能制动器

蓄能制动器通过螺栓直接安装在转向架构架上，机车停车后通过蓄能制动器的弹簧力来对车轮踏面进行制动。蓄能制动器主要由制动缸体 10、主压缩弹簧 5、压缩弹簧 6、锁紧机构 3、棘轮机构、导向机构、丝杆 12、调整螺母 13、导向套筒 14、套筒 15 等部件组成。活塞 9 与套筒 15 焊在一起，15 内有止推轴承、内卡圈、弹簧 11 等，靠这些将调整螺母 13 的头部夹在中间。13 内部有非自锁螺纹与丝杆 12 连接，外圆 180°对称位置有两条通长的滑槽，导向套筒 14 的右端有两个凸块插在滑槽中，14 的左端为一棘轮，受棘爪 4 的钳制。结构如图 6-11 所示。

蓄能制动缸有运行缓解、停车制动、手动缓解三种状态，分别用来对机车进行制动与缓解。

1. 运行状态(缓解状态)

机车正常运行时,蓄能制动器应处在缓解位。当总风缸的压缩空气(600 kPa)充入蓄能制动器的制动缸内时,压缩空气将活塞 9 推向左端,弹簧 5、6 受压缩,丝杆 12 处于伸出位置,不起制动作用。

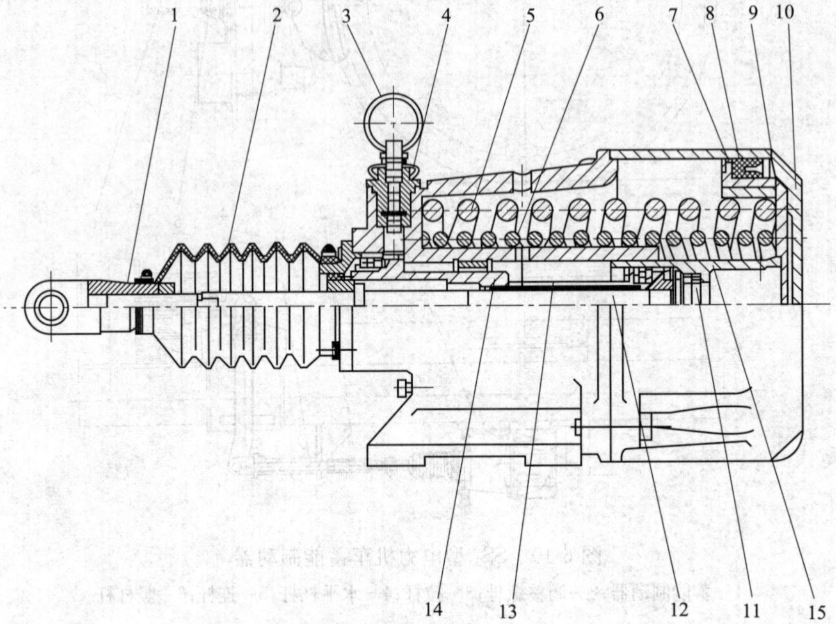

图 6-11　蓄能制动器

1—调整杆;2—护尘罩;3—锁紧机构;4—棘爪;5—主压缩弹簧;6—压缩弹簧;7—导向环;8—皮碗;9—活塞;10—缸体;11—弹簧;12—丝杆;13—调整螺母;14—导向套筒;15—套筒

2. 制动状态

当制动缸排气到压缩空气低于 300 kPa 时,由于弹簧 5、6 的伸张,活塞 9 带动套筒 15 及调整螺母 13 向右移动。由于棘轮机构有反锁作用,锁住导向套筒 14 和调整螺母不能在丝杆上转动,因此也带动丝杆向右移动,拉动杠杆产生制动作用。

3. 手动缓解状态

机车在停车时要移动而又无司机操纵时,只需拉动蓄能制动缸上的手动拉环 3 就可进行缓解。蓄能制动缸在制动时其弹簧 5、6 并没有全部伸长,拉动拉环后棘爪提起,导向套筒和调整螺母可在丝杆上自由旋转,由于弹簧 5、6 的伸张,推动活塞 9 连同 15 向右移动直至尽头;另一方面踏面制动器制动缸复原弹簧等的反力作用将丝杆 12 向左拉,使 13、14 绕 12 旋转至完全缓解。

蓄能制动装置处于完全缓解状态要实行制动时,必须先对制动缸充气,使之恢复运行状态(缓解状态),然后放气就能转入制动状态。一旦充气压力下降到 300 kPa 以下,蓄能制动器就会自动进行工作。随着充气压力的减小,加在闸瓦上的压力也就会越来越大。所以,在运行时一定要注意风压。在无气的情况下移动机车一定要检查蓄能制动器是否处于缓解位。若处于制动位,可拉动蓄能制动器上的拉环,使机车处于缓解位方能移动机车,以防发生轮缘踏面擦伤等事故。

实践与训练

学习工作单

<table>
<tr><td>工 作 单</td><td colspan="3">停车制动装置</td></tr>
<tr><td>任　　务</td><td colspan="3">了解 SS_4 改型电力机车手制动机；掌握 SS_9 型电力机车停车制动装置的工作原理</td></tr>
<tr><td>班　　级</td><td></td><td>姓　　名</td><td></td></tr>
<tr><td>学习小组</td><td></td><td>工作时间</td><td></td></tr>
<tr><td colspan="4">【知识认知】</td></tr>
<tr><td colspan="4">1. 归纳总结 SS_4 改型电力机车手制动机的构造及主要技术条件
2. 归纳总结 SS_9 型电力机车停车制动装置的组成及三种状态</td></tr>
<tr><td colspan="4">【能力训练】</td></tr>
<tr><td colspan="4">通过分组讨论，讲述蓄能制动缸的三种状态</td></tr>
<tr><td colspan="4">任务学习其他说明或建议：</td></tr>
<tr><td colspan="4">指导老师评语：</td></tr>
<tr><td colspan="4">任务完成人签字：　　　　日期：　年　月　日
指导老师签字：　　　　日期：　年　月　日</td></tr>
</table>

任务四　盘形制动装置

知识要点

1. 了解盘形制动装置的构造及优缺点。
2. 掌握制动盘的结构形式。

项目任务

1. 通过上网搜集资料，了解盘型制动装置的发展。
2. 通过分组讨论，描述盘型制动装置的优缺点。

任务准备

1. 所需设备：韶山系列电力机车基础制动装置。

2. 所需物品：工业凡士林、汽油、白布、丙酮、酒精、松香、焊锡、锂基脂、砂布。

相关理论知识

一、概　　述

盘形制动(摩擦式圆盘制动)是在车轴上或在车轮辐板侧面装上制动盘，一般为铸铁圆盘，用制动夹钳使合成材料制成的两个闸片紧压制动盘侧面，通过摩擦产生制动力，把列车动能转变成热能，消散于大气。盘形制动属于黏着制动。其结构如图6-12所示。

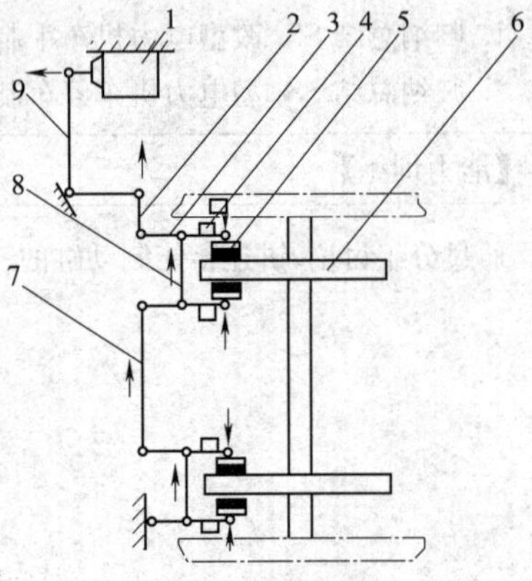

图6-12　盘形制动

1—制动缸；2—拉杆；3—水平拉杆；4—缓解弹簧；5—制动块；6—制动盘；7—中间拉杆；8—水平杠杆拉杆；9—转臂

与闸瓦制动相比，盘形制动有下列优点：

1. 可以大大减轻车轮踏面的热负荷和机械磨耗。

2. 可按制动要求选择最佳“摩擦副”，盘形制动的制动盘可以设计成带散热筋的旋转时它具有半强迫通风的作用，以改善散热性能，适宜于高速、重载行车。

3. 制动平稳，几乎没有噪声。

但盘形制动有下列不足之处：

1. 车轮踏面没有闸瓦的磨刮，轮轨黏着将恶化。所以，为了防止高速滑行，既要考虑采用高质量的防滑装置，也要考虑加装踏面清扫器或采用以盘形为主，盘形＋闸瓦的混合制动方式，否则即使安装有防滑器，制动距离也比闸瓦制动要长。

2. 制动盘使簧下重量及其引起的冲击震动增大；运行中还要消耗牵引功率，速度愈高，此种功率损失亦愈大。

二、制动盘的结构形式

按摩擦面的配置，制动盘可分为单摩擦面(单面盘)和双摩擦面(双面盘)两类；按盘本身结构可分为整体式和由两个“半圆盘”用螺栓组装而成的“对半式”；按盘安装的位置可分为轴盘式和轮盘式，前者装在轴上，后者装在轮上。由于制动盘是一个既受力又受热的零部件，不宜采用过盈配合直接装在轴上，所以轴盘式通常要采用锻钢盘毂作为车轴与铸铁盘之间的过渡零件，而且在铸铁盘螺栓连接处要加装弹性套。我国的低重心客车、双层客车都曾采用过轴盘式盘形制动装置。

轮盘式的盘形制动装置一般在动车上采用，而且都是单摩擦面，这是因为动车的车轴上要安装驱动装置，没有安装制动盘的位置，制动盘只能安装在车轮的两侧。我国的低重心客车和准高速电动车组都曾采用或设计过轮盘式的盘形制动装置。

“盘形 ＋ 踏面”的混合制动装置也得到广泛应用。踏面制动单元由一块闸瓦、一个制动缸、一根制动杠杆和闸瓦间隙自动调整器组成。盘形制动的一个制动缸带动两个夹钳，一根车轴上安装两个轴盘式双摩擦面的制动盘。

实践与训练

学习工作单

工 作 单	盘形制动装置		
任　　务	了解盘形制动装置的构造及优缺点，掌握制动盘的结构形式		
班　　级		姓　　名	
学习小组		工作时间	
【知识认知】			
1. 归纳总结盘形制动装置的优缺点 2. 归纳总结盘形制动的结构形式			
【能力训练】			
通过上网搜集资料，了解盘形制动装置的发展			
任务学习其他说明或建议： 指导老师评语：			
任务完成人签字：　　　　日期：　年　月　日 指导老师签字：　　　　日期：　年　月　日			

任务五　防　滑　器

知识要点

1. 了解防滑器的功能作用。
2. 掌握 SFH-2 型防滑器的基本原理。
3. 掌握 MGS2 型防滑器的构造、作用原理及功能。

项目任务

1. 通过上网搜集资料，了解防滑器的产生及发展。
2. 通过分组讨论，描述 MGS2 型防滑器的构造及工作原理。

任务准备

1. 所需设备：韶山系列电力机车基础制动装置。

2. 所需物品：工业凡士林、汽油、白布、丙酮、酒精、松香、焊锡、锂基脂、砂布。

相关理论知识

一、概　述

轮轨间纵向滑动有两种情况：一种是牵引状态下发生的，轮周牵引力超过了黏着限制，车轮飞快的转动而车速很慢、甚至根本不动，这叫"空转"或"打飞轮"；另一种情况是制动状态下发生的，制动力超过了黏着限制，车轮转速急剧下降甚至停转而车速降的很慢，这叫"滑行"或"抱死轮"。制动系统中的防滑器主要是防止车轮"滑行"的。

防滑器用在高速机车车辆或重载机车上，其作用是防止在车轮滚动过程中轮轨之间纵向发生严重的相对滑动，以免造成车轮踏面严重擦伤。轮轨间纵向滑动有两种情况：一种是空转，另一种是滑行。

车轮在钢轨上滚动的黏着状态实际上是一种"滚动中有微量滑动"的状态。在制动力小于黏着力时，这种微量滑动不但不会导致机车车辆滑行，相反地，据研究它还可以起清除轮轨接触处污垢和改善轮轨接触表面状态的作用。但是，当制动力大于黏着力时，轮轨接触面的纵向相对滑动就会急剧增大，在过渡阶段纵向滑动由小变大，最后导致车轮被抱死而完全滑行。在这过程中，闸瓦摩擦力随车轮转速的急剧降低、摩擦系数的急剧增大而急剧增大，制动力则与其背道而驰，反而随轮轨间的纵向相对滑动的急剧增大而急剧减小。防滑器的作用就是要在这短暂的过渡阶段内检测出车轮即将发生滑行的危险，并及时动作，快速排出制动缸中的压力空气而不排空，使制动力迅速降至小于黏着力，以防止车轮滑行、恢复轮轨间的黏着状态；而且在车轮黏着恢复以后，还要使防滑器立刻由发生作用状态回到停止作用状态，制动缸及时再充风，尽量恢复较大的制动力。

防滑器有机械式防滑器、电子式防滑器和微机控制的防滑器等。机械式防滑器的工作原理是把回转体的惯性转换成位移，打开阀门或接通电路，使角减速度(此种防滑器的判断根据是车轮的角减速度)骤低的轮对缓解。电子式防滑器的可以有多种判据，又具有较高的灵敏度和较快的作用速度，还能进行必要的监督和轮径补偿。但是分离电子元件的零点漂移不易清除。微机控制的防滑器可以对制动、即将滑行、缓解、再黏着的全过程进行动态检测与控制，信息采用脉冲处理，既简单又可靠，无零点漂移，无需调节和补偿，更重要的是微处理器的处理速度极快，既可以提高检测速度，又可以利用软件随时提供有关信息。

二、SFH-2 型防滑器的基本原理

图 6-13 是我国四方车辆研究所研制的 SFH-2 型防滑器的结构组成示意图。它由一台防滑器主机(控制单元和接线板)、四个速度传感器和四个防滑排气阀等三部分组成。主机采用 16 位 8098 单片机系统和 STD 总线小模板结构，系统高度模块化，机械强度高，抗震动和冲击性能好，比较容易解决发热和抗干扰等问题。

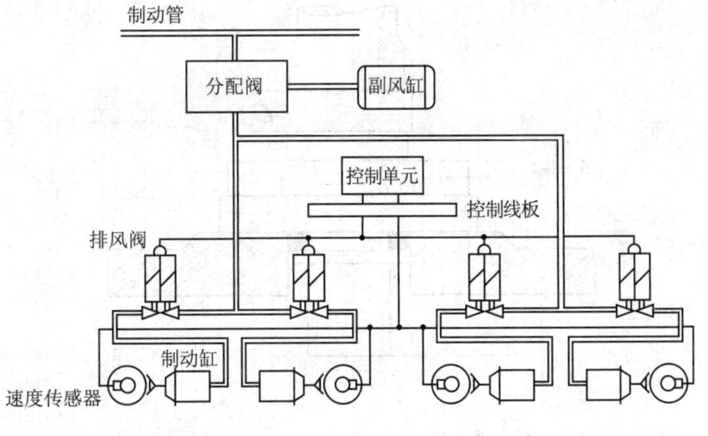

图 6-13　SFH-2 型防滑器的结构组成

防滑器主机的控制判断根据有以下三种：

1. 转速差控制(或速度差控制)

同一辆车的几根轴中的一个轮对制动力超过黏着力而快要发生滑行时，该轴的转速必然大大慢于其他轴的转速。当该轴转速与其他轴最高转速之差大于预定值时，该轴的防滑排风阀便排风，降低控制该轴的制动缸压力，使该轴转速回升；当转速差小于预定值时，该轴排风阀口关闭，相应的制动缸保压；当该轴转速完全恢复正常时，相应的排风阀充风，使该轴的制动缸压力回升、恢复到较高压力。

2. 角减速度控制(或减速度控制)

同一辆车的各根轴以接近的速度同时要发生滑行，用转速差是判别不了的，这时就要采用角减速度控制。当角减速度骤然增大并超过设定值时，防滑器也要起作用。

3. 滑移率控制(或蠕滑率控制)

车轮在钢轨上滚动时的"微量滑动"可以改善轮轨接触表面的状态。所以要得到最佳的轮轨黏着，必须把轮轨间的滑移率稳定控制在某个足够大的数值(5%)左右。这个要求只有微机控制的防滑器才能达到。滑移率控制得太小时容易造成制动力不足，滑移率太大又容易导致滑行。

采用三种判断依据可以互相弥补不足，以免造成滑行的漏检或误检。

SFH-2 型防滑器可适应的车速范围为 5～200 km/h。

三、MGS2 型防滑器简介

(一)MGS2 型防滑器的构造

HXD_3 型电力机车采用 MGS2 型防滑器，属于微处理器控制的防滑器，由防滑处理器 ESRA、防滑排风阀 GV12-ESRA、速度传感器及感应齿轮等组成。

1. 速度传感器和感应齿轮

MGS2 型防滑器的感应齿轮安装在车轴端部，齿轮有 80 齿。齿轮组装后齿顶距速度传感器顶部须保留 0.4～1.4 mm 间隙。具体安装图如图 6-14 所示。

2. 防滑处理器 ESRA

防滑处理器 ESRA 由外壳，电源板，主板，通讯板，控制钮，信息窗等部分组成，如图 6-15 所示。它是防滑控制的处理装置。

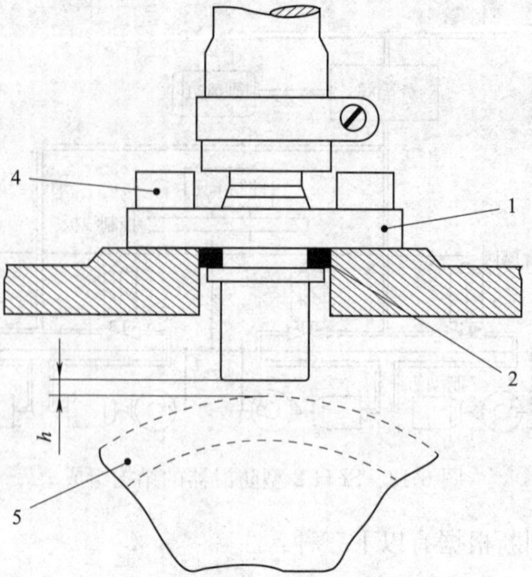

图 6-14　传感器安装示意图

1—速度传感器；2—密封圈；4—紧固螺栓；5—感应齿轮；h—安装间隙(0.4～1.4 mm)

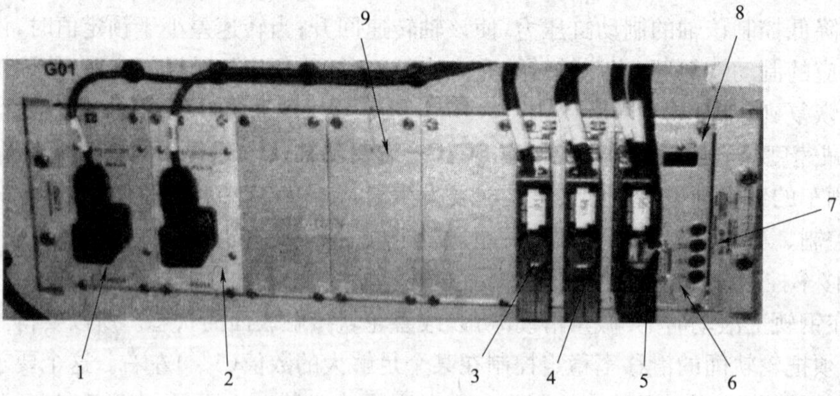

图 6-15　防滑处理器器 ESRA

1、2—电源控制板；3—通信板 EB01B；4—主板 MB03B；5—主板 MB04B；
6—通信接口；7—操作按钮；8—信息窗口；9—外壳

3. 防滑排风阀 GV12-ESRA

它是防滑控制的执行装置。每辆机车上装有 6 个防滑排风阀，分别独立控制每根车轴上的制动缸的压力。防滑阀的控制电压为 DC 24 V。

(1)结构：防滑阀主要由两个动作模板、一个双阀电磁阀和一个阀座组成。阀座上有缩堵 dC(未安装)和 dD(5 mm)，两个阀座(VD、VC)由两个模板开关(C、D)控制。D 模板控制 D 室至 C 室通道的通断，C 模板控制 C 室和大气通道的通断。双阀电磁阀由两个 2 位 3 通电磁阀(VM1 排气，VM2 进气)组成。具体结构如图 6-16 所示。

(2)工作原理

防滑器未投入：电磁阀 VM1 和 VM2 失电，VC 关闭，VD 开启。C 和 D 之间通道开放。

防滑器投入(BC 缓解)：电磁阀 VM1 和 VM2 得电。压力 D 通过电磁阀 VM2 到达控制室 SD，膜板 D 动作，阀座 VD 关闭，切断 D 室通路。控制室 SC 压力通过 VM1 排空，膜板 C 动作，阀座 VC 开启，C 室压力通过阀座 VC 排至大气。

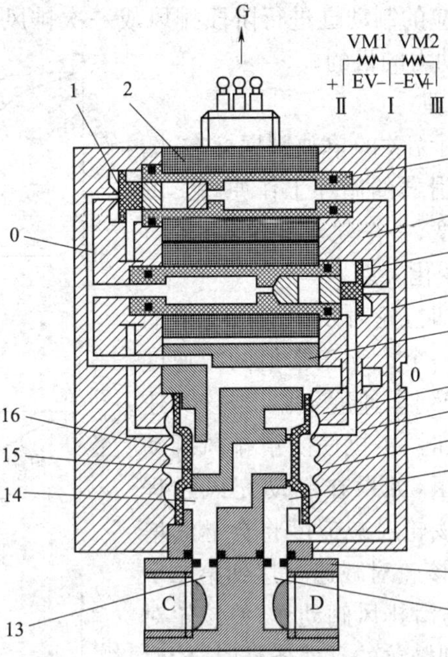

图 6-16　防滑阀结构

1—外阀座；2—内阀座；3—对阀座；4—侧板；5—弹簧；6—壳体；7—膜板 D；8—弹簧；9—控制室 SD；10—阀座；11—缩孔 dD；12—阀支架；13—缩孔 dC；14—阀座 VC；15—膜板 C；16—控制室 SC；C—通制动缸；D—通作用阀；G—电接口

防滑器投入(BC 保压)：电磁阀 VM1 失电，电磁阀 VM2 得电。压力 D 通过电磁阀 VM2 到达控制室 SD，膜板 D 动作，阀座 VD 关闭，切断 D 室通路。控制室 SC 压力保持，阀座 VC 仍关闭，C 室压力处于保压状态。工作原理如图 6-17 所示。

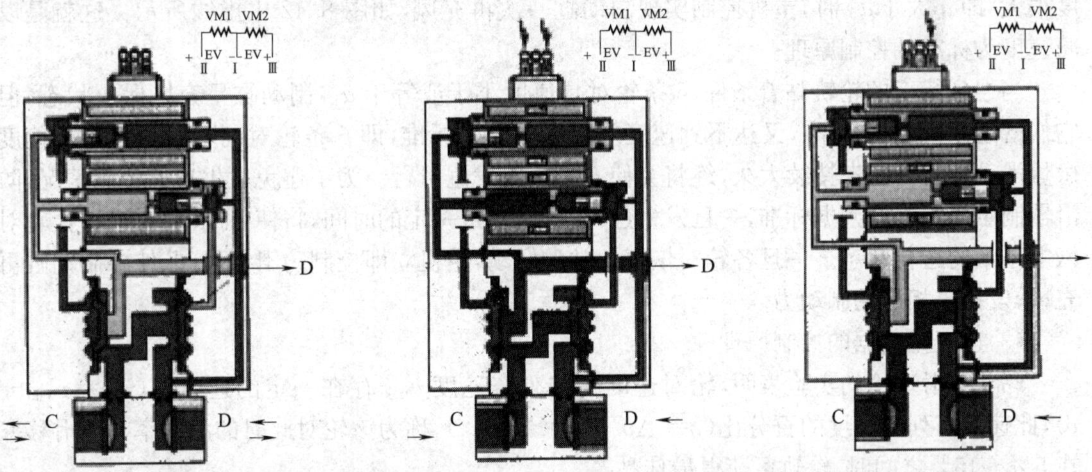

图 6-17　防滑阀工作原理

(二)MGS2 型防滑器的作用原理及功能

1. MGS2 型防滑器的作用原理

(1)基本逻辑

速度传感器的脉冲信号传输到防滑处理器 ESRA，防滑处理器 ESRA 对本车或本转向架的速度信号进行处理，当数据判断达到有关标准时，防滑处理器发出防滑控制指令，操纵防滑排风阀 GV12-ESRA，控制相应的制动缸进行阶段排风或一次排风，从而达到防止轮对滑行，并根据轮轨黏着系数调节制动力的目的。

(2)减速度判据的控制原理

减速度判据是与其他轮对无关的单独判据标准，图 6-18 表示以减速度判据时防滑器的循环工作原理。图中分别表示出制动时列车速度、一个轮对线速度、轮对减速度及制动缸压强的控制变化关系。

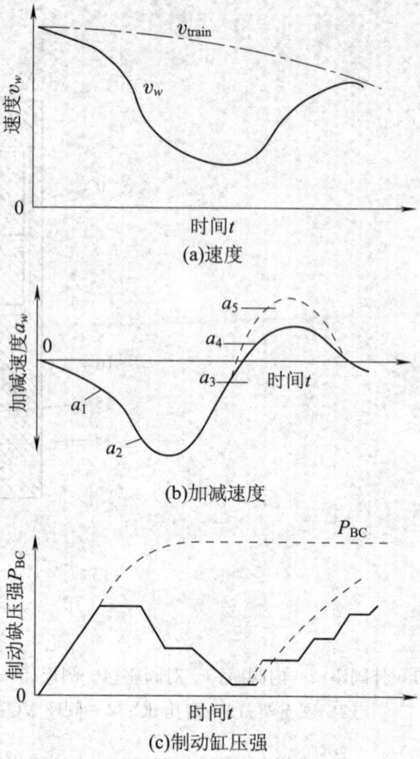

图 6-18　防滑器工作曲线图

制动时，当轮间黏着较差时，轮对发生连滚带滑的运行状态。此时该轮对产生一个大于正常值的减速度 a，致使该轮对的速度 v_m 低于列车速度 v_{train}，当该减速度继续增加到第一个判据 a_1 时，主机使防滑排风阀动作，使制动缸停止充风即保压（如果在制动充风过程中）。若轮轨间黏着状态差，该轮对减速度将会继续增加，其速度也将继续降低。当该轮对减速度达到第二个判据 a_2 时，防滑器主机再使防滑排风阀动作，使该轮对的制动缸阶段排风。如果遇到极差的黏着条件时，轮对减速度 a 很大，超过一次排风的判据标准时，可实现一次排风。由于制动缸排风，制动力减小，该轮对的减速度逐渐变小。当减速度小到 a_3 时，轮对即将开始恢复正常转动，此时主机将使防滑排风阀实施行制动缸保压（不在排风）。该轮对速度渐渐增加，当轮对加速度 a 大于 a_4 时，制动缸开始阶段再充风以恢复该轮对的制动力。倘若轮轨间的黏着变的很好，加速度很大，即 a 大于 a_5 时，主机控制实现制动缸一次再充风，如图 8.42 中虚线所示。这就是以减速度为标准的控制原理。

当遇到待定的轮轨黏着条件，6 条轮对减速度小于或等于 a_1，制动缸呈充风保压状态，但它们既达不到 a_2 的标准，又达不到速度差判据 Δv_2 的标准，即 6 条轮对同时以相近的减速度微量滑动。这种状态持续太久，终将会使 6 条轮对发生滑行。为了避免发生这种特殊情况，防滑器制定了专门的判据标准，一旦发生这种情况，经过一定的时间，将使各制动缸排风，让轮对恢复正常的运行状态。一旦各轮对恢复正常的转动，主机立即控制防滑排风阀，使各制动缸再充风，发挥出相应的制动力。

(3)速度差判据的控制原理

黏着蠕滑理论的实验表明，轮对速度 v 与列车速度 v_{train} 存在一定的速度差（$\Delta v = v_{train} - v$），此速度与列车速度的百分比（$\eta = \Delta v / v_{train} \times 100\%$），称为该轮对此时的滑移率。当滑移率在 5%～15%之间时，轮轨可获得最佳黏着。

为了按照速度差标准控制防滑器，微处理器按以下步骤工作：

a. 速度比较

由于无法得到制动时列车的真实速度，为此要对机车 6 条轮对的速度分别进行计算、比较，选出最高者作为列车速度，称之为参照速度 v_r。当 6 条轴同时滑行时，则按照列车制动模式曲线计算列车参照速度值。

b. 将各轮对的真实速度 v 与 v_r 进行比较，当 $v_r - v$ 大于等于 Δv_1 时（第一个速度差判据），主机控制防滑排风阀动作，实现制动时的充风保压（如果这时正在充风）。

c. 如果黏着条件差，该轮对可能继续减速，当 v_r-v 大于等于 Δv_2 时（第二个速度差判据），主机控制防滑排风阀动作，使制动缸实现阶段排风。减速的轮对将逐渐恢复其转动速度。

d. 如果黏着条件差继续恶化，该轮对可能继续减速，当 v_r-v 大于等于 Δv_4 时（第四个速度差判据），主机控制防滑排风阀动作，使制动缸迅速排风，快速减小制动力，使轮对恢复转动。

e. 逐渐恢复转动的轮对，当 v_r-v 小于等于 Δv_3 时（第三个速度差判据），主机控制防滑排风阀动作，使制动缸实现阶段再充风，以恢复该轮对的制动力。

这就是用速度差判据控制，使其滑移率在最佳黏着范围内的防滑过程原理。

2. MGS2 型防滑器的功能

(1)制动时能有效防止轮对因滑行造成的踏面擦伤；

(2)能根据轮轨间的黏着变化调节制动缸压力，从而有效利用轮轨黏着，缩短制动距离；

(3)具有轮径自动修正功能；

(4)具有防滑排风阀自动切换与相邻轴速度部件互补的功能；

(5)具有监视、故障存储和显示及诊断功能。

实践与训练

学习工作单

工作单	防滑器		
任　务	了解防滑器的功能作用；掌握 SFH-2 型防滑器的基本原理；掌握 MGS2 型防滑器的构造、作用原理及功能		
班　级		姓　名	
学习小组		工作时间	
【知识认知】			
1. 归纳总结防滑器的功能作用 2. 归纳总结 SFH-2 型防滑器的基本原理 3. 归纳总结 MGS2 型防滑器的构造、作用原理及功能			
【能力训练】			
通过本文学习知识，分组讨论描述 MGS2 型防滑器的构造及工作原理			
任务学习其他说明或建议：			
指导老师评语：			
任务完成人签字：　日期：　年　月　日 指导老师签字：　日期：　年　月　日			

任务六　制动倍率、传动效率和制动率

知识要点

1. 掌握制动倍率的计算和意义。
2. 掌握基础制动装置的传动效率意义和闸瓦压力的计算。
3. 掌握制动率的意义。

项目任务

1. 通过上网搜集资料，了解防滑器的产生及发展。
2. 通过分组讨论，描述 MGS2 型防滑器的构造及工作原理。

任务准备

1. 所需设备：韶山系列电力机车基础制动装置。
2. 所需物品：工业凡士林、汽油、白布、丙酮、酒精、松香、焊锡、锂基脂、砂布。

相关理论知识

一、制动倍率

为了在制动时得到足够的制动力，就必须有一定的闸瓦压力。闸瓦压力源于制动缸活塞(或停车制动装置)产生的制动原力，而制动原力的大小与制动缸直径、制动缸内空气压力成正比。因此，增大制动缸直径和制动缸内空气压力可提高制动原力，达到增大闸瓦压力，产生足够的制动力的目的。但是，由于经济成本和技术条件的制约，制动缸的直径和缸内空气压力被限制在一定的范围内。实际工作中，一般是靠制动传动装置将制动原力放大一定倍数后传递到闸瓦装置，形成闸瓦压力。这个将制动原力放大的倍数，称为制动倍率。

制动倍率用 γ_b 表示，其表达式为

$$\gamma_b = \sum K_{理}/F \tag{6-1}$$

式中　$\sum K_{理}$——一个制动缸所形成的闸瓦压力的总和(理论值)(kN)；

F——制动原力(kN)。

制动倍率的大小取决于制动传动装置各杠杆的尺寸大小。根据杠杆原理可知

$$\gamma_b = \frac{各杠杆主动臂长度的乘积}{各杠杆从动臂长度的乘积} \tag{6-2}$$

韶山系列电力机车均采用单元制动器，只设有一副制动杠杆，故其制动倍率为制动杠杆主动臂长度与被动臂长度的比值。各型机车的制动杠杆的结构和尺寸不一样，制动倍率也不尽相同，具体数据可参见表 6-1。

制动倍率是基础制动装置的重要特性，它的数值与制动缸活塞行程及闸瓦与车轮间的间

隙大小有关，所以制动倍率的大小对制动效果及运用维修工作都有直接的影响。

二、基础制动装置的传动效率

1. 制动传动效率

制动时，在制动缸活塞杆推力传递至闸瓦的过程中，需要克服缓解弹簧的反拨力、制动缸活塞与缸壁间的摩擦力，以及制动传动装置各销套间的摩擦力等，所以闸瓦所得到的实际闸瓦压力小于按上述杠杆原理计算的理论闸瓦压力。实际闸瓦压力与理论闸瓦压力的比值称为基础制动装置的传动效率，一般用 η 表示，其表达式为

$$\eta = \sum K_{实} / \sum K_{理} \tag{6-3}$$

式中　$\sum K_{实}$——一个制动缸所形成的实际总闸瓦压力(kN)；

$\sum K_{理}$——根据式(6-1)和式(6-2)计算的一个制动缸所形成的总闸瓦压力(理论值)(kN)；

基础制动装置的传动效率 η 表征着制动原力的有效利用程度。同一般机械设备一样，我们希望 η 值越大越好。η 值的大小与基础制动装置中各杠杆的结构形式、销套连接的多少、制动缸的直径等因素有关，还与机车车辆所处的状态及其保养状态有关。通常，制动传动效率值是由试验获得的。韶山系列电力机车的制动传动效率参见表 6-1。

2. 闸瓦压力的计算

由式(6-3)可知，一个制动缸所产生的实际闸瓦压力为

$$\sum K_{实} = \sum K_{理} \eta$$

根据式(6-1)可得

$$\sum K_{理} = F\gamma_b$$

则

$$\sum K_{实} = F\gamma_b\eta \tag{6-4}$$

若要计算机车实际闸瓦总压力，则还要乘上制动缸的总数 m，即

$$\sum K = m\sum K_{实} = mP_z\gamma_b\eta\frac{3.14d^2}{4}\quad (\text{kN}) \tag{6-5}$$

式中　m——每台机车的制动缸个数；

P_z——制动缸压力(kPa)；

d——制动缸活塞直径(m)；

γ_b——制动倍率；

η——制动传动效率。

三、制 动 率

机车、车辆的制动能力不能仅以闸瓦压力来表示，因为同样大小的闸瓦压力，对于重量不同的机车车辆来说，其制动效果是不同的。只有机车、车辆或车列单位重量所具有的闸瓦压力，才能确切地表示其制动能力。我们把机车、车辆或车列单位重量所具有的闸瓦压力称作机车、车辆或列车制动率。

所谓机车制动率是指机车单位重量所获得的闸瓦压力。机车制动率用 δ 表示，其表达式为

$$\delta = \sum K / q \tag{6-6}$$

式中　$\sum K$——机车闸瓦总压力(kN)；

q——机车总重量(kN)。

制动率表征机车、车辆制动能力的大小。合理地确定制动率对保证运行速度及运行安全都有重要意义。为了提高制动效果，通常希望采取较大的制动率，但是提高制动率受轮轨间黏着条件的限制。另外，制动率还需根据所选用的闸瓦材料的摩擦系数适当选取。

实践与训练

学习工作单

工作单	制动倍率、传动效率和制动率		
任务	掌握制动倍率的计算和意义；掌握基础制动装置的传动效率意义和闸瓦压力的计算；掌握制动率的意义		
班级		姓名	
学习小组		工作时间	
【知识认知】 1. 归纳总结制动倍率的计算和意义 2. 归纳总结基础制动装置的传动效率意义和闸瓦压力的计算 3. 归纳总结制动率的意义			
【能力训练】 通过本文学习知识，总结制动倍率、基础制动装置的传动效率、制动率的计算方法			
任务学习其他说明或建议：			
指导老师评语：			
任务完成人签字：		日期：　年　月　日	
指导老师签字：		日期：　年　月　日	

任务七　制动力分析

知识要点

1. 掌握制动力的形成及制动力数值计算。
2. 掌握黏着与滑行对行车的影响。
3. 掌握闸瓦对制动力的影响。

项目任务

1. 通过本节内容学习,了解黏着与滑行对行车的影响。
2. 通过分组讨论,讨论闸瓦对制动力的影响,改善闸瓦摩擦性能的措施。

任务准备

1. 所需设备:韶山系列电力机车基础制动装置。
2. 所需物品:工业凡士林、汽油、白布、丙酮、酒精、松香、焊锡、锂基脂、砂布。

相关理论知识

一、制动力的形成

列车制动力是由机车车辆制动装置产生的通过轮轨黏着转化而成的(或通过制动电磁铁与钢轨间的相互作用而引起的)阻碍列车运行的外力。对闸瓦制动来说(图 6-19),就是:闸瓦作用于车轮的压力 K 引起闸瓦作用于车轮的摩擦力 $K \cdot \phi_K$(ϕ_K 为轮瓦间的摩擦系数),这个摩擦力对车轮中心形成一个力矩 $K \cdot \phi_K \cdot r$(r 是车轮半径)。它的方向与车轮转动方向相反。它一方面起着制止车轮转动的作用,使车轮获得角减速度 α,转速因而迅速减慢以至停止转动;另一方面,由于机车车辆重量通过各个车轮紧紧地压在钢轨上,制动时车轮受到的闸瓦摩擦力矩也在轮轨接触点引起了车轮对钢轨的纵向水平作用力(静摩擦力)和钢轨对车轮的反作用力 B(也是静摩擦力),后者对车轮、对整个列车来说都是外力,而且与列车运行方向相反,它起着阻碍列车运行的作用,使整个列车(包括车轮在内)获得减速度 a,运行速度因而迅速降低以至停止运动。

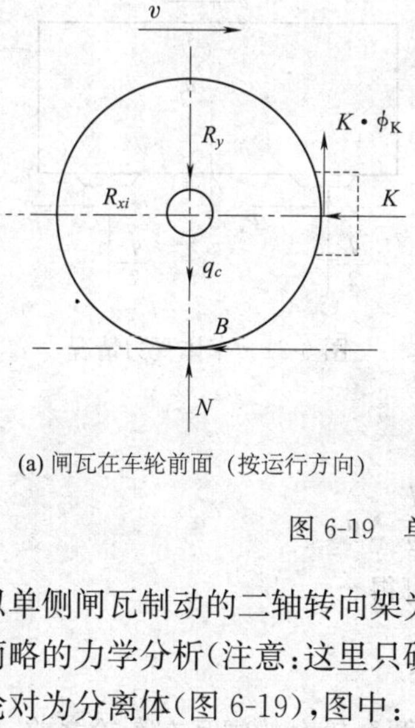

(a) 闸瓦在车轮前面(按运行方向)

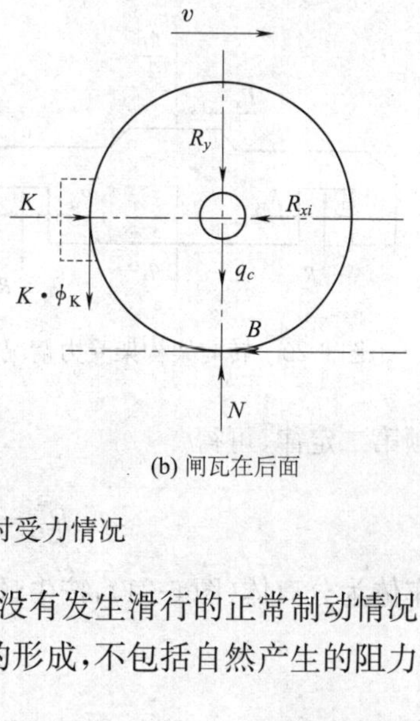

(b) 闸瓦在后面

图 6-19　单侧制动时轮对受力情况

下面以单侧闸瓦制动的二轴转向架为例,在轮对没有发生滑行的正常制动情况下,对这个问题做一简略的力学分析(注意:这里只研究制动力的形成,不包括自然产生的阻力)。

先取轮对为分离体(图 6-19),图中:

q_l——轮对重量；

R_{x1}、R_{x2}——轴承对轴颈的纵向水平反作用力；

R_y——轴颈受到的垂直载荷，设同一台车各个轴颈受到的垂直载荷均相同；

N——钢轨给轮对的垂直反作用力；

K——闸瓦压力；

ϕ_K——闸瓦与车轮间的摩擦系数；

B——钢轨给轮对的纵向水平反作用力；

V——列车的运行速度。

根据牛顿第二定律，当闸瓦按车辆运行方向在车轮之前时，可列出下式

$$B+K-R_{x1}=\frac{q_l}{g}\cdot a \tag{6-7a}$$

闸瓦在车轮之后时，可列出下式

$$B+R_{x2}-K=\frac{q_l}{g}\cdot a \tag{6-7b}$$

式中　a——列车减速度；

g——重力加速度。

由于轮对在列车中除作平移运动外，还作回转运动，根据转动定律，可得

$$K\cdot\phi_K\cdot r-B\cdot r=J\cdot\alpha \tag{6-8}$$

式中　r——车轮半径；

J——轮对的转动惯量；

α——轮对的角减速度。

再取转向架构架为分离体(图 6-20)。图中：

q_z——转向架构架的重量；

q_t——车体重量；

P_x——心盘间的纵向水平作用力。

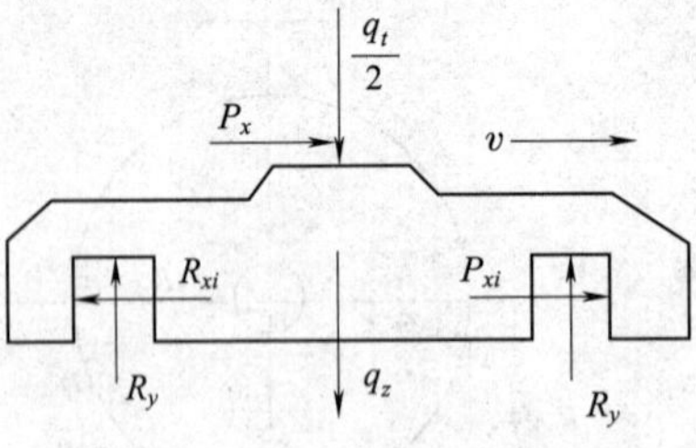

图 6-20　转向架构架受力情况图

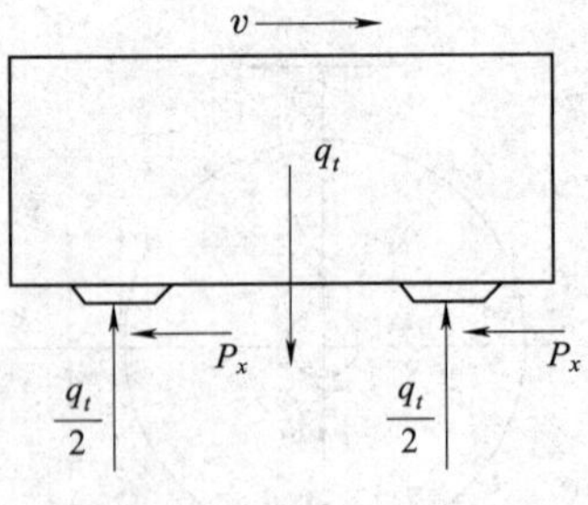

图 6-21　车体受力情况

按牛顿第二定律，可得

$$R_{x1}-R_{x2}-P_x=\frac{q_z}{g}\cdot a \tag{6-9}$$

再取车体为分离体(图 6-21)，按牛顿第二定律，可得

$$2\cdot P_x=\frac{q_t}{g}\cdot a \tag{6-10}$$

四轴车包括四个轮对(其中，按车辆运行方向，有两个轮对的闸瓦在车轮之前，另两个轮对

的闸瓦在车轮之后)、两个转向架和一个车体。所以,对于整台车,由式(6-7a)、式(6-7b)、式(6-9)和式(6-10),可得

$$2(B+K-R_{x1})+2(B+R_{x2}-K)+2(R_{x1}-R_{x2}-P_x)+2P_x$$
$$=4\cdot\frac{q_l}{g}\cdot a+2\frac{q_z}{g}\cdot a+\frac{q_t}{g}\cdot a$$

内力互相消去以后,可得

$$4B=(4q_l+2q_z+q_t)\frac{a}{g}$$

由于

$$4q_l+2q_z+q_t=q(\text{车辆总重})$$

故前式可变为

$$4B=\frac{q}{g}\cdot a \tag{6-11}$$

可见,使总重为 q 的整台车获得减速度 a 的制动力,确实是由闸瓦摩擦力引起并通过轮轨黏着转化而成的外力——钢轨给车轮的纵向水平反作用力 B(对整个车辆来说是 $4B$)。

同理,若将式(6-8)乘以 4,可得

$$4K\cdot\phi_K\cdot r-4B\cdot r=4J\cdot a \tag{6-12}$$

可见,闸瓦摩擦力矩确实可分为两部分(起两种作用):一部分是 $4Br$,其作用是引起钢轨给车轮的纵向水平反作用力 B,使整个车辆获得减速度 a;另一部分是 $4Ja$,其作用是使转动惯量为 J 的各轮对获得角减速度 α。后一部分的数值不大。为简化起见,在计算制动力时通常将它忽略不计,留到计算制动距离时再加以修正(参见《牵引计算》相关内容)。因此,通常认为,制动力在数值上就等于闸瓦摩擦力,并且写成

$$B_m=1\,000\sum(K\times\phi_K) \tag{6-13}$$

式中　B_m——一辆车、一台机车或全列车的制动力(N);

K——闸瓦压力(kN);

ϕ_K——闸瓦摩擦系数。

二、黏着与滑行

闸瓦制动的制动力,在运用中是通过控制闸瓦压力来调节的。在正常情况下,制动力随闸瓦压力的增大而增大。而所谓的正常情况,指的是车轮没有发生滑行,或者说,轮轨间的黏着没有被破坏。

1. 黏着

按刚体平面运动学的分析:沿钢轨自由滚动的车轮,具有不断变化的瞬时转动中心,车轮和钢轨的各个接触点在它们接触的瞬间是没有相对运动的,轮轨之间的纵向水平作用力就是物理学上说的静摩擦力,其最大值——“最大静摩擦力”是一个与运动状态无关的常量,它等于钢轨对车轮的垂直支反力 N 与静摩擦系数 μ 的乘积。

实际上问题比较复杂:车轮和钢轨在很高的压力作用下都有变形,轮轨间实际上是椭圆面接触而不是点接触,不存在理想的瞬时转动中心;车辆运行中不可避免地要发生冲击和各种震动,车轮在钢轨上滚动的同时还伴随着微量的纵向和横向滑动,即实际上不是纯粹的“静摩擦”状态;在制动过程中,由于制动力和车辆惯性力不是作用在同一水平面内,造成车辆前后车轮作用于钢轨的垂直载荷不均匀分配。所以,轮轨间的纵向水平作用力的最大值实际上与运动状态有关,而且比物理上的“最大静摩擦力”要小得多。轮轨间的静摩擦系数 μ、黏着系数 ψ、动

摩擦系数 ϕ 的关系如下：$\mu>\psi>\phi$。

因此，铁路牵引和制动理论中，在分析轮轨间纵向力问题时，不用“静摩擦”这个名词，而以“黏着”的概念来代替它。相应地，轮轨间纵向水平作用力的最大值就叫做（轮轨间的）黏着力，而黏着力与轮轨间垂直载荷的比值就叫黏着系数。而且，为便于应用，还假定轮轨间垂直载荷在制动过程中固定不变，即黏着力的变化完全是由于黏着系数的变化引起的。这样，黏着力与运动状态的关系就被简化成了黏着系数与运动状态的关系。但此时黏着系数也就成了假定值。由于它和假定不变的轮轨间垂直载荷的乘积等于实际的黏着力，所以这个假定用于黏着力计算是可行的。

依靠黏着滚动的车轮与钢轨黏着点之间的黏着力来实现机车车辆的制动，叫做黏着制动。黏着制动是目前主要的一种制动方式，它能实现的最大制动力，不会超过黏着力。

影响黏着系数的因素概括起来主要有两个：一个是车轮和钢轨的表面状况，另一个是车列的运行速度。

车轮和钢轨的表面状况又受许多因素的影响。如：干湿情况，清洁和污秽以及是否生锈的情况，是否撒砂，砂子的数量和质量等等。轮轨的湿度和脏污的程度又与天气、环境污染情况和制动装置的形式（踏面和轨面能否得到清扫）等因素有关。

车列运行速度对黏着系数的影响也相当复杂，但总的来说随着速度的提高，黏着系数呈下降趋势。

2. 滑行

列车制动过程中发生滑行的过程如图 6-22 所示。在没有发生滑行时，如果忽略由于冲击、震动等带来的微量纵向和横向滑动，可以认为车轮基本上是在钢轨上作纯粹的滚动。这时，如果不考虑轮对的回转质量惯性，可以认为制动力就等于闸瓦摩擦力，即 $B_m=\sum K\times\phi_K$，它随闸瓦压力 K 的增大和运行速度 v 的降低（使 ϕ_K 增大）而增大。当它增大到接近、甚至等于黏着力时，轮轨间的黏着状态就开始被破坏，出现车轮在钢轨上“连滚带滑”的现象，即在车轮滚动的同时伴随着少量的但越来越大的纵向相对滑动。此时制动力不仅不再随闸瓦摩擦力的增大而增大，反而开始急剧减小。车轮转速急剧降低，闸瓦摩擦系数剧增，使闸瓦摩擦力几乎直线上升，终于使轮轨黏着状态完全被破坏，车轮被“抱死”而不再滚动。车辆在钢轨上滑行。这时，钢轨对车轮的纵向水平反力完全变成滑动摩擦力，在阻力忽略不计时，可以认为它就是制动力 B_0。由于 $B_0=N\cdot\phi$，ϕ 是轮轨间滑动摩擦系数，它比黏着系数小得多（图 6-23），所以制动力大大下降。同时，由于滑行，车轮踏面将发生局部擦伤。

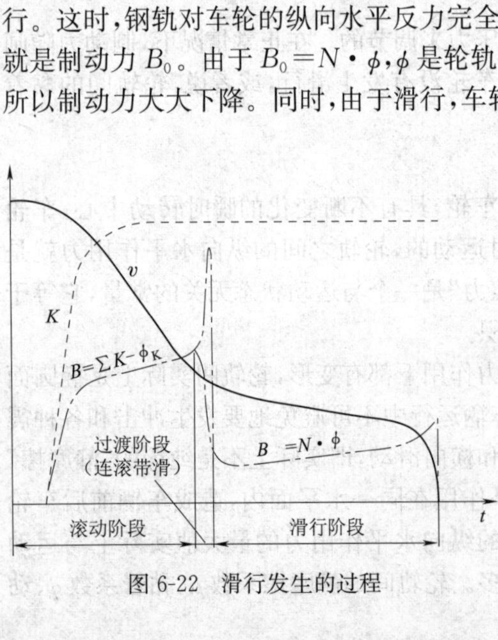

图 6-22　滑行发生的过程

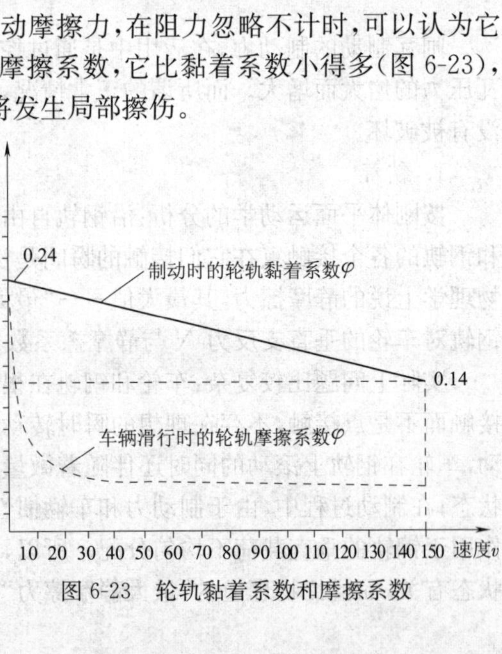

图 6-23　轮轨黏着系数和摩擦系数

这就是说,制动时钢轨对车轮的纵向水平反力(近似地说,即闸瓦摩擦力)不能大于轮轨间的黏着力。或者说,闸瓦制动的制动力是受轮轨黏着能力限制的。

三、闸瓦对制动力的影响

对闸瓦制动装置来说,闸瓦是非常重要的最基本的零件。由前所述,闸瓦压力和闸瓦摩擦系数直接影响制动力的大小和制动性能的优劣。同时它又是铁路运输中消耗铁量最大的零件,据不完全统计,我国铁路车辆每年需消耗铸铁闸瓦 105 t。所以,必须对闸瓦,特别是它的摩擦性能进行较深入的研究,找出其变化规律,并用以解决有关的制动问题,提高制动效能,减少材料消耗。

(一)闸瓦摩擦系数及影响因素

闸瓦摩擦系数 ϕ_K 不是固定值,它直接影响着列车的制动力。在闸瓦压力一定时,制动力的大小和变化就决定于闸瓦摩擦系数的大小和变化。

影响闸瓦摩擦系数的因素很多,主要有以下几方面:

1. 闸瓦材质和制造工艺

闸瓦材质对摩擦系数影响很大,现在机车车辆上大多使用的是铸铁闸瓦。铸铁闸瓦中磷是对摩擦性能起主要作用的元素,适当提高含磷量,摩擦系数与耐磨性均可相应增加。1999年6月以后,我国主要使用含磷量为2.5%~5 %的高磷闸瓦,取代含磷量为0.7%~1.0%的中磷闸瓦。

此外,闸瓦的铸造工艺也影响着摩擦系数,用铁模浇铸的铸铁闸瓦,其摩擦系数就小于用砂模浇铸的闸瓦。

随着对铸铁闸瓦研究的不断深入,据国内外一些文献报道,铸铁闸瓦的浇铸温度、浇铸法及闸瓦中所含的杂质,都会大大降低闸瓦的耐热性与导热性,使闸瓦易于熔化,对摩擦系数也必然会有影响,从而导致同一材质的闸瓦可能有不同的摩擦系数。

2. 闸瓦压力

闸瓦对车轮单位面积上的压力越大,摩擦系数越小;反之摩擦系数越大。这是因为,闸瓦压力大时,摩擦产生的热量多,闸瓦温度升高,在接触面上可能有一薄层因高温而变软,起着近似润滑剂的作用,所以降低了摩擦系数。

3. 列车运行速度

铸铁闸瓦与车轮间的摩擦系数受列车运行速度的影响较大。列车速度高,闸瓦与车轮踏面摩擦的相对速度就越大,在摩擦过程中产生的热量多,使闸瓦温度升高,摩擦系数减小。这显然不能满足高速时需要有较大制动力的要求。列车速度低,摩擦系数反而增大,尤其是在速度很低时,摩擦系数急剧上升,容易发生"抱死轮"即"滑行"现象。

4. 列车制动初速度

初速度较低时,其摩擦系数较高。当制动初速度较高时,闸瓦温度高,则摩擦系数较低。根据试验:制动初速度每提高 10 km/h,铸铁闸瓦和低摩合成闸瓦的摩擦系数将降低0.006~0.012。

除上述几种主要因素外,闸瓦摩擦系数还与气候、接触面状态等因素有关。

(二)改善闸瓦摩擦性能的措施

对闸瓦除要求有高的、比较稳定的摩擦系数外,还要求它有较好的耐磨性和导热性,以及一定的机械强度,并且希望制造成本低。

1. 提高铸铁闸瓦中的含磷量

据研究，含磷量高的高磷铸铁闸瓦可明显减小以至完全消除火花，制动效果好，但容易脆裂。我国研究出采用钢背作为补强措施的高磷铸铁闸瓦，现在已被普遍使用。

2. 采用双侧制动或复式闸瓦

双侧制动即每一车轮两侧各有一块闸瓦。复式闸瓦是一个闸瓦托上安装两块或两块以上闸瓦。采用双侧制动或复式闸瓦能增加闸瓦的摩擦面积，减小闸瓦单位面积的压力。根据试验，闸瓦单位面积的压力较小时，可获得良好的摩擦系数与较小的磨耗量；同时闸瓦单位面积的压力小，制动时的温度较低，由此而引起的闸瓦变形也较小，使闸瓦与车轮有较好的接触状态，得以提高其摩擦系数。据国外试验资料表明，采用复式闸瓦时制动距离比采用单式闸瓦可缩短 10%～15%。

此外，为减小制动过程中闸瓦因高温而发生的变化，除采用上述的复式闸瓦外，还可以采用两端硬化的闸瓦，防止闸瓦冷却后两端翘起，闸瓦接触面减小，摩擦系数降低。

3. 采用合成闸瓦

由于铸铁闸瓦摩擦系数较低，而且随速度增加而减小，耐磨性亦较差，已不能满足铁路运输高速、重载和行车安全的要求，因而出现了一种很有前途的新型闸瓦——合成闸瓦。

合成闸瓦是用非金属材料（石墨粉、石棉、矿渣、云母、黏土等）和金属粉末（铸铁粉、铜粉、铅粉和铅锌等氧化物）为填充料，用橡胶或树脂等黏性材料作为黏结剂，在高温高压下塑合而成的。

合成闸瓦根据摩擦系数的大小大致可以分为两种类型：一种是对原来使用铸铁闸瓦的制动装置可不作其他变更、原封不动地就可以换装的低摩擦系数合成闸瓦；另一种是在制动率较小的新造机车车辆上使用的高摩擦系数合成闸瓦。与铸铁闸瓦相比，高摩合成闸瓦的摩擦系数大而稳定，使基础制动装置受力减小；摩擦系数—速度曲线特性与轮轨黏着特性一致，有利于缩短制动距离。此外，合成闸瓦的耐磨性也有显著提高，制动时的摩擦火花也小，可防止火灾。

实践与训练

学习工作单

工作单	制动力分析		
任　务	掌握制动力的形成及制动力数值计算；掌握黏着与滑行对行车的影响；掌握闸瓦对制动力的影响		
班　级		姓　名	
学习小组		工作时间	
【知识认知】			
1. 归纳总结动力的形成及制动力数值计算 2. 归纳总结黏着与滑行对行车的影响 3. 归纳总结闸瓦对制动力的影响			

续上表

【能力训练】
通过本任务学习，讨论闸瓦对制动力的影响，改善闸瓦摩擦性能的措施
任务学习其他说明或建议：
指导老师评语：
任务完成人签字：　日期：　年　月　日 指导老师签字：　日期：　年　月　日

项目七　CCBⅡ电空制动机

HXD_3型电力机车是中国铁路的干线货运用电力机车车型之一，是“和谐型”大功率交流电力机车系列其中一型。本项目为HXD_3型电力机车制动系统和其他重载列车制动技术，内容包括：CCBⅡ制动机中各主要部件的构造及作用，CCBⅡ制动机的控制关系，CCBⅡ制动机气路的综合作用及系统的安全保护和主要部件的备份等内容，制动系统中的停放制动装置、踏面清扫装置、撒砂鸣笛装置及空气防滑等辅助管路系统，还简介了其他重载列车制动技术。

任务一　CCBⅡ电空制动机认知

知识要点

1. 熟知CCBⅡ电空制动机的主要组成。
2. 掌握HXD_3型电力机车制动控制的原则。

项目任务

1. 掌握HXD_3型电力机车制动控制的原则。
2. 掌握CCBⅡ制动机主要组成。
3. 掌握CCBⅡ电空制动机控制关系。

任务准备

1. 所需设备：CCBⅡ制动机试验台，HXD_3型电力机车模拟驾驶，钳工常用工具。
2. 所需材料：工业凡士林，汽油，白布，丙酮，酒精，松香，焊锡，锂基脂，砂布。

相关理论知识

HXD_3型大功率电力机车采用了先进的机车用CCBⅡ第二代微机控制制动系统。该制动系统是基于网络的电空制动系统，它是按照美国铁路协会标准（AAR）以26-L制动机为基础设计的电空制动控制系统。该系统可以在干线客运和货运机车上使用，可以和我国现有的机车车辆制动系统进行匹配使用。

CCBⅡ电空制动机是基于微处理器和LON网的电空制动控制系统，除了紧急制动作用由机械阀触发，其他所有逻辑控制指令均由微处理器发出。

一、制动系统技术特点

1. 控制准确性高，反应迅速；
2. 安全性较高；
3. 部件集成化高，可进行部件的线路更换，维护简单；
4. 有自我诊断、故障显示及处理方法提示功能。

二、HXD3 型电力机车制动控制的原则

1. 优先使用机车再生制动。
2. 若再生制动工况下进行常用制动操作，机车制动缸保持零压力，机车实施再生制动，车辆实施空气制动；若在常用制动工况下进行再生制动操作，机车制动缸压力下降为零，机车实施再生制动，车辆保持原空气制动压力。
3. 在紧急制动过程中，机车和车辆实施最大的空气制动力。

三、CCBⅡ制动机主要组成

CCBⅡ制动机包括 EBV（电子制动阀），LCDM（制动显示屏），X-IPM（微处理器），RIM（继电器接口模块）和 EPCU（电空控制单元）等主要部件。

CCBⅡ制动系统控制部分及辅助功能控制部分集成在空气制动柜中，空气制动柜布置图如图 7-1。

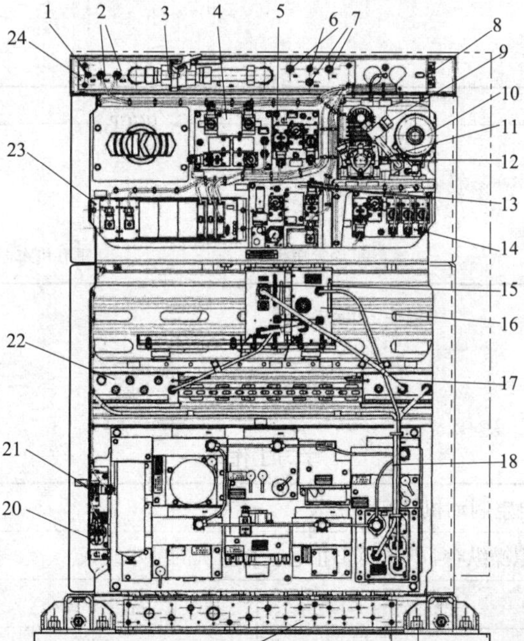

图 7-1　空气制动柜布置图

1—B09 测试口；2—B06/1，B06/2 压力传感器；3—A24 总风塞门；4—B40 弹簧停车模块；5—B50 踏面清扫模块；6—B29 测试口；7—B28/B30/B34 的压力传感器接口；8—电气接口；9—U81 安全阀；10—U83 干燥风缸；11—U84 压力开关；12—U80 辅助空压机；13—U43 升弓模块；14—F41 撒砂模块；15—B46 主机 IPM；16—B47 继电器模块 RIM；17—B49 电缆箱；18—B20 电空控制单元；19—空气接口；20—Z10.22 闸缸塞门；21—Z10.36 紧急电磁阀；22—B48 电源盒；23—G1 电子防滑器；24—空气接口

四、CCBⅡ电空制动机控制关系

1. 主要部件控制关系

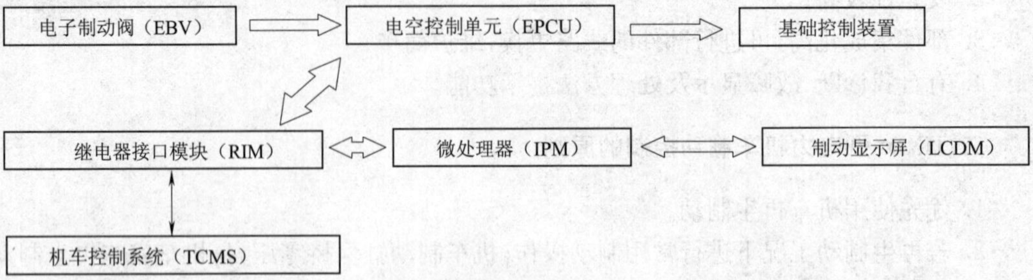

在以上各部件中，EBV、EPCU、RIM、IPM之间通过LON网线进行通信，IPM、LCD之间通过RS422数据线进行通信，TCMS、RIM通过开关模拟量进行通信。

2. 气路控制关系

控制列车：

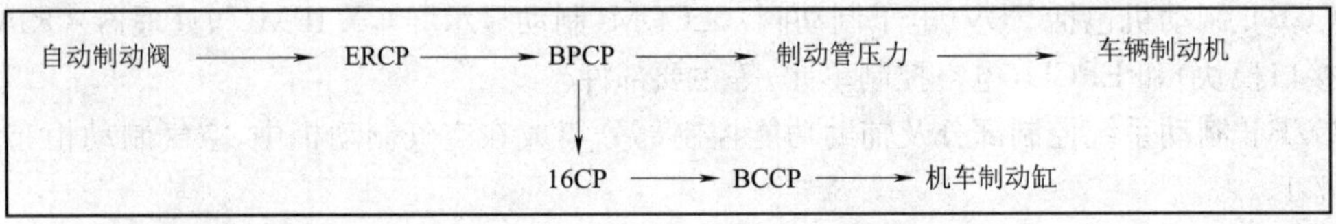

控制机车：

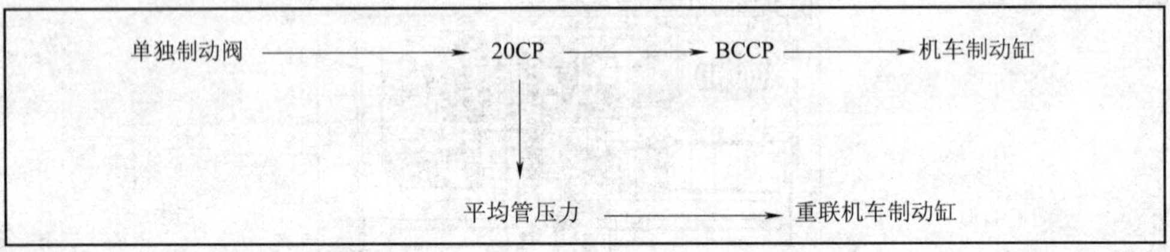

实践与训练

学习工作单

工 作 单	CCBⅡ电空制动机认知		
任 务	通过模拟操纵台，了解CCBⅡ电空制动机的基本组成		
班 级		姓 名	
学习小组		工作时间	
【知识认知】			
1. 归纳总结CCBⅡ电空制动机的主要组成 2. 总结HXD_3型电力机车制动控制的原则			

续上表

【动手能力训练】	
总结CCBⅡ电空制动机控制关系	
任务学习其他说明或建议：	
指导老师评语：	
任务完成人签字：	日期：　年　月　日
指导老师签字：	日期：　年　月　日

任务二　CCBⅡ电空制动机主要部件的构造及作用

知识要点

1. 了解CCBⅡ电空制动机主要部件的构造及作用。
2. 了解微处理器指示灯指示状态和信息。
3. 掌握电空控制单元的组成及作用。

项目任务

1. 了解CCBⅡ电空制动机主要部件的构造及作用。
2. 掌握电空控制单元的组成及作用。
3. 掌握微处理器指示灯指示状态和指示信息。

任务准备

1. 所需设备：CCBⅡ制动机试验台、HXD$_3$型电力机车模拟驾驶，钳工常用工具。
2. 所需材料：工业凡士林、汽油、白布、丙酮、酒精、松香、焊锡、锂基脂、砂布。

相关理论知识

一、电子制动阀(EBV)

电子制动阀是CCBⅡ制动机的人机接口。操作者通过电子制动阀(图7-2)直接给电空控制单元(EPCU)发送指令,并通知微处理器(IPM)进行逻辑控制。

图7-2 电子制动阀(EBV)

电子制动阀采用水平安装结构。自动制动手柄位于左侧,单独制动手柄位于右侧,中间为手柄位置的指示标牌。在EBV内部有一个机械阀,当自动制动手柄置于紧急制动位时机械阀动作,保证机车车辆在任何状态下均能产生紧急制动作用。

自动制动手柄和单独制动手柄均采用推拉式操作方式,并具有自保压特性。自动制动手柄含有运转位、初制动位、全制动位、抑制位、重联位和紧急制动位等操作位置。在初制动位和全制动位之间的是常用制动区。单独制动手柄包含运转位和全制动位等操作位置。在运转位和全制动位之间的是制动区域。通过侧压单独制动手柄可以实现机车的单独缓解功能。

HXD_3型电力机车的每一个司机室均装有一个电子制动阀。当操纵端司机室的制动显示屏(LCDM)被激活,微处理器(IPM)将激活操纵端的电子制动阀,操作者可以用来进行制动控制;此时非操作端司机室的电子制动阀未被激活,也不能够送出制动指令。未被激活电子制动阀的自动制动手柄,需用销子将其锁定在重联位上,以免误动作触发紧急制动,单独制动手柄应放置在运转位。

二、制动显示屏(LCDM)

制动显示屏位于司机室操纵台左侧,外观如图7-3所示。制动显示屏是CCBⅡ制动机的主要显示和操作装置。它由10.4″液晶显示器,下方8个功能键和左侧3个亮度调节键组成。功能键用来实现操作菜单的选择及制动功能的选定。操作菜单可以用中文或英文来显示。

图7-3 制动显示屏外观

HXD3 型电力机车每个司机室的操纵台上装有一个制动显示屏。通过机车微机控制系统(TCMS)控制每一个司机室制动显示屏的得失电。当一个制动显示屏得电,其信号将送到制动系统微处理器(IPM),微处理器(IPM)根据此信号激活对应的电子制动阀(EBV),使其具有控制机车车辆制动系统的功能;此时另外一个制动显示屏没有得电,其电子制动阀(EBV)未被激活。如果两个制动显示屏同时得电,微处理器(IPM)将通过制动显示屏显示制动系统故障信息,两个电子制动阀(EBV)均未激活。

制动显示屏在机车正常操作时,实时显示均衡风缸、制动管、总风缸和制动缸的压力值,也实时显示制动管流量和空气制动模式的当前状况。制动屏显示内容如图 7-4 所示。

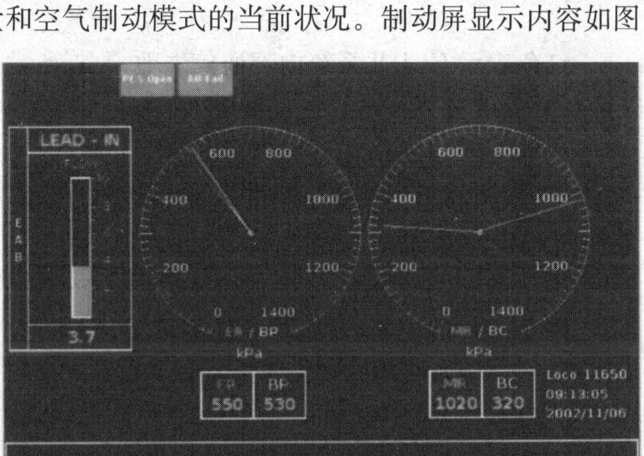

图 7-4　制动屏显示内容

通过显示屏还可以实时显示制动机故障信息,并将其记录;也可以对制动机进行如下操作:对制动机各模块进行自检,进行本机/补机、均衡风缸压力设定、制动管投入/切除、客车/货车、补风/不补风、风表值标定、故障查询等功能的选择和应用。

三、微处理器(IPM)

微处理器是 CCBⅡ制动机的中央处理器(图 7-5)。进行各制动功能的软件运算,并对各部分软件状态进行检测和维护。它处理所有与制动显示屏(LCDM)有关的接口任务,并通过 LON 网络传送制动命令给电空控制单元(EPCU)。

微处理器也通过继电器接口模块(RIM)与机车控制系统(TCMS)和安全装置(ATP)进行通信。

微处理器前端设有 13 个指示灯,用来提供制动系统状态的反馈信息。若制动系统处于正常工作状态,微处理器顶端两个绿色的指示灯处于指示状态,而其他指示灯没有指示信息。各指示灯具体含义如下:

POWER——绿色表示微处理器已得电;

CPU OK——绿色表示微处理器工作状态良好;

DP LEAD——绿色表示该机车处于动力分散主控机模式(HXD3 机车无此功能);

图 7-5　微处理器 IPM

DP REMOTE——绿色表示该机车处于动力分散从控机车模式（HXD_3 机车无此功能）；

DP TX A——黄色表示该机车电台 A 正在传输无线信息（HXD_3 机车无此功能）；

DP TX B——黄色表示该机车电台 B 正在传输无线信息（HXD_3 机车无此功能）；

DP RX——绿色表示该机车正在接收无线信息（HXD_3 机车无此功能）；

DP COMMINT——红色表示该机车无线通信故障（HXD_3 机车无此功能）；

DATALINK FA——红色表示该微处理器与机车控制系统、电空控制单元或制动显示屏通信失败；

NETWORK FA ——红色表示 CCBⅡ系统内部通信失败；

EBV FAIL——红色表示 CCBⅡ系统电子制动阀失效；

EPCU FAIL——红色表示 CCBⅡ系统电空控制单元失效；

EAB BACKUP——红色表示 CCBⅡ系统已经进入备份模式。

IPM 前端有 7 个电缆接线口，其具体含义如下：

J1——数据传输装置，通过 RS422 数据线连接制动显示屏；

J2——测试接口，用于系统软件的更新，及维护软件的下载；

J3——远程控制用电台连接接口（HXD_3 机车无此功能）；

J4——连接继电器接口模块（RIM）

J5——电源输入接口；

J6——网络接口，连接电空控制单元（EPCU）

J7——远程控制接口（HXD_3 机车无此功能）。

四、继电器接口模块（RIM）

继电器接口模块（图 7-6）位于机车制动柜，它是微处理器（IPM）与机车间进行通信的继电器接口。

信号输入部分包括：由安全装置（ATP）产生的惩罚制动和紧急制动，A/B 端司机室操作激活信号，再生制动投入信号，MREP 压力开关工作状态信号，机车速度信号。

信号输出部分包括：紧急制动信号，动力切除（PCS）信号，撒砂动作信号，再生制动切除信号，重联机车故障信号。

图 7-6　继电器接口模块

五、电空控制单元（EPCU）

电空控制单元（EPCU）由电空阀和空气阀组成，来控制机车空气管路的压力。它是制动系统的执行部件，所有电空阀和空气阀集成到 8 个线路可更换模块（LRU）（图 7-7）。其中 5 个 LRU 是“智能的”可以通过软件进行自检并通过 LON 网络和 EBV、IPM 进行通信。

电空控制单元（EPCU）的组成及其功能如下：

（一）均衡风缸控制模块（ERCP）

均衡风缸控制模块（ERCP）通过改变均衡风缸压力产生制动管控制压力。

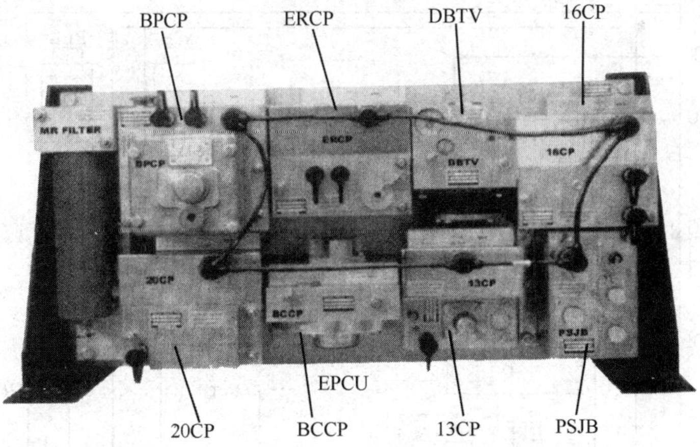

图 7-7　电空控制单元(EPCU)

均衡风缸控制模块接收来自电子制动阀(EBV)的自动制动手柄指令,微处理器(IPM)以及机车监控系统(ATP)的指令来控制机车均衡风缸的压力。它的功能类似于 JZ-7 型空气制动机中自动制动阀内调整阀,以及 DK-1 型电空制动机中自动制动阀和缓解电磁阀、制动电磁阀联合的作用。但又有所不同,调整阀是纯机械结构,只响应自动制动阀手柄的动作,且均衡风缸的压力由凸轮的行程来决定;DK-1 型电空制动机虽然是通过电信号控制电磁阀实现均衡风缸的压力控制,但均衡风缸充风缓解时的最高压力是通过加装在总风管路上的减压阀来限制,均衡风缸排风制动时,其最小减压量通过制动电磁阀的缩口和初制风缸联合实现,大减压量通过自动制动阀手柄长时间停留在制动位,即制动电磁阀长时间得电来实现,控制准确度、减压精度都不是很理想,且不能自保压。本系统中的均衡风缸控制模块通过电子信号能够准确地控制均衡风缸的压力,且具有自保压功能,如果此模块发生了故障,会自动由其他模块(16CP)来代替其功能。DK-1 型电空制动机的电磁阀没有备份功能。

无动力回送装置也集成在均衡风缸控制模块内部。它由外壳、管座、均衡风缸、REL 缓解电磁阀、APP 作用电磁阀、MVER 均衡模块电磁阀、MRT 总风压力传感器、ERT 均衡风缸压力传感器、TPER 均衡压力测试点、TPMR 总风测试点、过滤器等部分组成,其中无动力回送装置由 DE 无动力塞门、DER 压力调整阀,C2 充风节流孔,CV 单向止回阀等部分组成。

各部分的连接示意图如图 7-8 所示。

1. 管座

管座亦为 ERCP 模块的安装座。管座上设有四根管子的连接孔,即制动管 BP、总风管 MR、制动管控制管 BP Control(类似 DK-1 型电空制动机中的均衡管,JZ-7 型空气制动机中的中均管)和均衡风缸备份管 ERBU。均衡风缸(90 立方英寸)直接连接在管座上。

2. 各部件简介

ERCP 的其他部件均集成在外壳内,图中虚线框表示外壳。

(1)REL 缓解电磁阀

得电——均衡风缸通大气,均衡风缸减压。

失电——停止均衡风缸通大气,均衡风缸保压。

(2)APP 作用电磁阀

得电——总风通均衡风缸,均衡风缸增压。

失电——停止总风通均衡风缸,均衡风缸保压。

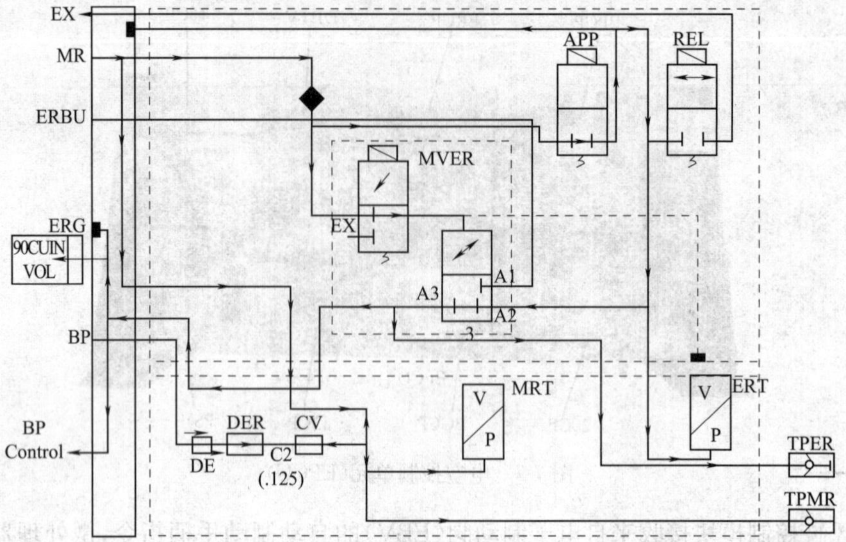

图 7-8　ERCP 模块部件连接示意图(缓解状态)

ERCP 通过 REL、APP 电磁阀实现对均衡风缸压力的控制。在缓解后或制动后的保压状态,两个电磁阀均失电。若将自动制动阀手柄置重联位,REL 电磁阀得电将均衡风缸风压排空到零。

(3)MVER 均衡模块电磁阀

得电——产生预控压力,允许机械阀接口 A2 通 A3,从而均衡风缸接受 REL、APP 电磁阀控制。

失电——预控压力排大气,允许机械阀接口 A1 通 A3,从而使均衡风缸同 ERBU 管连通。

本电磁阀用来控制机械接口的连通状态,是 ERCP 模块的预控电磁阀。

当制动机断电、机车设置为补机或 ERCP 模块故障处于备用模式下,MVER 电磁阀失电;其他状态下均得电。

(4)MRT 总风压力传感器

产生与第二总风缸压力成比例的电压信号,并通过 IPM 转换,在制动显示屏上显示总风压力。如果此传感器故障,会自动由 BPCP 模块中的 MRT 压力传感器代替其功能。

(5)ERT 均衡风缸压力传感器

产生与均衡风缸压力成比例的电压信号,并通过 IPM 转换,在制动显示屏上显示均衡风缸压力。备用模式下,其均衡风缸压力由 16CP 模块中的 16T 压力传感器通过 IPM 转换,在制动显示屏上显示。

ERT 均衡风缸压力传感器同 REL、APP 电磁阀配合作用,实现均衡风缸压力的精确控制和自动保压功能。

(6)TPER 均衡风缸压力测试点

此测试点直接和均衡风缸连接,通过与系统外部的压力表连接,能够检测出任何状态下均衡风缸的实际压力。

(7)TPMR 总风压力测试点

此测试点直接和第二总风缸连接,通过与系统外部的压力表连接,能够检测出第二总风缸的实际压力。

(8)DE 无动力塞门

此塞门在机车附挂时(无动力回送)使用,有投入和切除两个位置。

投入——将制动管和第二总风缸连通,允许制动管给总风缸充风,机车附挂时使用此位置。

切除——断开制动管和第二总风缸的通路,机车在正常运行时使用此位置。

(9)DER 压力调整阀

当无动力塞门在投入位时,限制制动管给总风缸充风的压力到 250 kPa 左右。

(10)C2 充风节流孔

当制动管给总风缸充风时,限制其压缩空气的流速,使得总风缸能够获得稳定的压缩空气,同时避免制动管压力下降太快而引起牵引机车紧急制动。

(11)CV 单向止回阀

防止机车在正常状态或无火回送状态时,总风缸压力空气向制动管逆流的现象发生。

(二)制动管控制模块(BPCP)

BPCP 模块接收来自 ERCP 模块控制的均衡风缸的压力,由内部 BP 作用阀响应其变化并快速的产生与均衡风缸具有相同压力的制动管压力,从而完成列车的制动、保压和缓解。它的作用相当于 JZ-7 型空气制动机或 DK-1 型电空制动机的中继阀作用。

此外 BPCP 模块可以监测列车制动管的压力,并可接收自动制动阀、IPM 的指令。当发现制动管压力快速下降或接收到来自自动制动阀、IPM 的紧急制动指令,BPCP 模块会加快制动管减压产生紧急制动。此作用相当于 JZ-7 型空气制动机分配阀中紧急部或 DK-1 型电空制动机中电动放风阀和紧急阀的作用。

BPCP 模块由外壳、管座、BP 作用阀、MV53 电磁阀、BPCO 机械阀、BPT 制动管压力传感器、MRT 总风压力传感器、FLT 制动管流量传感器、C1 充风节流孔、TPBP 制动管压力测试点、EMV 紧急电磁阀(74 V)、MVEM 紧急电磁阀(24 V)、PVEM 气动紧急放风阀、C3 充风节流孔等部分组成。

各部件的连接示意图如图 7-9 所示。

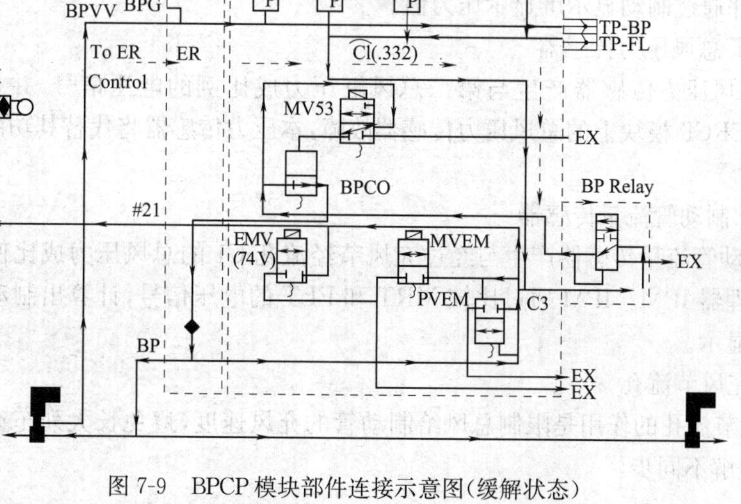

图 7-9 BPCP 模块部件连接示意图(缓解状态)

1. 管座

管座亦为 BPCP 模块的安装座。管座上设有五根管子的连接孔，即总风管 MR、制动管压力反馈管 BPVV、制动管控制管 ER(BP Control)、＃21 号管和制动管 BP。

2. 各部件简介

BPCP 的其他部件均集成在外壳内，图中右侧虚线框表示外壳。

(1)BP 作用阀

BP 作用阀接受均衡风缸的控制压力产生与之相等的制动管压力，实现对列车的制动、缓解控制功能。其排风管路(EX)的制动管排风速度受 1/4 英寸节流孔的限制，使得制动时进行常用制动，而不会引起紧急制动。

BP 作用阀是 BPCP 模块的核心部件，属于机械阀。

(2)MV53 电磁阀/BPCO 机械阀

MV53 电磁阀同 BPCO 机械阀共同作用，实现机车制动管投入/切除，补风/不补风，一次缓解/阶段缓解等功能。

MV53 电磁阀失电——允许由 BP 作用阀产生的制动管压力通过本电磁阀，进而控制 BPCO机械阀使其开通，BPCO 开通后由 BP 作用阀产生的制动管压缩空气通过 BPCO 机械阀，经过过滤后进入列车制动管。

MV53 电磁阀得电——由 BP 作用阀产生的制动管压力不能通过本电磁阀，并且本电磁阀控制 BPCO 机械阀的预控压力排向大气，从而使得 BPCO 机械阀通路关闭。机车(或列车)的制动管路和 BP 作用阀隔离。机车制动管处于保压状态，BP 作用阀虽仍受均衡风缸压力的控制但它不再控制机车的制动管压力。

机车处于本机/补风/阶段缓解状态时 MV53 电磁阀处于常失电状态；机车处于本机/不补风状态时，当自动制动阀在运转位，MV53 电磁阀失电，当自动制动阀在制动区，制动管减压到均衡风缸控制压力后，微处理器使 MV53 电磁阀得电；如果运行时产生紧急制动作用或将机车设置为单机状态(操纵端/切除)、补机状态，MV53 电磁阀将常得电。

当制动管压力低于 90 kPa 时，BPCO 将自动关闭电路。

(3)BPT 制动管压力传感器

BPT 制动管压力传感器产生与制动管压力成比例的电压信号，传送给微处理器 IPM，进行数据处理并通过制动显示屏显示压力值。

(4)MRT 总风压力传感器

MRT 总风压力传感器产生与第二总风缸压力成比例的电压信号，并传送给微处理器 IPM。如果 ERCP 模块上的总风压力传感器故障，本压力传感器将代替其功能，在显示屏显示总风压力。

(5)FLT 制动管流量传感器

FLT 制动管流量传感器产生与经过充风节经流孔 C1 的总风压力成比例的电压信号，并传送给微处理器 IPM。IPM 通过比较 MRT 和 FLT 的电压信号，计算出制动管的充风流速，并在显示屏显示。

(6)C1 充风节流孔

C1 充风节流孔的作用是限制总风给制动管的充风速度，避免长大列车充风太快，引起列车的制动、缓解不同步。

(7)TPBP 制动管压力测试点

此测试点直接和制动管压力反馈管 BPVV 连接，通过与系统外部的压力表连接，能够检测出制动管的实际压力。

(8)EMV 紧急电磁阀(74 V)

此电磁阀由微处理器 IPM 直接控制，产生紧急作用。EMV 紧急电磁阀失电，21 号管不排风(正常操作模式)；EMV 紧急电磁阀得电，21 号管排风，产生紧急制动。

(9)MVEM 紧急电磁阀(24 V)

此电磁阀接收电子制动阀 EBV 的紧急制动指令，产生紧急作用。MEMV 紧急电磁阀失电，EBV 不在紧急制动位，21 号管不排风；MEMV 紧急电磁阀得电，EBV 在紧急制动位，21 号管排风，产生紧急制动。

(10)PVEM 紧急放风阀

由于 21 号管排风，造成 PVEM 紧急放风阀动作，使得制动管内压缩空气以足够大的流速排向大气，保证紧急制动的发生。

(三)13CP 控制模块

13CP 控制模块的作用是实现单独缓解机车制动缸压力。

当单独制动手柄侧压时，13CP 控制 13＃管充风，对 DBTV 里的 BO 阀进行控制，排空 16TV 作用管的风压；同时制动系统控制 16CP 模块中的缓解电磁阀，排空作用风缸和 16＃作用管的压力，实现单缓机车制动缸压力(该压力由自动制动产生)。同时在 ER 备用情况下与 16CP 共同动作来实现均衡风缸的压力控制。它由外壳、管座、MV13S 电磁阀和 ERBU 电磁阀等组成，各种部件的连接示意图如图 7-10 所示。

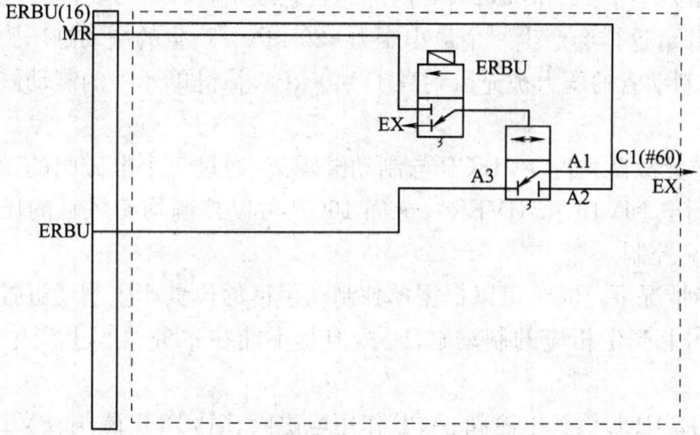

图 7-10　13CP 模块部件连接意图

1. 管座

管座亦为 13CP 模块的安装座。管座上设有三根管子的连接孔，即总风缸 MR，通往 16CP 的 ERBU 管，通往 DBTV 的 13 号管。

2. 各部件简介

(1)MV13S 电磁阀

单独制动阀侧压，得电——总风缸给 13 号管充风，帮助 DBTV 内部实现机械的单缓功能；

单独制动阀恢复,失电——停止总风缸给 13 号管充风。

(2)ERBU 电磁阀

和 16CP,ERCP 模块配合使用,当 ERCP 模块故障失效时,系统自动使 MVER 失电,MV16 失电,ERBU 得电。利用 16CP 模块中的 REL 缓解电磁阀,APP 作用电磁阀代替ERCP 中 REL 缓解电磁阀,APP 作用电磁阀的作用由 ERBU 电磁阀代替 16CP 模块中的 MV16 电磁阀的功能,实现对均衡风缸的控制。

(四)16CP 控制模块

16CP 控制模块的作用是响应列车制动管的减压量、平均管压力和单缓指令,来产生制动缸管的制动压力。其基本功能类似 JZ-7 型空气制动机系统的分配阀或 DK-1 型电空制动机系统中分配阀主阀部的作用。

在本机状态时,通过对机车制动管的减压量、平均管的压力、机车单独缓解指令以及单独制动阀的控制指令来产生制动缸的控制指令从而控制制动缸的控制压力,即 16 号管压力。在补机状态时,除了制动管压力降到 140 kPa 以下并且总风重联管压力开关运作以外,不再根据制动管的减压而产生制动缸的控制压力,重联机车的制动缸压力由平均管的压力来控制。

在本机模式下,16 号管增加的压力同制动管减少的比率为 2.5∶1,并且 16 号管增加的压力最大不超过(450±15)kPa。

当接受到单独缓解命令,或制动管压力增加到 14 kPa。制动缸压力开始缓解。

当出现电源故障时,16CP 对制动缸的控制压力自动进行释放,然后通过 DBTV(本务状态)或者从 20CP 到制动缸中继阀的先导压力对制动缸压力进行控制。

一旦制动管压力小于 140 kPa,16CP 内部的紧急限制阀(ELV)将增加制动缸先导压力到一个常规值 440 kPa,这样会产生一个最小压力 420 kPa。产生的制动缸压力在补机单元不能自动释放,只有当制动管的压力被充风到高于 140 kPa,补机单元中的制动缸压力才可随制动管压力增高缓解。

在 ER 控制单元故障情况下,16CP 与制动缸隔离,通过三个电磁阀的动作连接到均衡风缸(上电 ERBU,断电 MV16 和 MVER),这样 16CP 可以控制均衡风缸的压力。制动缸的控制压力则由 DBTV 控制。

在 20CP 故障情况下,16CP 可以根据单独制动手柄的位置产生制动缸控制压力。这种方式可以在本务机车上产生相应的制动缸压力,但是不能在本务机车上产生相应的平均管的压力。

它由外壳、管座 REL 缓解电磁阀、APP 作用电磁阀、MV16 电磁阀、PVTV 三通阀、DCV2 变向阀、PVE 紧急压力阀、ELV 紧急限压阀、DCV1 变向阀、16T 压力传感器、BPT 制动管压力传感器、BCT 制动缸压力传感器、C1 充风节流孔、TP16 作用管压力测试点,TPBC 测试点、过滤器及作用风缸等部分组成。各部件的连接示意图如图 7-11 所示。

1. 管座

管座亦为 16CP 模块的安装座。管坐上设有七根管子的连接孔,即均衡风缸备用管 ERB(13),总风管 MR,制动缸控制管 16#管,通 DBTV 控制管#16TV 管,制动管 BP,单独缓解管#13 号管,制动缸压力反馈管 BCCO。作用风缸(90 立方英寸)直接连接在管座上。

2. 各部件简介

16CP 的其他部件均集成在外壳内,图中右侧虚线框表示外壳。

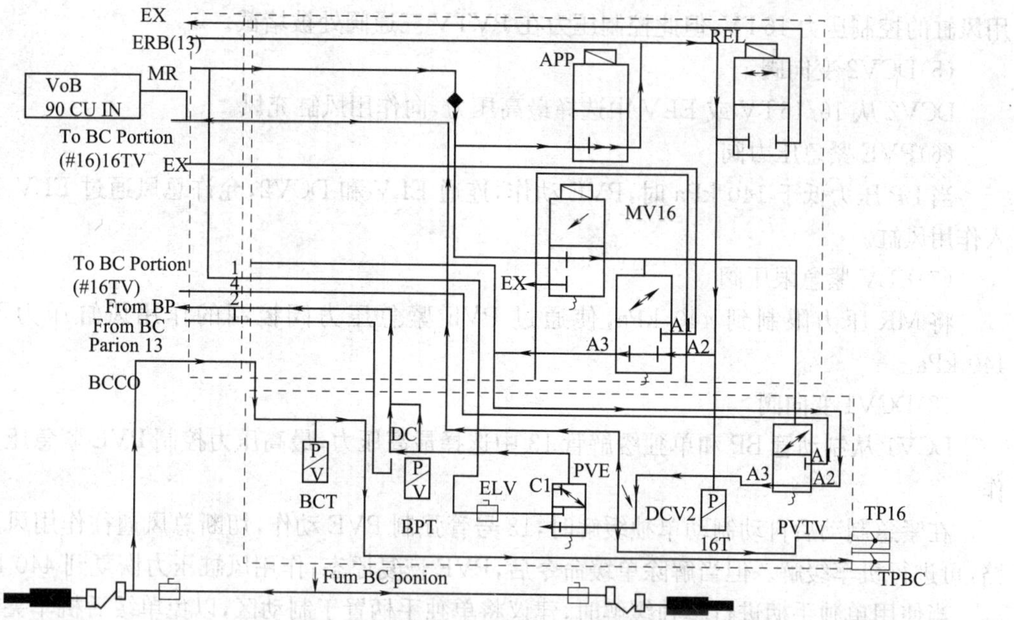

图 7-11 16CP 模块部件连接示意图(制动状态)

(1)REL 缓解电磁阀

得电——作用风缸通大气,作用风缸减压。

失电——停止作用风缸通大气,作用风缸保压。

(2)APP 作用电磁阀

得电——总风通作用风缸,作用风缸增压。

失电——停止总风通作用风缸,作用风缸保压。

16CP 通过 REL、APP 电磁阀实现对作用风缸压力的控制。在缓解后或制动后,两个电磁阀均失电,进行作用风缸保压。若将机车设置在补机位,REL 电磁阀得电,将作用风缸的压力空气排空。

(3)MV16 电磁阀

得电——产生控制压力,允许机械阀接口和 PVTV 三通阀接口的 A2 通 A3,从而作用风缸接收 REL、APP 电磁阀指令。

失电——控制压力排大气,允许机械阀接口和 PVTV 三通阀接口 A1 通 A3,从而使作用风缸同 DBTV 连接,并受其控制。

本电磁阀用来控制其机械阀接口的连通,是 16CP 模块的预控电磁阀。

当制动系统断电、ERCP 模块故障处于备用模式、16CP 模块故障处于备用模式,MV16 电磁阀将失电,16CP 模块失去对作用风缸的控制能力,同时允许 DBTV 模块对作用风缸进行控制,即对制动缸压力进行控制;其他状态无论机车设置本机/投入、本机/切除或补机,MV16 电磁阀均得电。

(4)PVTV 三通阀

此阀为机械阀,受 MV16 电磁阀控制,和 MV16 电磁阀配合作用,完成 16CP 对作用风缸的控制或 DBTV 对作用风缸控制的选择或自动转换。在正常的工作状态下,作用风缸的压力控制应由 16CP 模块产生的 16 管压力来完成,但 DBTV 也适时根据制动管的压力变化产生作用风缸的控制压力16TV,但此控制压力在PVTV三通阀处被堵截。

(5)DCV2变向阀

DCV2从16/16TV或ELV中选择最高压力,向作用风缸充风。

(6)PVE紧急压力阀

当BP压力低于140 kPa时,PVE动作,连通ELV和DCV2,允许总风通过ELV直接进入作用风缸。

(7)ELV紧急限压阀

将MR压力限制到440 kPa,使通过PVE紧急压力阀控制的作用风缸压力不超过440 kPa。

(8)DCV1变向阀

DCV1从制动管BP和单独缓解管13中选择最高压力,最高压力控制PVE紧急压力阀动作。

在紧急制动后自动制动单独缓解时,13号管强制PVE动作,切断总风通往作用风缸的通路,可进行机车缓解。但当解除单缓命令后,PVE恢复原态,作用风缸压力恢复到440 kPa。

当使用单独手柄进行单独缓解时,建议将单独手柄置于制动区,以免单缓后机车突然缓解溜车。

(9)16T压力传感器

产生与作用管压力成比例的电压信号,传送给微处理器IPM,进行数据处理。

16T压力传感器同REL、APP电磁阀配合作用,实现作用风缸压力的精确控制,和自动保压功能。

(10)BPT制动管压力传感器

产生与制动管压力成比例的电压信号,传送给微处理器IPM,进行数据处理。

如果BPCP模块上的BPT压力传感器故障,本压力传感器将代替其功能,在显示屏显示制动管压力。

(11)BCT制动缸压力传感器

产生与制动管压力成比例的电压信号,传送给微处理器IPM,进行数据处理。并在显示屏显示制动缸压力。

(12)TP16作用管压力测试点

此测试点直接和作用风缸连接,通过与系统外部的压力表连接,能够检测出任何状态下作用风缸的实际压力。

(13)TPBC制动缸压力测试点

此测试点直接和制动缸反馈管BCCO连接,通过与系统外部的压力表连接,能够检测出任何状态下制动缸的实际压力。

(五)20CP控制模块

20CP控制模块通过响应列车制动管减压量和小闸及单缓指令产生平均管压力。EPCU也包括纯空气控制阀。

20CP控制模块根据制动管减压量、单独缓解命令、本机/单机模式下单独制动手柄位置等信号,产生本务机和补机的制动缸、平均管压力;平均管控制压力为制动管减压量的2.5倍;当制动管压力增加到14 kPa或者在单独缓解时,平均管压力缓解。

平均管压力直接根据单独制动手柄命令产生,从在运转位的0 kPa,直到全制动时的

300 kPa,平均管可实现阶段变化;平均管压力取常用制动或单独制动命令中压力较高者;20CP 在电源故障时进行管路保压作用;20CP 只在本务机车上有效,制动状态时故障,将保持制动缸原压力值。当 20CP 故障时,16CP 会根据本务机车单独制动命令产生制动缸压力,但不再产生平均管压力;20CP 在补机中不起作用,将保持在失电状态。

20CP 控制模块由外壳、管座、REL 缓解电磁阀、APP 作用电磁阀、MVLT 电磁阀、20R 阀、PVLT 阀、20TL 压力传感器、20TT 压力传感器、C1 充风节流孔、TP20 平均管压力测试点、过滤器及作用风缸等部分组成。各部件的连接示意图如图 7-12 所示。

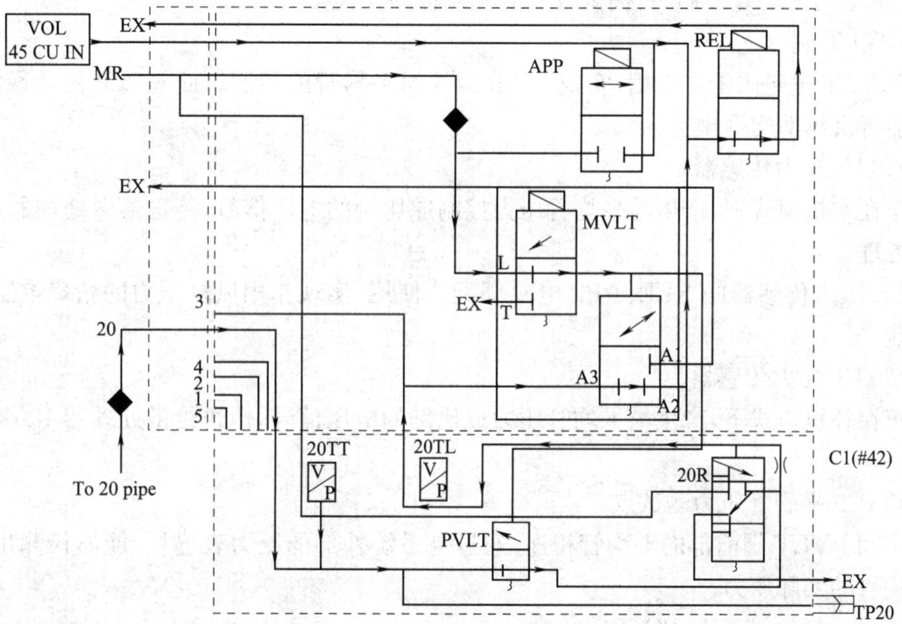

图 7-12　20CP 模块部件连接示意图

1. 管座

管座亦为 20CP 模块的安装座。管座上设有两根管子的连接孔,即总风管 MR,平均管 20＃。作用风缸(45 立方英寸)直接连接在管座上。

2. 各部件简介

(1)REL 缓解电磁阀

得电——作用风缸通大气,作用风缸减压,平均管排风。

失电——停止作用风缸通大气,作用风缸保压,平均管停止排风。

(2)APP 作用电磁阀

得电——总风通作用风缸,作用风缸增压,平均管充风。

失电——停止总风通作用风缸,作用风缸保压,平均管停止通风。

20CP 通过 REL、APP 电磁阀实现对作用风缸压力,平均管压力的控制。在缓解后或制动后,两个电磁阀均失电,作用风缸进行保压。若将机车设置在补机位,两个电磁阀均在失电状态。

(3)MVLT 电磁阀

得电——产生控制压力,允许机械阀接口的 A2 通 A3,同时开通 PVLT 阀,从而实现通过控制 REL、APP 电磁阀对平均管进行控制。

失电——控制压力排大气，允许机械阀接口 A1 通 A3，同时关闭 PVLT 阀，从而使 20CP 失去对平均管的控制能力。

本电磁阀用来控制其机械阀的接口连通和 PVLT 阀的通断，是 20CP 模块的预控电磁阀。

当制动系统断电、20CP 模块故障、机车处于补机模式时，MVLT 电磁阀失电，PVLT 阀关闭，20CP 模块失去对平均管的控制能力，机车平均管管路呈自保压状态；机车设置为本机、单机模式，MVLT 电磁阀均得电。

(4)20R 阀

在 20CP 对平均管控制时，提供较大的充风、排风通道。

(5)PVLT 阀

和 MVLT 电磁阀配合使用，实现 20CP 模块对平均管的控制。此阀属 2 位 2 通阀，在关闭后不能将机车平均管排空。

(6)20TL 压力传感器

机车在本机模式下，产生与平均管压力控制成比例的电压信号，传送给微处理器 IPM，进行数据处理。

20TL 压力传感器同 REL、APP 电磁阀配合使用，实现作用风缸压力的精确控制和自动保压功能。

(7)20TT 压力传感器

机车在补机模式下，产生与平均管压力成比例的电压信号，传送给微处理器 IPM，进行数据处理。

(8)TP20 平均管压力测试点

直接和 PVLT 阀前部的平均管相连，通过与系统外部的压力表连接，能够检测出任何状态下平均管的实际压力。

(六)制动缸控制模块(BCCP)

制动缸控制模块的作用是响应 16CP 或平均管接收到制动缸控制压力，产生机车制动缸压力。

BCCP 属大通道的空气中继阀，它用总风缸作为供风风源、16 号管和平均管作为控制压力，对机车制动缸进行充风和排风控制。在失电情况下，BCCP 会使制动缸通过 PVPL 与平均管连接，产生平均管压力，这样补机就可以同本务机一样产生制动。PVPL 在均衡风缸后备管路压力大于 69 kPa 时开通。失电时，13CP 模块缩堵限制均衡风缸压力的释放，从而本务机的 PVPL 可以将其制动缸与平均管相连而产生平均管压力，用于产生补机制动缸压力；空电互锁电磁阀也位于 BCCP 模块的 16 号管路中。

BCCP 由外壳、管座、BCCP 作用阀、DCV1 变向阀、PVPL 阀等部件组成。各部件的连接示意图如图 7-13 所示。

1. 管座

管座亦为 BCCP 模块的安装座。管座上设有五根管子的连接孔，即总风管 MR，通往 16CP 的 16 号管，通往 20CP 的 20 号管，通往 13CP 的 ERBU 管，通往制动缸的 BC 管。

2. 各部件简介

(1)BCCP 作用阀

BCCP 是大容量的空气中继阀。BCCP 按照 16 号管控制压力或平均管压力 1∶1 的比率产生制动缸压力。

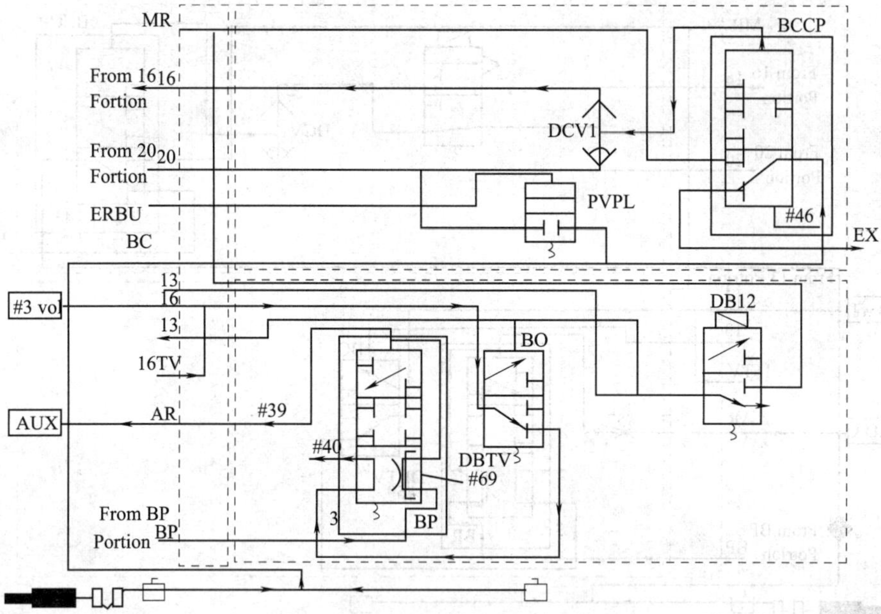

图 7-13 BCCP 模块部件连接示意图

(2)DCV1 变向阀

DCV1 在 16 号管和 20 号管平均管中选择最高压力,导通此压力作为 BCCP(制动缸中继阀)的控制压力。

(3)PVPL 阀

在 ERBU(均衡风缸备份)工作期间、ERCP 断电均衡风缸排风期间或机车设置为补机状态时连接制动缸和机车平均管。避免 20CP 不能工作时,本机机车不能产生平均管的压力,从而导致补机没有制动缸控制压力。

(七)DB 三通阀(DBTV)部分

DB 三通阀的作用是响应制动管的减压量产生制动缸管的控制压力,可以作为 16CP 的备份模块。在 16CP 故障情况时,DBTV 三通阀为 16CP 提供一个空气备份功能,来控制制动缸中继阀。制动管充风缓解时,DBTV 使制动管向 EPCU 上的辅助风缸充风。当制动管压力降低时,辅助风缸通过 DBTV 向 16TV 管充风。当产生全制动时,DBTV 会使辅助风缸与 16TV 管和 3 号风缸压力均衡,而达到全制动。

DBTV 由外壳、管座、DBTV 阀、BO 阀、缩堵、辅助风缸和 3 号风缸等部件组成。各部件的连接示意图如图 7-14 所示。

1. 管座

管座亦为 DBTV 模块的安装座。管坐上设有三根管子的连接孔,即制动管 BP,通往 16CP 的 16TV 管,通往 13CP 的 13 号管。辅助风缸(435 立方英寸)和 3 号风缸(60 立方英寸)直接连接在管座上。

2. 各部件简介

(1)DBTV 阀

制动管压力增加——16TV 号管排风,制动缸缓解,制动管给辅助风缸充风。

制动管压力降低——辅助风缸和 16TV 管接通,16TV 充风,制动缸作用。

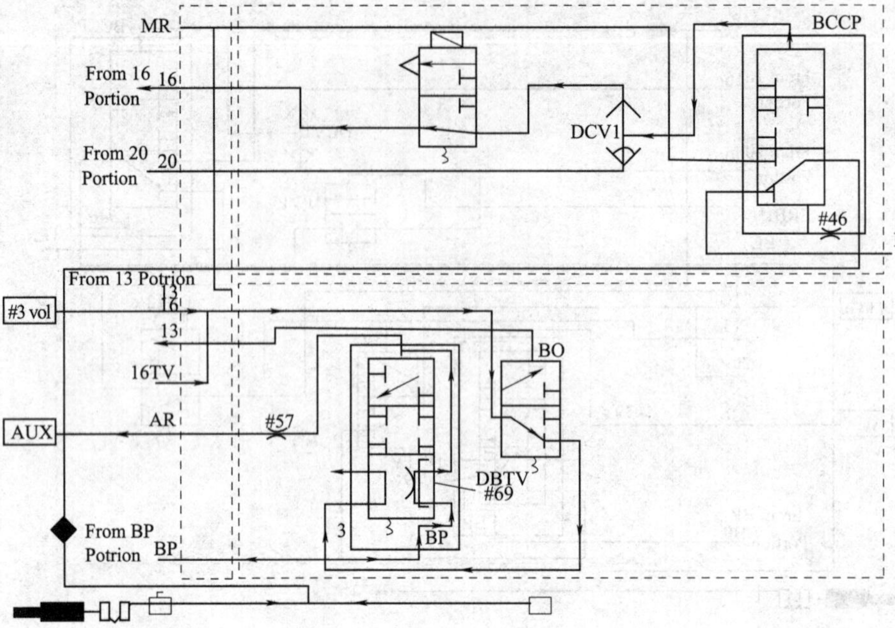

图 7-14　DBTV 模块部件连接示意图

制动管压力不变——16TV 关闭，充风、排风作用停止。

由于 DBTV 阀为纯机械结构，为使每次产生的制动缸控制压力达到目标值，在列车缓解时，辅助风缸必须完全充满。

(2)BO 阀

DBTV 中 13＃管压力高于 140 kPa 时，将导致 16TV 排风，自动制动作用缓解。

(八)电源接线盒(PSJB)

PSJB 内置电源，为 CCBⅡ制动机供电(将 110 V 转换到 24 V)，在外部具有多个接插件，允许 EPCU，EBV，X-IPM，和 RIM 相互连接。

电源箱位于图 7-7 所示电空控制单元(EPCU)上，其中的内置变压器，将电源箱(PJB)提供的 DC 110 V 电源转换为 DC 24 V 电源后提供给 CCBⅡ系统，供电空控制单元、电子制动阀等部件使用。在外部具有多个接插口，允许电空控制单元、电子制动阀、微处理器和继电器接口模块相互连接通信。

六、电 源 箱(PJB)

电源箱(PJB)是一个变压器，它给电空控制单元(EPCU)和其他可能扩展的装置提供 DC 110 V 电压，并将机车蓄电池的电压 DC 110 V 转换成 DC 66 V 供微处理器(IPM)使用。

七、电 缆 箱(CJB)

HXD_3 机车在制动柜中安装有电缆箱(CJB)(图 7-15)，为两端司机室的电子制动阀(EBV)和制动显示屏(LCDM)进行通信线转换。

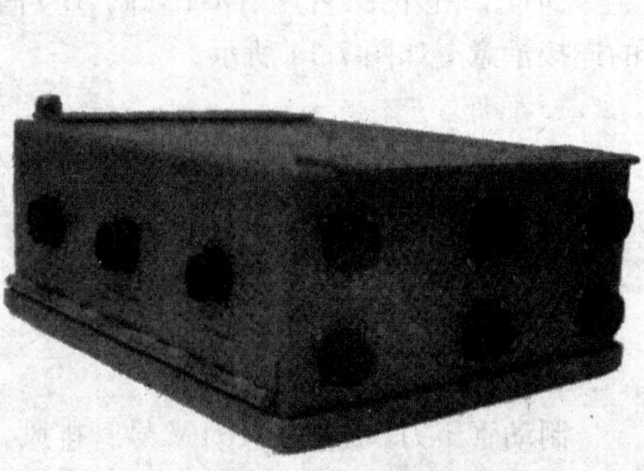

图 7-15　电缆箱

实践与训练

学习工作单

工作单	CCBⅡ电空制动机主要部件的构造及作用		
任　务	通过学习，掌握CCBⅡ电空制动机各主要部件的结构及其作用原理		
班　级		姓　名	
学习小组		工作时间	
【知识认知】			
1. 归纳CCBⅡ电空制动机主要部件的构造及作用 2. 归纳电空控制单元的组成及作用			
【动手能力训练】			
通过本节所学知识，描述微处理器指示灯的指示状态和指示内容			
任务学习其他说明或建议：			
指导老师评语：			
任务完成人签字：　日期：　年　月　日 指导老师签字：　日期：　年　月　日			

任务三　CCBⅡ电空制动机的综合作用

知识要点

1. 熟知CCBⅡ机车电空制动机的综合作用。
2. 掌握CCBⅡ机车电空制动机气路图。

项目任务

1. 通过本节课学习，掌握CCBⅡ机车电空制动机气路图的识读。
2. 分组讲述CCBⅡ机车电空制动机气路图。

任务准备

1. 所需设备：CCBⅡ制动机试验台、HXD_3型电力机车模拟驾驶，钳工常用工具。
2. 所需材料：工业凡士林、汽油、白布、丙酮、酒精、松香、焊锡、锂基脂、砂布。

相关理论知识

机车制动机的综合作用习惯上是根据自动制动手柄和单独制动手柄各位置的变换(该变换是由操纵列车或机车实际运行情况而决定),从而确定的机车制动机各主要部件之间的相互关系和作用规律。

CCBⅡ制动机的综合作用,按自动制动作用、单独制动作用、空气备份状态以及无火回送状态等方面逐一介绍。为了较清楚的说明问题,每种状态均附有气路图。

一、自动制动作用

自动制动作用,即CCBⅡ制动机的单独制动手柄位于运转位,操纵自动制动手柄在运转位或制动区,观察本机及重联机车的各主要部件的相互作用关系。

1. 本机-运转位

该位置是列车在运行过程中,自动制动手柄常放位置,是向全列车初充风、再充风缓解列车制动以及列车正常用运行所采用的位置。

ERCP模块接收自动制动手柄指令,给均衡风缸充风到设定值;BPCP模块响应均衡风缸压力变化,制动管被充风至均衡风缸设定压力;16CP/DBTV模块响应制动管压力变化,将作用管(16#管/16TV管)压力排放;BCCP模块响应作用管压力变化,机车制动缸排风缓解;同时车辆副风缸充风,车辆制动机缓解。

EPCU各模块内部通路如图7-16所示。

2. 本机-制动位

该位置是操纵列车常用制动,使列车正常缓慢停车或调整运行速度所使用的位置。包括初制动位和全制动位,两者之间是常用制动区。自动制动手柄在制动区的停留位置决定了均衡风缸的减压量,达到目标减压量后,均衡风缸自保压。机车在货车模式时,自动制动手柄在制动区可实现阶段制动作用,但只可实现一次缓解功能;机车在客车模式下,自动制动手柄在制动区可实现阶段制动和阶段缓解作用。

ERCP模块接收到自动制动手柄指令,将均衡风缸压力减到目标值;BPCP模块响应均衡风缸压力变化,制动管减压到均衡风缸压力;16CP/DBTV模块响应制动管减压变化,给作用管(16#管/16TV管)充风;BCCP模块响应作用管压力,机车制动缸充风制动;同时车辆副风缸给车辆制动缸充风,车辆制动机制动。

EPCU各模块内部通路如图7-17所示。

3. 紧急位

该位置是列车运行过程中需紧急停车时所使用的位置。

一旦自动制动手柄放置在此位置,列车制动管迅速减压到零,均衡风缸以常用制动速率减压到零,16CP模块响应制动管减压变化,迅速给作用管(16#管)充风到最大允许压力,BCCP模块响应作用管压力增加,给机车制动缸充风产生紧急制动作用;同时车辆副风缸给车辆制动缸充风,车辆制动机制动。

EPCU各模块内部通路如图7-18所示。

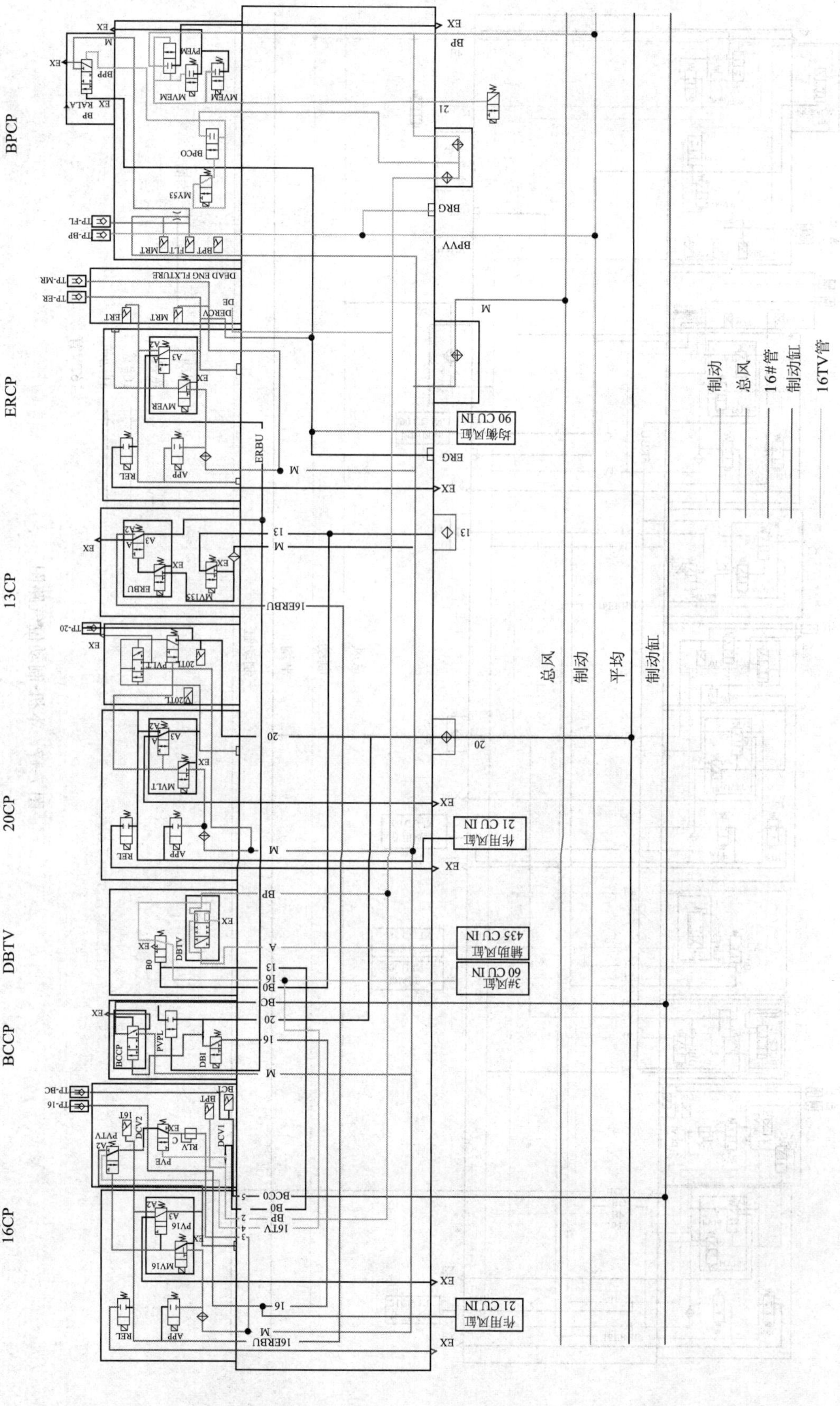

图 7-16　本机-运转位气路图

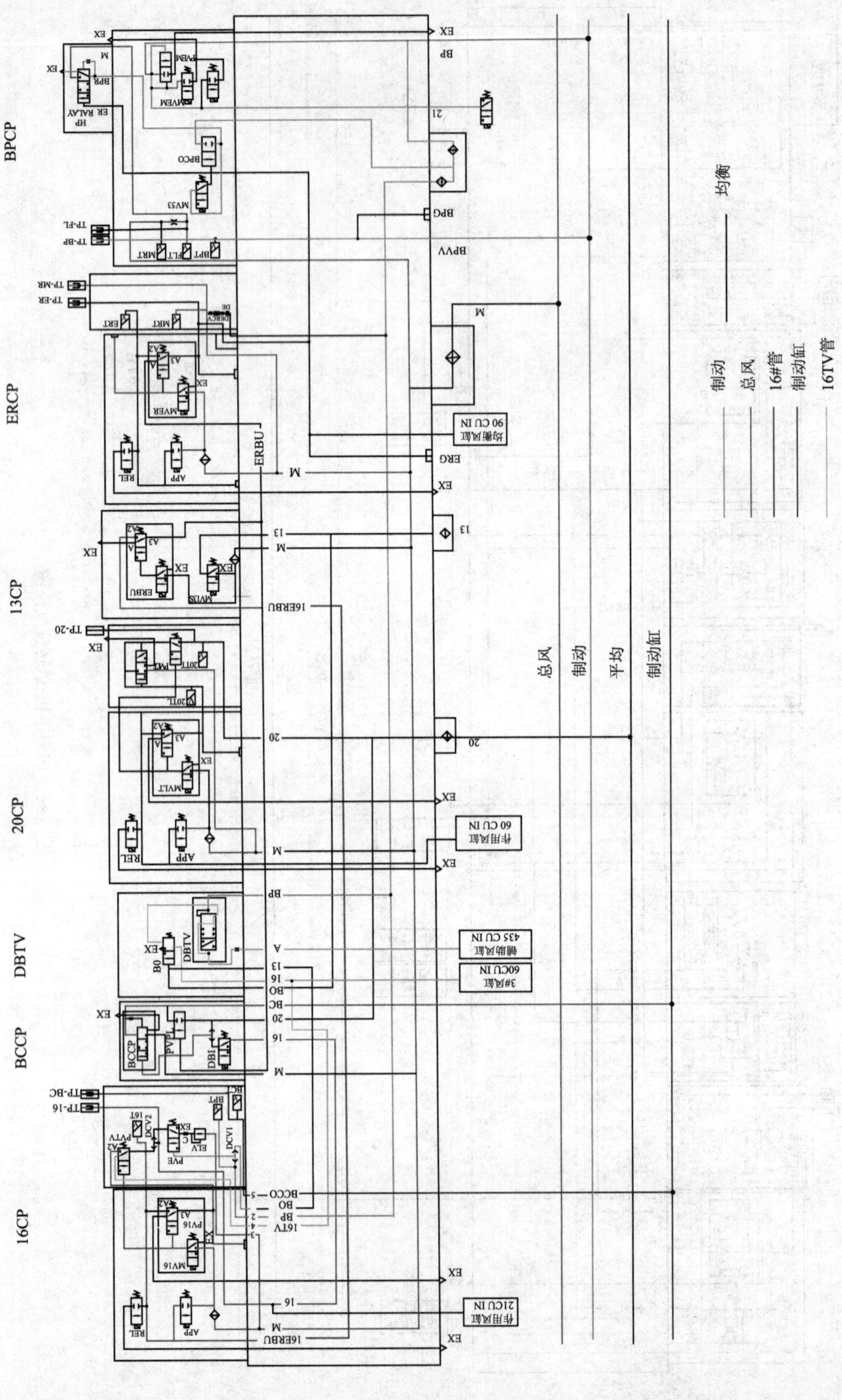

图 7-17　本机-制动位气路图

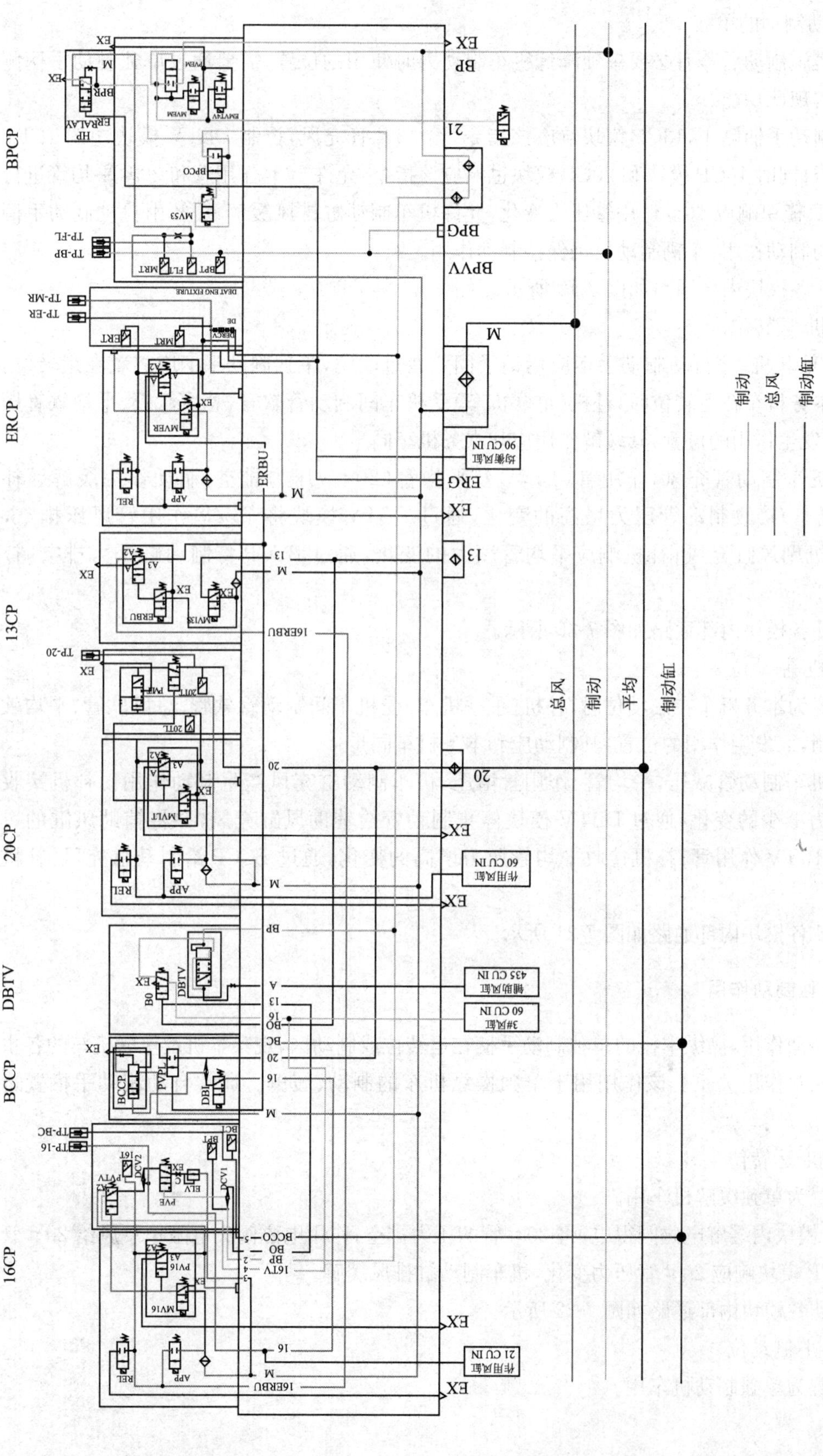

图 7-18　本机-紧急位气路图

4. 自动制动的单缓

列车实施制动后若有必要单独降低机车制动力时使用的位置，需要通过单独制动手柄侧压来帮助实现此功能。

单独制动手柄侧压，13CP 模块响应该指令，给 13＃管充风，控制 DBTV 模块中的 16TV 作用管减压；同时 16CP 模块和 20CP 模块也响应该指令，允许 16＃作用管和 20＃平均管进行减压；BCCP 模块响应 16＃作用管压力变化，允许机车制动缸排风缓解，缓解由自动制动手柄动作产生的制动作用；车辆制动机仍保持制动作用。

EPCU 各模块内部通路如图 7-19 所示。

5. 补机-运转位

补机（重联机车）自动制动手柄应用销子固定在重联位，单独制动手柄应放置在运转位。此位置为本务机车在运转位时，补机（重联机车）受机车间制动管软管、总风软管、平均软管压力控制，而发生作用的位置，其缓解作用应和本务机车同步。

本务机车制动管充风，作用管（16＃）及平均管（20＃）压力排空，制动作用缓解。补机（重联机车）接收制动管压力增高的变化，通过 DBTV 模块将 16TV 作用管风压排空，同时给补机副风缸充风；补机响应平均管压力的变化，通过 BCCP 将制动缸压力排空，补机缓解。

EPCU 各模块内部通路如图 7-20 所示。

6. 补机-制动位

此位置为本务机车在制动位时，补机（重联机车）受机车间制动管软管、总风软管、平均软管压力控制，而发生作用的位置，其制动应和本务机车同步。

本务机车制动管减压，平均管、作用管增压，机车制动缸充风产生制动作用。补机接收制动管压力减少的变化，通过 DBTV 模块停止制动管给辅助风缸充风，并将辅助风缸的风压传送到 16TV 作用管；补机接收平均管压力增高的变化，通过 BCCP 给制动缸充风，补机制动。

EPCU 各模块内部通路如图 7-21 所示。

二、单独制动作用

单独制动作用，操纵本机的单独制动手柄在运转位或制动区，观察本机及重联机车的各主要部件的相互作用关系。该作用用于单独操纵机车的制动、缓解。通常自动制动手柄置运转位。

1. 本机-运转位

该位置为单独缓解机车用。

20CP 模块内缓解电磁阀得电，将 20＃管的压力排空；作用电磁阀失电阻止总风给 20＃管充风；BCCP 模块响应 20＃管压力变化，机车制动缸排风缓解。

EPCU 各模块内部通路如图 7-22 所示。

2. 本机-制动位

该位置为单独制动机车用。

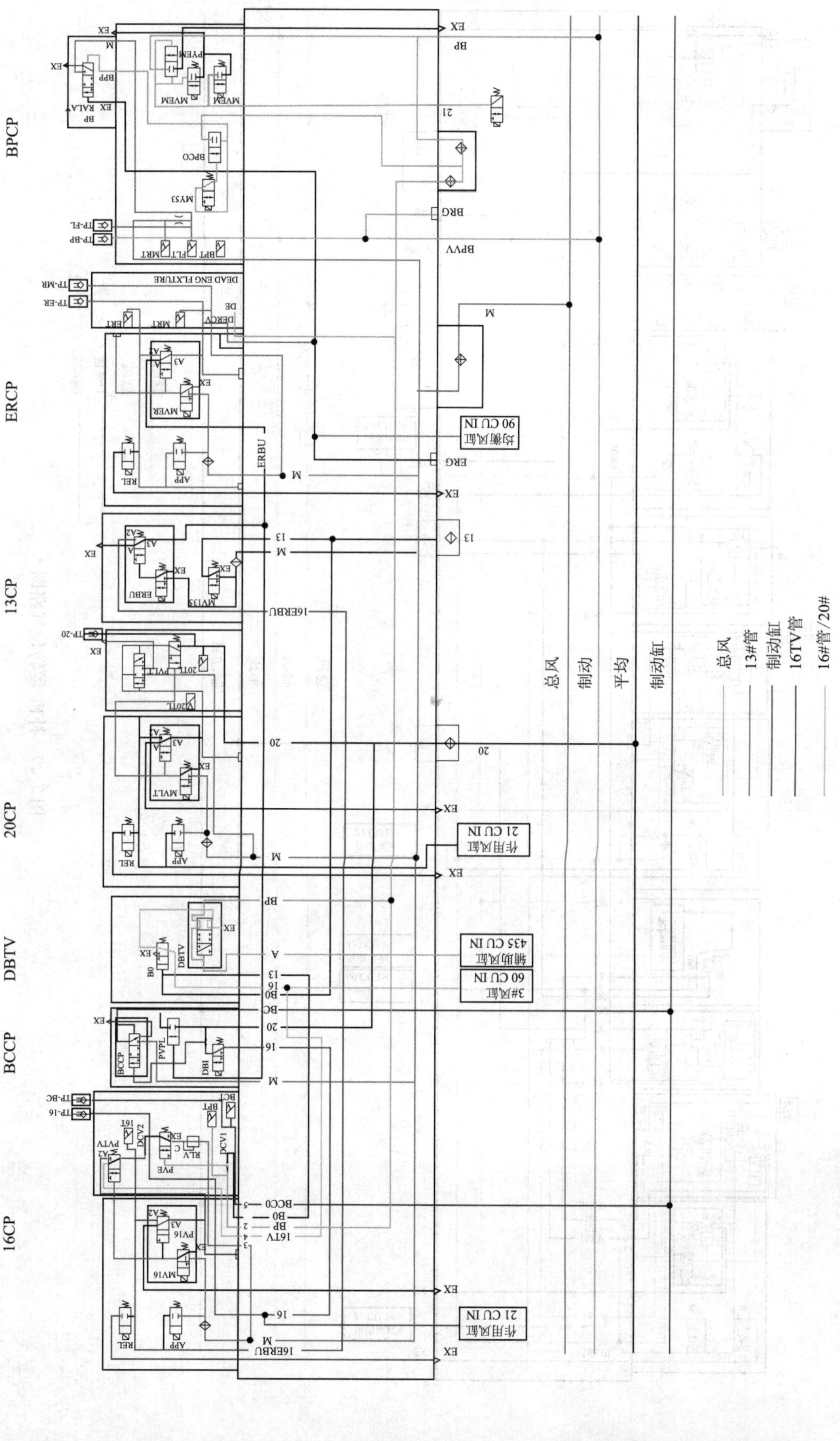

图 7-19　本机-单缓位气路图

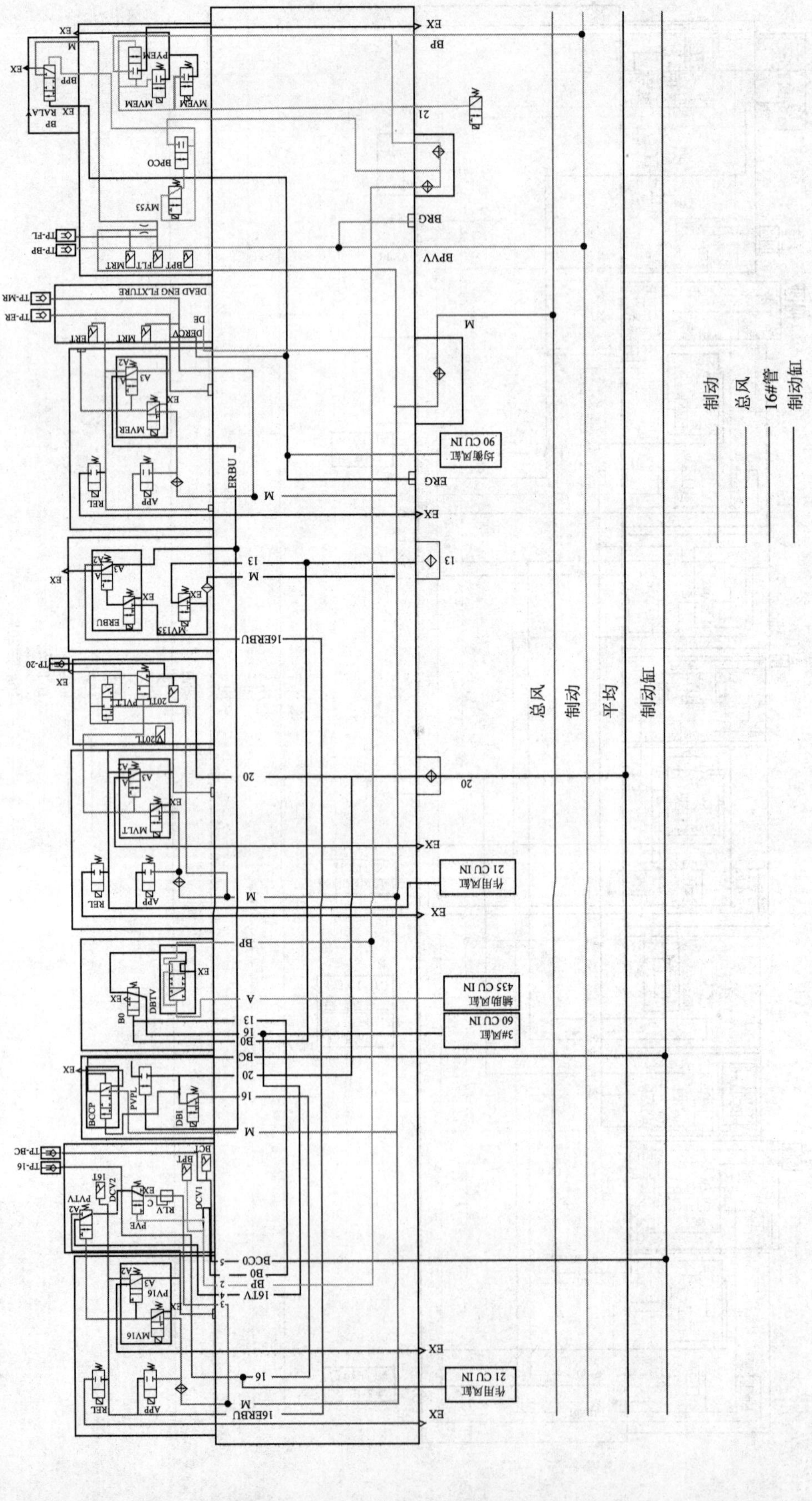

图 7-20　补机-运转位气路图

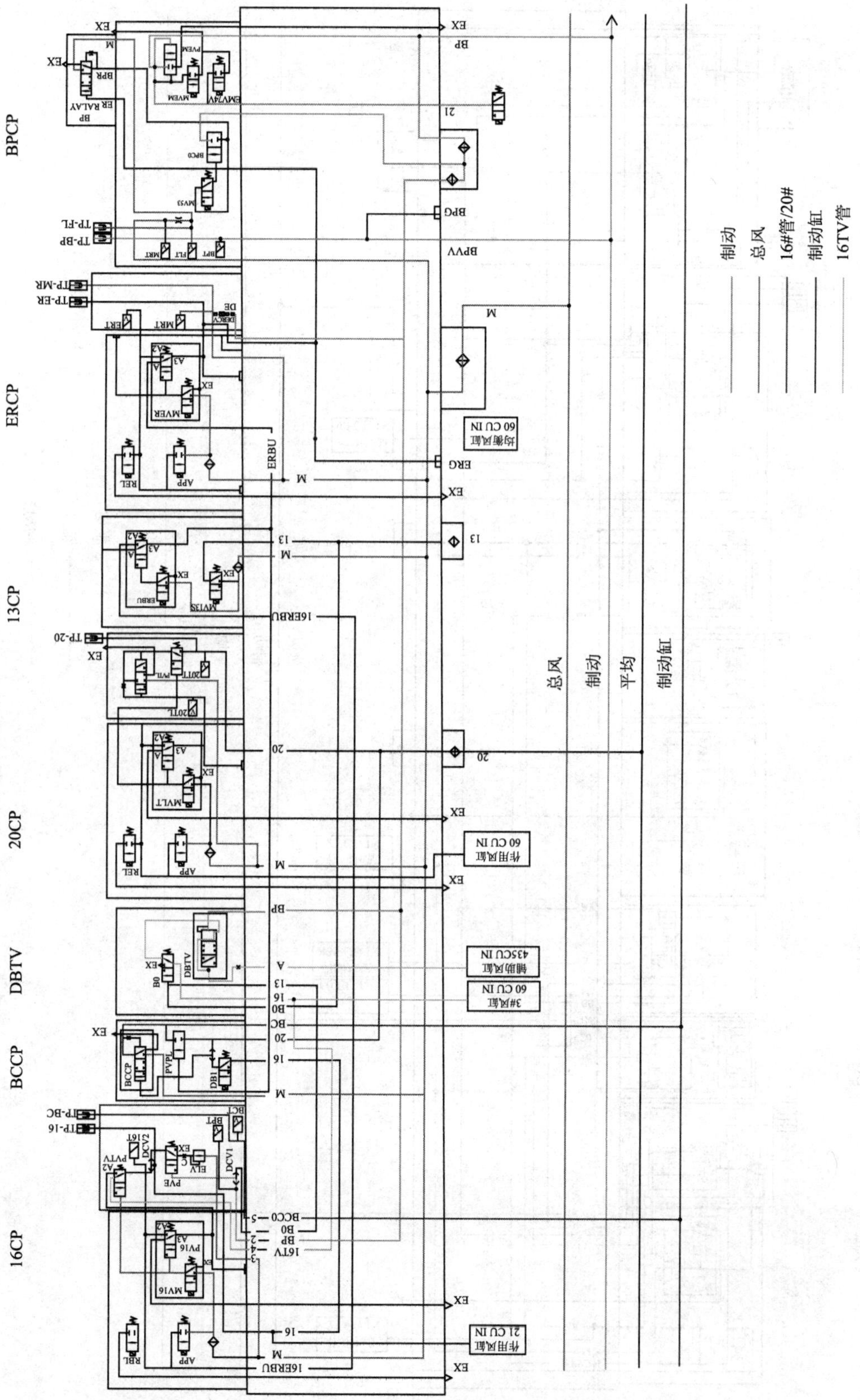

图 7-21　补机-制动位气路图

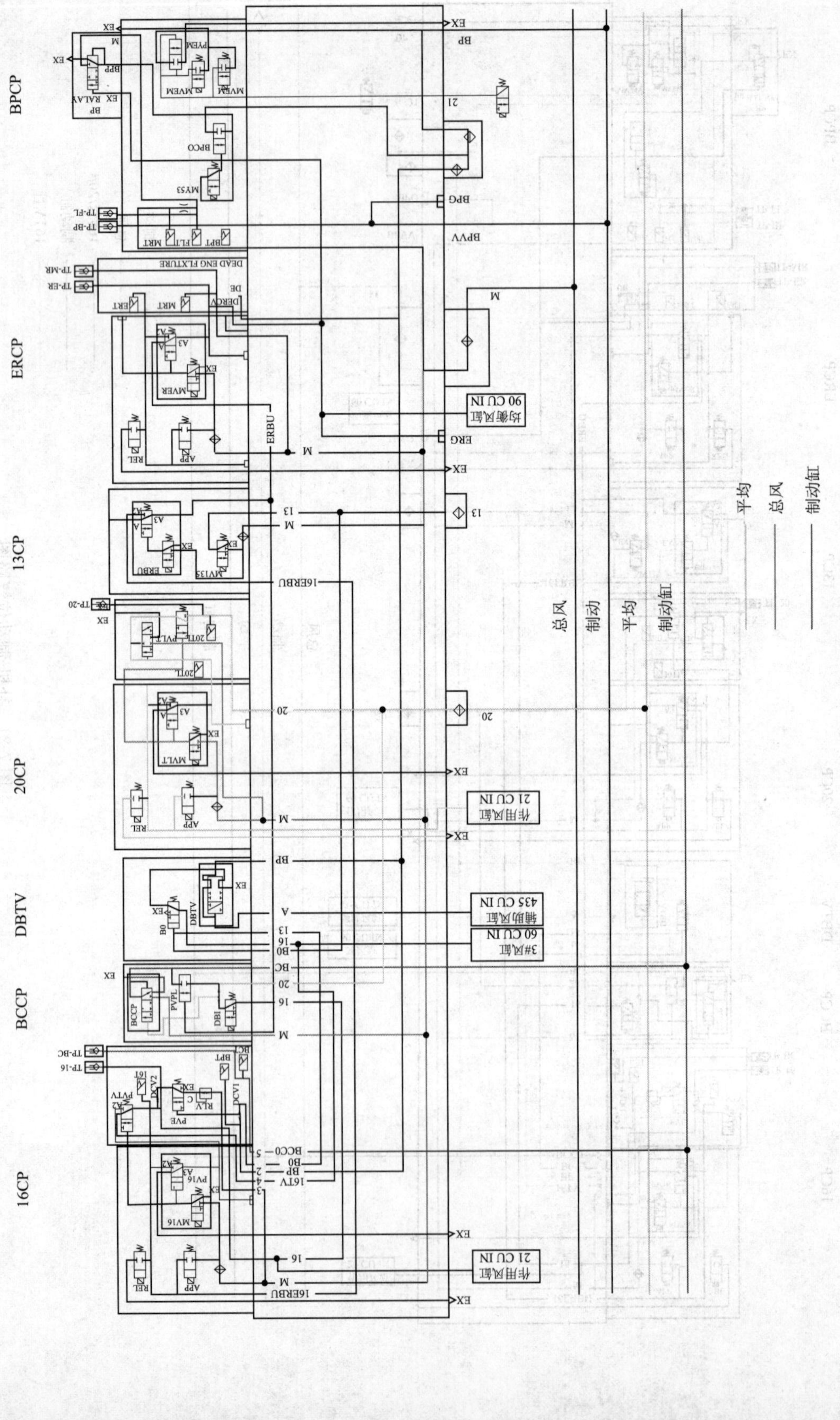

图 7-22　本机-运转位气路图(单独作用)

20CP 模块内缓解电磁阀失电，作用电磁阀得电，总风给 20＃管充风，MVLT 得电允许总风通过，控制 PVLT 阀开通，20＃管压力进入 BCCP 模块，制动缸充风，机车制动。

EPCU 各模块内部通路如图 7-23 所示。

3. 本机-制动、缓解位

重联机车自动制动手柄应用销子固定在重联位，单独制动手柄应放置在运转位。重联机车受机车间制动管软管、总风软管、平均软管压力控制，而发生作用，其制动、缓解应和本务机车同步。

EPCU 各模块内部通路如图 7-24 所示。

三、空气备份

当机车制动系统 EPCU 中 ERCP 或 16CP 模块故障时，制动系统自动转换到空气模式，使制动系统仍然可继续工作。

1. 制动管充风，机车缓解

当制动管充风缓解时，DBTV 模块使作用管 16TV 压力排空，同时制动管给副风缸充风；16CP 模块中预控电磁阀断电，从而使作用风缸及作用管 16＃同 16TV 连通，并随 16TV 排空；BCCP 模块响应作用管压力变化，排空制动缸压力，机车缓解。

EPCU 各模块内部通路如图 7-25 所示。

2. 制动管减压、机车制动

当制动管减压制动时，DBTV 模块使副风缸给作用管 16TV 充风，同时制动管停止给副风缸充风；16CP 模块中预控电磁阀断电，作用风缸及作用管 16＃同 16TV 连通，并随 16TV 增压；BCCP 模块响应作用管压力变化，使制动缸充风，机车制动。

EPCU 各模块内部图通路如图 7-26 所示。

四、无火回送

机车无动力回送中，由于其空气压缩机停止使用，此时必须开放机车无动力装置。无动力装置由 DE 无动力塞门，DER 压力调整阀，C2 充风节流孔，CV 单向止回阀等部分组成，集成于 ERCP 模块中，连接机车制动管与总风管。当开通无动力塞门后，制动管内压力空气经 DE 无动力塞门，DER 压力调整阀，C2 充风节流孔，CV 单向止回阀将调整后的空气压力充入总风缸。此时总风缸在机车制动机系统中相当于车辆的副风缸。

无火回送的空气作用原理同空气备份相同，但总风缸压力较低，约为 220 kPa。

EPCU 各模块内部通路如图 7-27 所示。

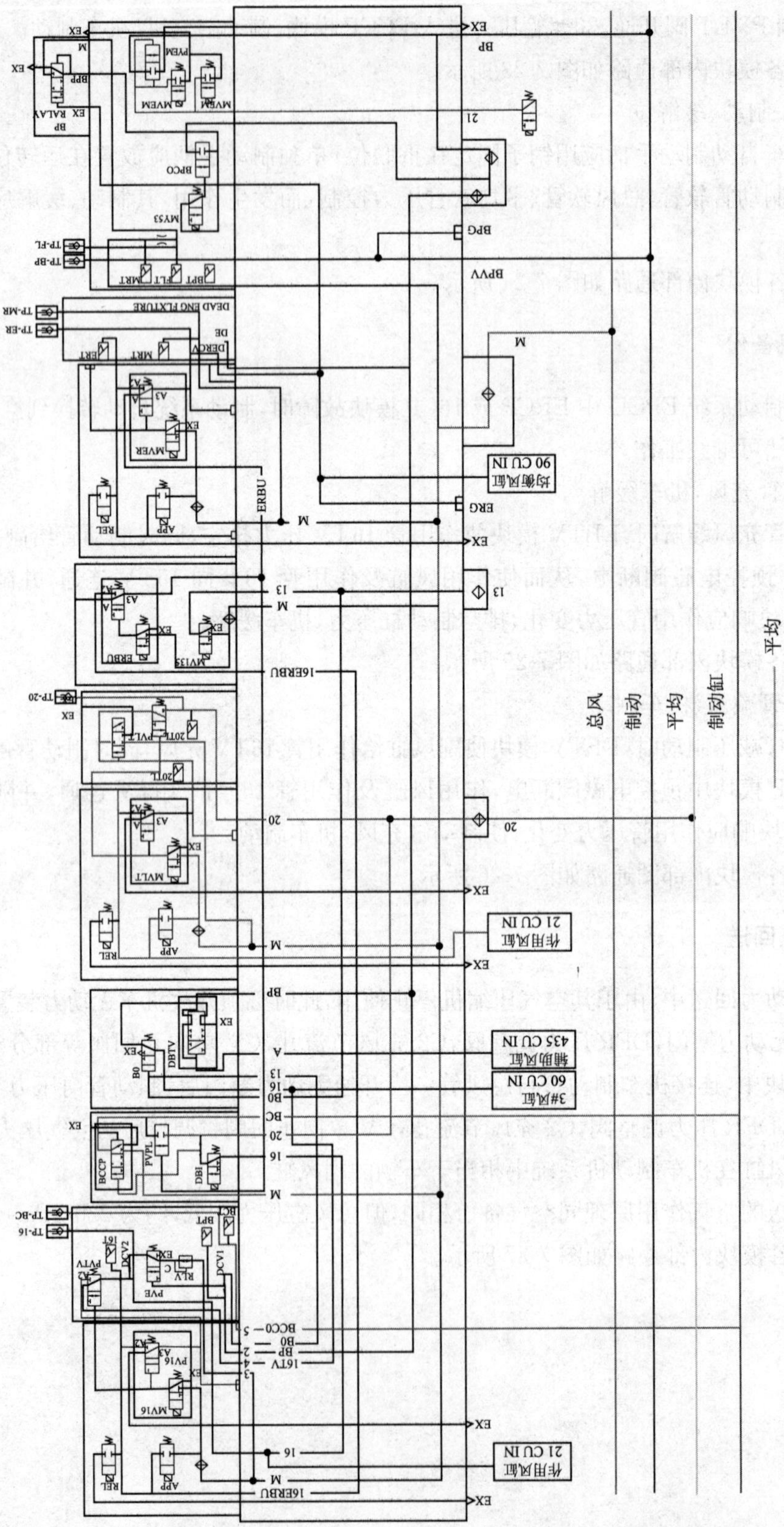

图 7-23　本机-制动位气路图(单独作用)

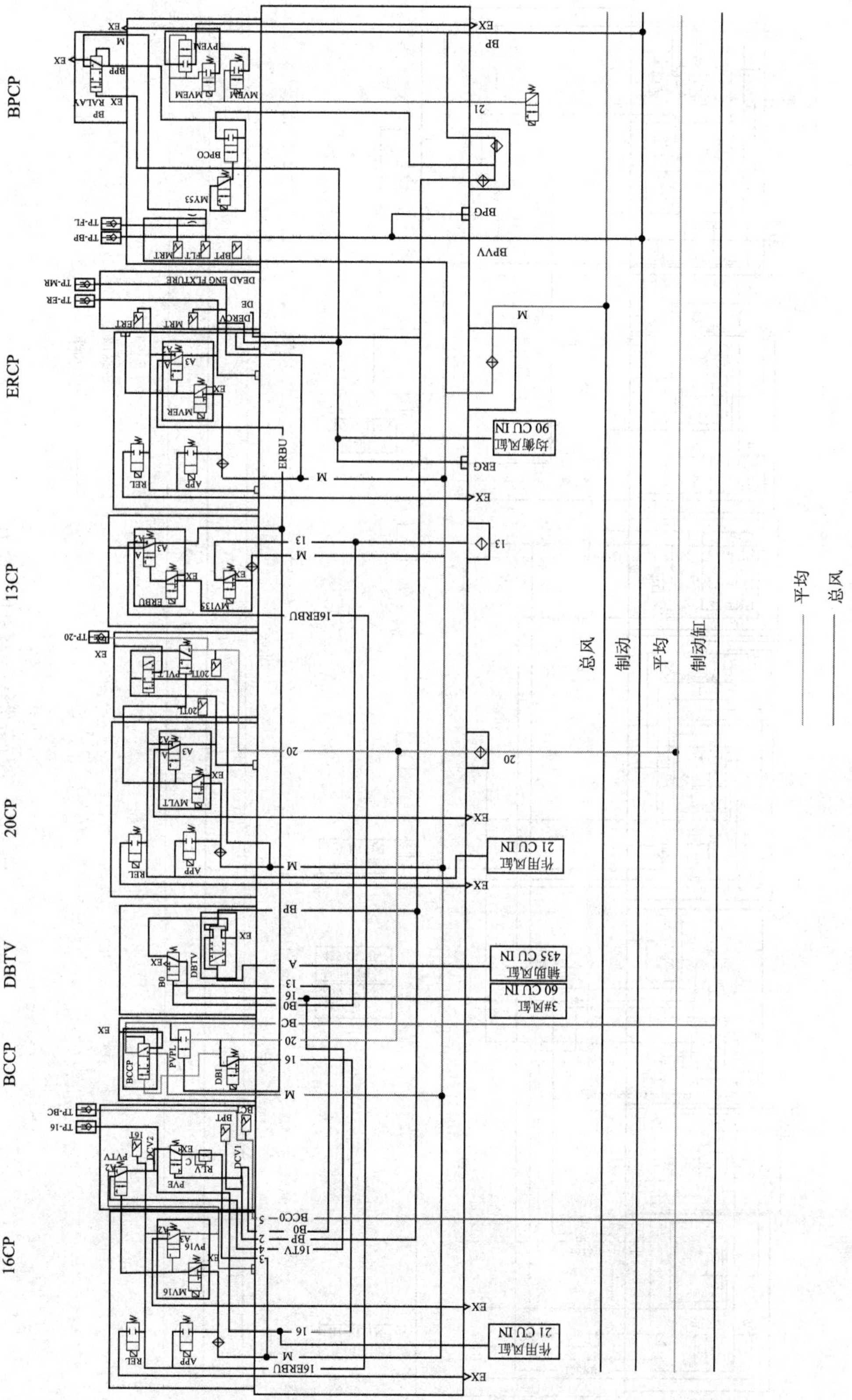

图 7-24 补机-制动、缓解气路图（单独作用）

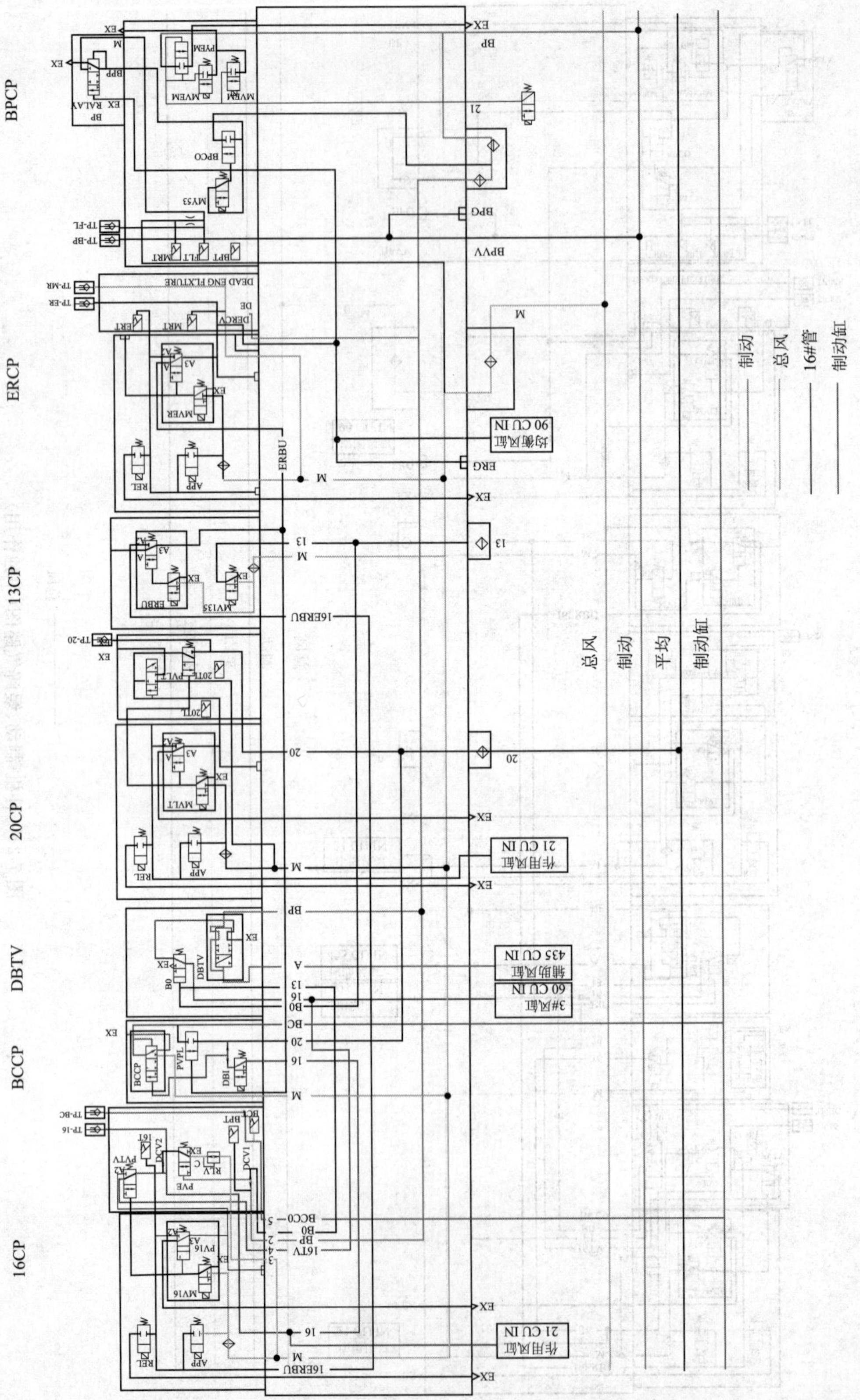

图 7-25 空气备份状态-缓解位气路图

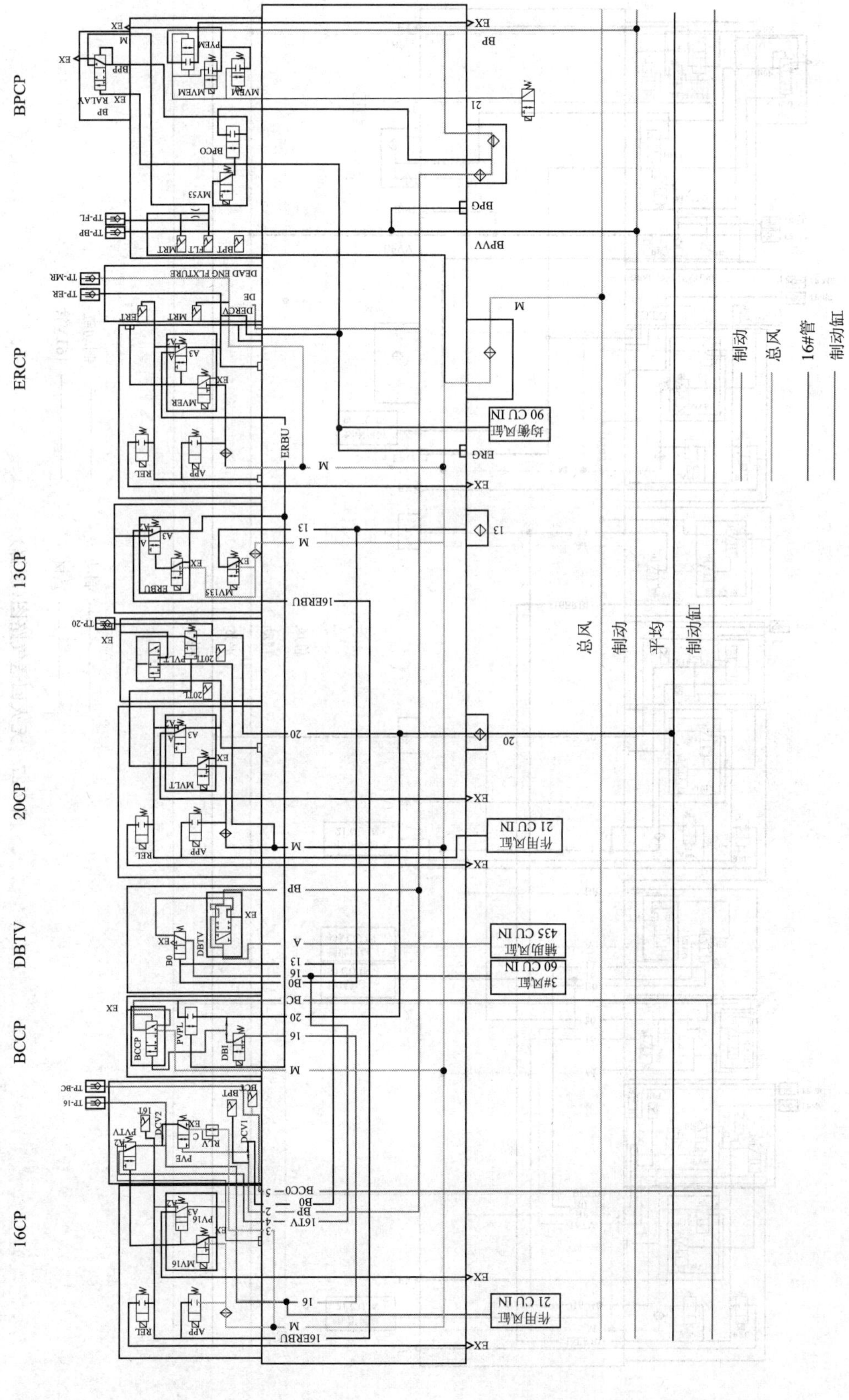

图 7-26 空气备份状态-制动位气路图

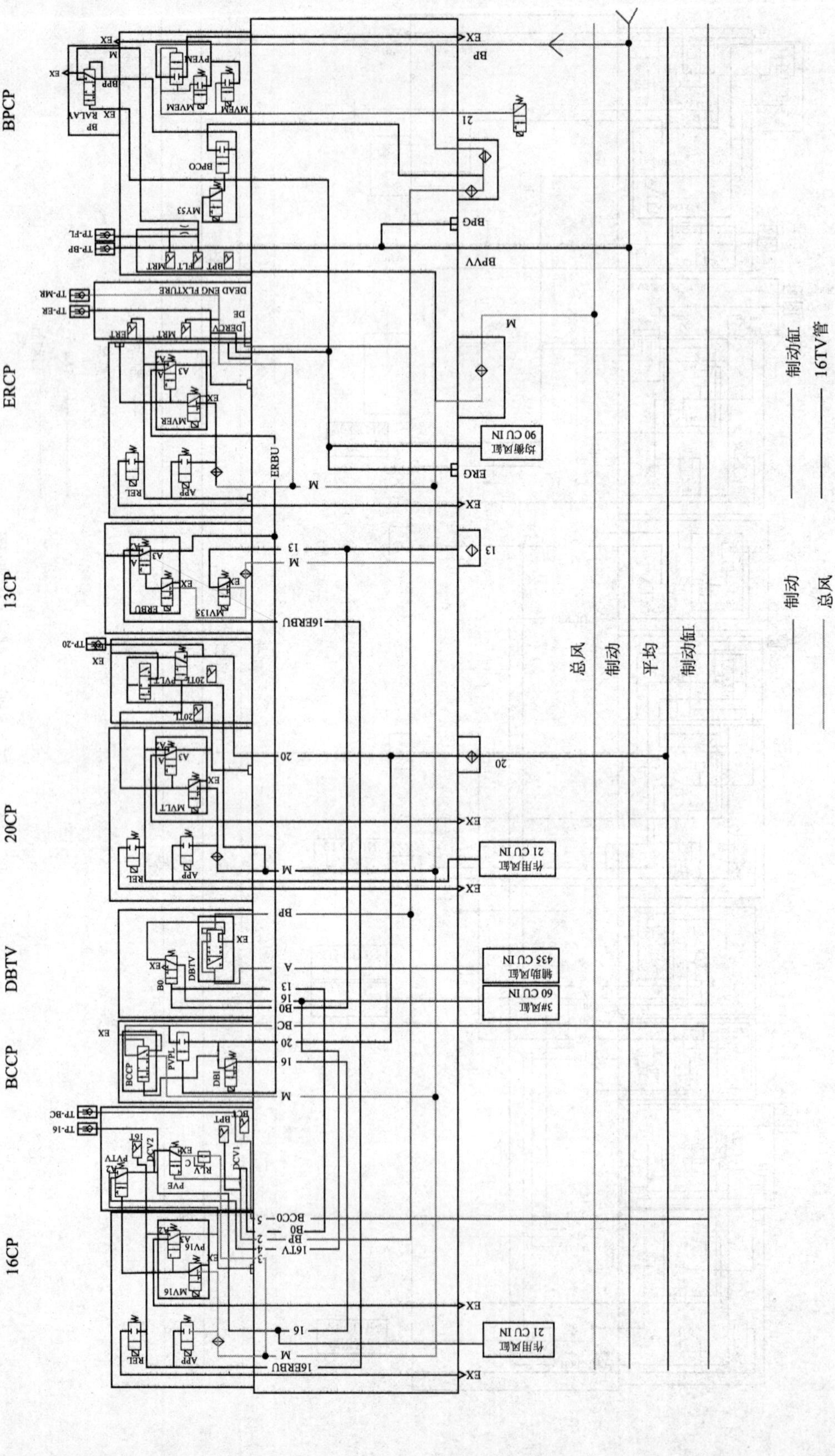

图 7-27　无火回送气路图(缓解)

实践与训练

学习工作单

工 作 单	CCBⅡ机车电空制动机气路综合作用		
任 务	通过学习，掌握 CCBⅡ电空制动机综合作用的气路和电路		
班 级		姓 名	
学习小组		工作时间	
【知识认知】			
1. 归纳总结 CCBⅡ机车电空制动机综合作用 2. 归纳总结 CCBⅡ机车电空制动机气路识图方法			
【动手能力训练】			
通过本节学习，通过气路图简述 CCBⅡ机车电空制动机综合作用			
任务学习其他说明或建议：			
指导老师评语：			
任务完成人签字： 指导老师签字：		日期： 年 月 日 日期： 年 月 日	

任务四 CCBⅡ电空制动机制动简略试验

知识要点

掌握 CCBⅡ制动机的简略试验。

项目任务

分组操作 CCBⅡ制动机模拟实训台，操作 CCBⅡ制动机五步闸试验。

任务准备

所需设备：CCBⅡ制动机试验台，HXD3 型电力机车模拟驾驶。

相关理论知识

制动机简化试验

1. 设定 CCBⅡ制动机系统为本机位，实施弹停制动，自动制动阀、单独制动阀“运转”位；

2. 自动制动阀手柄紧急位：

a. 均衡风缸压力降为零；

b. 制动管压力小于 90 kPa：

c. 制动缸压力为(450＋15)kPa。

侧推单独制动阀手柄，制动缸压力降至零，将单独制动阀手柄恢复“运转”位，制动缸压力应回升至 450 kPa，自动制动阀在紧急位保持 60 s 后置“运转”位，制动管压力由 0 kPa 升至 480 kPa，时间不大于 9 s，等待 2 min 让系统充风。

3. 单独制动阀手柄置“全制”位，制动缸压力在 5 s 内，从 0 kPa 升至(300±15) kPa，阶段移动单独制动阀手柄，制动缸压力随单独制动阀手柄移动而升降，单独制动阀“运转”位，制动缸压力由 300 kPa 降到 35 kPa 的时间为 6 s 并继续减少到 0 kPa。

4. 自动制动阀手柄“初制”位：

a. 均衡风缸压力减 170 kPa；

b. 制动管压力减少到均衡风缸压力的±10 kPa；

c. 制动缸压力升至 70～110 kPa；

d. 没有动力切除指示，保压 1 min 确认制动管漏泄符合规定，制动缸压力变化不超过 10 kPa。自动制动阀手柄置 0 kPa“运转”位，均衡风缸、制动管压力升至定压，制动缸压力下降至0 kPa，没有动力切除指示，等待 2 min 让系统充风。

5. 自动制动阀手柄“全制”位：

a. 均衡风缸压力在 6～8 s 内减压 170 kPa；

b. 制动管压力减少到均衡风缸压力的±10 kPa；

c. 制动缸压力在 7～9 s 升至 420 kPa，自动制动阀手柄回“运转”位，制动管压力上升至定压，制动缸压力下降为零，没有动力切除指示，等待系统充风 2 min。

6. 自动制动阀手柄“抑制”位，现象同全制位。

7. 自动制动阀手柄“重联”位：

a. 均衡风缸压力以常用速度降至 0 kPa，并不起紧急；

b. 制动管压力减少到 55～85 kPa；

c. 制动缸保压。

自动制动阀手柄回“运转”位，均衡风缸、制动管压力上升至定压，制动缸压力缓解为零，没有动力切除指示。

学习工作单

工 作 单	CCBⅡ电空制动机制动简略试验		
任　　务	通过操纵模拟驾驶操纵台，掌握 CCBⅡ电空制动机简略试验的步骤及试验要求		
班　　级		姓　名	
学习小组		工作时间	

【知识认知】

1. 按图复习电子制动阀的结构及各闸的工作位置

2. 按图说明各压力表的作用

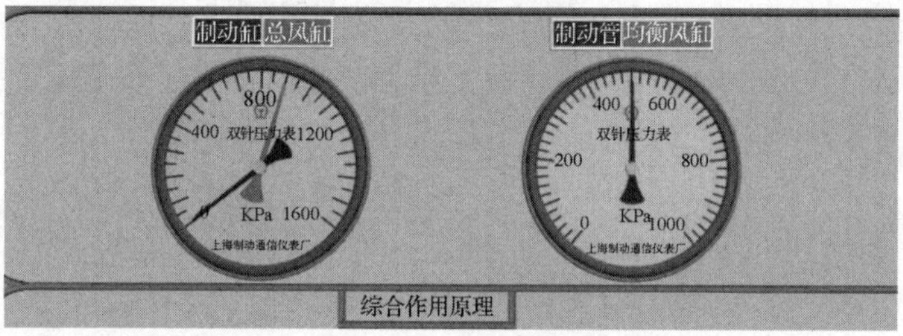

【动手能力训练】

根据 CCBⅡ电空制动机简略试验要求，进行制动机机能试验，并说明具体技术要求

任务学习其他说明或建议：

指导老师评语：

任务完成人签字：　　　　日期：　　年　　月　　日

指导老师签字：　　　　日期：　　年　　月　　日

参考文献

[1] 刘豫湘,陆缙华,潘传熙. DK-1 型电空制动机与电力机车空气管路系统[M]. 北京:中国铁道出版社,2000.

[2] 李益民,阳东. 电力机车制动机[M]. 北京:中国铁道出版社,2012.

[3] 那利和. 电力机车制动机[M]. 北京:中国铁道出版社,2002.

[4] 张曙光. HXD3 型电力机车[M]. 北京:中国铁道出版社,2009.

[5] 余卫斌. 韶山$_9$型电力机车[M]. 北京:中国铁道出版社,2005.